积极职业教育研究丛书　丛书主编 ◎ 崔景贵

国家社科基金规划教育学一般课题（批准号：BJA170089）研究成果

职校生心理与积极职业教育策略

崔景贵 ◎ 主　编

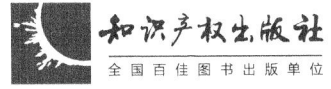

知识产权出版社
全国百佳图书出版单位

图书在版编目（CIP）数据

职校生心理与积极职业教育策略/崔景贵主编．—北京：知识产权出版社，2018.8
（积极职业教育研究丛书／崔景贵主编）
ISBN 978-7-5130-5719-6

Ⅰ.①职… Ⅱ.①崔… Ⅲ.①心理健康—健康教育—教学研究—中等专业学校
②中等专业学校—教育研究 Ⅳ.①G444②G718.3

中国版本图书馆 CIP 数据核字（2018）第 178165 号

内容提要

积极职业教育是现代职业教育创新发展的一种范式，具有坚实的思想渊源、理论基础与实践依据。积极职业教育旨在"让每一个人都有人生出彩的机会"，为职校学生幸福人生奠定基础，为职校教师专业发展铺路。追寻积极是现代职业教育发展的理念、内涵与范式，走进积极是现代职业教育实践的基本开端、过程和目标，走向积极是现代职业教育改革的希望之路和必由之路。职业院校教师要读懂当代职校学生的心理特征、潜能与优势，深刻理解积极职业教育的时代意蕴，自觉树立"为积极而教""育卓越之人"和"与幸福同行"的信念，理性把握改革创新、校本研究、团队合作等行动策略，学会做积极职业教育的实践者、思想者和开拓者，用心做真正适合、优质的积极职业教育，着力实现消极职业教育向积极职业教育的转型转变，系统建构职业教育现代化进程中富有中国特色的积极职业教育范式。

责任编辑：冯 彤	责任校对：谷 洋
装帧设计：张革立	责任印制：孙婷婷

职校生心理与积极职业教育策略

崔景贵 主编

出版发行：	知识产权出版社有限责任公司	网　　址：	http://www.ipph.cn
社　　址：	北京市海淀区气象路 50 号院	邮　　编：	100081
责编电话：	010-82000860 转 8386	责编邮箱：	fengtong@cnipr.com
发行电话：	010-82000860 转 8101/8102	发行传真：	010-82000893/82005070/82000270
印　　刷：	北京九州迅驰传媒文化有限公司	经　　销：	各大网上书店、新华书店及相关专业书店
开　　本：	787mm×1092mm　1/16	印　　张：	24.25
版　　次：	2018 年 8 月第 1 版	印　　次：	2018 年 8 月第 1 次印刷
字　　数：	371 千字	定　　价：	98.00 元
ISBN 978-7-5130-5719-6			

出版权专有　侵权必究
如有印装质量问题，本社负责调换。

目 录

绪　论　做优质高效的积极职业教育 …………………………………（1）

第一章　积极职业教育的构想、内容与途径 …………………………（7）
  第一节　积极职业教育的基本构想 …………………………………（7）
  第二节　积极职业教育观的主要内容 ………………………………（13）
  第三节　积极职业教育的实施途径 …………………………………（16）
  本章小结 ………………………………………………………………（19）

第二章　积极职业教育的特征、理念与构建 …………………………（20）
  第一节　积极职业教育的主要特征 …………………………………（20）
  第二节　积极职业教育的基本理念 …………………………………（23）
  第三节　积极职业教育的构建策略 …………………………………（26）
  本章小结 ………………………………………………………………（30）

第三章　现代工匠精神与积极职业教育策略 …………………………（31）
  第一节　现代工匠精神的积极心理意蕴 ……………………………（31）
  第二节　工匠精神在职业教育中的缺失与重塑 ……………………（35）
  第三节　培育现代工匠精神是积极职业教育的使命 ………………（39）
  本章小结 ………………………………………………………………（44）

第四章　职校生核心素养与积极职业教育策略 ………………………（46）
  第一节　全人教育视角：现代职业教育的价值追求 ………………（46）

第二节　全人教育理念：职校生核心素养的基本意蕴 …………（49）
　　第三节　培育职校生核心素养的积极职业教育策略 ……………（52）
　　本章小结 ………………………………………………………………（58）

第五章　职校生职业精神与积极职业教育策略 ……………………（60）
　　第一节　职校生职业精神培育的生命诉求 ………………………（61）
　　第二节　职校生职业精神形成的生命机制 ………………………（63）
　　第三节　培育职校生职业精神的积极策略 ………………………（66）
　　本章小结 ………………………………………………………………（68）

第六章　职校生心理潜能与积极教育开发策略 ……………………（70）
　　第一节　职校生心理潜能概述 ………………………………………（70）
　　第二节　职校生心理潜能开发的问题与反思 ……………………（83）
　　第三节　职校生心理潜能的积极教育开发策略 …………………（87）
　　本章小结 ………………………………………………………………（93）

第七章　职校生心理特征与积极生命教育策略 ……………………（94）
　　第一节　职校生心理特征概述 ………………………………………（94）
　　第二节　职校生生命发展的存在问题与理性反思 ………………（101）
　　第三节　职校积极生命教育的基本策略 …………………………（107）
　　本章小结 ………………………………………………………………（114）

第八章　职校生心理发展与积极心理教育策略 ……………………（115）
　　第一节　职校生心理发展概述 ………………………………………（116）
　　第二节　职校生心理发展的问题与反思 …………………………（124）
　　第三节　促进职校生心理发展的积极心理教育策略 ……………（131）
　　本章小结 ………………………………………………………………（138）

第九章　职校生心理幸福感与积极教育管理策略 …………………（140）
　　第一节　职校生心理幸福感概述 ……………………………………（140）
　　第二节　职校生幸福感存在的问题与教育反思 …………………（144）
　　第三节　职校幸福教育管理的积极策略 …………………………（151）

本章小结 ……………………………………………………… (164)

第十章　职校生心理优势与积极职业教育管理策略 ………… (166)
　　第一节　职校生心理优势概述 ………………………………… (166)
　　第二节　职校生心理优势的认识问题与反思 ………………… (174)
　　第三节　职校班主任积极管理的基本策略 …………………… (176)
　　本章小结 ……………………………………………………… (182)

第十一章　职校生心理资本与积极职业教育管理策略 ………… (184)
　　第一节　职校生心理资本概述 ………………………………… (184)
　　第二节　职校生心理资本的问题与教育反思 ………………… (193)
　　第三节　职校生心理资本教育的积极策略 …………………… (202)
　　本章小结 ……………………………………………………… (218)

第十二章　职校生青春期心理与积极职业教育管理策略 ……… (220)
　　第一节　职校生青春期心理概述 ……………………………… (220)
　　第二节　职校生青春期教育管理的反思 ……………………… (226)
　　第三节　职校积极职业教育管理的基本策略 ………………… (231)
　　本章小结 ……………………………………………………… (245)

第十三章　职校生个性心理与积极人格教育策略 ……………… (246)
　　第一节　职校生个性心理概述 ………………………………… (246)
　　第二节　职校生个性心理发展的问题与反思 ………………… (254)
　　第三节　职校生积极人格教育的基本策略 …………………… (259)
　　本章小结 ……………………………………………………… (268)

第十四章　职校生网络心理与积极教育模式建构策略 ………… (270)
　　第一节　职校生网络心理概述 ………………………………… (270)
　　第二节　职校生网络心理教育的特征与反思 ………………… (274)
　　第三节　职校建构网络心理教育模式的积极策略 …………… (278)
　　本章小结 ……………………………………………………… (284)

第十五章　职校生专业学习心理与积极课堂教学策略 ………… (285)
　　第一节　职校生专业学习心理概述 …………………………… (285)

第二节　职校生专业学习心理的问题与反思 …………………… (288)
第三节　职校积极课堂教学的基本策略 ………………………… (294)
本章小结 …………………………………………………………… (303)

第十六章　职校生技能竞赛心理与积极训练策略 …………………… (305)
第一节　职校生技能竞赛心理概述 ………………………………… (305)
第二节　职校生技能竞赛的心理问题与分析 ……………………… (317)
第三节　职校技能竞赛训练的积极策略 …………………………… (324)
本章小结 …………………………………………………………… (330)

第十七章　职校生就业心理与积极指导策略 ………………………… (332)
第一节　职校生就业心理概述 ……………………………………… (332)
第二节　职校生就业心理存在的问题与分析 ……………………… (338)
第三节　提升职校生就业心理能力的策略 ………………………… (346)
本章小结 …………………………………………………………… (353)

第十八章　职校生创业心理与积极引导策略 ………………………… (355)
第一节　职校生创业心理概述 ……………………………………… (356)
第二节　职校生创业心理的常见问题与理性反思 ………………… (360)
第三节　职校积极创业教育管理的策略 …………………………… (363)
本章小结 …………………………………………………………… (371)

主要参考文献 …………………………………………………………………… (373)

后　记 …………………………………………………………………………… (380)

做优质高效的积极职业教育

让每一个职校生享有公平而有质量的积极职业教育,我们就要用心做与时俱进、更为适合的积极职业教育,做真正卓越、更加优质的积极职业教育,做追求理想、更为公平的积极职业教育,从而让每一个职校学生都能有人生出彩和幸福的机会,让每一个职校学生能够成为最好最优的自我,让每一个职校学生人人能够成才、人人尽展其才,为加快推进职业教育现代化、培养高质量技术技能人才做出积极的贡献。我们要用心写好积极职业教育范式建构研究的"奋进之笔":立足职业教育改革新时代,学习现代职业教育新思想,开启积极职业教育新征程,以新理念引领积极职教新实践,以新作为展现积极职教新气象,以新视野建构积极职教新格局。

一、奋进新时代:走向适合的积极职业教育

积极职业教育是将积极心理学等理论与技术,应用在现代职业教育领域的创新行动与实践成果。积极职业教育是建立在创新实践基础上的职教理想建构、理论创新和理性选择,更要自觉贴近时代发展需求,担当时代赋予的使命,引领现代职业教育实践的积极发展。

积极职业教育是时代孕育的思想成果和理想实践。时代发展是职业教

育思想的源泉，思想是职业教育实践的先导。时代期盼职业院校培养具备核心积极素养的技术技能人才，需要职业教育实现价值取向的积极变革，具备时代的积极精神和实践品格。积极职业教育的最高境界是"让每一个人都感到自己的重要"，"每一个人都能获得人生出彩的机会"；理想就是"让每一个学生自由呼吸、自主成长、自信快乐"。职业院校教育工作者要从过分关注学生的问题补救、缺陷克服或错误纠正，转向充分关注他们的潜能、优势和美德，着力增进学生的积极体验，培养健全大写的积极人格，实现由"被动防御型"向"引领发展型"的根本转变。这既是实现现代职业教育目标的重要途径，也是积极职业教育实践所追求的共同愿景。

科学实践是积极职业教育理论创新的动力源泉。实践是职业教育现实的此岸与理想的彼岸之间架构的"桥梁"。积极职业教育倡导尊重实践、理解实践和改变实践的新风尚，让书斋中、书桌上和书本里的职业教育思想成为扎根职业教育实践大地、融入职业院校日常生活的职业教育学。职业院校教育工作者要以客观实际、现实实践为依据，主动适应教育实践的发展，以科学实践检验一切，自觉地把思想认识从那些不合时宜的教育观念、做法和体制的束缚中解放出来。这更加需要保持和发扬与时俱进的精神品质和实践品格，勇于推进科学实践基础上的积极职业教育理论创新与完善。

创造适合的教育是积极职业教育范式的时代品格。真正适合学生发展的职业教育，是追寻理想、育人为本的教育，是尊重差异、包容个性的教育，是允许落后、宽容错误的教育，是注重创新、实践优先的教育，是挖掘优势、开发潜能的教育。积极职业教育是真正适合每一个职校学生和谐发展、快乐成长的现代职业教育。从某种意义上说，创造适合学生发展的职业教育是一场告别书本中心、走进学生发展为本的范式变革。职业院校教育应该是创造适合学生发展的现代教育，即教师"眼里有学生、心里为学生"的积极职业教育。

创新实践是积极职业教育范式建构的行动策略。积极行动、创新实践是现代职业教育的时代特征和基本取向。建构积极职业教育范式，职业院校要深刻把握现代职教发展的新机遇和新挑战，坚定执着地推进科学实践和创新实践，为每一个学生提供真正适合的、更加积极的职业教育。职业院校教育工作者要树立"为积极而教、育卓越之人、与幸福同行"的信念，坚持优势教育、优异教育和优质教育的实践立场，因势利导、顺势而为，真正做现代职业教育改革创新的先行者和引路者，做积极职业教育范式的实践者和开拓者，扎实推进职业院校的内涵发展、创新发展和特色发展。

二、学习新思想：做真正适合学生的积极职业教育

职业院校深化改革创新，就是要着力给学生提供更适合、真优质的现代教育，让每一个学生都有人生出彩的机会。职业院校推进改革创新，必须采取科学理性和适合适用的办法，真正解决有意义、有价值的职业教育真问题。正是当今教育存在并凸显的消极价值取向，使真正适合学生的积极职业教育成为值得关注、备受瞩目的新课题。职业院校学生为什么要接受适合的职业教育？职业院校学生正在接受什么样的职业教育？如何确保学生接受真正适合的、更加优质的积极职业教育？这些问题需要深入思考、理性回答和创新行动。

适合的教育是积极职业教育具有的时代品格。教育的根本目的是为了人的全面发展，为了人的幸福人生，真正适合学生年龄特征、心理需求与个性发展的教育才是最好的教育。现代职业教育的价值，就在于激发每一个学生积极向上的生命意识，发掘每一个学生的生命潜能，促进每一个学生的健康发展。建构适合学生的职业教育，努力办好人民满意的职业教育，让职业院校每一个学生幸福成长、人人成才，是中国职业教育梦的核心。尊重每一个学生的独立人格，彰显每一个学生的生命价值，既是积极职业教育范式的逻辑起点，也是积极职业教育实践的必然归宿。积极职业教育是适合职业院校学生的一种现代教育和优质教育，与中国职业教育梦的基本理念是相融相通的。

为积极而教是现代职业教育改革创新的实践信念。现代职业教育改革创新是专业化的科学行动，是有思想的理性实践。加快发展现代职业教育要有新思想、新范式，在培养现代人的探索进程中反思理论基础，在职教

改革创新实践中审视科学依据。现实职业教育最突出的问题和症结就是消极，在教育思想观念、管理方式与教学方法、师生关系与语言、考核评价标准等，都留有消极教育的痕迹和烙印。因此，职业教育的改革创新要在育人的观念转变、过程转换和方式转型等方面追寻积极取向，从消极教育实践误区走向积极职业教育行动范式。积极职业教育主张立足挖掘每一个职校生的美德、优势和潜能，理解、尊重和包容学生间的差异、差距和差别，让每一个学生努力成为最好最优的自我，成为具有核心积极素养的现代人。职业院校要积极变革，注重培养职校生的自信、乐观、希望和坚韧等积极品格，培养职校生理性平和、阳光向上的社会心态，引领和促进每一个学生的多样选择、多元发展，支持和鼓励每一位教师的专业成长与幸福生活。

校本化行动是建构积极职业教育范式的基本策略。创造适合学生的积极职业教育，是一项系统创新而又极其复杂的校本教育工程。职业院校教师要树立"为积极而教"的教育信念，确立"积极育人、人人有责"的工作理念，全面把握积极职业教育的基本意蕴和思想精髓，追寻积极、追求理想，坚定执着地反思现实职业教育，反思学生学习，反思自身成长。要从心开始读懂当代职校生的心灵，理解"00后"群体的心理特征、心理需求和心理状态，因势利导、因材施教，与学生携手发展、共同成长。要自觉创新实践，自主校本研究，做专业卓越的实践者、思想者和研究者。

追寻积极是职业教育改革创新的一种新理念、新范式。做真正适合学生的职业教育，意味着现代职业教育范式的一种理性选择和理想重构，在理念、目标、内容、队伍、过程等方面努力实现从消极向积极的转变，科学、系统地建构积极职业教育范式。这必定会成为加快发展现代职业教育的重要趋势，也必将对职业教育改革创新与科学实践产生深刻而广泛的影响。

三、开启新征程：建构优质高效的积极职业教育范式

新时代职业教育要有新境界、当有新作为。新时代对职业教育而言意味着什么？新时代需要什么样的职业教育培养什么样的人？如何培养符合

新时代社会需求和期待的技术技能人才?

提高质量是现代职业教育改革创新的主旋律,是中国职业教育现代化的战略主题、发展主线和实践主导。我们要深刻理解以提高质量为核心的现代职业教育,注重提供多样化的供给以满足受教育者的个性化需求,注重建构学习者为中心、产教融合、校企合作的人才培养模式。科学建构质量导向的积极职业教育范式,要树立立德树人、育人为本的核心思想,秉承为积极而教的现代理念,读懂当代职校生的心理世界,打造多元化的积极课堂教学,提升职校教师的积极教育力。中国职业教育在现代化的新征程中,必定更加注重提高技术技能型人才培养质量,进一步完善提高职业教育质量的体制机制,把促进人的全面发展、适应社会需要作为衡量质量的根本标准,以提高质量和促进公平为工作重点,以深化改革创新为发展动力,以加强职教法治为基本保障,追寻建构真正适合、更加卓越的积极职业教育,加快发展具有中国特色、世界水平的现代职业教育。

立足职业教育高质量发展的新时代,我们要科学、系统地建构积极职业教育新范式,以现代职业教育改革创新的"奋进之笔",用心写好积极职业教育新实践的"好故事"。一要聚力奋进新时代:把握现代职教发展的新方向(位)。研判现代职教发展新趋势,把握加快发展职业教育的新机遇,树立理想的职业教育人才培养新目标。二要聚焦实践新思想:谱写职教改革前行的新篇章。树立追寻积极的新视野,贴近职教新需求,实践新理念。为积极而教就是创造与建构适合"00后"职校生发展的现代职业教育,为积极而教应成为职业教育教学的思想共识和实践信念。三要聚合开启新征程:建构积极职业教育的新范式。坚持深化职业教育改革的新路径,建设融合整合的积极职业教育新格局,推动实现校本行动的新作为。

做优质高效的积极职业教育,职业院校是"为了人(学生)成为最好的自己",是"志同道合"的职教学术共同体,协作协同协力积极推进教育教学改革。我们要以改革创新为动力,坚持问题导向、行动导向、研究导向和创新导向,坚定不移地走实职教改革创新之路,探寻适合职业院校、适合学生发展的办学之路。直面职业院校自身发展中的问题而改革,为提升教育教学和育人内涵而改革,为转变师生在职业院校生命状态而改革。研究建构积极职业教育范式,并不是为职业院校提供完整系统的或最好的改革方案,而是和愿意改变现状、愿意实现更好发展的职业院校与广大教师一起,携手开展合作协作的校本行动研究。做积极职业教育范式研究,不是在额外"增加"或附加的意义上,给职业院校添加"新负担",而是在"如何做优、怎样做特"的意义上形成"新内涵",诸如在原有职业教育管理基础上提出新要求、养成新思维、创造新变式;不是彻底变革的"以新替旧",而是循序渐进的"从旧到新",承认和尊重职业院校原有的教育教学基础,在对已有办学行为的理性反思和优势分析上启动积极职业教育的范式建构,推进职业院校教育改革创新。

作为积极职业教育的学术共同体,我们要深入学习贯彻习近平新时代中国特色社会主义思想和党的十九大精神,着力办好职校师生和人民群众满意的现代职业教育,注重培养具备核心积极素养、担当民族复兴大任的高素质技术技能人才;要按照新时代、新思想、新矛盾对优质职业教育的新诉求、新需求,加强科学规划、顶层设计和组织领导,加快推进职业院校教育教学现代化,因校制宜探索积极职业教育范式建构的基本策略。我们要树立为积极而教的新理念,把握改革创新实践的新方向,扎根中国职教大地,坚持立德树人、育人育心,推进更加公平、更高质量的现代职业教育,做真正适合学生发展的积极职业教育,全面提高职校学生的积极学习力,全面提升职校教师的积极教育力,全力保障"学有所教",努力实现"学有优教"。

未来具有不确定性,但至少我们一直行走在奔向未来的希望之路上。立足新起点再出发,奋勇前行、奋发进取,依然是我们回应当今职教时代之问的最有力回答。让我们坚定信心,凝心聚力,齐心协力,奋力创造出无愧于历史、无愧于时代的新业绩,大踏步迈向积极职业教育更加美好的未来。

(作者 江苏理工学院 崔景贵)

积极职业教育的构想、内容与途径

20世纪末,西方兴起了一股新的心理学思潮,那就是积极心理学(Positive Psychology),并随后产生了积极教育运动。"Positive"一词,源自拉丁文字"Positum",原意指"实际的"或"潜在的","Positive"译为中文有"积极的""建设性""肯定的""进取的""正面的"等含义。因此,无论是积极心理学还是积极教育运动都是指向人正面的、积极的品质,强调发现人的优势力量,挖掘人的潜能,培养人的积极品质。当这股思潮传入我国后,在教育领域中如何运用积极心理学与积极教育思想的探索也随之兴起。本章根据已有研究,旨在探索职业教育领域如何贯彻积极教育思想,并提出有关积极职业教育观点。

第一节 积极职业教育的基本构想

积极职业教育构想的提出,既有西方积极心理学和积极教育运动的影响,也有我国本土积极心理教育与积极职业教育探索的启发,更是反思我国当前职业教育发展现实和我国职业教育发展理念的结果。因此,积极职业教育构想既继承了一般积极教育思想,又有独特的规定性,需要做出界定和剖析。

一、积极职业教育的构想缘由

（一）积极职业教育构想的思想来源

1. 西方积极心理学和积极教育运动的影响

20世纪末，美国著名心理学家马丁·塞里格曼（Martin E. P. Seligman）倡导并创建了积极心理学。经过多年的发展，它已在西方形成了一场范围广泛的心理学运动。

积极心理学"是致力于研究普通人的优势与美德的科学"❶。它主张研究人的积极品质，充分挖掘人潜在的、具有建设性的力量，促进个人和社会的发展，使人类走向幸福。其矛头直指传统的"消极心理学"，即第二次世界大战后过于重视和集中于测评并治愈个人心理疾病的心理学。积极心理学认为，心理学不应忘记自身的其他使命，它还应大量研究普通人如何在良好的条件下更好地发展、生活，具有天赋的人如何才能充分地发挥潜能等。在积极心理学家看来，积极心理学研究应分为三个层面❷：①在主观层面上，要研究积极的主观体验，如幸福感和满足感、希望和乐观、快乐和幸福体验；②在个人层面上，要研究积极的个人特质，如爱和工作的能力、勇气、人际交往技巧、对美的感受力、毅力、宽容、创造性、关注未来、灵性、天赋和智慧；③在群体层面上，要研究公民美德和使个体成为具有责任感、利他主义、有礼貌、宽容和有职业道德的公民，以及研究良好的社会组织等。

随着积极心理学的发展，其影响力延伸到了教育领域。一些积极心理学家开始将其研究成果应用于教育教学实践中，并提出了积极教育的理念，在西方教育领域掀起了积极教育运动。积极教育认为，教育活动应立足于学生的积极能力和潜能，以增强学生积极情感体验为中心，以培养学生的积极人格为最终目标。比如，强调通过积极教育措施培养学生的内在

---

❶ Sheldon, K. M. & King, L. Why Positive Psychology Is Necessary [J]. American Psychologist, 2001, 56 (3): 216-217.

❷ Seligman, M. E. P., & Csikszentmihalyi, M. Positive psychology: An introduction [J]. American Psychologist, 2000, 55 (1): 5-14.

学习动机，培养学生的主动性和创造性，培养学生的自我决策、自我决定、自我调适的能力以及智慧、乐观和幸福感等。21世纪初，这些思想传入我国后，促成了我国研究者进一步反思当前的学校教育，开始考虑如何开展积极心理健康教育、德育等工作。

2. 我国本土积极心理教育与积极职业教育的探索

在我国当代教育中，班华教授提出"心育"概念时，认为"心理教育是有目的地培养受教育者良好的心理素质，提高其心理机能，充分发挥其心理潜能，进而促进整体素质提高和个性发展的教育"❶。这种观点强调发挥学生潜能和培养学生的积极品质，实际上就是一种积极的心理教育观。崔景贵教授在论述当前的心理教育范式时，也充分体现了积极心理教育的主张，并明确提出了积极型心理教育，认为这是21世纪主导型心理教育范式，其主要特征就是"面向全体，促进学生心理积极和谐自主发展和心理潜能充分开发，倡导心理教育要关注和研究人心理生活积极方面，用积极方式来对心理教育问题作出解释并获得积极意义"❷。在其《职校生心理教育论纲》一书中，崔教授不仅倡导职校教师专业发展的积极策略，建构职校积极型心理教育模式，而且进一步提出了积极职业教育的理念和策略，强调职业教育要有以人为本的哲学理念，育人为本的实践艺术，与时俱进的创新策略。❸ 这些本土的积极心理教育、积极职业教育的探索无疑对积极职业教育理念的产生具有启蒙和倡导作用。

（二）我国职业教育现实的需求

由于经济发展水平、传统文化和教育制度的设计，职业教育在我国的发展中，曾长期得不到重视，尤其是传统文化中"学而优则仕"的官本位思想以及我国教育分流方法的影响，使职业教育在社会、家长和学生心目中地位不高。即便我国经济社会以及人们观念已发生很大变化的今天，职业教育地位也没有多少改善。社会大众认为职业教育是次等教育、二流教育、差生教育的现象仍很明显；重普教、轻职教，重研究型人才、轻技能

---

❶ 班华. 心育论 [M]. 合肥：安徽教育出版社，1994：9.
❷ 崔景贵. 心理教育范式论纲 [M]. 北京：社会科学文献出版社，2005：120.
❸ 崔景贵. 职校生心理教育论纲 [M]. 北京：科学出版社，2013：296-313.

型人才的现象仍很突出；成才观依旧是初中毕业升高中，高中毕业升大学，往往是报考普通学校无望的学生才选择报考职业院校。因此，职业教育对许多学生来说，似乎是一种无奈之下被迫的选择，选择职业教育同时也意味着未来没什么发展前途；职业教育也因此尽显其被动性、消极性。

从教师对待学生的态度上来看，差生观依然存在。如上海某高校对中职教师和校长的调查表明，竟然有80.7%的教师和52.8%的校长认同"中职生是'差生'"[1]。当教师将学生视之为差生时，职业教育就只能成为一种纠正学生问题的教育，一种弥补性的教育，给学生一个基本的出路。这很难让教师积极热情地教学，也很难获得成就感，同样，也难以提高学生接受职业教育的信心，使学生产生积极愉悦的学习体验和对未来充满希望和憧憬。

这种职业教育现实亟须改变，需要将这种消极被动的职业教育改变为积极主动的职业教育。

(三) 对我国职业教育理念的反思

我国职业教育的发展已经过多次改革，每次改革都在推动职业教育向积极方面变化，但囿于经济社会发展水平和人们观念的影响，职业教育中仍有一些理念制约职业教育功能的发挥。

1. 工具主义

有人说，职业教育本身就是一种功利主义教育，甚至是"功利主义教育的典范"[2]。比如，在思想层面，我们把职业教育作为人力资源开发和提高国际竞争力的手段；对个人来说，我们要通过职业教育让个体获得未来从事某一职业所需要的知识和技能等；对社会来说，我们通过职业教育来培养经济社会发展所需要的人才。这本身没问题，职业教育的确具有功利主义色彩，但在实施过程中不能过度，否则就会出现方向上的偏离，导致职业教育走向工具主义或狭隘的功利主义，即仅把职业教育当作实现某些目的的工具。比如，仅把职业教育当作经济社会发展的工具，完全以市场

---

[1] 转变观念，为中职学生提供发展机会 [N]. 中国教育报，2008-02-28 (3).
[2] 马启鹏，孙龙存. 为职业教育的功利主义价值取向正名 [J]. 比较教育研究，2011 (1)：61-67.

为导向设置课程，市场需要什么就教什么，而忽略个人的需求，如兴趣、精神追求；或把职业教育仅当作实现个人谋生的手段，仅考虑满足就业、工作需要，某种职业或岗位需要什么就教什么，就学什么，"够用就行""合格就行"。这实际上都忽略了职业教育作为一种教育类型而应有的基本教育功能，那就是影响人、促进人的积极发展。

2. 专业主义

职业教育是一种专业教育，强调专业性、职业性、实用性。毋庸置疑，这也是职业教育的特色，是职业教育的内在性质决定的，是其区别于普通教育及其他各类教育的根本点。但过于强调职业教育的专业性、职业性和实用性，不免陷入狭隘的专业主义，导致忽视非专业性、职业性和实用性之外的教育活动和内容，尤其是应该贯穿于职业教育、融合于职业教育中的人文教育。提高职业学校学生的人文素养，完善学生的人格，建立积极的人生态度和精神追求是与学生的全面、健康、可持续发展密切关联，也与学生能否有效学习职业和专业知识、技能，形成良好的职业态度密切相关。如果学生对专业学习没有兴趣，没有热情，没有主动学习的动力，那就难免厌烦专业学习，对专业学习产生倦怠。这无论如何也无法让学生有效地掌握职业知识和技能，形成职业能力和积极的职业态度，职业教育也就失去了吸引力。

同样，我们要反思这些职业教育理念的偏离，树立积极的职业教育理念。

二、积极职业教育的内涵

有学者认为，在西方积极教育运动中，"现代意义上的西方积极教育就是指以学生外显和潜在的积极力量为出发点、以增强学生的积极体验为主要途径，最终达成培养学生个体层面和集体层面的积极人格而实施的教育"[1]。但也有学者认为，这种积极教育的界定更多是由积极心理学演绎而来，对积极教育的认识有限，因此更倾向于将积极教育描述为"教育者以

---

[1] 任俊. 西方积极教育思想探析[J]. 外国教育研究, 2006 (5): 1-5.

学校和师生现实状态为出发点,以积极的理念与行动为手段去激发和引导学生积极求知并获得积极的情感体验,培养学生积极的人格品质与人生态度的教育"❶。

相比较而言,前者更倾向于一种积极心理教育,主要强调增强学生的积极情感体验,培养学生积极人格。后者更为全面,更接近教育的本质,不仅强调要培养学生积极的情感体验、积极的人格品质和人生态度,还强调要激发和引导学生积极求知。根据后者,我们可以认为,积极职业教育指职业教育者以积极的理念与行动激发和引导学生积极主动地获取从事职业或生产劳动所需要的知识和技能,增强学生的积极情感体验,培养学生良好的职业道德和积极的人格品质、人生态度的教育。因此,对积极职业教育的理解至少应包含以下几点。

一是职业教育应激发和引导学生积极主动地获取职业或生产劳动所需的知识和技能。这是职业教育的基本要求,但在传统的职业教育中,教师往往倾向于采取灌输的方式将知识传授给学生,希望传授得越多越好;职业技能的练习倾向于简单的行为训练,强调多次重复,越熟练越好。至于学生是否在积极主动地学与练,是否充分发挥了主体能动性,是否愉快地学与练,则不甚关注。对于学生来说,这种学习过程是被动的过程,是消极的学习。积极职业教育则主张,学习过程应成为一种积极主动的求知过程。只有发挥出学生的主动性,培养出主动的学生,学生才会有积极行动的动力,才会去主动探索,才会去创造性地开展活动,才会在求知过程中获得满足、自豪、成就感等积极的情感体验。这种积极的情感体验反过来又有助于学生积极投入行动,进而提高学习的有效性,形成良性循环。

二是职业教育应在教育过程中增强学生积极的情感体验。在教学过程中增强学生的积极情感体验,是各课程教学目标之一,但在传统的职业教育中,由于学校或教师更多的是关注学生的学习成绩,容易忽略学生的情感体验,甚至造成学生大量消极的情感体验。如很多职校教师对学生采取一种漠然的态度,上课没有积极的情感互动,下课就走人;或者出于恨铁

---

❶ 陈振华. 积极教育论纲 [J]. 华东师范大学学报(教育科学版),2009(9):27-39.

不成钢的心态,对不听话的学生批评、责骂、训斥等。这引发的只能是学生对学习、学校和教师的消极情感体验。积极职业教育强调,我们应该采取各种积极的手段,在教育教学过程中增强学生的积极情感体验,如成就感、满足感、幸福感、快乐感、爱、希望、乐观等。这些积极的情感体验不仅有助于师生缓解和消除学习、工作、生活中的压力,更好地促进学习活动的开展,而且还能有益其身心发展和健康。

三是职业教育应培养学生良好的职业道德。与普通学校不同,职业学校的学生毕业后大部分会走上工作岗位,从事某种职业,因此职业教育的重要任务之一就是要让学生形成良好的职业道德。传统职业教育同样强调培养学生良好的职业道德,但往往陷入一种简单的教育模式,主要传授的是职业道德知识,培养的往往是一种职业道德认知能力。积极职业教育强调,培养学生良好的职业道德,不仅是要提高学生的职业道德认识,更是要通过各种形式引导学生形成良好的职业道德信念,养成良好的职业道德行为习惯。

四是职业教育应培养学生积极的人格品质和人生态度。在积极心理学看来,积极的人格品质包括乐观、自信、自主、自尊、毅力、坚韧性、勇气、宽容、智慧、助人、充满希望、有责任感等。积极的人生态度包括个体对待人生是认真的、乐观的、进取的,热爱生命、热爱生活和工作、善待他人、勇于开拓等。传统的职业教育虽然也强调培养学生积极的人格品质和人生态度,但在实践中,由于受工具主义、专业主义等观念的影响,容易忽视这方面的工作。传统职业教育中的教学方式也难以促进学生这些积极的人格品质和人生态度的形成。因此,积极职业教育应改变这种状况,采取创新的教育教学方式,充分发挥教育的功能,积极培养学生这些人格品质和人生态度。

第二节　积极职业教育观的主要内容

如同理解其他教育理念一样,要真正理解积极职业教育思想,就需要澄清其关于职业教育的价值观、学生观和教学观。

一、积极职业教育价值观

改革开放后的很长一段时间,我们强调的都是职业教育要服务于经济社会的发展,培养市场需要的人才。此时,职业教育主要体现的是其社会价值,且在这种价值观指导下,职业教育很容易就陷入了狭隘的功利主义和专业主义教育,只强调为学生就业做准备,突出学生的专业知识和职业技能的培养。积极职业教育不仅要求重视职业教育的社会价值,更要求重视职业教育对个体人的积极发展价值,强调职业教育要以人为本,促进人全面、健康、可持续发展,并以此作为职业教育的最终目标。这就意味着职业教育不只要使学生学会做事,还要使学生学会做人,学会共处,获得智慧、自尊、爱心、同情心等;职业教育不只要满足学生低层次的生存需求,还要满足学生更高层次需求,如创造需求、审美需求等自我实现的需求,要使每个学生的潜在才干和能力得到充分发挥;职业教育不只是学生获取生存技能的途径,而且还应成为学生提升境界、丰富其精神世界,满足其精神追求,实现其人生梦想的途径;要通过职业教育使学生能感受到生活是美好的、学习和工作是愉快的,未来是充满希望的。

二、积极的学生观

在职校教师心目中,其学生主要是在基础教育后的分流中被淘汰下来的,无法上高一层次普通学校才被迫选择职业学校。这些学生大部分都是差生,没什么培养前途,能顺利从职校毕业就皆大欢喜。这种消极的学生观需彻底改变。对此,积极职业教育主张如下。

1. 每个学生都有积极的潜能

职业学校学生不是天然的差生或问题学生,"问题学生是由问题社会、问题学校、问题家长和问题教师共同培养、联合制造出来的"[1]。因此,我们要相信学生内在具有进取之心,每个学生都具有自身的优势和学好的潜

---

[1] 崔景贵. 职校问题学生心理与积极职业教育管理 [J]. 中国职业技术教育,2012 (33): 53-59.

力，都能够成才，关键是要为其创造好的环境，激发其学习的内在动力，让其认识到自身优势，发掘出自身潜力。

2. 每个学生都处在发展之中

教师应以发展的眼光，而不能以僵化、刻板的眼光看待学生。教育教学一方面应考虑学生因年龄、性别而具有的普遍性心理发展规律和特点，另一方面也应考虑学生是在发展变化中的，其内心是复杂的。以此现实为出发点，理解学生、引导学生，采取符合学生兴趣和需求的方式，调动学生学习的积极主动性、发挥其潜力和优势，促进其不断进步。

3. 每个学生都是有差异的

不同的学生有不同的成长背景，有不同的优势，有不同的对待问题的处理方式和看法，教师应尊重这种差异性，使不同的学生都能得到很好的发展。教师不仅要重视那些有发展前途的、有天赋的学生，对平庸的学生或某些方面显得落后的学生也应有积极的期待，要看到其特点和优势，引导其创造性地发展。

4. 每个学生都是独立意义的个体

每个学生都是不依赖于教师的独立意义的存在，教师应尊重这种独立存在，不能总是试图将自己的想法强加给学生，总是想着自己是为学生好，而不管这种想法能否为学生接受；也不能因为学生强烈维护自身权益而与教师有某种冲突时就利用教师的优势地位去打压学生，否则只会给学生带来消极的情感体验。

三、积极的教学观

在传统的职校教学中，师生的活动和交流比较少，情感共鸣就更少，学生往往是在被动地学，被动地接受，简单重复地练习，久而久之，学生就会感觉学习是单调无趣的。这种教学难以激发学生的内在学习动机，学会学习。积极职业教育主张如下。

1. 教学应激发学生的学习兴趣和内在动机

从外部来看，职业学校的教学应提高外部刺激的丰富性和吸引力，可借助于现代媒体技术（如网络技术等）和教学方法的变化（如情景教学等),提高学生学习的兴趣;从内部来看,职业学校教学要让学生充分感受到知识技能的价值和意义,提高学生学习的自信心、成就感和满足感,从而激发出学习的内在动机。

2. 教学应提高学生的积极情感体验

职业学校教学不仅是学生掌握基本知识和技能、基本方法的过程,也是提高其积极情绪体验和发展情感的过程。教师在教学过程中应将积极的情感带入课堂,通过各种积极的手段,唤起学生对所学知识和所学专业的热爱,激起学习和解决问题的热情,鼓舞其学习和解决问题的斗志。

3. 教学应强调互动和交流

教学不是简单的、单向的知识和技能的传授过程,也不是教师的"一言堂",而应是一个互动和交流对话的过程,是一个相互影响和相互促进的过程,是一个助人自助,相互提供学习动力的过程。

4. 教学应重视合作和共享

积极职业教育倡导教师之间的教学合作和资源共享,以提高教学的有效性,同时也应强调教师在教学中重视学生的合作学习和资源共享,以及师生之间的合作和共享,以便更有效地实施教学,培养学生合作、共处、共享等精神。

5. 教学应充分体现学生的主体地位

教师应重视学生在学习中的主体地位和责任权利的主体性,给予学生自由,唤起学生的主体意识,发挥其学习的主动性和能动性。在教学过程中,教师的作用是为学生提供资源,协助和引导学生思考和解决问题,以便培养其主动性、独立性、责任感、批判性和创造性。

第三节　积极职业教育的实施途径

我国的职业教育经过多次改革而不断发展,但在特定历史时期所形成的一些理念和做法未能与时俱进,阻碍了现代职业教育功能的发挥,使职业教育变成消极的教育。要推动我国职业教育从消极走向积极,在职业学校实施积极职业教育,可通过以下主要途径。

一、创建积极的教育环境

教育环境包括物理环境和社会环境。前者是指职业学校要为学生学习提供好的物质条件，如教学设备、完备的实习场所、图书资源等。社会环境指为学生的学习创设好的学习氛围，如支持和重视职业教育，提高职校毕业生的社会地位，为职校毕业生提供更多的上升通道等。这些环境的改善，能使职校生不再有低人一等的感受，更容易获得成功，更易获得成就感和学习中的愉快体验。但更为重要的是，要为职校生提供良好的心理环境，即要为学生创建出真诚的、安全的、自由的、无条件关注的心理氛围。真诚是要求教师在教育教学中真实、坦诚，不虚伪，不在课堂上一套，课下一套。如此，学生能以教师为榜样，习得良好的人格品质；学生能信任教师，以致能"亲其师，信其道"。安全是要求教师能为学生创建一个有序的、没有威胁的心理环境，要求教师不过多批评学生，不指责或训斥学生，不做伤及学生自尊的事，如此，学生才能安心、主动、批判性地学习。自由是要求教师能给予学生可以独立支配的时间和空间，允许学生从事自己感兴趣的事，探索自己感兴趣的课题。无条件的关注要求教师公平地对待所有的学生，不管学生的能力高低和贫富贵贱，都要关心他，不将自己的要求和标准强加给学生，不以自己的喜好差别对待学生。当然，这并不意味着教师对学生的问题不管不顾，没有原则，而是要求教师对好学生、差学生都要给予关爱。

二、充分利用现有的各课程教学

提高学生学习积极主动性，增强学生积极情绪体验，培养学生积极人格和人生态度的任务应贯穿于所有的课程教学中，应在各课程教学中落实积极职业教育观。在各类专业课教学中，都要采取各种积极措施，不仅让学生掌握专业知识、技能和方法，还要培养学生对这些专业的兴趣、爱好，形成与这些专业相关的人格品质和人生态度，如利用该专业或职业中的榜样激发学生的学习情感。在各类课程学习中，尤其要重视人文类课程的作用。在职业学校中，出于功利和实用主义的思想，这类课程往往容易被忽视，经常是"说起来重要，做起来不要"，而这类课程更有助于增强学生积极情感体验，培养学生的积极人格和人生态度。职业学校要通过各类德育课和人文素养课，充分发掘学生的积极品质和潜能，同时让学生认识到自身的优势和闪光点。如通过心理健康教育、生涯规划等课程教学和相关的各类活动，让学生认识自身的积极品质，提高其自信心和积极情感体验等。

三、实施积极的学生管理

以积极职业教育理念为指导，在学生管理中实施"心本管理"❶。所谓心本管理，即从学生心灵出发，尊重学生的内心感受，善于影响学生的心灵，从而由心灵的外在感动转化为管理者与学生心灵内在的交流与自觉。这要求教师和其他学生管理者关爱学生，对学生始终持有积极的期待。罗森塔尔效应告诉我们，当学生感受到教师的真诚关爱和较高的期待，就会有积极的回应。学生同样会以积极态度对待老师、对待学习以及对待自己，学生会变得更为自尊、自信、自爱、自强，焕发出一种积极向上的激情。在职业学校学生管理中，管理者和教师要尤其注意，要相信学生潜能，尊重学生的人格和尊严，对待学生的问题要宽容和有耐心，因为大多数职业学校的学生都在学业上有过强烈的挫折体验，且青春期的学生正处于自尊需求、心理敏感性和逆反心理最强烈的时期。职业学校的学生管理者和教师如果能充分注意到这点，在管理工作中，采取以鼓励和引导为主的方式，将大大有利于学生积极品质的培养。

尽管运用积极心理学和积极教育思想，提升我国职业教育质量和水平，促进学生更好的发展，这样的探索还处在起步阶段，但其思想和理念正契合当前我国职业教育的改革方向，那就是要促进学生全面、健康、可持续发展，使学生成为具有积极人格和人生态度的人，因此，对其开展进一步研究和实践有重要意义。同时，我们也应看到，积极职业教育的理念

---

❶ 崔景贵. 职校问题学生心理与积极职业教育管理［J］. 中国职业技术教育，2012（33）：53-59.

与人本主义的职业教育理念有承继关系,可以说是对其进一步的发展。这样的理念在当前经济社会发展环境和观念背景下,要真正贯彻和落实实为不易,但仍应作为我们职业教育行为的指导思想和努力目标。

本章小结

在积极心理学和西方积极教育运动的影响下,积极职业教育的理念开始在我国兴起。本章正是基于当前的这股思潮和我国本土积极职业教育的探索,以及对我国职业教育现实和理念的反思而提出积极职业教育构想,并对积极职业教育的内涵进行了分析,阐述了积极职业教育的职教价值观、学生观和教学观,提出了实施积极职业教育的途径。职业教育不仅要重视其社会价值,更要重视其对个体人的积极发展价值;要积极、发展地看待学生,承认学生的差异性和独立存在;教学应重视学生的学习兴趣和内在动机的激发,提高其积极的情感体验,加强教学中的互动交流和合作共享,突出学生的主体性;在实践中,职业学校应为学生创建积极的教育环境,实施积极的学生管理,充分利用现有的各课程教学,开展积极职业教育。

(本章作者 东南大学 姜飞月)

积极职业教育的特征、理念与构建

2014年6月,全国职业教育工作会议召开,作为国民教育体系重要组成部分的职业教育摆在了更加突出的战略地位,迎来了更为重要的战略发展机遇期。习近平总书记指出,要加快发展职业教育,让每个人都有人生出彩机会。《国家中长期教育改革和发展规划纲要(2010—2020年)》指出,努力培养造就数以亿计的高素质劳动者、数以千万计的专门人才和一大批拔尖创新人才。由此可见,职业教育的吸引力正在不断增强,职业教育受重视程度和社会地位也正得以快速、持续提升。尽管如此,消极教育的思想观念仍在一定程度上影响着职业学校教育教学的理念、目标、内容、过程、方法、途径和评价方式。因此,职业学校要积极转变观念,倡导和实施积极职业教育,使其切实成为广大学生打开通往成功、成人、成才大门的重要路径。

第一节 积极职业教育的主要特征

随着职业教育吸引力的逐步增强和职业教育的大众化发展,当前的职业教育需要由消极职业教育、普通职业教育转变到积极职业教育。在实施积极职业教育过程中,注意区分职校生与普高生、职业教育与基础教育的差异性与个别性。此外，职业教育具有独特的系统性，职业教育不限于中等职业教育，也包括初等职业教育、高等职业教育，甚或应用技术型本科教育、专业学位研究生教育。

一、理念创新：超越于"消极教育"的"积极教育"

出于对消极心理学的反思与批判，积极心理学主张通过引导、培养人展现固有的积极力量而使人真正成为一个健康充实并生活幸福的人。在积极心理学理念的启迪下，在反思职业教育现状和传统教育教学观念的基础上，职业学校应形成积极的教育理念，实施积极的教育行为。在积极职业教育中，积极应当成为贯穿教育全过程的核心价值和主线，使每一个人的素质都能够获得相对于自身而言的更为健康、积极的发展与提高❶。职业学校应以积极的、发展的眼光重新解读职业教育目标、对象、内容和方法，注意教育目标的全面性、教育对象的发展性、教育内容的多元性和教育方法的个性化。

从教育对象看，消极职业教育通常以"有罪推定"的方式视职校生为"低能儿"、失败者、差生、"边缘人""问题学生"、品行低下者。积极职业教育要面向全体学生，在关注问题学生的基础上，更要面向正常学生。从教育内容看，消极职业教育主要从问题出发，在关注专业知识与技能学习的同时，更为关注对学生的德行、安全和纪律的教育。"积极教育应关注积极情绪、沉浸体验、意义、成就和积极关系五方面的内容。"❷ 积极职业教育在关注学生的消极面的基础上，更要关注学生的积极面，注重学生素质的提升和潜能的开发，培养学生形成积极的个性、社会性。从教育方法看，消极职业教育主要采取的是军事化或准军事化的管理方式，对学生进行紧盯、严防、死守和压制。积极职业教育应采取人性化、个性化的管理方式，逐步实现变训斥、辅导、矫正为帮助、指导、促进，助人自助，培养学生的积极性、自主性。

---

❶ 崔景贵. 职校问题学生心理与积极职业教育管理 [J]. 中国职业技术教育，2012(33)：57.
❷ 何晓丽，王娜娜. 积极教育：积极心理学的理念与实践 [J]. 教育导刊，2012(11)：63.

二、对象特殊：区别于基础教育的职业教育

就心理特征而言，职校生与普高生既有共性，也有个性。不同的是，职校生的学习生活由普通教育向职业教育转变，发展方向由升学为主向就业为主转变。尽管从当前中考录取制度来看，普高生的学业成绩总体优于职校生，但职校生具有在鲜明的职业学校环境下形成了特殊的群体性特征。与普高生相比，职校生的专业思想明确，实践操作能力强，社会生活经验丰富，社会化发展程度高。就学习而言，职校生无论是学习的目的、过程，还是学习的内容、方式，都有其独特之处，如学习目的的职业性、学习过程的实践操作性、学习内容的专业性、学习方式的半自主性等。职业学校的教学计划、教学过程、教学方式方法、教学组织形式与生产实习等均以就业为导向，要特别重视加强学生的职业道德、职业意识、职业基础知识和技能、职业纪律及职业习惯等的教育与培养。

当代职校生多为"00后"，他们与以往职校生都具有青年初期心理发展阶段的共性特征。教育者不能戴着有色眼镜看待"00后"职校生，因为在他们身上，更多的是当代社会发展所赋予的时代性特征。不同时代的学生身上会有不同时代的教育和社会的缩影和烙印。当代职校生在学习生活的很多方面都超越以往的职校生，如由被动接受转为主动发现，由闭锁转为开放，由书本与学校中心转为问题与需求中心。

三、概念扩大：基于狭义职业教育上的广义职业教育

从结构层次看，广义的职业教育包括初、中、高等职业教育。初等职业教育主要指职业院校、培训机构和用人单位根据需求开展的实用技术技能培训。中等职业教育主要包括中等职业学校、职业高级中学、技工学校等。高等职业教育主要包括职业技术学院、职业学院、高等专科学校等。传统的职业教育是狭义的，主要指中等职业教育。很多人通常将职业教育与普通教育相对立，他们认为，对于绝大多数职校生而言，职业教育的终点是"断头桥"，除了就业否则无路可走；普通教育的终点则是"立交桥"，四通八达。因此，从学生、家长到教师都似乎形成这样的错觉，职

业教育逊于高等教育，职校生不如普高生，想尽一切办法也要让孩子上充满"希望愿望"的高等学校，也绝不上充斥"失望绝望"的职业学校。

《国务院关于加快发展现代职业教育的决定》指出，采取试点推动、示范引领等方式，引导一批普通本科高等学校向应用技术类型高等学校转型，重点举办本科职业教育。这样，高等职业教育还涵盖部分应用技术型本科院校。《现代职业教育体系建设规划（2014—2020 年）》提出，要系统构建从中职、专科、本科到专业学位研究生的培养体系，满足各层次技术技能人才的教育需求，服务一线劳动者的职业成长。多年来，各级各类职业教育为社会发展培养了大批技术技能型人才，服务于社会的各行各业。由此，更应该树立积极职业教育的思想，绝不能将职业教育窄化为"中等职业教育"，而应树立"大职业教育"的理念，从广义上看，职业教育可理解为除基础教育外的一切专业教育。不同层次的职业教育，只是体现为学生就读的起点层次、入学考试的成绩以及专业培养的目标体系的不同，并没有成败贵贱之分，不能忽视职业教育的地位，不能轻视职业学校的贡献，更不能蔑视职业学校学生。

第二节 积极职业教育的基本理念

与传统职业教育相比，积极职业教育具有积极性、对象性、系统性等特征。首先，在此基础上，积极职业教育首先要创新教育理念，树立积极的教育价值观。其次，树立能适应特殊教育对象的积极的学生观。最后，要想进一步提升职业教育教学的效果与人才培养的质量，积极职业教育还要树立积极的教学观。

一、积极的教育价值观

从教育对人的价值看，教育目的就在于引领学生发现与认识自己的价值，采取积极的手段实现与提升自我的价值。基于此，职业教育是教师实现人生价值而非谋生的手段。积极职业教育情境下的教师不仅应将教书育人看作职业，更要看作事业；不仅圆满完成相应的教育教学工作，更要看作学生家长、学校组织和社会授予的神圣使命。

教育的价值还体现在为了全体学生的发展。传统职业教育主要关注对部分尖子学生的培养和问题学生的矫治,因为他们可能会给学校带来良好的或不良的声誉。相对而言,"由于中等生既不能给教师带来快乐,也不会给教师带来特别的烦恼或担心,因此教师很容易自然地忽视他们"❶。积极职业教育应"抓中间带两头",对大多数学习能力中等的职校生,要帮助他们端正学习态度,进一步提升学业水平与能力;对少数学习能力强的职校生,要向他们提出更高要求,以满足其学习发展的需要;对少数学习能力差的职校生要重点辅导、个别帮助,消除自卑,增强自信,逐步培养他们对学习的兴趣。积极职业教育不仅关注成功,以此发展学生的成就动机与自我效能感;也关注失败,并以此发展学生的耐挫力。

传统的"中国式教育"在基础教育阶段,特别是初、高中阶段窄化为应试教育,过于注重知识灌输,寄希望于让孩子直接得到越来越多的知识,集十几年功力培养学生形成一种能力——应试能力,却将本该由基础教育阶段培养的人的基本素质的课程摆到边缘地带,从而将这个任务搁置到专业教育阶段。积极职业教育应该在关注学生知识传授、技能训练的基础上,进而关注学生情感、意志、想象力、创造性、个性、社会性、学习能力等的培养,使学生在成长、成熟的过程中不断成人、成才。

二、积极的学生观

教师要以积极的态度、多元的视角、发展的眼光,相信职校生有积极的自我提升愿望和潜力,这也是开展积极职业教育的前提。"人是教育的中心。透过教育,来提升人,转化人,鼓励学生培养德性,并活得自由丰盛幸福。"❷ 职业学校教师要树立科学、积极的职校生心理发展观,用积极的眼光看待当代职校生。"说当代职校生是不可理喻、不可救药的,是因

---

❶ [美] 查尔斯·森特. 小学课堂管理 [M]. 吕良环,等,译. 北京:中国轻工业出版社,2003:53.
❷ 周保松. 什么是好,什么是坏?重建中国大学的价值教育 [N]. 南方周末,2010-08-26 (F31).

为还没有找到他们的语言体系、行为准则和生活信念。"❶ 因此，不能总把职校生看成是"问题学生""学业失败者"。他们同样具有强烈的自主意识、独立思维、自我教育与自我服务的能力，同样是充满朝气、意气风发的青年群体，同样是未来社会进步和国家发展的贡献者。积极职业教育主要服务于培养未来人才，而非矫治问题学生，采取的主要教育手段是塑造而非改造。

另外，职业教育要避免"千人一面"式的培养机制，不能仅将人才培养定位为面向生产生活一线的蓝领工人，要真正体现由注重学生共性转变为在注重共性的基础上积极关注学生的个性，积极发展学生的独立性、独特性、独创性。积极职业教育既要把学生培养成为德智体美全面发展的人，手与脑、身与心、理论与实践协调发展的"人"，更要努力把学生造就成能立足现在、并能面向未来社会需要的可持续发展的"才"。

三、积极的教学观

在传统教育中，教师有太多的权力和机会让学生体验消极情感，而学生似乎也难以逃脱这种命运。❷ 学生的学习动机更多地受制于诱因与压力的外部动机，缺少强大持久的内部动机。传统职业教育重教学结果，轻教学过程；重教师主导作用，轻学生主体地位；重教学形式，轻教学内容；重知识传授与技能训练，轻情感体验、个性、社会性与创造性培养。职业教育只有充分发展职校生的独立性、积极性和创造性，才能促进其能力素质的有效提升。

积极职业教育是师生主体双方的积极行动，更是积极互动。积极课堂交往的发展轨迹由传统课堂中师生"单向性"传递，发展为"双向性"互动，再兼顾生生互动、师组互动、组组互动、生组互动等多种形式。积极、多维的课堂互动形式有助于拓展学生知识的广度、理解的深度，有助于提升认知能力、元认知能力与动手操作能力。积极职业教育要引导教师

---

❶ 崔景贵. 职校生心理教育论纲 [M]. 北京：科学出版社，2013：32.
❷ 陈振华. 积极教育论纲 [J]. 华东师范大学学报（教育科学版），2009，27（3）：32.

角色逐步由"教师""工程师"转向"技师""导师",教学目的也要由"为教而教"转向"为人而教"。教师不仅要做学生成才的"经师",也要做学生成人的"人师"。此外,教师要结合课程特点与专业学生的特点,对教学目标、教学内容、教学过程、教学方法、教学环境等进行精心设计,可采用翻转课堂、微课、案例教学、项目教学等模式,积极开展启发式、探究式、合作式等形式的教学。

第三节 积极职业教育的构建策略

积极职业教育的实施需要构建能促进其发展的教育策略,首先需要革新相关管理机制,从体制机制上为实施积极职业教育奠定基础并理顺关系。在此基础上,还要创建适合于实施积极职业教育的教学环境氛围,教师与学生均需做好相应变化与发展,教师要引导学生科学、合理地转变学习方式,并做好有效的教学评价。

一、积极职业教育的管理机制

积极职业教育的实施需要职业学校变革并创新相关管理机制。第一,学生管理组织机构创新。在条件许可的情况下,职业学校可在现有的学工处、团委、院系、学生会等机构的基础上,设立学生事务服务中心或学生自治中心,充分发挥学生的积极性、能动性和创造性,引导学生做好自我教育和自我服务。第二,学生管理模式创新。积极职业教育必须从军事化、准军事化管理走向人本管理、心本管理,切实理好管与理,教育、管理与服务的关系。第三,教育教学机制创新。职业学校人才培养方案可采取创新学分制、跳级制、"三明治"学制(工作一段时间再回校上学)、校际校企合作制、国际交流制等弹性学制,让学生享有充分发展的机会。《国家中长期教育改革和发展规划纲要(2010—2020年)》指出,注重因材施教。关注学生不同特点和个性差异,发展每一个学生的优势潜能。推进分层教学、走班制、学分制、导师制等教学管理制度改革。职业学校既要面向全体,全面提高全体学生的职业能力和综合素质,又要兼顾他们的个体差异，采取针对性的教学措施，使每个职校生的个性都能得到充分自由地发展。因此，未来的学校应该是以学生为中心的，这并不是说要由学生来掌管学校，而是学校应该根据每个学生的能力倾向进行有针对性的教育。❶

二、积极职业教育的环境创建

实施积极职业教育，一方面，职业学校需创设良好的校园环境，培养教师形成积极的思维方式和乐观的生活态度，不断提高教师的师德水平、心理健康水平和综合素质，进一步提升教师对职业教育的责任感与使命感，提高对职校生的爱心与耐心，对职校生充分尊重、信任与期待。教师要不断汲取积极心理学的理念，更新教育观念，努力培养学生的学习兴趣，激发和维持学习动机。另一方面，职业学校还需创设积极的心理环境，保证职校生在心理安全、自由和谐的环境下积极学习与发展。

当然，实施积极职业教育，还需要良好的外围社会环境。从内部因素看，职业学校本身要不断提升办学水平，提高人才培养的质量，进一步增加职业教育的吸引力。学校本身应当是一个快意的场所，校内校外看去都应当富有吸引力。❷ 从外部因素看，政府要进一步加大对职业教育的投入，适度加大职业学校办学的自主权，加大职业教育改革创新的力度，进一步提升职业教育的社会地位，提高全社会对职业教育的认同感与认可度。

此外，实施积极职业教育，还需要加强家校合作的频度和广度，家长要去除教育的"功利化"取向，不能觉得把孩子送进职校就意味着毕业时能找到好的工作，更不能把"问题"孩子放到学校就身心轻松而不闻不问。企业也要去除"工具人"取向，需求的人才既要有熟练的技术技能，也要具有一定的创造力、潜力和继续学习的能力，而非机械重复操作的"机器人"。因此，企业要配合职业学校做好人才培养工作，做到职业学校与企业人才需求的无缝对接，职前教育与职后培训的一体化。

---

❶ [美] 彼得森. 积极心理学 [M]. 徐红, 译. 北京：群言出版社, 2010：155.
❷ [捷] 夸美纽斯. 大教学论 [M]. 傅任敢, 译. 北京：教育科学出版社, 1999：93.

三、积极职业教育中的教师与学生

首先,作为积极职业教育的实施者,教师在现代教育目标观、多元智能观、科学的心理发展观的基础上,积极转变教育观念,创建积极的教学环境,积极准备教学、实施教学、评价教学、研究教学与创新教学,积极期待、积极关注各类学生,关注学生的积极面、闪光点,积极引导学生的学习与发展,关注学生的幸福成长。积极职业教育既要全面提高全体学生的职业能力和综合素质,又要兼顾他们的个别差异,采取不同的教学措施,使每个职校生的个性能得到充分自由发展,让各类职校生都能成人成才。教师要全面了解职校生,熟悉职校生在知识、能力、身体和心理等方面的差异,在教学中扬长避短、有的放矢地进行因材施教。

其次,作为积极职业教育的受惠者,学生要进行积极的自我认知、积极的自我规划、积极的自主学习、积极的自我评价、积极的自我反思与调控。职校生要能积极地选择适合自己的学习方法和策略,能动地计划、实施、调节和评价学习,不断优化知识结构,适应自身与社会发展的需要。在学习过程中,"学生必须自己教自己,因为只有他们自己才晓得哪种方法最适合自己"[1]。这样,他们在面临种种情境和问题时才能及时能动地做出积极的反应。

四、积极职业教育的学习方式转变

在学习化社会中,职校生应该是一个具有终身学习素质和可持续发展素质的学习者,要能根据时代社会的特点,积极主动、科学合理地转变学习方式。第一,学习目的由理论学习转向应用学习。作为未来的应用型人才,应用学习是职校生知识得到深化、能力得以发展的主要途径。加涅认为"教育计划具有的重要的、终极的目的是教会学生解决问题"[2]。职业学

---

[1] [美]斯腾伯格,史渥林. 思维教学:培养聪明的学习者[M]. 赵海燕,译. 北京:中国轻工业出版社,2001:149.

[2] [美]加涅. 学习的条件和教学论[M]. 皮连生,译. 上海:华东师范大学出版社,1999:221.

校要根据培养目标,按照不同专业的特点,组织职校生参加大量的生产生活实践活动,培养职校生的动手操作能力和实践应用能力。第二,学习层面由片面学习转向全面学习。从学习目标来看,职校生不仅习得专业知识,形成职业技能,提高综合素质,还要增强体质,形成良好的思想道德素质;从学习水平来看,职校生不仅识记和理解知识,还要分析和综合知识,在此基础上加以评价和应用;从学习系统来看,职业学校促进职校生知、情、意、行的全面发展。第三,学习时间由阶段学习转向终身学习。学习不仅是为了适应未来的职业,更是为了适应未来的个人发展。职业学校只是职校生走向社会的一个过渡阶段。职校生必须通过持续一生的学习来提升其专业能力,不断更新专业知识。职校生不应将终身学习看作一种强加给自己的任务,而应将其看成自己的一种生存方式,一种不断增长知识、培养能力和提升素质的手段。第四,学习空间由课堂学习转向社会学习。职业教育打破了单纯的课堂教学的基本教学形式,突破了职业学校的范围。课堂和教材不再是职校生唯一的学习资源。"学校再也不会是一个为学生一生准备一切的地方。"[1] 课堂学习仅能满足职校生系统接受知识的需要。"闭门"难以造出"好车"。在课堂以外的学习空间,职校生可以拓展视野、了解社会需求和专业发展现状,以使学习更具目的性和针对性,可以获得更为丰富的学习资源,广泛接触不同人群,面向社会生产生活实践,应用和创新所学知识,不断发展与提高专业技能和素养。

五、积极职业教育的评价方式

评价手段是实施积极职业教育的指挥棒与抓手。"改变一代人以考为本的学习方法和思维方式,是教育复兴最根本的任务。"[2] 传统的教学评价多为终结性评价,学生忽略过程性学习,而非常关注终期考核。积极职业教育需要实现立体式、多元化的评价方式,建立多种形式、多次机会的评

---

[1] 联合国教科文组织. 学会关心:21 世纪的教育——圆桌会议报告 [J]. 王一兵, 译. 教育研究, 1990(7): 76.

[2] 黄全愈. 教育复兴:从"授人以渔"到"有教无类"[N]. 南方周末, 2010-09-09 (F31).

价模式。因此，积极职业教育的教学评价可采取定性与定量相结合、课堂表现与课后作业相结合、形成性评价与终结性评价相结合等方式，应适当调整平时考核与终期考核的比例，在关注结果考核的同时，更为关注过程考核。在此基础上，关注考核的目标、内容和方式与考题的形式，从发展的角度引导学生多做纵向的自我比较。考核目标逐步由对记忆、理解能力的考核转变为操作、应用能力的考核。考核形式由期末闭卷考试拓展到口试、机考、现场实操、活动产品考核等。

积极职业教育也应重视个性化、序列化的评价方式，因为学生是个性化的、多样性的，要针对学生的个性特征和发展趋势，做到因人而评，避免公式化地走过场。教师要对学生提出发展的序列要求，使教育和评价具有明确的目的性与连续性。评价要求与标准应由浅入深，由低到高，由知识学习到技能操作应用。

积极职业教育还应该重视学生的自我评价。积极教育理念的认同、接受与内化，不能只靠学校与教师的外在强化，更要通过学生个体的积极内化。自我评价能有效激发学生的自尊心和责任感，能积极主动地接受评价。

本章小结

积极职业教育是超越于"消极教育"的"积极教育"，是区别于基础教育的职业教育，也是基于狭义职业教育上的广义职业教育。在积极的教育价值观、积极的学生观和积极的教学观等积极职业教育理念的指导下，实施积极职业教育。第一，要创新职业教育的相关管理机制；第二，要创建积极职业教育的校园心理环境和外围社会环境；第三，要积极主动、科学合理地转变学生的学习方式；第四，师生在积极职业教育过程中都要有积极的行为表现；第五，要采取积极有效的评价方式。

（本章作者　江苏理工学院　蒋　波）

现代工匠精神与积极职业教育策略

2016年3月5日上午,国务院总理李克强在全国人民代表大会做政府工作报告时指出,要"鼓励企业开展个性化定制、柔性化生产,培育精益求精的工匠精神"。培育"工匠精神"首次出现在国务院政府工作报告中,让人耳目一新。在中国经济发展进入新常态,产业结构向中高端发展,全社会创新创业全面展开的大背景下,提出并强调工匠精神,确实是适逢其时,对于现代职业教育实践而言有着很强的现实意义和重要的创新价值。这是呼吁工匠精神回归现代职业教育的"总动员"和"集结号"。工匠精神的职业教育意蕴是什么?为什么要培育现代工匠精神?现代职业教育如何培育现代工匠精神?我们可以借鉴积极心理学的专业视角,对这些问题进行多维度的全面探究、深入研究。

第一节 现代工匠精神的积极心理意蕴

工匠精神其实不是新名词,也并非舶来品,由来已久。现代工匠精神是一个内涵与外延比较复杂的概念,这里从心理内涵、心理特征与心理意蕴三方面解读。

一、现代工匠精神的心理内涵

工匠精神是指工匠对自己的产品精雕细琢、精益求精的精神理念,其内涵是敬业乐业、专注专一、勤奋创新、追求精致。工作熟练无失误,仅以为"工",而未成"匠";由表及里,精益求精乃为"工匠"。工匠精神是一种对职业敬畏、对工作执着、对产品和服务追求完美的价值取向。具体到工匠个体,往往具有专注、坚守、耐心、淡然、创新,以及不断突破自我等优良品质;具体到产品和服务上,表现为以人为本、精心打造、精工制作、质量上乘等特质。❶

从心理学角度剖析工匠精神的要素,包括以下几方面:一是兴趣乐趣。兴趣是最好的老师。对一件事物产生兴趣,才会给予它优先关注并积极探索,从中获得积极情绪体验——乐趣,才会充满热情地专注于这件事物。《论语》云,"知之者不如好之者,好之者不如乐之者",这是工匠精神的第一心理要素。二是创新创造。创新是工匠寻求技艺突破的必需能力;创造是工匠收获成果的一大境界。匠人尚巧,其创新创造品质是区别于一般技术工人的重要心理特质。三是坚韧钻研。注重细节,追求技艺的精湛和产品的精致,不惜花费时间,"既琢之而复磨之",精雕细琢的工作态度值得称道。四是担当责任。匠人发明创造、反复雕琢,用心打磨,为品质负责,为行动负责,为岗位负责,才无愧于产品,无愧于顾客,无愧于自然,无愧于自身。工匠精神缘起于兴趣,闪烁着"尚巧"的创造思维,彰显坚韧钻研的品格,严谨负责的态度,追求至善尽美、精益求精的美德。

工匠精神是个体持续内化的职业心理素养。工匠精神是执着事业的热爱度,追求极致的精气神,独具匠心的创造力,在年复一年、日复一日的工作中,凝心聚力的操作和实践内化为人的精神。其实,工匠精神在很大程度上是优秀的心理素质与精湛的职业技术、专业技能结合的产物。培育工匠精神,就是为了培养具有优良职业心理素质的技术技能人才。换句话

---

❶ 孙兴洋. 职业教育尤重"工匠精神"[N]. 人民日报,2016-03-24(18).

说，培育职校生工匠精神，就是职业学校教师传授专业知识和技能时的心理教育，是促进专业能力、道德品质与职业素养全面提升的心理教育，也是引导职校生成长成人与成才的心理教育，从而为培育高素质的技术技能人才奠定坚实的心理基础。

二、现代工匠精神的心理特征

1. 融合性

工匠精神是勤奋勤勉和创新创造的融合，是精益求精和开明开放的融合，是行动力和执行力交互作用的产物。有专家认为，"所谓工匠精神，不仅具有高超的技艺和精湛的技能，而且还要有严谨、细致、专注、负责的工作态度，以及对职业的认同感、责任感、荣誉感和使命感"❶。工匠精神是爱心、责任、严谨共同作用的产物，有爱心，才有无私的奉献和投入；有责任心，才有专注和执着；有严谨，才有一丝不苟，追求完美❷。

2. 职业性

职业，简单来说就是工作，工匠精神依附于职业活动而存在，并在职业实践的基础上发展丰富，职业性作为工匠精神的基本特性不言而喻。工匠精神是从业人员对待职业的一种态度，是职业精神的重要内容，而手工艺人本身独具的职业属性决定了工匠精神的职业特性。技术技能人才有初级、中级、高级的确定的衡量标准，工匠精神的内化程度自然也存在个体差异。

3. 发展性

工匠精神从提倡到形成并不是一蹴而就的，而是一个循序渐进的心理发展过程。所谓的心理发展，是个体经历一系列有不同质的发展阶段的非连续过程。高素质技术技能人才的培养过程，就是分阶段培养现代工匠精神的过程，需要遵循技术技能人才的心理成长规律。匠人感知方式、思维

---

❶ 陈昌辉，刘蜀. 工匠精神——中国制造在呼唤，职业教育应担当[J]. 职业，2015(20)：14-15.

❷ 鲁晓倩.《传家宝》：展现中国古代劳动人民的工匠精神[EB/OL]. http://www.xue163.com/572/10027/5724790.html，2016-04-05/2016-04-06.

品质、情感水平和行为能力的不断提升和完善,决定了工匠精神发展的阶段性特征。

三、现代工匠精神的心理意蕴

工匠精神是一种与时俱进的职业实践精神,是现代人格特质的重要体现,是人生发展价值的理性觉悟。在持续不断的职业精神追求中,个体磨炼创新品质,保持乐观心态,促进人格升华,达到职业人生的理想境界。

1. 工匠精神是一种职业精神追求

工匠精神属于职业精神范畴,同时又精于职业精神,它是职业精神的核心意蕴和高度追求。而职业精神是人们的职业价值取向及其行为表现,包括职业理想、职业态度及职业操守等。工匠精神在个人工作层面,就是一种认真负责精神、敬业乐业精神,其核心是不仅仅把工作当作赚钱养家糊口的工具,而是树立起精益求精的职业态度,极度注重细节,不断追求完美和极致,攀登职业精神发展的新高度。

2. 工匠精神是一种创新创造品质

创新创造是工匠精神应有的意蕴。工匠精神更强调从业者职业态度和精神理念,尤其是对工作、产品创新的追求。古代匠人"尚巧",巧夺天工、匠心独具、出神入化、鬼斧神工,将其创新品质刻画得淋漓尽致。工匠精神不仅体现为对工作专心专注、精益求精的坚守和苛求,对产品精心打造、精工制作的理念和追求,更应体现在不断吸收最前沿的创新技术,创造最顶尖的新成果上。

3. 工匠精神是一种积极乐观心态

工匠精神不是时髦的职业口号,它存在于每一个人的身上、心中。工匠精神的精髓是用心活、用心干、用心经营、用心诠释人生,在职业人心中埋下希望的种子。工匠精神是技艺从业人员所要追求的生命状态,非一朝一夕即能达到,在追寻的过程中难免遇到挫折、遭遇桎梏,此时不能自怨自艾,怀疑自身能力,以至于自暴自弃,半途而废,而是要保持积极乐观的心态,努力成为"朽木可雕""飞斧斩橡"的旷世神才。

4. 工匠精神是一种现代人格特征

现代职业教育变革人才培养模式，不仅需要贯穿工匠精神，同时也要把握工匠精神的人格特征。区别于传统人格特征，工匠精神是包容并蓄、共同发展的现代人格，表现为敬业乐业的实践实干，创新创造的责任担当，坚持不懈的与时俱进。工匠精神应在传统技艺的基础上，吸取与技艺相关领域的内容，善于借鉴嫁接，以求现代职业素养的提升，跟上时代前进的步伐。

5. 工匠精神是一种卓越人生状态

追求工匠精神的过程，是个体自我超越、追求卓越的过程。终身学习不是匠人的专利，却是匠人的坚守与追求。在学习的道路上，匠人秉承因时而变的原则，"述而又作"，不断地学习进取、勇于创新，从而为古今中外的仁人志士所称道。匠人的卓越，并非因其成果丰硕，而是有一种永不满足地追求出类拔萃的进取精神。并不是每一个人都具有工匠精神，但工匠精神却是值得每个人追求的理念和境界。能够实现"人无我有、人有我优、人优我精"的发展，个体也就达到了积极卓越的人生状态。

第二节 工匠精神在职业教育中的缺失与重塑

一、现实职业教育缺失工匠精神的原因

如今的职业教育存在一个现象：职业教育变成了单一的实用技术教育，职业教育变成了人——技术人员或技能工人的"加工厂"，工匠精神在职业技能的训练过程中被边缘化，在受教育者身上日渐消失。现实的职业教育缺乏工匠精神，看不起、看不见或者看不懂现代工匠精神。那么，现实职业教育缺失工匠精神的原因究竟何在？

1. 工匠精神在职校人才培养中的"弱化"

现今的职业教育为生存为发展，培养技术技能人才保持或信守着"唯技术"的功利态度，讲求实用性，看重证书和技能考核，过分强调技术技能，以至于忽视了受教育者的职业素质和职业精神教育，职业教育人才培

养实践步入"空心""缺德"的价值误区。职业教育过程重理论轻实践、职业教育目标重技能轻文化、重促进就业轻引导创新创业。急功近利的职业教育逐渐暴露出它的弊端,导致企业真正需求的工匠人才"缺位"现象凸显。很长一段时间,我国职业教育本身的畸形发展,忽视了把塑造工匠精神作为教育"灵魂"来抓的重要性,导致职业技能人才培养与市场需求的严重脱节,造成高素质技工缺口达到2200万人到3300万人的严峻事态。

2. 工匠精神在职业教育过程中的"虚化"

工匠精神的缺失,很大程度上是源于职业教育的被轻视、漠视。职业教育饱受社会歧视忽视,地位低下,生存艰难。这正是目前国内职业教育普遍存在的问题。在信奉"万般皆下品,唯有读书高"的中国人眼中,职业教育始终难登"大雅之堂",职业学校学生被认为是传统意义上的"失败者",甚至职校教师也是摇头叹息、抱怨指责。职业教育依然是我国教育领域的"软肋",一些人对职业教育的偏见与蔑视还普遍存在。有媒体报道称,2016年寒假期间,某地一中学向学生群发短信,提醒"不要和职高生混"。这虽然是个案,但也反映出社会观念的滞后和少数教育工作者的偏见。社会对职业教育的价值误判,重视普教轻视职教,职业教育被视为二流或三流的教育,令接受职业教育的学生失去了发展的信心。因自信心不足,找不到奋发向上的动力,找不到努力前行的方向与目标,职校学生的工匠精神也就难以培养。

3. 工匠精神在行业企业文化中的"淡化"

当今,以追求规模和利润的"商人精神"大行其道,鲜有具备"工匠精神"的企业能够打造出优秀精良的产品。急功近利的社会生活环境和浮躁心态,使得企业过度追求"短、平、快"(投资少、周期短、见效快)带来的即时利益或短期利益,从而忽略了产品的品质与灵魂。不少人梦想一夜暴富,一些企业追求眼前利润,"抄一把或挖一桶就走"。这是工匠精神严重匮乏的现状。工厂老板等不及工程师匠艺精神的开花结果,社会也等不及工厂匠艺精神的精雕细琢。这意味着工匠精神所需要的执着痴迷,不再能得到应有回报,工匠精神所必须经过的磨炼就这样被无情地摧毁。更令人担忧的是,企业自身的这种职业态度还会对职业院校的办学理念和学生的职业价值观、人生观产生负面影响。

4. 工匠精神在现实职场文化中的"软化"

与工匠精神相对的,则是普遍流传盛行的"差不多精神"——满足于90%,而不追求100%,反映的正是"差不多就好啦"的心态。倘若抱有这样的心态,又如何能做出让自己爱不释手、引以为傲的产品呢?不以制造"优品""极品""精品"为工作目标,造出的就只能是"差品""次品""劣品"。虽然早就有"庖丁解牛"、鲁班、卖油翁等历史悠久、脍炙人口的"工匠"式传奇,但如今却常常被"差不多"文化所取代,"差不多就行了"甚至成为在车间和作坊之外很多人的生活态度。在这样的职场文化环境与生活氛围里,工匠精神的日趋没落和渐渐消亡就在所难免。长久以来,正是由于缺乏对精品的坚持、追求和积累,才让个体职业成长之路崎岖坎坷,生涯发展之途充满荆棘。这种缺乏也让企业持久创新变得异常艰难,更让基业常青成为凤毛麟角。

现代工匠精神缺失对职校生心理产生显而易见的消极影响。正是长期缺乏工匠精神的职业教育造成职校生没有信念、缺乏信仰,精神成长的空虚与荒芜。"重学轻术"的错误价值观,导致职校学生得不到应有的理解和尊重。长此以往,职校生容易出现"自我无能、社会无情、学习无效、努力无果、升学无门、就业无路、生活无趣、人生无望"的消极状态,表现出无能感、无用感、无聊感、无责感、无望感等典型心态[1]。职校生经常"我不行""我不能"的思维模式容易造成"我无能为力"的判断;认为自己没有理想前途、发展机会和专业志向从而放弃努力、听天由命;因为对学习失去兴趣乐趣而选择沉溺网络、谈情说爱、逃课闲逛等方式放纵自我;责任担当意识薄弱、行动不自觉,就不主动去寻求努力目标、创新创业;当发现无论如何努力都以失败告终,只觉得是自己消极的命运使然,却不反思自己是否用心努力、坚持钻研。

---

[1] 崔景贵. 解读职校生"习得性无助"现象:心理症结与教育策略[J]. 中国职业技术教育,2013(12):65-72.

二、重塑工匠精神的现代职业教育

随着科学技术的进步,"互联网+"时代的走近,培养高素质技术技能型人才刻不容缓。工匠精神是高素质技术技能人才的应有之义。现代职业教育技术技能人才的培养离不开"工匠精神"。衡量职业教育人才培养质量,关键在于受教育者有没有养成真正的工匠精神。工匠精神既是提升职业教育人才培养质量的需要,也是重建职业教育地位和尊严的需要,更是高素质劳动者和技术技能型人才的重要品格。职业学校和职业教育工作者唯有践行工匠精神,培育为社会所认可的颇具工匠精神的现代技术技能型人才,让社会和民众从心理上认可职业教育,职业教育才会成为有尊严、有前途、有实惠、有幸福感的教育类型。

倡导和培育现代工匠精神,就是要塑造现代职业教育发展的价值观,在专业技能提升的同时促进职校生成长成人成才,改变一些职校生身上存在的"差不多精神",引导他们树立精益求精、追求完美的职业态度。职业学校弘扬和培育工匠精神,有利于在全社会倡导一种"做专、做精、做细、做实"的作风,营造一种"技术是硬道理""用品质说话"的环境氛围,培养坚韧钻研、精益求精、创新创造、乐业敬业的高素质技术技能型人才,为中国质造加油,让中国制造成为精良品质的代名词,进而促进经济发展和科技进步产生"蝴蝶效应"。一个拥有工匠精神、推崇工匠精神的国家和民族,必然会少一些浮躁,多一些纯粹;少一些投机取巧,多一些脚踏实地;少一些急功近利,多一些专注持久;少一些粗制滥造,多一些优品精品[1]。将"中国制造"升华为"中国智造""中国创造""中国质造",更加需要现代工匠精神的积极引领,倒逼着职业院校教育关注正在失落的工匠精神,重拾现代工匠精神。

现代工匠精神是中国职业教育人才培养要补的"精神之钙"。要为"中国制造2025"打造一支素质过硬的技术技能人才队伍,就必须大力弘扬和培育现代工匠精神。现代职业教育的价值追求和核心理念是育人为

---

[1] 刘江伟,叶乐峰. 工匠精神:为中国制造铸魂[N]. 光明日报,2016-03-12 (1).

本，其宗旨是为人、成人❶。职业学校学生可以暂时没有高水平的才，但一定要是富有责任感、恪守诚信、团结协作、懂得忠诚的职业人。这与工匠精神的精益求精、严谨专注，精致专一、敬业乐业的精神内涵不谋而合。加快发展现代职业教育，呼唤中国式"现代工匠精神"的回归。丢失的工匠精神，我们要通过推进职业教育人才培养模式的改革创新找回来。重拾"工匠精神"，既是现代职业教育质量提高的本质要求，也是社会转型发展的必然趋势，对职业教育培养心理健康和谐、人格健全大写和精神成熟富有的人才，特别是富有"工匠精神"的技术技能型人才具有重要的导向功能。可以说，在资源日渐匮乏的后成长时代，重提工匠精神、重塑工匠精神，是现代职业教育能够培养出高素质技术技能人才的关键，是企业积极生存发展、社会转型和谐发展的必经之路。

第三节 培育现代工匠精神是积极职业教育的使命

培育现代工匠精神，回答的是"培养什么样的人""培养人的什么"和"如何培养人"的根本问题。说到底，职业教育要从"育人"根本找出路，从积极视角寻策略，科学践行积极职业教育的基本理念。积极职业教育倡导从受教育者的积极心理品质和心理发展潜能出发，以增进受教育者的积极情绪体验为教育契机与途径，激发受教育者心理发展的愿望和潜能，促成受教育者积极心理品质的培养。培育现代工匠精神，职业院校要以助人自助、立人成人为出发点，秉承立德树人、育人至上的现代理念，立足实际、积极实施、注重实效，着力建构科学的积极职业教育实践范式。

一、优化心理资本教育，引导职校生和谐成长

培养职校生自尊自信、乐观积极、阳光希望、执着坚韧的心理品质，

---

❶ 崔景贵. 培育技术技能人才：加快发展现代职业教育的理念与战略［J］. 中国职业技术教育，2014(21)：180-183.

是积极职业教育的重要目标。Luthans 等人认为,心理资本是指个体在成长和发展过程中所表现出来的一种积极的类状态的心理力量[1]。它是一种非常重要的个体积极心理能力,强调积极心理素质对技术技能人才成长的重要性。引导职校生心理和谐成长,开发心理资本,挖掘心理潜能,主要从以下几方面着手。

1. 培养自尊自信的心智

重拾"工匠精神",当务之急是重拾职校生的自信,点燃他们内心积极向上的火花。自尊是高尚的品德,自信是成功的源泉,职校生在专业上有所建树,首先要具备自尊心与自信心。引导职校生成长成人成才,要培养自尊自爱、自信自强的积极心理品质。只有拥有积极的自我意识,能够正确自我认知,客观自我评价,才不会自卑自贱、自怨自艾。在面对挑战性工作时,对自己有信心并能付出必要的努力来获得成功。

2. 培养乐观积极的心态

乐观积极泛指一个人对周围人与事物正面的认知取向的心理品质,显现为人的性格特征。同一块石头,对乐观的人而言是垫脚石,对悲观的人却是绊脚石。所以说问题并不在于事物的本身,而在于看待问题、解决问题的方式。保持乐观积极的心态,职校生才能追求卓越的人生。

3. 培养阳光希望的心灵

所谓希望,就是对自己所定的目标锲而不舍,为了获取成功,在必要时能够进行调整,重新选择实现目标的途径和路线[2]。心灵阳光又心怀希望的职校生不会过低地评价自我,相反,他们有较高的成就动机,敢于追求理想和实现人生价值,敢于创新创造,不惜花费时间精益求精、精雕细琢,即使身处逆境也能发现生活中的精彩与机会。

4. 培养执着坚韧的心力

当身处困境或被问题困扰时,能够持之以恒,在挫折中迅速复原,并

---

[1] 仲理峰. 心理资本研究评述与展望 [J]. 心理科学进展,2007,15 (3):482 – 487.
[2] 崔景贵,杨治菁. 职校生心理资本与职校积极教育开发策略 [J]. 职教通讯,2015(34):9 – 12,20.

采取迂回的途径取得成功❶。各行各业大师级人物，在众人眼里做什么都轻而易举，但理性分析，他们都具备执着坚韧的心理品质。只有勇敢地直面困难，坚强地走出困境时，才能渐入工匠的精神境界。

职业学校要以培养现代工匠精神为主线，以积极心理品质为主要内容，以专业技能教学为主阵地，积极开展心理资本教育。职业学校可以开设面向全校学生的心理公共课，通过网络、广播电视、校报、宣传栏、微信等，宣传、普及心理健康科学知识，营造积极的心理教育氛围，培养学生的心理成长自助意识。通过团体辅导、素质拓展训练、朋辈心理辅导等多种形式的心理活动，激发学生的心理潜力，促进学生积极主动开发心理资本。

二、强化职业精神教育，引领职校生自主成人

工匠精神作为现代职业教育的精神引领，内在涵盖了"技""术""心"三个层面的价值理念，又覆盖了工艺精神和人文精神的双重追求。职业教育在人才培养上应加入工匠精神的教育，从学生一开始接受职业教育，就应该让工匠精神扎根其心中。因此，职业学校教育有责任，将职业精神教育融合到课程中，达到精神和技能的合而为一，培育真正高素质的劳动者和技术技能人才。职业学校应以培育富有工匠精神的现代职业人为己任，注重培育职校生的实干实践、刻苦钻研、团结团队、创新创业等精神。

1. 培育实干实践精神

引导职校生立足于实践，成为技术技能实干者，职业学校可以从多方面着手：一要创造条件让学生多参加专业方面的岗位实践，明确职业需求，增强技术实践性；二要鼓励学生积极参与职业技能大赛，掌握专业技能，营造浓郁的技能练习与好学氛围；三要加强校内外实训基地建设，改善实训教学管理，为专业技能教学服务；四要充分利用校企合作，为学生提供多样化实习形式，包括新生认识实习、毕业前岗位实习、专业课程实

---

❶ 刘晓. 技皮·术骨·匠心——漫谈"工匠精神"与职业教育[J]. 江苏教育（职业教育版），2015(11): 20-22.

习和综合课程实习等,增加学生专业技能实践,引导学生"稳扎稳打"的态度,练好实践技能。

2. 培育刻苦钻研精神

培养职校生的刻苦钻研精神,首先,要教学生学会自学,学会思索,培养勤于思考、善于思考、独立思考的能力。"授人以鱼不如授人以渔",学会学习比学习知识本身更重要;其次,鼓励学生刨根问底的积极性。俗话说,不怕不会教的老师,就怕不愿学的学生。遇到问题,学生能够不怕辛苦,不怕花费精力,对不明白的地方追根究底,主动积极地探索,才体现出颇具坚韧钻研的工匠精神;最后,寓教于乐。职校教师,尤其是专业课教师,应优化技能教学模式,寓教于乐,让学生在学中做,在做中学,乐在其中。钻研技术的过程必然充满艰辛、孤独,促进职校生刻苦钻研精神的教育,是职业教育践行现代工匠精神的重要途径。

3. 培育团结团队精神

培养富有团结团队精神的职校生,是工匠精神顺应时代发展的重要体现。可以从三方面切入:第一,培养学生表达和沟通能力。在专业技能实践活动中,给予学生更多的机会去表达自我,学会与同学沟通,锻炼表达沟通的能力。第二,培养主动做事的品格。采取小组合作形式教学,需要对小组任务细化到每个成员进行考察,保证任务具体到每个成员。第三,培养敬业的品格。敬业就是人们在集体工作及学习中,严格遵守职业道德的工作学习态度。在专业技能实践活动中,要引导学生以职业人的身份严格要求自己,对所在集体或团队负责。

4. 培育创新创业精神

工匠精神不是因循守旧,它是在传统工艺的基础上不断创造新工艺、新技术的过程,职业教育的使命就是要将创新创业的"基因"植入学生脑中。笔者认为,培养职校生的创新创业精神,首先,需要营造"鼓励创新、宽容失败"的社会文化环境,有助于推行创新创业的职业精神教育。其次,需要建立创新失败补偿机制,让创新创业的尝试降低风险,让职校青年创客沉得下心、坐得住"冷板凳",不怕花时间、舍得花精力,真正迸发好创意、创造好作品。

三、深化现代人格教育,促进职校生职业成才

培育富有工匠精神、追求卓越的现代人,呼唤与时俱进的现代人格教育。在注重提升人才培养质量的过程中,职业院校自身同样需要养成精益求精的工匠精神,对学生开展专业化和个性化培养,培植学生具备未来大国工匠的基本素质和职业习惯。作为培养数以亿计高素质劳动者和技术技能人才的现代职业教育,应该如何承担工匠精神锻塑的奠基责任?

1. 培植匠技:精雕细琢

匠技是工匠精神的前提。所谓匠技,即所谓的高技能。技术是成为一个匠人的最基本条件,也是产品诞生的重要前提。当今是一个"技"时代,是一个"论一技之长"的年代。技术是基础,它是社会发展的轴心骨。职业学校应培养学生对产品精雕细琢的执着,追求细节的完美。职校生需要不断打磨技术,在持续的实习实践中,磨炼技术至精湛的匠技境界。

2. 培植匠艺:精致完美

匠艺,是匠人工艺素养的极致体现。它是工匠精神的重要内容,追求完美精致,注重客户的艺术体验。在匠技的基础上,不仅注重产品的实用性,还将其当作一件工艺品用心设计,与时俱进又不失美感,带给使用者全新的唯美感受。职校生追求匠艺,需要在不断的实践中,既要磨炼好技能,也要掌握工艺设计的理念,赋予产品工艺美,从而创造出极具实用性又颇具工艺性的作品。

3. 培植匠心:创新创造

创新品质是工匠精神的核心。匠人在逐渐掌握高超技术技能的同时,兼备厚重的人文素养,精益求精,一丝不苟。依葫芦画瓢只是一种模仿,是一种低水平技能的体现。职业学校在培养学生"匠心"的过程中,需要引导学生在精雕细琢时充分展现创新创造的品质,发散思维,富有创造性地打磨产品品质,做出凝聚匠人智慧结晶的工艺品。

4. 培植匠力：持之以恒

匠力是工匠精神的保证。职业学校在培育学生工匠精神时，需要教导学生学会执着坚韧，学会持之以恒。完美工艺品的形成离不开匠人大量时间和精力的投入。技术技能人才在反反复复雕琢产品的过程中，总是免不了遭遇挫折，忍受孤独和寂寞。打造出精美的工艺品需要匠人般锲而不舍、坚持不懈的付出。

5. 培植匠魂：专心专注

匠魂是工匠精神的最高境界。所谓匠魂，即匠人入"道"，物我两忘，手中材料不仅是材料，更是灵性之物，他们物尽其用，达到物人合一的境界，以全身心的投入诠释万物灵性的魅力。高素质技术技能型人才在追求卓越的过程中，工匠精神贯穿始终，追求最高层次的"匠魂"，必须要集匠技、匠艺、匠心、匠力等现代人格的全力。职业学校应将匠魂树立为职校学生最高的人生和职业境界，向学生灌输专心专注的职业理念，教导学生悉心揣摩材料的蕴涵，以物为友。

培育现代工匠精神，是职业院校人才培养模式的再构或重构，是职业教育办学思想或理念的全面跃升。培育现代工匠精神，积极促进职校生成长成人成才，我们要用心读懂职校学生的心理状态和精神世界，读懂找回"工匠精神"的现代职业教育意蕴，读懂现代职业教育的价值追求，用心做积极职业教育实践的开拓者和先行者，❶ 让工匠精神在现代职业教育改革创新中扎根，让现代工匠精神释放出无愧于时代的教育光彩。

本章小结

工匠精神是高素质技术技能型人才的现代心理品格，是中国现代职业教育人才培养要补的"精神之钙"。加快发展现代职业教育，呼唤中国式现代工匠精神的回归。本章基于积极心理学的视角，对工匠精神的心理特质与现代职业教育意蕴进行解读，并分析现实职业教育领域现代工匠精神

---

❶ 崔景贵. 积极职业教育范式导论［M］. 北京：知识产权出版社，2015：311.

缺失的成因，提出培育现代工匠精神的积极职业教育策略：树立立德树人、育人至上的理念，优化心理资本教育，引导职校生和谐成长；强化职业精神教育，引领职校生自主成人；深化现代人格教育，促进职校生职业成才。

（本章作者　江苏理工学院　崔景贵　苏州工业园区唯亭学校　姚　莹）

职校生核心素养与积极职业教育策略

2015年5月世界教育论坛上通过的《仁川宣言》鼓励各国政府为其国民提供终身学习机会，并确认教育是全球和平与可持续发展的关键。国务院《关于加快发展现代职业教育的决定》和教育部《现代职业教育体系建设规划（2014—2020年)》（以下简称《规划》），明确提出现代职业教育要为人的全面发展服务，着力培养高素质的劳动者和技术技能人才。从世界到国家，从宣言到政策，无一不重视职业教育，提醒职业教育工作者重新反思当前职业教育的缺失与不足。职业教育要培养什么样的人？重点培养人的什么素质？究竟该实行何种育人模式，才能够培养出真正高素质的技术技能人才？全人教育理念为现代职业教育改革创新发展指明了方向。

第一节 全人教育视角：现代职业教育的价值追求

蔡元培先生曾说："教育者，养成人性之事业也。"教育本身是关乎人性的培养，而不只是掌握多少知识和技能❶。正如黄炎培先生所说："无论是什么时代、什么社会，人都应该作为人而存在而不是作为工具而存在，

---

❶ 高广方. 教育的核心目的：培养学生的健康人格［J］. 现代中小学教育，2007(8)：1-4.

人都应该是活动的目的而不是手段。"❶ 职业教育要想摆脱培养"单面人"或"半个人"的局面，只有贯彻全人教育的理念，才能提升职校生的社会地位和全面可持续发展能力。

一、全人教育的基本内涵

何为全人教育？全人教育与当前在提的通识教育、素质教育、博雅教育、终身教育又有何区别？"全人"，顾名思义，就是完整的人，全面发展的人。强调人的智力、尊严、人格的完善和充分的自我发展。全人教育即为充分发展个人潜能以培养完整个体的教育理念与模式。不同时空下的通识教育、素质教育、博雅教育、终身教育等教育理念虽然各有侧重，或侧重广博的知识面，或侧重综合素质的基础教育，或侧重知识广博、通达文雅的人的教育，或侧重全时空的教育，却无不折射出全人教育的思想。它们都强调"人的全面发展"，和全人教育在本质上相辅相成，从不同角度体现了全人教育理念和思想。全人教育首先是人之为人的教育，强调人的根本性；其次是传授知识的教育；最后则是和谐发展心智，以形成健全人格的教育。❷ 全人教育致力于在健全人格的基础上培养全面和谐发展的人，即注重学生将来适应社会要求和自身发展所必需的各种素质的全面和谐发展，追求人的、人生的、人类社会所能允许达到的最佳境界和最佳状态❸。

二、理性反思职业教育人才培养工作

当前职业教育以培养"硬技能"人才为目标，工具化倾向严重，职业学校着重学生专业技术技能的提升，忽视了除技术技能外素质的培养，将学生打造成了一个又一个"工具人""技术人"，人才培养质量不够理想。以"社会为本位"的极端教育理念占据重要地位，具体表现为以就业为导向的职业教育人才培养模式。职业教育沦为单纯服务于职业需要和经济发

---

❶ 高奇. 黄炎培职业教育思想研究［J］. 中国职业技术教育，2006(5)：32-35.
❷ 彭香萍，莫快. 全人教育的理想模式［J］. 求索，2006(12)：125-126.
❸ 彭香萍，莫快. 全人教育的理想模式［J］. 求索，2006(12)：125-126.

展的工具，学生精神文化的需求与发展被忽视，导致学生在科学理性与人文精神上的失衡与冲突，信仰困惑、精神空虚等人文危机突出。

当前职业教育盲从社会需要，对于职业教育到底要培养什么样的人尚未明了。现代职业教育不是培养"机器人""技术人""半个人"或"单面人"，而是该培养"完人"、"全面的人"。职业教育虽然以注重专业知识与技能实践而区别于普通教育，但这并不能成为忽视职校生全面发展的理由。笔者认为，职业教育的工具化倾向及以就业为导向的方针的普遍现象，究其原因，是职业教育工作者对人及人的发展的误解，人之所以为人，都是因为他所具有的人的根本属性，如果要问"什么是教育"也就等于是问"什么是人"。而所谓人的发展，一方面是学生全面和谐发展，而不是专业知识与技能掌握程度高低；另一方面是职业教育工作者对育人及人才培养目标的误解。职业教育作为现代教育的一个重要部分，理应响应《仁川宣言》的号召，遵循"以人为本、育人至上"的教育宗旨，培养出高素质的技术技能人才，或是健全人格的全面和谐发展的人，而不是专才、机械操作工。

三、全人职业教育的价值取向

现代职业教育要培养高素质的技术技能人才，要让每个人都有人生出彩的机会。这自然离不开对人本身的教育。全人教育是"人"的教育，是人个性的全面发展，是在健全人格的基础上促进学生各方面素质全面和谐发展的教育理念。这使职业教育工作者开始反思职业教育盛行的机械化和功利化倾向，反思现行的职业教育价值观和教育政策，只有深入贯彻全人教育理念重构现代职业教育人才培养模式，践行全人教育的职业教育观，才是职业教育改革的应有之义和必然选择。

全人教育更加注重人的个性发展和精神成长，但不意味着忽视专业知识和技能的提升，而是要整合以往"以社会为本"与"以人为本"的两种教育观点，形成既重视社会价值又重视人的价值的教育新理念，培养出个性突出、精神丰富的具有可持续发展能力的现代职业人。

职业教育作为培养职业人的基地，必须高瞻远瞩。避重就轻地培养学生的上岗能力，忽视职业发展能力的培养，完全背离了教育的育人本质。"职业发展在个人生活中是一个连续的长期的发展过程。职业技术教育要帮助职校生在一生中保持和提升其掌握的专业理论知识和技能的连续性、适应性、前瞻性。"❶ 培养学生可持续性的职业发展能力，从"半人"教育走向"全人"教育，构建出更加人本化、人性化、人格化的现代职业教育，乃职业教育改革的必然选择。

第二节　全人教育理念：职校生核心素养的基本意蕴

职业教育既要培养学生的"高技能"，更要培养学生的"高素质"。全人教育注重学生将来适应社会要求和自身发展所必需的各种素质的全面和谐发展。现代职业教育如何能较好地贯彻全人教育理念，关键在于学生素质的全面和谐发展，更具体地说，是职校生核心素养的培养。基于全人教育理念，职校生核心素养主要体现在以下三方面。

一、学习人：职校生的学习素养

职校生是职业教育阶段的学生，而学生的本职就是学习。学习专业知识与技能外，还要提升学生的学习素养。当前职校生文化基础薄弱，学习方法不当，学习态度不积极，学习目标不明确，学习没有动力，没有定力，易受外界影响，故而提升学生的学习素养十分重要。职校生学习素养主要包括学习力、学习归因和学习策略三个方面。

首先，学习力包含学习动力、学习能力、学习毅力三要素。学习动力指自觉的内在驱动力，主要包括学习需要、学习情感和学习兴趣。如果学生觉得自己需要学习，对学习感兴趣，喜欢学习，那何愁学生不去学，学不好？学习能力，指由学习动力，学习毅力直接驱动而产生的接受新知识、新信息并用所接受的知识和信息分析问题、认识问题、解决问题的智力，主要包括感知力、记忆力、思维力、想象力等，对于职校生，对学习

---

❶ 叶肇芳. 论职业教育与人的全面发展［J］. 职教论坛，2000（5）：14－17.

能力的要求不能过高，但是也不能没有要求，职业教育培养的不是"工具人"，而是一个会思考的完人。学习毅力，即学习意志，指自觉地确定学习目标并支配其行为克服困难实现预定学习目标的状态。它是学习行为的保持因素，职业学校的学习是短暂的，更多的是在成为职业人面临职业发展时能坚持学习，成为一个可持续发展的人。

其次，学习归因，就是人们对自己或他人在学习活动中行为的原因进行推测、判断或解释的过程。维纳将成败结果原因归结为努力、能力、任务难度、运气、身心状态、外界环境六个因素[1]。从归因的角度来看，能理智对待学习成败，并做出正确判断，多做内归因，采取有效措施并自我努力，就能不断进步。由于职校生普遍在学习上遭受过挫折，对学习基本没有成功体验，所以职校教师应更多地关注学生的成人教育，引导学生进行正确归因，强化学生的积极体验，而非多关注教学成果。

最后，学习策略，指在学习过程中，学习者为了达到有效学习的目的而采取的规则、方法、技巧及其调控方法的总和[2]。由于职业教育不同于普通教育，更侧重于专业知识技能的学习，所以不仅要自主学习，还要学会合作探究；不仅要学习理论知识，还要多进行专业实践；不仅要熟悉已有的操作，还要知晓其中的原理，不受现有操作的局限，富有创新意识。

二、职业人：职校生的职业素养

职业素养是从业人员在职业活动中起关键作用的内在品质和能力，其本质属性是职业性。职业素养主要包括职业意识、职业道德、职业行为习惯、职业技能等方面。前两者属于世界观、人生观、价值观范畴的产物，后两者是支撑职业人生的外显内容。"素质冰山"理论认为[3]，职业素养就像水中漂浮的一座冰山，水上部分的职业行为习惯、职业技能仅仅只占

---

[1] 全国十二所重点重点师范大学联合编写. 心理学基础 [M]. 北京：教育科学出版社，2002：72 - 73.

[2] 莫雷. 教育心理学 [M]. 北京：教育科学出版社，2007：117.

[3] 张有根. 谈高职学生隐性职业素质培养路径——基于"素质冰山理论"视角 [J]. 中国成人教育，2011(20)：5 - 7.

1/8，是看得见的、显性的职业素养，这些可以通过获得的证书、考试等来证明。而冰山隐藏在水下的部分占整体的7/8，它代表职校生的职业意识、职业道德等方面，是看不见的、隐性的职业素养。显性职业素养和隐性职业素养共同构成了职校生所应具备的职业素养。冰山的7/8的隐性职业素养决定、支撑着外在的显性职业素养。职业教育作为以专业技能见长的教育门类，职校生，即未来的职业人，其职业素养的培育应该着眼于整座"冰山"，并以培养显性职业素养为基础，重点培养隐性职业素养，从而培育出全面和谐发展的职业人。

三、心理人：职校生的心理素养

苏霍姆林斯基曾说过："今天当人的生命活动中，细腻的神经系统的作用一代比一代增强的时候，心理素质的培养就成了人的全面发展的主要因素之一。"心理素质指认知、感知、记忆、想象、情感、意志、态度、个性特征（兴趣、能力、气质、性格、习惯）等方面的素质。职校生心理素养应结合职校生自身的心理特征界定。部分职校生理想信念模糊，功利欲望强烈，过分自我中心和追求另类个性问题凸显，心理矛盾冲突交织，心理负担压力大，心理适应调节能力弱，心理价值判断迷失错位[1]。心理素养作为素质全面发展的重要部分，职校学生应该成长为高素质心理的人。

积极心理学关注人的优秀品质，包含三层含义[2]：第一，积极心理学关注人的积极主观体验，乐观主义态度和对生活的忠诚；第二，积极心理学主要提供积极的个性心理特征，如工作能力、积极看待世界的方法、积极的人际关系；第三，积极心理学致力于培养和完善积极的心理品质，包括一个人的社会性、职业道德、社会责任感等。笔者认为，心理素养应具有积极取向，应摆脱之前消极的情绪、生活、学习体验，促进积极全面发展。所以职校生的心理素养具体包括积极心态、积极自我认知、积极个性、积极人际关系。

---

[1] 贺文瑾，崔景贵. 90后职校生心理发展的问题分析与教育策略[J]. 教育与职业，2009(30): 20-23.
[2] 崔景贵. 心理教育范式论纲[M]. 北京：社会科学文献出版社，2006: 252.

基于全人教育理念，所谓职校生核心素养指包含职校生学习素养、职业素养、心理素养在内的综合素养，现代职业教育的人才培养目标，就是要培养学习人、职业人、心理人三者合一的"现代人"。

第三节 培育职校生核心素养的积极职业教育策略

构建全人职业教育人才培养模式，就要将"全人教育"具化为可执行的目标，全面系统地培养职校生的核心素养。积极职业教育是以积极、和谐和发展为取向，有目的、有计划地增进职校学生素质与幸福感的现代职业教育理论和实践体系。❶ 人是现代职业教育的主题和主体，是积极职业教育的逻辑起点和归宿❷，这与全人教育"以人为本、全面育人"思想不谋而合，积极心理学无疑助推了全人职业教育人才培养模式的建构。积极心理学认为每个人都具有天生的智能优势，积极应当成为贯穿职业教育全过程的核心价值和主线。

一、强化终身学习教育，促进职校生持续发展

终身教育是一系列很具体的思想、实验和成就，换言之，是完全意义上的教育，它包括了教育的所有各个方面、各项内容。从一个人出生的那一刻起一直到生命终结时为止的不间断的发展，包括了教育各发展阶段各个关头之间的有机联系。❸ 终身教育与终身学习在本质是没有区别，只是对施予方与接受方角度的不同而已。终身教育，概括来说就是全时空的全人教育❹，既包含时间的终身性，也包含范围的全方位❺，使教育成为个体

---

❶ 崔景贵. 积极职业教育范式的基本理念与建构策略 [J]. 教育研究, 2015 (6): 64 – 69.
❷ 崔景贵. 积极职业教育范式的基本理念与建构策略 [J]. 教育研究, 2015 (6): 64 – 69.
❸ [法] 保尔·朗格朗. 终身教育引论 [M]. 周南照, 陈树清, 译. 北京: 中国对外翻译出版公司, 1985: 15 – 16.
❹ 叶澜. 终身教育视界: 当代中国社会教育力的聚通与提升 [J]. 中国教育科学, 2016 (3).
❺ 马东明, 郑勤华, 陈丽. 国际"终身学习素养"研究综述 [J]. 现代远距离教育, 2012 (1): 3 – 11.

第四章 职校生核心素养与积极职业教育策略

一生和社会发展不可分割的、内在必需的构成，它需化入人生、化入社会活动的各个领域❶。

结合终身学习的终身持续性、方式多样性、学习自主性的特征❷，笔者认为，职业教育可从提升终身学习素养的角度出发，以强化终身学习教育，促进职校生持续发展。终身学习素养，包括七个纬度：自我评价、反思、规划和管理，学习准备，自主学习能力（学会学习），信息素养，社会素养，个人特质，基础素养❸。提升职校生的终身学习素养，具体可从以下方面入手：①提升自我评价、反思、规划和管理素养。第一，职校教师应多关注学生个人的身心发展，引导职校生学会自我评价、自我反思，促使学生不断进步，良性循环。第二，职业学校开设职业生涯规划课程，重视职业生涯规划课程的重要性，构建从职业特质分析到职业规划体系并不断趋于完善，使学生明白"我适合做什么"，"我能做什么"，在了解自我的基础上学会做出规划和决策。②学习准备，衡量学习者的心向准备状态。职业学校首先应营造宽松自由的浓厚校园学习环境，通过举办活动，实行一些奖励措施鼓励学生多读书、多实践，培养出学习兴趣，形成较强的学习动机，树立学习是为了自己发展的责任意识，主动学习，坚持学习。③自主学习能力，指个体规划与组织自身学习方面的倾向与能力，是除基础素养这一必备素养外其他子素养的终极体现。职业教育，一方面应以培养学生自主学习能力为方向；另一方面要认识到通过三年培养学生自主学习能力的成效是微乎其微的，但其潜移默化的对职校生产生的影响，将有助于职校生更加坚实有力地走在职业发展之路。④社会素养，简言之，就是与人交往的能力，体现在个体与社会中的其他个体的沟通和互动。职业学校，一方面鼓励学生参与并组织社团活动；另一方面积极组织学生的社会实践、企业实践等活动，拓宽学生的人际圈，为学生与人交往

---

❶ 叶澜. 终身教育视界：当代中国社会教育力的聚通与提升［J］. 中国教育科学，2016(3).

❷ 马东明，郑勤华，陈丽. 国际"终身学习素养"研究综述［J］. 现代远距离教育，2012(1)：3-11.

❸ 马东明，郑勤华，陈丽. 国际"终身学习素养"研究综述［J］. 现代远距离教育，2012(1)：3-11.

的能力营造良好的氛围。⑤信息素养，体现个体借助信息工具获取外界学习资源，完成自我学习的过程。职业学校应普及计算机教育，教育学生如何进行搜索、整理、辨别信息，如何合理应用互联网进行沟通和协作至关重要。⑥个人特质，包含应变能力、创新能力和问题解决能力。职业学校多举办职业技能竞赛，培养学生的应变能力和问题解决能力，同时在日常教育中，教师应注意学生创新能力的培养，不拘泥于传统的课本教学，不提倡学生机械化的技能操作，鼓励学生多思考并将想法通过技能操作予以实现，促进创新意识萌芽与发展，营造出创新氛围浓厚的校园。⑦基础素养，包含语言和沟通能力、数理及科技能力。基本素养可以通过基础公共学科培养。职校教师的课堂可以采取丰富多彩的形式，不拘泥于课堂，激发学生的学习兴趣才能更好地培养学生的基础素养。

二、拓展职业素质教育，促进职校生全面发展

培养职校生的核心素养，既是经济社会发展的需要，企业对人才质量的要求，也是学生全面发展、可持续发展的需要。人作为高级动物，区别于其他生物存在的最大特点便是会思考。人之所以为人的价值在于领悟作为人活着的人性意蕴和生活旨趣，而不仅仅只是学会一技之长而利于就业。职业教育应注重职校生的核心素养，通过促进他们独立个性的发展与个体社会化，引导和帮助他们思考存在的问题，追寻人生的价值和意义。具体来说，可以通过以下途径拓展职业素质教育，促进职校生全面、可持续的发展。

1. 树立职业意识，做一个职业准备人

职业学校应注意帮助学生学习职业知识、掌握职业生涯设计的方法，加强对职校生职业意识引导，从而树立正确的职业观、就业观、择业观，做好职业准备，为职业发展奠基、铺路。

2. 培养职业道德，做一个职业道德人

职业学校应重视学生的职业道德，加强职业道德教育，培养职校生爱岗敬业、诚实守信、恪尽职守、遵纪守法的职业道德品质。通过学生职业道德的培育，促使其了解职业道德对以后的自我成长和职业发展的重要

性，进而树立忠于企业、热爱岗位、立足本职的优良职业道德。

3. 养成职业行为习惯，做一个职业合格人

职业行为习惯是一个职业人工作状态的直接表现，是职业意识和职业道德的外在表现。职业学校提倡职校生积极参与校内实训、暑期社会实践、专业实践、企业顶岗实习等活动，有助于职校生职业意识的增强，明白职业道德的重要性，进而塑造出良好的职业行为习惯，做一个合格的职业人。

4. 强化职业技能，做一个职业技术人

专业技能的确是职校生实现就业的重要基础，但这也不能成为目前多数职业学校教育走进偏重知识技术传授而忽略综合素质培养误区的理由。职业技术人不是目标，成为一个有职业意识、职业道德的职业技术人才是关键。

三、深化心理资本教育，促进职校生和谐发展

Luthans等人认为，心理资本是指个体在成长和发展过程中所表现出来的一种积极的类状态的心理力量[1]。这种心理力量具体表现为自信、希望、乐观、韧性四个方面。采用积极取向的教育理念，培养学生积极认知，引导职校生积极建构心理资本，保持积极心态，有助于职校生心理的全面和谐发展，增强学生的竞争和发展优势，促进学生不断提升自我、完善自我，从而提高全面协调可持续发展的能力。

引导职校生积极建构心理资本，通过以下四个途径，促进其和谐发展，营造良好的心理环境。一是提升自信心。指导职校生设置合理的目标，使其产生驱动力，集中精力，提高激情，取得更好的学习与工作绩效；善于发现自己的优势，并且主动寻求机会以体验成功；角色替换法，心情烦闷或遭遇消极事件时，转换视角，发现积极的方面，或许就觉得自己没有那么糟糕[2]。二是保持乐观。职校生保持乐观的心态，需要职校教

---

[1] 仲理峰. 心理资本研究评述与展望 [J]. 心理科学进展，2007，15 (3)：482-487.
[2] 肖红. 积极心理自我教育及方法探析 [J]. 中国科教创新导刊，2010 (25)：152.

师的有效激励和引导，积极参加拓展训练以形成积极的认知，同时要学习和学会积极自我肯定训练法，结合积极心理暗示通过优点激励法，清晨大声说出写在卡片的优点和希望达到的目标及为此付出的代价；通过想象法、默念法等促使自己保持积极的心态❶。三是心怀希望。引导职校生能够正确地自我评估，具备客观的自我认识和求职定位；职校生需要在教师的引导下形成理性的认知，了解自己的真正需求，构筑积极的心理防御机制，通过替代、幽默、合理化、折中等方式有效地保护自我，学会运用创新思维方式解决问题。四是增强韧性。职校生可通过免疫保护即启动过去成功的学习和经验进行自主调适，理智地面对现实，建构正面的生活秩序；职校生要进行职业生涯规划，树立明确目标以激发动机；运用 NLP法❷输入积极信念以开发韧性；树立终身学习意识，自觉养成勤读书、勤思考的良好习惯。❸

四、转化现代人格教育，促进职校生个性发展

现代人格教育不仅应当关注人的心理品质的健康与成熟，也应当重视人的道德人格和社会意识的培养❹。苏格拉底曾说过："人有了人格的尊严，必不甘堕落为禽兽，而品德也必自然提高。"然而长期以来，我国教育一直忽视人格教育，在"应试教育"的大环境下重智能、轻人格的片面教育取向严重。同样，在职业教育领域，重技能轻人格的片面教育也十分严重。职业院校单方面地强调技术技能的训练，忽视人格塑造和全面素质培养，把职业教育窄化为专业技能的训练，这必然导致职校生的畸形发展，最终使培养的人才"高技能、低素养"，与当前转型中的社会所需人才完全"错位"。人格教育的目标是为了培养职校生健全、优良的人格，它包含智慧健全教育、情感培育教育、意志训练教育、环境适应教育、社

---

❶ 肖红. 积极心理自我教育及方法探析 [J]. 中国科教创新导刊，2010（25）：152.

❷ NLP 是 Neuro Linguistic Programming 的缩写，它是关于人类行为和沟通程序的一套详细可行的模式。

❸ 崔景贵，姚莹. 职校生心理发展与积极职业教育的心理策略 [J]. 职教论坛，2015（1）：4－8.

❹ 张克强. 论现代人格教育 [J]. 天津市工会管理干部学院学报，2009，17（3）：46－49.

交和谐教育、自我保健教育等方面。培育拥有健全人格的"全人""完人",需要现代人格教育的助力。强化现代人格教育,可以从以下几方面入手。

1. 加强认知教育,帮助学生塑造正确的人生观、价值观

正确的人生观、价值观是推动良好人格形成的精神动力,也是构成健全人格的重要组成部分。实施理性教育和认知训练,通过课堂教学、专题讲座、社会调查等形式,引导学生学会正确地观察、分析和理解客观事物与社会现象,学会以冷静、稳妥、积极的态度审视人生、认识环境和对待生活。

2. 培养学生自尊、自重、自强不息的精神,促进学生自我肯定

自尊、自重、自强是人格特征中最核心的要素,也是渴望和追求高尚人格的内部动力。通过多种途径组织有针对性的创造活动和有助于个人特长发挥的活动,激励和助推职校生获取成功,从而充满自信心、自豪感、成就欲。人格中自卑、懦弱、怠惰的消极特征逐渐消除,积极人格特征越加明显。

3. 积极组织交往活动,拓宽学生心理空间

健康的人格离不开人际交往,人格教育可在大范围的学生交往学习中进行。培养学生社交意识和交往能力,可有计划地组织文娱活动、体育比赛、旅游参观、社会调查等活动,增强职校生的主动社交意识,培养社交习惯,锻炼社交能力,从而为良好人格的形成奠定基础。

4. 合理组织竞争活动,培养敢为人先的精神

竞争意识是克服人格缺陷的一剂良药,是推动个体战胜自我、超越自我的精神动力。在教育过程中,职校教师可以传播适度的竞争思想,积极组织富有竞争性的活动,如职业技能竞赛、体育竞赛等,增强学生的竞争意识,从而催生职校生的内在潜能,逐步形成敢于拼搏、自强不息、百折不挠等人格品质。

5. 增强学生人格建构意识,引导学生完善自我

人格教育是强化与内化的统一,需要学生具备强烈的自我建构意识。职校教师应努力设法增强学生主动建构优良人格的意识;指导学生学习和

掌握一些自我建构的有效方法和技巧，如"吾日三省吾身"，分析自我，找出弱点并通过有效途径去克服，指导学生针对自身弱点有选择地投身实践活动，从知行统一的角度完善人格。方法因人而异，恰当的方法有助于学生优良人格的形成。

6. 优化积极自我教育，促进职校生自主发展

积极自我教育以积极人格的塑造为目标，并通过积极教育环境中的积极教育完善自我教育❶。职业学校可以通过建设校园、教育者队伍和职校生所处的心理环境入手，优化积极的教育环境。美化校园环境，营造积极的校园文化，要求职业教育工作者要具有积极的职业道德和较高的专业技能。一方面，通过环境熏陶人的精神气质，通过教育者的关爱和引导培养职校生的学习能力、生活能力；另一方面，要求职校生在教育者的引导和关爱过程中产生自主性，主动去观察、去领悟。

只有践行上述积极职业教育策略，从职校生的三方面核心素养出发，才能充分构建全人职业教育人才培养模式，现代职业教育也才能实现真正意义上的改革与突破，成为培养全面和谐发展、核心素养的技术技能人才的摇篮，为社会转型发展出力。

本章小结

全人教育致力于在健全人格的基础上培养全面和谐发展的人，为迷茫中的职业教育实践指明方向。当前，职业教育工具化和功利化倾向问题突出，忽视了"人"的全面发展。本章基于全人教育理念，认为职校生核心素养包含学习素养、职业素养、心理素养三方面，全人职业教育目标就是培养学习人、职业人、心理人三者合一的"现代人"。针对构建全人职业教育人才培养模式，提出积极职业教育的基本策略：强化终身学习教育，促进职校生持续发展；优化职业素质教育，促进职校生全面发展；深化心

---

❶ 吴迪，戴锐. 积极心理学视角下自我教育的目标定位和过程优化 [J]. 学校党建与思想教育，2014（11）：19-21.

第四章 职校生核心素养与积极职业教育策略

理资本教育,促进职校生和谐发展;转化现代人格教育,促进职校生个性发展。

(本章作者　江苏理工学院　崔景贵　苏州工业园区唯亭学校　姚莹
　　　　　江苏省高邮中等专业学校　吴荣平)

第五章

职校生职业精神与积极职业教育策略

智能化时代的来临,尤其是"中国制造2025"战略的实施,对从业者提出了更高的要求。人将从生产线上解放出来,不再需要做生产线上的"螺丝钉",而是以整体的人作为变量而不是一个常量参与到生产过程当中。这要求从业者不仅要具备娴熟的技术技能,更需要有良好的综合素质和职业精神。在这一背景下,实现职业技能与职业精神的高度融合成为现代职业教育人才培养的价值追求。"从本质上讲,教育首先要以尊重和发展个体生命作为其理念的基本支撑点和全部实践活动的逻辑始点,乃至最终归宿,既不是工具之役,甚至也不是人才之用,而是塑造充分光大的主体精神和意志、适应社会发展需求的大写的人。"❶虽然职业教育的目标主要是面向生产一线培养技术技能人才,但作为一种教育类型,不能只强调职业技能的训练,而忽视职业精神的培养,不能一味地追求"成才",而忽视了"成人"。因此,职业教育应该把生命的发展作为教育的基点。《教育部关于深化职业教育教学改革全面提高人才质量的若干意见》明确指出,要"积极探索有效的教育载体,形成常态化、长效化的职业精神培育机制"。职业精神作为生命存在的深层尺度,是职校生精神生命成长乃至

---

❶ 潘涌. 人的可持续发展与教育转型 [J]. 教育研究, 2001 (11): 34 - 39.

整体生命生成的重要维度。在以人为本、关怀生命的时代背景下，积极职业教育立足生命的视野探讨职校生职业精神培育的生命诉求，揭示职校生职业精神培育的生命机制，构建生命关怀取向的职业精神培育模式，对强化职业精神培育无疑具有重要的理论和现实意义。

第一节 职校生职业精神培育的生命诉求

所谓职业精神，是指人们在职业活动中的观念建构与价值追求，既体现为职业规范、职业道德、职业价值取向对个体的要求，又体现为个体对职业生活的能动表现、自我完善、自我追求，是外在规范与内在品质的有机统一。从职业精神的内涵来看，职业精神兼具社会和个体发展的属性。但社会和企业更多强调的是职业精神的工具价值，有的企业也提出了"职业精神才是第一位的"人才需求观，[1]而对职业精神的本体价值缺乏应有的关注。职校生作为"准职业人"，核心身份仍然是学生，职业教育的根本使命是立德树人。因而，职校生职业精神的培育应该将生命的发展作为逻辑起点，培养大写的职业人。

一、完整职业人的内在需要

从静态来分析，人的生命有三重维度：一是自然生理性的肉体生命，二是关联而又超越自然生理特性的精神生命，三是关联人的肉体和精神而又赋予某种客观普遍性的社会生命。精神生命作为一个"中介"，将肉体的自然生命和社会生命紧密地连接在一起。[2]人就是由这三维生命构成的具体而完整的生命存在。它们相互关联、相互影响、相互融通，不可分割，任何一维生命的缺失，都将影响生命的整体存在。在现实生活中，自然生命和社会生命的教育比较容易受到人们的注意和重视，因为没有自然生命和社会生命人就无法生存和生活，而精神生命的发展是隐性的，它不

---

[1] 孙光友. 职业精神才是第一位的 [N]. 中国教育报，2015-05-21（10）.
[2] 冯建军. 生命与教育 [M]. 北京：教育科学出版社，2004：209.

像自然生命与社会生命那样对人的生存有直接的限制性，很容易被忽视。但精神生命恰恰是"人之为人"根本体现，没有了精神家园，人将永远处于柏拉图所说的"囚徒困境"，找不到生命的意义和价值。现代社会高度的社会分工和市场经济的功利主义逻辑，使职业教育逐渐成为"制造劳动者的一台机器，通过教育的塑造，人被变成追求物质利益的人，掌握生产技术成为受教育的全部目的，这样，人越是受教育，他就越被技术和专业所束缚，越失去作为一个完整人的精神属性"。❶ 职业精神作为学生精神生命的重要部分，被迫与职业技能隔离，使学生成为"碎片化""单向度"的人。因此，人的生命发展的完整性亟须将职业精神的培育纳入职业教育的整体目标中，融入职校生的整体生命中。

二、卓越职业人的精神追求

人是宇宙间唯一能够"是其所是"和"是其所不是"的存在物。保罗·蒂利希在《存在的勇气》一书中指出，人是一种渴求无限超越的存在物，他既有物质的、世俗的需要，又有精神的、天国的渴求，而在这两者中，精神之存在物又是人的本质特征，人的生存就是不断超越物质的、世俗的存在，是从无限的可能性中不断的"站出来"的过程❷。人正是通过对自己的生命的这种不断的追求和超越，揭示生命的意义和价值，使人不只是一个动物性的存在，更是一种价值性存在、意义性存在。虽然生命具有超越和追求卓越的品性，但这种品性只是一种潜在性，它不会自动显现，需要一定的条件来激发。职业占据了人生的大部分时间，堪称"人的第二生命"。从这个意义上讲，职业不仅是谋生的手段，更是人的一种存在方式。职业精神作为人对职业活动的一种观念建构与价值追求，不仅包含对职业规范、职业伦理的遵循，而且在更高层次上体现为对职业信仰、职业理想、职业品质的追求，是追寻生命意义、实现生命价值的重要方式与路径。现代职业教育不能满足于使学生"有业"，更要使学

---

❶ 王坤庆. 当代西方精神教育研究述评 [J]. 教育研究, 2002 (9): 89–96.
❷ 冯建军. 生命与教育 [M]. 北京: 教育科学出版社, 2004: 29.

生"乐业""志业",要通过职业精神的培育使学生生命超越的潜在性变为现实性,成为追求卓越的职业人,这也正是社会发展对现代职业人的时代需求。

三、幸福职业人的重要维度

亚里士多德认为,所有的人类活动都是为了获得幸福,幸福是人生的最高目标。恩格斯说过"每一个人的意识或感觉中都存在着这样的原则,它们是颠扑不破的原则,是整个历史发展的结果,是无须加以证明的……例如,每个人都追求幸福"[1]。可见幸福是人生不证自明的主题,幸福具有生命性。[2] 职业教育虽然要面向市场,符合行业企业需求,满足社会需要,但最终目的还是为了人的发展,为了人生的幸福。现实的职业教育一味地追求与岗位的"无缝对接",使学生掌握工作岗位需要的各种技能、证书,不断将学生的人生引向外在的物质世界的追求,与人生幸福的获得渐行渐远。而职业精神关注的是对职业的认同,对从事职业的一种忠诚职守、精益求精的态度,是将职业作为人生事业的生命品质与追求。职校生一旦对未来从事的职业有了高度的认同感、热爱感、责任感,赋予了职业以意义、快乐和投入。那么,当其从事任何一种职业都不再是赖以谋生的手段,不再被某一岗位限定的技能知识所束缚,其蕴藏的生命潜能将得到最大限度的激发,职业将成为他获取人生幸福的源泉。因而,注重职业精神的培育是幸福职业人培养的应有内涵。

第二节 职校生职业精神形成的生命机制

揭示职校生职业精神形成的机制是加强职业精神教育的前提。既然职校生职业精神的培育有强烈的生命诉求,那么,从生命的视野看,职校生

---

[1] [德]马克思,恩格斯. 马克思恩格斯全集(第42卷)[M]. 北京:人民出版社,1972:373-374.

[2] 郝永贞. 追寻幸福的生命性——兼论学校道德教育的"生命幸福"取向[J]. 南通大学学报(教育科学版),2007(2):40-42.

职业精神的形成也有内在的生命机制，主要包括职业精神的同化、内化、强化三个阶段。

一、同化阶段：职业规范的顺从与认同

同化是一个比较复杂的心理调整和思想整合过程。心理学家皮亚杰说："从生物学的观点看，同化就是把外界元素整合于一个机体的正在形成中或已完全形成的结构内。"❶ 对于职业精神的形成而言，内化就是个体在观念、态度乃至行为方式等方面与某一职业共同体趋同的过程，是个体逐渐将新的职业观念、职业规范、职业道德等纳入自己认知结构中的过程中。具体到职校生职业精神的形成来说，包括两个环节：一是职校生在学习职业知识技能的过程中，接受有关职业精神的教育，了解将来所从事职业大多数成员要共同遵守的职业要求与规范，在外界环境的影响下，客观上表现为对职业规范的顺从与遵循。二是在职校生原有知识观念基础上，经过职校生对职业规范的认知、分析、整合，逐渐形成职校生自己的职业观念，主观上表现为对职业观念、价值的认同，并自觉遵守职业规范、道德要求、法律规范等。总而言之，同化还只是对职业外在规范的认同与遵从，属于他律范畴，要使外部的观念全部转化为职校生内在的职业追求，只有经过内化才能形成。

二、内化阶段：职业品质的移植与建构

内化是外在的观念和规范转化为个体内在品质的必然过程。只有将观念内化为个体的自觉意识，内化为品德，才有可能达到知行合一的境界。因此，内化对职业精神的形成和发展起着决定性作用，是职业精神形成的核心和主体。职业生职业精神的内化是指职校生对职业精神的认知逐渐由浅层的知识观念转化深层的价值观念，由被动顺从的消极情感转变主动遵循的积极情感，由他律性的义务责任转变为自律性的职业良知和职业追求。职校生只有将外部客体的职业价值观念和道德规范，通过心理活动转

---

❶ ［瑞士］皮亚杰. 皮亚杰发生认识论文选［M］. 上海：华东师范大学出版社，1991：8.

化为个体内部品质之后，才能与主体的价值体系融为一体，成为主导职校生的一种职业精神。具体而言，职校生职业精神的内化包括两个基本环节：一是对职业精神有深刻的理解。这种理解既包括对职业规范、职业角色、职业伦理的理解，也包括对职业责任、品质、理想、信仰等方面的理解，知道在具体情境下该做什么、不该做什么以及为什么这样做；二是职校生通过实践，在与职业相关的活动中对职业精神的践行。职校生职业精神培育的最终目的不是停留在观念层面，而是要使职校生在一定职业价值体系的指导下自觉表现出符合职业精神的职业行为。如突发疾病的公交司机在生命的最后一刻将公交车平稳地停下来，保证了乘客的生命安全；消防员不顾个人安危纵身火海解救受灾群众，等等，这些都是新时期职业精神的典范。

三、强化阶段：职业精神的确证与升华

心理学认为，强化是学习行为发生和发展的保障机制，是学习者的知识巩固阶段。以观念形态或价值导向存在的职业精神不仅要在从业者的职业活动中体现，而且要用实践活动的结果和道德评价予以强化。在一定程度上，强化是职业精神得以在从业者内心固化和确证的必然途径，也是使职业精神内涵不断充实的外部保障。职校生职业精神培育的强化是指在真实的职业情境中，根据职业实践的结果增强或减弱某种职业价值观念或规范，干预职校生的职业行为，以此确证职业精神。依据强化的性质，职校生职业精神的强化有正负两种情况：正强化是对符合社会期望与人自身发展的职业精神给予肯定性或积极性的评价，它可以强化职校生已有的职业价值观念，并增强这种价值观念的取向和力度。负强化是对不符合社会期望与人自身发展的职业精神给予否定性评价，促使职校生放弃选择这些价值观念，或者削弱这些价值观念。正负强化是职校生职业精神形成的必要机制，是加固职业精神的重要渠道，只有经过反复的强化，才能构建出明确的职业价值观念和稳定的职业精神品质。

第三节 培育职校生职业精神的积极策略

职校生职业精神培育的生命意蕴和生命机制的阐释为推动职业精神教育提供了理论指导。积极职业教育认为应该从职业精神培育的模式构建入手,更有利于实现职业精神教育的理论与实践有机结合。因为模式上承教育理论,下推操作程序,体现为理论与实践的沟通。一个行之有效的教育模式具有较大的推广价值,比教育理论更具可操作性,而比教育实践经验更具外推性。因此,职业精神培育应从建构具有生命关怀的模式入手,在理念、内容、方式、路径等方面提出积极的教育策略。

一、职业精神培育的理念:社会需求与生命关怀相结合

职业精神具有双重功能。从社会和职业发展的角度看,职业精神深深地打上了社会和职业发展的烙印,体现了人类认识世界和改造世界的能力,对职业的发展具有巨大的推动力。许多企业的成功在很大程度上得益于员工高尚的职业精神,并且将是否具有良好的职业精神作为人才录用的重要依据。从人的生命发展角度看,职业精神还赋予人认识自我、改造自我的能力。职业精神不仅反映个体精神生命的内容和层次,而且是个体通过职业活动实现生命价值的重要方式。在一定程度上,职业精神会影响职校生生活目标的确立和人生道路的选择,甚至可能影响人生观、价值观的形成。因此,职业学校在重视职业技能训练的同时,应该更加重视职业精神的培育。在培育的过程中应该坚持社会需求和生命关怀相结合的理念,既要重视职业精神培育对企业、对社会发展的功能性价值,又要关注职业精神对职校生生命成长积极的意义。只有将两者结合起来,才能使职校生成为适应社会需求的合格职业人,同时又是人格大写的具有可持续发展能力的现代职业人。

二、职业精神培育的内容:规范习得与品质培养相结合

职业规范是职业精神的外在体现,明确规定了在职业活动中什么可以

做，什么不能做，什么必须做，对从业人员的职业生活有规范与约束作用。但职业精神不只限于职业规范，还要更高层次的体现——良好的职业品质。职业品质是关于如何把事情做得更好的价值导向，是职业精神的核心和主体。两者从属于职业精神，不可分割。因此，在职校生职业精神培育的内容上要将两者结合起来。职业规范教育重在通过职业纪律精神的约束尤其是职业底线的教育，使职校生的职业行为符合现代职业生活对专业化、规范化和标准化的要求，使职校生真正意识团队合作的重要性和价值所在，进而使职业规范成为自身的一种职业习惯。职业品质的教育则注重培养职校生的积极职业品质，主要是敬业、诚信、公道等。敬业是职业精神最显著的特征，要求从业者以勤勉的态度履行职业责任和义务，以精益求精的态度来提高职业技能和业务水平，更高层次上要求从业者"精于此道，以此为生"；诚信是职业道德的体现，要求从业者在职业实践中自觉遵守职业约定、践行承诺；公道是职业精神的基本要求，要求从业者在职业生活中作风正派，维护公平正义。

三、职业精神培育的方式：教育引导与自主学习相结合

苏联教育家苏霍姆林斯基说过："真正的教育是自我教育。"联合国教科文组织《学会生存》一书也指出"未来的学校必须把教育的对象变成自己教育自己的主体"，"把重点放在教育与学习过程的'自学原则上'"[1]。因而，教师有意识的教只有转化为学生主动的学，才能达到教育的真正效果。职校生职业精神培育的生命机制也阐明学生的内化才是职业精神形成的关键。因此，在培育过程中要将教师的教育引导与学生的自主学习有机结合起来。一方面，教师要针对职校生职业精神培养缺失的现状，有意识、有计划地在教育教学过程中进行言传身教，使学生了解未来所从事职业的有关知识和要求，把握职业精神的内涵，增强职业认同感、责任感、使命感，使学生重视职业精神的养成；另一方面，要充分相信学生生命中

---

[1] 联合国教科文组织国家教育发展委员会. 学会生存：教育世界的今天和明天 [M]. 北京：教育科学出版社，1996：200-201.

蕴藏的巨大潜能,彰显学生的主体精神,唤醒学生自我学习、自我成长的意识,给予学生自主学习的机会和平台,使学生在思考、明辨、探究、践行中对未来所要从事的职业有更加全面理性的了解,更好地内化职业的规范与要求,自觉将职业精神的涵养作为人生的目标追求。

四、职业精神培育的路径:专门教育与环境教化相结合

职业教育中职业精神教育的"缺位"亟须通过专门的途径加强职业精神的培育。具体来说,要在专业课程中嵌入职业规范、职业伦理、职业责任、职业道德等有关职业精神的内容,尤其要通过实践教学环节,在培训职业技能的过程中加强职业精神教育;同时也要通过德育课、就业指导课、心理健康教育课中渗透职业精神教育,培养学生积极的职业品德、积极的职业态度、积极的职业兴趣和积极的职业人格;还需要通过社会实践等活动让学生实践增强职业了解,深化职业感悟。另外,要重视环境对职业精神的熏陶教化作用。有关研究表明,个体的职业精神主要形成于真实的职业环境中。❶ 可见,职业环境具有承载职业精神教化的功能。因此,职业学校要充分利用校企合作的形式,使职业精神的培育从学校延伸到企业、社会,在真实的职业环境,通过顶岗实习、实训等方式让学生真实地感受企业的规章制度、行为规范、核心文化,认识一名合格职业人所应具备的职业素质和职业精神,领悟优秀员工爱岗敬业、诚实守信、精益求精、团队合作等高尚职业品质的真正内涵,从而对职业精神的培育起到潜移默化的作用。

本章小结

智能化时代的来临,尤其是"中国制造2025"战略的实施,对现代职业人的培养提出了更高要求。培养职业技能与职业精神高度融合的大写职

---

❶ Val Kinjerski, Berna J. Skrypnek. Four paths to spirit at work: journeys of personal meaning, fulfillment, well-being, and transcendence through work [J]. The Career Development Quarterly, 2008 (56): 321-325.

业人成为现代职业教育的价值追求。针对当前职业教育过于注重职业技能培训，忽视职业精神培育，强调成才成器，忽视生命内在发展的功利化倾向，积极职业教育应立足生命的视野，充分挖掘职校生职业精神培育的生命意蕴，从构建"社会需求与生命关怀相结合、规范习得与品质培养相结合、教育引导与自主学习相结合、专门教育与环境教化相结合"的生命关怀模式入手，强化职校生职业精神的培育。

（本章作者　江苏理工学院　郝永贞）

职校生心理潜能与积极教育开发策略

心理潜能在社会学、教育学和心理学界一直是人们热衷于探讨和谈论的话题。也正因为热门,关于心理潜能的研究衍伸出了很多观点和派别,但不管各自的理念如何不同,有一点是公认的,即人生来就具有各种天赋和潜在的心理能力,通过特殊的培养和训练,在特定的场合、时间,具备适合的条件下,人的心理潜能就会得到开发和释放。作为教育的重要组成部分,职业教育能培养出什么样的人才,关系到国家、社会以及个人的前途命运。因此,职业教育应该思考如何充分地开发职校生的心理潜能。职校生的心理潜能如果得到充分挖掘、得到了全面发展,也就适应了经济社会发展的需要。为了更好地摸索职校生心理潜能的开发策略,首先需要清楚地了解什么是人的心理潜能。

第一节 职校生心理潜能概述

一、心理潜能的概念及分类

潜能指人具有的但又未表现出来的能力。潜能分为生理潜能和心理潜能。潜能的发掘和发挥都存在极大的心理因素。心理潜能的概念是建立在人脑的机能远未被开发这个事实上的。从某种意义上说,人脑潜能就是心理潜能。人通过提高认知和学习技巧、培养积极的情绪情感、锻炼坚强意志等方法都能够发挥人的生理、心理潜能。因此,从广义角度看,任何的潜能都属于心理潜能。心理潜能按心理现象可分为认知潜能、情绪潜能、意志潜能和个性心理潜能。

(一) 认知潜能

认知是人们获得知识或者运用知识的过程,或信息加工的过程。这是人基本的心理现象。包括感觉、知觉、记忆、思维、想象等。

1. 感知潜能

在感知方面,据实验证明,人脑能在百分之一秒内接受外界传来的一个人的脸部映像,并在四分之一秒内分析这张脸的详细情况,并把这些情况综合成一个整体,然后分析识别,并记起与此人有关的言谈举止、交往经历等资料。以上发生的全部过程不到一秒钟,并决定自己所要采取的行动,比如面露微笑或表达愤怒等。更神奇的是,人不但有精确知觉,还有模糊知觉,即不需要很多准确的、足量的信息就可以做出正确的判断。

2. 记忆潜能

人的记忆能力也很惊人,一个正常人的大脑记忆容量相当于一部分大型电脑储存量的120万倍。如果一个人发挥出其一小半的潜能,就可以轻易学会40种语言,记住整套百科全书,获得12个博士学位。据研究,即使世界上记忆最好的人,其大脑使用也没有达到其功能的1%。人类的记忆潜能,目前为止仍是低度开发。

3. 创造潜能

在创造力方面,人的心理潜能就更是无与伦比了。人之所以伟大,就是因为有无穷的想象力和创造力。创造力是人创造性思维和创造想象的具体表现,也是人类心理发展的最高成就。创造力是人类生活中最有力量、最有价值的思维和想象活动。可以说,人类文明的发展和创造力潜能的开发是同步的。正是因为人类的创造力潜能的不断开发,给我们带来了日新月异的科技进步和五彩斑斓的现代化生活。当然,我们也无法预想人类想象力和创造力潜能的进一步发展将会把我们带向一个怎样的未来。

（二）情绪潜能

情绪情感过程是一个人在对客观事物的认识过程中表现出来的态度体验，如满意、愉快、气愤、悲伤等。一般而言，凡是通过客观事物使个体产生的满意、愉快、喜悦等主观体验称为积极情绪；凡是通过客观事物使个体产生的不满意、忧愁、厌恶等主观体验称为消极情绪。

1. 情绪的动机促进作用

人的各种需要是动机产生的基础和主要来源，而情绪是需要是否得到满足的主观体验，因而情绪具有激励作用。积极情绪状态会成为行为的积极动因，可以提高行为效率，起正向的推动作用。消极情绪状态则起消极作用，会干扰、阻碍人的行动，起反向阻碍作用。积极的情绪有利于人的创造性和积极性的发挥，使人朝气蓬勃，对学习、工作和生活充满活力、信心和乐趣，产生"万事顺心"的感觉，从而极大地促进人的行为动机。

2. 情绪的组织、调控作用

情绪是心理的核心动力系统，它对其他心理活动具有组织、调控作用。积极情绪对活动有调节和组织作用，消极情绪则起破坏和瓦解作用，中等强度的愉快情绪，则有利于提高认知活动效率。例如，考试压力越大，考生考砸的可能性就越大。一般来说，中等强度的紧张是考试的最佳情绪状态，过于松弛或极度紧张都会干扰学生的认知功能，不利于考生正常水平的发挥。

3. 情绪的人际适应作用

情绪在人际间具有传递信息、交流思想的功能。积极情绪能使人产生积极的表情，如真诚的微笑、满意欣赏的点头、富于同情的面部表情等。这些表情，往往能使人互相接近、互相了解，架起友谊和情感的桥梁，建立起友好和谐的人际关系，使个体完成良好的适应。

4. 情绪的思维扩展作用

积极情绪可以扩展思维，从而改变个体的思考方式和行为方式。当个体看到的越多，就会在脑中产生更多的想法，更多的行动也成为可能。这个事实被多伦多大学的几位科学家所证明。他们给被试分别注入积极情绪、消极情绪或完全的中性情绪，并在两个非常不同的任务中考察他们。

一个任务是让被试追踪周围的信息,以测量他们视觉注意的范围。另一个任务通过让被试根据三个词语(如割草机、原子和外国的)测量他们的语言创造力。研究者了解到,当人们感受积极时,他们在两个任务上表现同时变化:他们的视觉注意范围更广泛,他们在语言任务中也更富有创造性。这是一个重要的联系,因为它为积极情绪以多种相互关联的方式扩展思维的论断提供了证据。

因此,积极的情绪是心理潜能的重要组成部分。积极情绪不仅改变了个体的大脑,也改变了个体与世界互动的方式。

(三) 意志潜能

意志是为了改造客观事物,一个人有意识地提出目标、制订计划、选择方式方法、克服困难,以达到预期目的的内在心理活动过程。意志潜能对于心理潜能的发掘和发挥具有非常重要的作用,以至于人们一般都狭隘地把心理潜能理解为意志的激发。虽然这种看法是片面的,但是也可以反映出人们在个人学习、生活和工作中,对于意志在心理潜能中的重要作用的直接主观体验。

1. 意志的自觉性功能

意志的自觉性指一个人在行动中具有明确的目的,并对行动的目的及其社会意义有深刻的理解,能主动支配自己的行动,使之符合于既定的目的。

一个具有自觉意志的人,表现出能独立支配自己的行动,不轻易因外界影响而改变原来的决定;行动中目的明确,不畏艰险,面对困难充满信心;能广泛听取别人的意见和建议;对行动过程和结果能进行自觉的反思和评价。

与自觉相反的意志是盲从和独断。盲从的人表现为行动缺乏主见,易受他人的暗示,对别人的思想和行为不加批评盲目接受,随意改变原来的决定。独断的人表现为盲目自信,不考虑自己采取的决定是否合理,拒绝他人的合理意见和劝告,一意孤行,固执己见。盲从和独断都是意志缺乏自觉性的表现。

2. 意志的果断性功能

意志的果断性指一个人善于明辨是非,迅速而合理地采取决定和执行决定的品质。

意志的果断性表现在当人们面对冲突、需要选择时,能当机立断,及时而勇敢地做出决定,使行动顺利地进行;当情况发生变化而需要变更行动时,能随机应变,毫不犹豫地做出新的决定。

与果断性相反的意志品质是优柔寡断和草率决定。优柔寡断的人往往遇事犹豫不决、患得患失、顾虑重重,前怕狼,后怕虎,一方面焦虑不安,另一方面迟迟不采取相应的行动。草率决定的人则相反,他们会在没有明辨是非的情况下不负责任地做出决定,或凭一时冲动去从事某项活动。

3. 意志的坚韧性功能

意志的坚韧性指一个人能长期保持充沛的精力,战胜各种困难,不屈不挠地完成既定目的的品质。

意志的坚韧性表现为人们在行动过程中的坚持性,即在行动中能根据既定的目的,长期地维持与目的相符的行动,坚持到底,毫不懈怠;也表现为克服困难的顽强性,即在行动中遇到困难时,能激励自己满怀信心地去克服,坚持不懈地完成行动以实现预定的目的,"锲而不舍,金石可镂",就是意志坚韧性的表现。

与意志坚韧性相反的意志品质是顽固执拗和见异思迁。顽固执拗的人,对自己的行动缺乏理性的认识,我行我素,固执己见。见异思迁的人,行动缺乏坚持性,随意改变既定的目标和方向,这山望着那山高,碌碌无为。

4. 意志的自制性功能

意志的自制性指一个人善于控制和支配自己行动的品质。

具有自制性的人,他们在任何情况下都能保持清醒的头脑,控制自己的感情不受外界干扰,坚持完成行动;他们善于约束自己的言论,不信口开河;能克制自己的行为,遇事三思而后行。"富贵不能淫,贫贱不能移,威武不能屈",就是意志自制性的表现。

与自制性相反的意志品质是任性和怯懦。任性的人不能约束自己的言行,不能控制自己的情绪,感情用事。怯懦的人胆小怕事,遇到困难惊慌失措,畏缩不前。任性的人和怯懦的共同特点是不能有效调节自己,自我约束能力差。

纵观人类历史,很多伟人凭借良好的意志品质取得了举世瞩目的成就。英国著名科学家贝弗里奇说:"几乎所有有成就的科学家,都具有一种百折不回的精神。因为大凡有价值的成就,在面临反复挫折的时刻,都需要毅力和勇气。"同样,也有很多人因为缺乏良好的意志品质,最终变得碌碌无为,甚至是世人的唾弃。可以说,假设有两个人,在其他条件都完全相同的情况下,意志品质不同,最终取得的成就也会大相径庭。

当然,良好的意志品质并不是与生俱来的,它主要还在于后天的开发。不同的生长环境,不同的教育氛围、不同的人生经历最终也造就了千差万别的意志品质。因此,意志潜能也是心理潜能的重要组成部分。

(四) 个性心理潜能

认知、情绪、意志等心理过程是人们共同具有的心理活动。但是,由于每个人的先天素质和后天环境不同,心理过程在产生时又总是带有个人的特征,从而形成了不同的个性。个性包括多种成分和特质。如需要、动机、兴趣、理想、人生观、气质、性格、能力等。虽然个性中的一部分会受到遗传的影响,但是后天提供的环境和条件可以使个体最大限度地发挥个性的优势,从而达到潜能的激发。

1. 需要潜能

需要是个体生存和发展所必需的各种要求在人脑中的反映。需要的基本特性是需要的动力性。人本主义心理学家马斯洛认为人的需要是有层次的(见图6-1),需要的满足由低层次向高层次不断发展,低层次的需要得到基本满足后高一层次的需要才会出现。而当一个人的努力方向和他本人目前的需要层次相统一时,这个人的潜能会得到最大限度的激发。如果当一个人某一层次的需要得到满足,却人为地控制他停留在追求低层次的需要时,个人的潜能将会受到抑制,甚至出现病态。比如,当代的青少年从小生活条件优越,吃穿不愁,如果教育还是以像其祖、父辈一样满足吃、穿等低层次需要时，他们的潜能就会被压制。同样，在某一层次需要未得到满足前，盲目的要求个体追求高层次需要，也会出现类似情况。马斯洛同时指出自我实现需要是人类实现全部潜能的超动机，自我实现可以激发人的深层次潜能。

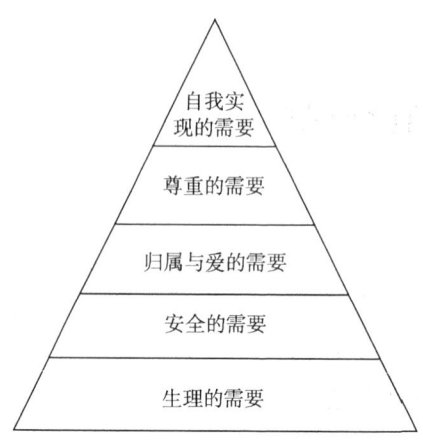

图 6-1　马斯洛需要层次理论

2. 兴趣潜能

兴趣是个体积极探究和认识事物的心理倾向，它促使个体对有兴趣的事物给予优先的注意、积极的探索，使个体处于一种兴奋的、快乐的积极情绪体验中。兴趣是个体认识和从事活动的巨大动力。心理学家布鲁纳曾说，学生最好的学习动力就是学生对所学的东西有内在兴趣。

3. 理想潜能

理想是个体对未来有可能实现的奋斗目标的向往和追求。是人们在实践过程中形成的、有实现可能性的、对未来社会和自身发展的向往与追求，是人们的世界观、人生观在奋斗目标上的集中体现。理想是人的心灵世界的核心。理想来源于现实，又超越现实，理想在现实中产生，但它不是对现状的简单描绘，而是与奋斗目标联系的未来的现实，是人们的要求和期望的集中表达，它激励着人们在现实中持续的为实现理想而奋斗。追求远大理想是人成就事业、开创未来的精神支柱和前进动力。由于理想的超越现实性，在实现过程中，主观能动性势必调动人的潜在能量。不同的理想对于人潜能的激发程度是不一样的。因此，正确的、合适的理想也是心理潜能必不可少的组成部分。

4. 气质、性格潜能

气质、性格具有多样性和独特性，人与人之间的心理面貌是完全不同的。西方有句格言"世界上没有完全相同的两片树叶"。而人的生活、学习和工作环境也不尽相同。不同个体能否施展自己的才华也往往依赖所处的环境。比如，让活泼好动、稳定性差的多血质类型人从事需要耐心和缜密思维的会计工作，结果是可想而知的。

5. 能力潜能

人的能力也是千差万别，这种差别不仅仅体现在人与人之间的能力对比。随着心理学的发展，越来越多的研究显示出即使是同一个人，所具有的各方面的能力也是不同的。这一观点的代表就是多元智能理论，而这一理论现在也受到了广泛的认可。多元智能理论是由美国哈佛大学教育研究院的心理学家加德纳在1983年提出的。加德纳从研究脑部受创伤的病人发觉到他们在学习能力上的差异，从而提出本理论。传统上，学校一直只强调学生在逻辑—数学和语文（主要是读和写）两方面的发展。但这并不是人类智能的全部。不同的人会有不同的智能组合，例如，建筑师及雕塑家的空间感（空间智能）比较强，运动员和芭蕾舞演员的体力（肢体运作智能）较强，公关的人际智能较强，作家的内省智能较强等。依据这一理论我们可以想象，作为田径奥运冠军的刘翔如果从事写作，那他可能是个失败的作家。我们当然不能简单地说刘翔的能力差，而是写作的岗位本身埋没了刘翔所具有的天赋。

综上所述，人在认知、情绪、意志和个性上都有心理潜能。这些心理潜能由于不同的人所受的教育或所处的环境、所得到的开发也是不同的。美国心理学家威廉·詹姆士认为，一个正常健康的人，只运用了其能力的10%，尚有90%的潜力。控制论奠基人之一的 N. 维纳说："可以完全有把握地说，每一个人，即使他是做出了辉煌创造的人，在他的一生中利用他自己的脑潜能还不到百亿分之一。"因此，作为教育工作者，我们必须意识到这些心理潜能的存在，并通过教育教学工作，最大限度引导学生逐步认识和开发自己的心理潜能。

二、心理潜能的特点

人的心理潜能隐藏在心理现象中，在特定的情况和适合的条件下，就会得到开发。为了能够人为地创造适合心理潜能开发的环境和条件，就必须了解心理潜能的特点。心理潜能的特点可以分为内隐性、遗传性、可诱发性和多样性。

（一）内隐性

人的心理潜能是隐藏在人的潜意识之内的，尚未显现，但已经存在。脑中的潜能世界是一个未被打开的宝库，那里蕴藏着惊人的能力，一般情况下不采取一定的措施是难以开发出来的。人的心理潜能会在意外的情况下迸发出来，也会从天才人物身上显现出来。如前所述，有的学者估计人的潜能只开发了4%，或者更低。心理潜能内隐性的特点给人类提出了开发潜能、造就更多的人才的繁重任务。

（二）遗传性

人的素质是人的先天遗传性和后天习得性的统一。人的先天心理潜能中内含着自然所赋予人的宝贵"矿藏"，这种"矿藏"是人后天发展的内在的基础性资源。陶行知先生所说"人生天地间，各自有禀赋"就是这个意思。这个"矿藏"资源合理发掘和利用的程度，直接关系个人在现实条件下的最佳发展，它构成了青少年全面发展最直接的基础。

（三）可诱发性

人的心理潜能的可诱发性，是潜能的又一特征。可诱发性指人本来没有某种能力，经过教育、培养，能出现这种能力。虽然人的心理潜能是隐藏在人的潜意识之中的，但用过研究和相关实践证明，只要具备一定的条件是可以开发出来的。浙江省慈溪县一所学校曾在两年间出现了17个"心算神童"，这在全国绝无仅有。这些学生能一口报出几十个两位数连加，15个至20个三位数相加减的得数，速度超过电子计算器。为什么出现这么多"心算神童"？这是因为这所学校运用了珠算式心算最新教学法诱发了学生的潜能。

(四) 多样性

通过研究了解，人的心理潜能多种多样，而且存在也不是单个要素的独立存在，而是以一种潜能素质结构的形式存在于人的潜意识之中，各要素之间形成彼此连接又彼此制约链状结构。

在了解心理潜能分类的基础上，进一步清楚心理潜能所具有的以上四个特点，可以帮助我们更好地制订心理潜能开发的策略。

三、职校生心理潜能开发的意义

职校生心理潜能开发的意义是由职校生心理潜能开发的必要性决定的，这种必要性主要源于以下三种需要。

(一) 促进职校生心理成长的需要

据调查报告显示，目前全国有 3000 万名心理有问题的青少年，其中中小学生心理障碍患病率为 21.6% ~ 32%；大学生有心理障碍者占 16% ~ 25.4%。而且，近几年又有上升的趋势。而长期处于弱势地位的职校生心理问题的严重程度尤甚。职校生的心理问题突出表现在人际关系，情绪问题和学习适应性问题。这些问题的存在，很大部分是由于学生心理潜能得不到开发。《中小学心理健康教育指导纲要》（2012 年修订）指出要立足教育和发展，培养学生积极心理品质，挖掘他们的心理潜能。如果通过一定的途径，引导职校生激发认知、情绪、意志和个性方面的潜能，必将有助于学生充分完善自我意识，了解自己是什么样的人，将来可能成为什么样的人。从而学会处理成长过程中遇到的各种问题，主动克服消极的心理状态，有效预防心理问题的发生，维护和保持心理健康。

(二) 参与国际竞争的需要

当今世界竞争的基点已由军事、经济转向综合国力，其实是教育和人才的竞争。随着新技术革命浪潮的掀起，世界各国都越来越重视培养人才的质量规格，重视提高人的素质。《国家中长期人才发展规划纲要》（2010—2020 年）中对于人才发展目标提出，培养和造就规模宏大、结构优化、布局合理、素质优良的人才队伍，确立国家人才竞争比较优势，进入世界人才强国行列，为在 21 世纪中叶基本实现社会主义现代化奠定人才基础；《教育部关于深化职业教育教学改革全面提高人才培养质量的若干意见》（教职成〔2015〕6号）也要求推动职业教育改革创新，积极参与国际规则制订，提升我国技术技能人才培养的国际竞争力。

在人的素质结构中，居核心地位和起关键作用的是人的心理素质。国内外杰出的政治家、科学家和企业家，无不以良好的心理素质作为其成功的基石。美国学者戴尔·卡耐基调查了世界许多名人之后认为，一个人事业上的成功，只有15%是由于他们的学识和专业技术，而85%是靠良好的心理素质善于处理人际关系。确实，越来越多的研究证实，诸如超群的智慧、稳定的情绪、顽强的毅力、完善的个性、适应环境的能力、随机应变的机智等高品位的心理素质，已成为最具竞争力的人才资源的要素。

如前所述，良好的心理素质并不是与生俱来的，它有赖于后天的有意识的挖掘和开发。因此，我们应当从参与国际竞争和提高人才整体素质水平的高度来看待职校生的心理素质问题，进而认识到心理潜能开发的重要性和必要性。

（三）国内现代化建设的需要

放眼全球，现代化已经成为世界性的潮流。正如美国学者列维所说："在我们这个世界上，事无巨细，无论是国际或是国内，没有哪一个问题不与现代化有关。"❶ 现代化作为一个历史范畴，它有三个基本层次，即物质层面（表层）的现代化、制度层面（中层）的现代化和观念行为层面（深层）的现代化。其中人的观念和行为的现代化是核心和关键。那么，什么是人的现代化呢？所谓人的现代化，就是人的素质现代化。美国社会学者英格尔斯提出现代人的12种品质，诸如：①现代人准备和乐于接受他未经历过的新的生活经验、新的思想观念、新的行为方式；②准备接受社会的改革和变化；③思路开阔，头脑开放，尊重并愿意考虑各方面的不同意见和看法；④注重现在与未来，守时、惜时；⑤强烈的个人效能感，对人和社会的能力充满信心；⑥计划；⑦知识；等等。从这些方面可以看出，现代人的素质强调的无一不是心理素质。如果将现阶段职校生的心理

---

❶ ［美］M.J.列维. 现代化的后来者与幸存者［M］. 吴荫，译. 北京：知识出版社，1990：50.

素质与现代人的心理素质对比，我们可以看到，这其中的差距是非常明显的。而作为中国现代化建设中的主力军，职校生心理素质的现代化培养对国家的现代化起着举足轻重的作用。

综上所述，不难看出，欲使国家现代化，首先必须是国民素质现代化；而欲使国民素质的现代化，关键是使国民心理素质现代化；而国民心理素质现代化，有待于对国民心理潜能的有效开发。作为职教工作者，积极思考和开展职校生心理潜能开发工作是非常必要的。

四、职校生心理潜能开发及研究现状分析

心理潜能开发是心理学研究的主要任务之一。在精神分析学派弗洛伊德提出人类具有潜意识，并肯定潜意识具有远超于意识的能量之后，人类心理潜能便一直是心理学家乐于研究的课题。而对心理潜能有崭新认识的代表性理论是人本主义理论、多元智能理论和自我效能感理论。

（一）人本主义理论

马斯洛的重要目标是认清人类究竟有多少适合于充分发展的潜能。他通过对活着的、已故的具有卓越人格的49人研究后得出结论，心理成长和健康的潜能是生来就有的，这些心理潜能能否实现，决定于个体和社会的力量，这些力量促使或阻止自我实现。他认为人拥有的潜能比他们已经实现的要多，如果能够释放出这种潜能，我们完全能达到自我实现者们表现的理想境界。

罗杰斯的主要观点是任何人都有积极的、奋发向上的、自我肯定的、无限成长的潜力。如果个体的某些经验与其自我结构出现不和谐，即个体对自己经验的知觉出现歪曲或否认，使人的成长潜力受到削弱或阻碍，即表现为心理病态和适应困难。他认为自己的工作"基本上是一种思想观点，即个体内部蕴含着大量的能量，它完全可以改变人的生活。并且，如果能提供适当的条件，这些能量可以被激发出来"。❶

---

❶ 李百珍. 青少年心理卫生与心理咨询［M］. 北京：北京师范大学出版社，2005：277.

（二）多元智能理论

多元智能理论是由美国哈佛大学教育研究院的心理发展学家霍华德·加德纳提出。加德纳认为过去对智力的定义过于狭窄，未能正确反映一个人的真实能力。他认为，人的智力应该是一个量度他的解题能力的指标。根据这个定义，他在《心智的架构》这本书里提出，人类的智能至少可以分成七个范畴，即语言智能、数理逻辑智能、空间智能、身体运动智能、音乐智能、人际关系智能、自我认识智能。经过后续研究，他又增加了自然探索智能和存在智能。这九项智能表现出个体差异，每个人都有自己的强项和弱项；有人显现得较早，有人显现得较晚。不难判断，受到良好教育，某些智能得到开发；反之，遭遇不良教育，某些智能受到压抑，甚至摧残。面对个体差异，教育者不为传统观念所束缚，就会发现被教育者潜在的智能因素，通过开发，不仅能造就人才，而且会创造出奇迹。

（三）自我效能感理论

自我效能是班杜拉所提出的概念，是班杜拉社会学理论体系中的重要组成部分。他认为，所谓自我效能，指个人对自己在特定情境中，是否有能力去完成某个行为的期望，它包括两个成分，即结果预期和效能预期，其中结果预期指个体对自己的某种行为可能导致什么样结果的推测；效能预期指个体对自己实施某行为的能力的主观判断。自我效能感与成就行为是相互促进的。个体的自我效能强弱主要受到三个方面影响。

1. 行为成败的经验

班杜拉在研究中发现，人们对于行为成败的归因方式，会直接影响自我效能的评价。成功的经验会提高人的自我效能，多次失败的经验会降低人的自我效能感。不断成功会使人建立起稳定的自我效能感，这种效能感不仅会因一时的挫折而降低，而且会泛化到类似情境中去。

2. 替代性经验

当一个人看到与自己的水平差不多的示范者取得了成功，就会增强自我效能，认为自己也能完成同样的任务；看到与自己的能力不相上下的示范者遭遇了失败，就会降低自我效能感，觉得自己也不会有取得成功的希望。

3. 言语说服

这是试图凭借说服性的建议、劝告、解释和自我引导改变人们自我效能感的一种方法，由于使用简便，它成为一种极为常用的方法。然而，依靠这种方法形成的自我效能感不易持久，一旦面临令人困惑或难于处理的情境时，就会迅速消失。

一个人在实现目标的过程中，除了受到本身能力的影响外，自我效能起决定性作用，因此，自我效能对我们个性的发展和潜能的发挥具有十分重要的意义。

从以上理论可以看出，心理学家对于人的心理潜能的研究，为人的心理成长和发展规划了一张非常美好的蓝图。这些研究不仅给我们开发职校生的心理潜能提供了理论基础，也为职业教育教学模式构建提供了新的航舵和方向。

第二节 职校生心理潜能开发的问题与反思

虽然心理学家对心理潜能的开发进行了详细的研究，为我们了解人的潜能指明了方向，让我们对职校生的培养前景充满信心。但回看现实，不得不承认，在职校生心理潜能开发上，存在的问题还比较突出。这就要求职教工作者重新反思，了解这些问题的成因，并寻找切实可行的改进方法。

一、存在问题

我国职业教育长期处于从属地位，职校学生也是应试教育中的"淘汰者"，这种尴尬的地位必然造成整个社会对职业教育的忽视。因此，职校生心理潜能开发存在的问题可以总结如下。

（一）传统课程目标对职校生心理潜能的开发不足

由于受到"应试教学"的影响，很多职业学校课程目标都简单地定义为知识、技能的传承，未能在课程教学中渗透心理目标，忽略了学生心理潜能的挖掘。随着国家经济发展对高素质人才需求的增长，部分职业学校也始终关注的是学生专业能力和技术技能的培养，导致学生德育目标达成过低，人文素养、合作意识缺乏。

（二）教师对于职校生心理潜能认识不足

在职业教育中，由于对心理潜能内容及发展规律认识的不足，许多教师在教育教学过程中动辄抱怨生源现状和学生素质过低，未能认识到职校生与同龄人相比所反映出的一些缺点，很大原因是他们在成长过程中心理潜能开发不足造成的。在课堂教学中，只偏重传授知识和技能，而忽视对学生能力、情感、性格等心理素质的培养，严重制约了职校生心理潜能的开发。

（三）专业选择的不合理对心理潜能的限制

随着国家经济发展的需要，职业院校在专业设置上可谓百花齐放，几乎涵盖了三大产业中的各个分支。但由于"应试教育"在我国教育体制中长期处于主导地位，学校在义务教育阶段未能很好地引导学生进行职业生涯规划方面的学习，加之学生家长文化程度及个人阅历的限制，追捧所谓的"热门"，使学生在选择专业时盲目性、随意性问题突出，并不能完全了解各专业的学习内容和应用领域，以及各专业学习对学生心理特点的需求要求。在选择了不是自己感兴趣的甚至是厌恶的专业，就会缺乏学习动力，出现"混日子"顺利毕业拿张文凭即可的现象，甚至出现多门不及格而退学的结果，严重阻碍了学生心理潜能的开发。

（四）社会偏见对职校生心理潜能的忽视

由于我国传统"重理论，轻应用"人才观的存在，职业教育在一段时间内已经被视为学历教育淘汰者的"收容站"。试问，有多少学生进入职校学习是自己的主动选择？这种无奈，让社会对职校生的要求几乎降低到只要不触犯法律就准予毕业的地步。人们不关心职校生怎么学，学到了什么，不能唤醒学生积极的具有建设性的心理潜能因素。一旦自己的孩子进入职业学校，很多家长也随之失去了希望，认为职业学校的学习只不过是掌握一项谋生的手段，甚至有家长认为学生进入职业学校是因为年龄小，直接将职业学校当成"托儿所"，所谓的学习只不过是孩子的游戏，在这种情况下，职校生心理潜能被忽视也在情理之中。

二、理性反思

如何在职校生知识和技能学习的过程中,进一步释放职校生本身所具有的心理潜能,已经是职校教育工作者不能回避的课题。

(一) 在课程教学中开发职校生心理潜能

《国务院关于加快发展现代职业教育的决定》(国发〔2014〕19号)中提出人才培养要"全面培养、系统培养、多样化成才"。《中小学心理健康教育指导纲要》也要求"培养学生积极心理品质,挖掘他们的心理潜能"。因此,如何在课程教学中渗透心理潜能开发的目标,以实现职业教育目标,是职教工作者在实施课程教学时必须考虑的问题。

在西方,课程进程中许多学者曾致力于"课程心理化"的研究,亦即把"心理目标"渗透到课程之中,从而促进学生心理潜能的开发。从课程的实施角度来看,各学科课程如何实施,都有其特定的结构和目标体系,但仅限于自身的结构和目标是不够的。现代社会对人的培养规格要求是综合的。因此,在各学科课程中考虑心理潜能的开发是对课程自身的积极建构,是课程实施策略的一种改进和提升。苏联教育家赞科夫指出,教学不仅仅是教师用知识、技能武装学生的过程,同时也应当是使学生得到一般发展的过程。"所谓一般发展,就是不仅发展学生的智力,而且发展情感、意志品质、性格和集体主义思想。"❶ 换言之,赞科夫所说的一般发展,实质上就是心理潜能的开发。同时他也指出:"在传统教学方法条件下,学生的心理发展远不是已达到极限,还可能有高得多的发展。"显然,赞科夫的研究已经蕴含了在各学科课程教学中渗透心理潜能开发的思想,说明通过学科渗透的途径来进行职校生的心理潜能开发,不仅是必要的,也是可行的。

(二) 充分运用积极心理学开发职校生心理潜能

积极心理学一词最早于1954年出现在马斯洛的著作《动机与人格》

---

❶ 吴立岗,李吉林. 苏联教育家改革语文教学的理论和实验 [M]. 上海:上海教育出版社,1998:2.

一书中，而塞利格曼让世人真正关注了积极心理学的存在。积极心理学的核心思想在于强调人本身所固有的积极因素，强调人的价值与人文关怀，主张心理学的研究要以人实际的、潜在的、具有建设性的力量、美德和善端为出发点，用积极的心态对人的心理现象做出新的解读，寻找其规律，从而激发人自身内在的积极力量和优秀品质，并利用这些积极力量和优秀品质帮助普通人或具有一定天赋的人最大限度地挖掘自身的潜力并获得幸福的生活。

虽然进入21世纪后，积极心理学席卷了整个心理学、教育学界，但在我国职业教育领域，非心理专业教师对这一理论的认识还比较匮乏。如果对各学科的教师进行适当培训，让他们了解积极心理学的理念，提高他们在学科教学中渗透心理潜能开发目标的意识和技能，通过知识、技能和心理目标相结合的模式，则无疑是当前各职业学校进行心理潜能开发的一条捷径。通过积极心理学理念的普及，可以引导教师学习心理学理论，运用积极心理学提高其理论素养和教学能力，促使更多教师建立积极的学生观和教学观，在学校中营造促进学生心理潜能开发的积极环境氛围。

（三）遵循个体身心发展规律开发职校生心理潜能

我们要在尊重学生个性特点的基础上，弥补学生在专业选择中存在的缺陷，创设适当的有利条件，促使学生在相应的智力优势领域内得到发展。个体后天成长教育就应该遵循个体自身的特点和规律。

据研究表明，青少年心理发展是一个连续的过程，其顺序是固定的、呈阶梯形的，从渐进性的量变到跃进性的质变，表现出若干个连续的阶段。影响青少年心理发展的因素，从静态来看，包括内部因素和外部因素；从动态而言，"活动"是影响儿童心理发展的现实性因素。内外因的矛盾构成了青少年心理发展的动力。教育要遵循规律，循序渐进；抓住关键期，及时施教。职校生进校时，在心理发展的起点、速度和方向都存在一定的差别。在发展起点方面，有的学生某些特质展现的时间较早，有的相对晚一些；在发展速度上，有的学生很早就表现出才能，有的学生则是缓慢地得以展现；在发展倾向上，有的学生擅长逻辑思维，有的言语智能突出，有的则在音乐领域表现出创造性；在心理特征方面，有的学生喜欢安静、独处，有的则活泼、善于与人交往。所有这些发展规律都是在职校生心理潜能开发中需要注意的问题。

（四）结合系统论的观点开发职校生心理潜能

任何事物都是系统的存在。事物的功能即系统的功能都源于它内在的结构。因此，我们要遵循潜能的素质结构的特性开发职校生的潜能。职校生的潜能同样是以系统的形式存在于人的潜能系统中的。人的潜能系统就是构成人的潜能的各个要素之间以及要素与系统之间是紧密相连，密不可分的。比如，个体某方面认知潜能的开发可能首先依赖于兴趣的培养，决定个体能否进一步前进依靠意志潜能的挖掘和情绪潜能的促进，这一过程中，各要素是相辅相成，缺一不可的。所以，我们在开发学生心理潜能时要遵循系统观点，注重构成人的潜能的各个组成要素以及要素与整个系统之间的关系，便于发挥整个系统功能的作用。

职校生心理潜能开发所存在问题的形成有其主观性，也有其客观性。因此，在思考和制定职校生心理潜能开发策略的过程中，我们既要满足职校生心理发展和国家人才培养目标的需要，也要考虑到目前职业教育的发展现状，使这些策略与职业学校的教育教学活动实际相结合，才能真正做到行之有效。

第三节 职校生心理潜能的积极教育开发策略

每个人的心灵深处都有自我实现的需要，职校生也渴望获得积极体验。积极心理学价值取向下的教育，注重优点的培养，关注积极的体验，促进积极人格的发展，提倡积极教育条件的构建。因此，在积极心理学指导下，借鉴多元智能理论和自我效能理论，从人本课堂、实践特长课与班团活动三方面入手，注重职校生心理潜能开发，构建积极、全方位、立体的心理潜能开发策略模式，能有效地创建积极的氛围，发挥教育合力，促进职校生心理潜能的开发（见图6-2）。

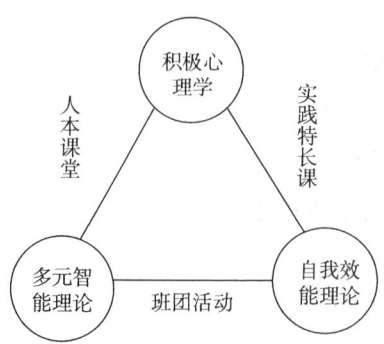

图 6-2 积极心理潜能开发策略模式

依据心理潜能内隐性、遗传性、可诱发性和多样性的特点，积极型心理潜能开发策略模式充分考虑职业学校学生的心理发展现状和潜在发展需要，与职业学校现有的教育教学活动有机结合，具有整合性、潜隐性、依附性的特征。学生心理潜能的开发其实是在教育教学活动中的心理素质提升过程中实现的。

一、人本课堂——将职校生心理潜能开发与课堂教学相融合

从教学时空层面来说，各科的课堂教学是学生和教师占据时空最多的场所。学生知识的获得、技能的掌握、智能的培养、心理的发展，绝大部分是在这一特定时空中完成的。如果忽略这一时空，就等于放弃了学生心理潜能开发的最主要场所。

从教育资源层面来说，各科教学本身就有十分丰富的心理潜能开发资源，无论是工具课、人文课，还是基础课、技能课，都有很多显性的或隐性的心理潜能开发内容可资利用。此外，教师如能合理利用学科课程中的心理健康教育资源，有目的地对学生进行心理健康教育，就能使学生在掌握知识技能的同时，更能获得在情感、意志、能力、性格等心理素质层面上的发展，变一课一得为一课多得，从而极大地提升教学资源对学生心理潜能开发的效用。实现课堂教学和心理潜能开发的融合，关键要做到以下三点。

（一）教学内容生本化，创造职校生最近发展区

首先，合理评估学生认知、兴趣和能力选取合适的教学内容，并整合心理潜能开发目标。课堂教学以人为本，关注人的良好行为和习惯的养成，关注学生心理品质的积极成长；体现丰富性和人性化；应注重学生内在的、积极的品质的养成。其次，在课堂教学中，注重创设目标情境，引导积极理念的建立和运用。

学习目标的设置遵循"最近发展区"的原则，做到挑战与才能平衡、问题有结构性、符合学生主体的特点；关注学生的现实能力。学生在学习过程中能够增进积极体验，提高自尊，从而逐步形成积极人格。

苏联教育心理学家维果茨基提出的最近发展区理论认为，教学要考虑学生的两种发展水平：一是个体在独立活动中目前已经达到的解决问题的水平，即"现有的发展水平"；二是在他人的指导帮助下所能达到的解决问题的水平，即"可能的发展水平"或"潜在的发展水平"。这两种水平之间的差距就是所谓的最近发展区。教学就是着眼于、落实于最近发展区，教育就是实现"最近发展区"的过程。也就是说，教学既要依据学生已经达到的心理发展水平，又要预见到今后的心理发展，即教学要走在发展的前面，而不是迁就或凌驾于原有水平。只有这样，教学才能带动和加速心理潜能的开发。

职校教师要充分把握"最近发展区"的要义，挖掘学生心理潜能。在教学内容的选取上，充分了解学生的现有发展水平，分析学生的知识结构与思维特点，预测他们的潜在发展能力，找准学生的"最近发展区"，并在此基础上对教材进行合理处理，提供学生原有知识结构不具备，但与原有知识结构有一定联系的新知识，激发学生求知欲，使其调整原有的知识结构，实现自身发展和心理潜能开发。

（二）教学过程活动化，增强积极体验

在课堂教学过程中，鼓励学生根据个性特点和社会生产要求，分工进行交往和探究，在教师适时、必要、谨慎和有效的指导下，学生通过与同伴合作对话或自主探究寻求答案，知识的建构由学生自己围绕问题自主完成。教师采用多样化的教学手段，引导学生参与讨论、体验游戏、竞赛等

活动，让学生在积极的体验氛围中学会知识、掌握技能，在潜移默化中塑造学生的积极心理品质，做到润物细无声的教育效果。教师在授课过程中要体现自己的积极心理，以积极的心态看待发展中的学生，在教学中多使用积极的、平等的词汇，表示出尊重、分享、快乐，为学生的健康成长营造和谐融洽的氛围。课堂上的积极体验能延伸到课外的学习和生活中。教师用审美的眼光发现学生的优点，以生为本，培养固有的积极潜力。学生的心理潜能需要在一个宽松的、允许思想自由表达的环境中，才能够得到充分的发挥。每个学生身上都有积极的力量，他们具备自己的独特优势。教师应该真诚地接纳学生，鼓励他们自我优势的发挥，鼓励学生、引导学生走向积极，增加自信。

（三）教学评价多元化，提高自我效能

在课程教学中，也应该注重学生的自我主动性，增强学生学习的内在动机，同时注重自我效能感的培养，发挥积极潜力。因此，不能单独地以学生对知识和技能的掌握程度评价学生的课堂表现，而应采用过程性评价。充分考虑学生个性特点和心理发展差异，由教师、学生构成多元评价体系，对学生的参与度、积极性等进行整体的评价，引导学生进行情境归因，运用赞美的语言帮助学生归因，找到合理的积极乐观的解释方式；及时关注学生的需求，满足新需要，提出具体、明确的改进性建议，提高学生的自我效能感，提高自主学习力。

二、实践特长课——将职校生心理潜能开发与实践特长发挥相融合

实践特长课是以多元智能理论为指导，弥补学生在专业选择中的缺陷，打破班级和课程的限制，充分全面有特色地发展学生的潜在优势和特长的一种辅助性课程形态。它由技能兴趣小组和文体社团活动组成，配备专职的指导教师，在完成常规教学要求的基础上，每天安排单独的时间开展，并定期安排技能竞赛月、体育节、文化艺术节等形式给学生以展示的机会。在此基础上，培养优秀学生参加各级技能竞赛、体育、文化艺术类比赛等，引导学生积极了解心理潜能，增强学生积极体验，提高自我效能

感，从而实现心理潜能的开发。

（一）定位教师角色，注重引导和鼓励

实践特长课中应该充分体现学生的主体经验，教师是欣赏者、引导者、支持者和促进者。参与活动本身就是学生获得直接经验的过程，实践特长课弹性大、组织灵活，学生是主体、行动者，教师应辅助学生增加参与相关信息的兴趣，增强学生的积极体验，帮助学生发挥积极主动性。

（二）完善评价体系，注重主动性

实践特长课的评价是有多维度的，应该抛弃模块化、单一化、成绩倾向的特点，将知识技能与心理品质发展结合在一起，实行多方位的评价体系，体现自主性，将职业道德、毅力、洞察力、行为积极性等心理潜能达成情况纳入评价的范围，注重过程的考核。学生在实践特长课的学习表现作为综合能力评价的重要部分，和学科学习成绩构成学生的最终成绩。

三、班团活动——将职校生心理潜能开发与德育活动相结合

（一）班团活动的定义及作用

活动是生命的本源意义之一。作为一个身心统一体的人，其身（生理）心（心理）系统的发展，心理潜能的开发，都要以活动作为源泉和动力。

班团活动主要指作为课堂教学和实践特长课的补充、扩大和延伸的课外活动，亦即学校在课堂教学和实践特长课任务以外有目的、有计划、有组织地对学生进行多种多样的教育活动。这些活动的组织形式有：①教育性活动：季节性和传统节日活动、主体性活动、系列性活动、即兴活动、社会实践活动（参观、考察、访问、调查、社会服务等）；②知识性活动（课外阅读、知识竞赛、专题讲座、报告等）；③科技性活动；④体育性活动；⑤文艺性活动（文学、音乐、舞蹈、绘画、书法等）；⑥劳动以及常规教育活动（晨会、班会、主题班会等）。

个体的活动是其潜能的转换器，也是其各种新需要和新能力的再生器。个体通过活动可以不断感受到外界对他的各种要求，一旦这些要求被内化，新的需要就会产生，这是个体潜能的储藏形式。随着活动的继续进

行和深化，个体的潜能就会逐渐被开掘，并转化为现实的力量和新的能力。

职校生精力充沛，生命力旺盛，他们不仅有本能的生理需要，也有丰富的精神需要，他们好动、好胜，对文体活动、科技活动或其他的各种竞赛活动都有极高的热情和广泛的兴趣。通过开展各种活动，引导青少年去追求知识、发展能力、提升情操，同时使他们有机会并有意义地释放自己的心理潜能。

（二）班团活动对职校生心理潜能开发的重要性

丰富多彩的班团活动为学生走向社会、接触自然提供了广阔的天地。它不仅增加了学生获得知识的信息渠道，而且由于在班团活动中获得的知识与实际生活紧密联系，因而比课堂教学中的书本知识更能吸引学生仔细观察、积极思维、大胆想象；班团活动提供了大量的实践与创造机会，有助于学生进行独立探索与自我发现，从而有助于其创造力的发展；在班团活动中，各种生动活泼的活动内容和灵活多样的活动形式，不仅满足了学生的兴趣爱好，而且能激发学生强烈的好奇心和求知欲，为学生形成积极的、多样化的学习动机奠定了广泛的基础；班团活动中许多健康有益的文化娱乐活动、艺术欣赏和创作活动，都可以发展学生健康的审美情绪，陶冶其情操，而那些有一定难度、需要学生克服较多困难才能完成的活动，则可以培养学生耐心、坚持、克制以及正视失败、敢于战胜困难等良好意志品质。不难看出，班团活动确实是开发学生心理潜能的有效途径。

正因为这样，苏霍姆林斯基非常重视在课余时间用丰富多彩的活动和健康有益的内容充实心理世界，并进行心理潜能的开发。他认为"当学生拥有同花费在学校课堂上一样多的空闲时间"[1]"才有可能培养出聪明的、全面发展的人来"。对学生来说"如果他的力量得不到发挥，他就会感到强烈不满，就会感到精神上的空虚"[2]。因此，职校教师应充分认识班团活

---

[1] B. A. 苏霍姆林斯基. 帕夫雷什中学 [M]. 赵玮，等，译. 北京：教育科学出版社，1983：前言，14.

[2] B. A. 苏霍姆林斯基. 学生的精神世界 [M]. 吴春荫，林程，译. 北京：教育科学出版社，1981：93.

动对职校生心理潜能开发的重要作用，积极开展班团活动，注重在实践中给予学生积极引导和支持，引导他们发挥自身的力量和潜能。

总之，职校生的心理潜能开发是一项具有长期性和艰巨性的工作。作为职教工作者，在教育教学过程中，应该充分认识职校生所具有的心理潜能，了解职校生心理潜能开发的重要意义，结合职教人才培养目标和学校实际，并在积极心理学的指导下，不断摸索职校生心理潜能开发的策略，使职校生的心理潜能得到有效开发。增加学生的积极体验，寻找学生的积极品质，并在实践中对这些积极品质进行扩展和培育；引导职校生树立自信、积极的人生态度，从而促进学生全面发展，提高学生全面素质和综合职业能力，真正培养高素质劳动者和技术技能型人才。

本章小结

本章从心理潜能的概念及分类入手，分析人在知、情、意及个性心理等方面的心理潜能，并阐述心理潜能的特点及职校生心理潜能开发的意义和研究现状。针对目前职校生由于传统课程目标限制、教师认识不足、学生专业选择不合理及社会偏见等问题造成的心理潜能开发不足，了解这些问题存在的症结，并理性反思，从而为职校生心理潜能开发有效策略的实施提供指导。结合职业学校教育教学管理特点及职校生心理潜能开发规律，基于积极心理学视角，提出涵盖全方位、全时段的行之有效的职校生心理潜能开发三大积极策略，即与课堂教学相融合的人本课堂、与学生实践及特长发挥相融合的实践特长课、与德育活动相融合的班团活动。

（本章作者　宜兴市张渚中等专业学校　俞　辰　蒋冬平　丁　璐）

职校生心理特征与积极生命教育策略

当代职业学校学生心理发展表现出年龄特征、个性化特征、社会化特征和职业化特征。生命教育创新变革应遵循职校生心理发展的基本规律,把握职校生心理发展的时代特征,树立科学的职校生心理发展观,建构促进职校生心理发展的积极生命教育理念。

第一节 职校生心理特征概述

随着社会的不断变化,职业教育已得到全社会前所未有的重视,职校生的生存状况和心理特点也成为社会关注的问题。学生从普通初中进入职业学校,最主要的变化是从单纯的求学、求知期进入了求职与创业创造期,随着学习环境、教育方式、学习压力、人际交往等方面的变化,他们会产生很大的心理变化。

一、职校生心理特征的界定

心理特征指一个人心理过程进行时经常表现出来的稳定特点,如有的人观察敏锐,有的人粗枝大叶;有的人记得快且牢,有的人记得慢且易忘;有的人思维灵活,有的人思维呆板;有的人情绪稳定,有的人却易波动；有的人意志果断，有的人优柔寡断❶。职校生作为一个重要的社会群体既有这一年龄段学生的共同心理特征，又有区别于其同年龄段其他受教育群体的独特之处，因为家庭、年龄、专业等的特殊性，职业学校学生在思想和言行上呈现多种多样的特征，但归根结底，这些都取决于他们内在的心理现状与发展情况。职校生心理特征就是要描述职校生这一群体在心理特征上与同龄人的共性和特性。

（一）年龄维度下的职校生心理特征

中等职业学校学生年龄在15~19岁，正值其个性发展和人格成熟、由"自然人"向"社会人"发展、完成社会化任务最关键、最重要的青年初期。青年初期的个体在生理发育上已达到成熟，在智力发展上也已接近成人水平，在个性及其他心理品质上表现出更加丰富和稳定的特征。这一时期青年的个性特点主要有两个：一个是不平衡性，另一个是极端性或偏执性。表现在职校生这一群体上，就是在认知与思维方式、情感与智力发展、个性倾向及言语等方面，都有其独有的特征，具体表现为：具有过渡性、闭锁性、动荡性、两极性的年龄化特征；具有明显的两面性，幼稚与成熟、依赖与独立、自觉与蒙昧交织并存的个性化特征；以讲究实用性与本身的从众性、消极性、逆反性并存的社会化特征；定向性鲜明的职业指向性与盲目性、片面性并存的职业化特征；具有学习行为实用化、个性发展自主化、需要结构多样化、价值观念多元化、负面心态普遍化的时代化特征；多重矛盾冲突相互交织的矛盾化特征六个方面特征❷。

（二）社会维度下的职校生群体的心理特征

人是社会的个体，任何个体的发展都离不开其成长的社会群体，职校生是能够享有与其社会角色相适应的社会权利，而且应当承担和履行相适应社会义务的群体。随着社会的发展，高等教育的普及率越来越高，于是高中教育是热门教育，中等职业教育成了"被淘汰孩子的教育"。在这一社会现实下，中职学生成为中考升学考试中的"失败者"。许多职业学校

---

❶ 黄希庭. 心理学导论 [M]. 北京：人民教育出版社，1991：4.
❷ 崔景贵. 当代职业学校学生心理发展的基本特征 [J]. 教育与职业，2008（8）：19.

的学生都有被初中学校边缘化，让父母失望，被上高中的同龄人瞧不起的"失败者"的心理体验，所以他们这一群体和高中学校青年学生的心理特征又有明显的不同之处。在这一群体中，自卑伴随着自我意识的发展；情绪的两极性表现得更为明显，心境中的消极成分较多；因为没有升学的压力，学业相对轻松，闲暇时间较多，使得职业学校学生的人际交往关系更为复杂，面临的心理冲突更趋多元化；道德感的发展面临的外部环境也比上高中的同龄人更为复杂，而社会对这一年龄段的青年人的道德要求和社会责任的要求比少年时期高了很多，在心理发展环境内外交困的情况下，职校生心理发展面临着与同龄的其他社会受教育群体不同的"机遇与挑战"。

二、职校生心理特征的生命意蕴

（一）心理健康是职校生积极生命教育的目标

联合国教科文组织提出："终身教育建立在四个支柱的基础上：学会认知、学会做事、学会共同生活、学会生存。"《国家中长期教育改革和发展规划纲要》中提出"学会生存生活"，因此要引导职校生树立正确的生命与安全观念，提高他们的生存技能和生命质量，培养他们勇敢自信的品格，促进职校生全面发展，是他们终身幸福的基础。幸福感是一种心理体验，所以，幸福必须以健康心理为基石。心理健康指心理的各个方面及活动过程处于一种良好或正常的状态。心理健康的理想状态是保持性格完美、智力正常、认知正确、情感适当、意志合理、态度积极、行为恰当、适应良好的状态。心理健康是一种持续且积极发展的心理状态，在这种状态下，主体能做出良好的适应，并且充分发挥其身心潜能。心理健康教育是"新健康教育"的一个重要组成部分，它是以培养身心健康社会公民为目的，通过运用健康管理的方法，以校园环境、功能环境的改善为主，人文环境的改善相配合，以老师和学生两个主体，提供科学、健康、专业的指导。因而积极生命教育就在于创造健康向上的生命观，恰当合理的培育学生积极心态，引导学生正确理解生命的积极意义，是职校生心理健康的重要组成部分。

traditional的生命教育多限于教育学生要预防自杀、珍惜生命的理性层面上，仅仅将生命教育看成降低学生自杀率的工具，当成解决学生生命问题的权宜之计，并没有对生命教育进行更全面更科学的解读，而积极生命教育则是从培养学生良好的情绪智力、发挥自身的潜能、塑造完美人格品质等积极层面对生命教育进行思考。积极心理学是心理学研究中新的极具生命活力的生长点，积极心理学与生命教育的融合运用，极大地改变了教育的理念和视角，强调增进学生的积极体验。这既是达成教育目标的最重要途径，也是教育本身所追求的价值核心。基于这样的一种认识，我们尝试将积极心理学的理念适时地引入学校生命教育领域。遵循职校生心理特征，创设"绿色、和谐"的人文环境，在唤醒生命意义、启迪精神世界的同时，努力地使学生成为充满生命活力、具有健全人格的现代人。这里可以把积极生命教育和心理健康教育的目标统一起来，积极生命教育更强调生活、学习中的积极因素，更有利于促进学生良好心理健康的形成。综上，在这里，我们认为积极生命教育的"天然目标"就是学生的心理健康。

（二）职校生积极心理因素是积极生命教育开展的有效资源

积极生命教育是积极心理学理念下的生命教育，着眼于培养学生良好的情绪智力、发挥潜能、塑造完美人格品质等积极层面。它把培养和发展学生积极人格品质、进而拥有那些品质作为终极价值目标，使学生学会用自己的美德与优势去积极面对生活，体验成功和成长的快乐与价值感，建立自尊和自信，使学生接纳自己，关爱他人，热爱生活，用一种积极乐观的心态面对和克服遇到的挫折，学会积极地适应环境，学会健康、快乐地学习和生活，最终使自己成为一个幸福的人。职校生有年轻人旺盛的生命力，有对新鲜事物的好奇心，有对获得他人认可的较强需求，这些积极的心理需求都是积极生命教育应该充分调动和有效利用的，在组织积极生命教育的教育实践活动中，要在组织活动的内容和形式上结合职校生心理特征中的积极因素，培育好的心理品质的"种子"，让它们生根发芽，繁茂生长，结出更多积极的"心理果实"。

三、职校生心理特征的现状分析

职校生正值青春期或青年初期,这一时期是人的心理变化最激烈的时期,也是产生心理困惑、心理冲突最多的时期。很多学生因为中考失利无奈来到职业学校学习,在学习上、品德上和行为习惯上都存在一些问题。他们中很多学生在中小学阶段是老师忽视的"弱势群体",并且,当代职校生中相当一部分是独生子女,从小就备受呵护,普遍缺乏吃苦耐劳、挫折等方面的培养和教育。这些使他们的成长历程有了特殊性,在心理特征方面主要有以下几个特点。

(一)厌学心理

厌学是学生对学习的负面情绪表现,主要表现为学生对学习认识存在偏差,情感上消极地对待学习,行为上主动远离学习。职校生厌学表现为多种形式,如不爱上学,有的不愿做作业,一看书就犯困;即使在没有外界干扰的情况下,注意力也常常不能集中;有的学生虽然也在看书,却"看不进去";不愿大人过问学习上的事情,对父母的询问常保持沉默,或者表现烦躁,或者转移话题;上课时常打不起精神,课后却十分活跃,表现为"玩不够"。很大一部分职校生由于自控能力差、贪图玩乐且学习不得法,进入职业学校前饱受老师的批评、同学的歧视和家长的训斥,在初中阶段没有打下或养成良好的学习基础和学习习惯,学习主动性、积极性差,不爱学习,缺乏学习方法。成绩普遍较差,在心理上总觉得自己低人一等,存在比较严重的自卑心理。进入职业学校后上进心不强,求知欲不高,得过且过混日子,甚至自暴自弃。对专业基础课和专业技能课,学起来更感费力。尽管经过教师反复耐心细致的思想工作,学生也能认识到学习的重要性,但因学习基础差和心理障碍不能排除,学习兴趣和效果始终无法提高,个别学生最后只能选择退学。

(二)自卑心理

自卑心理是一种因为过多地自我否定而产生的自惭形秽的情绪体验。自卑感在职校学生人群中相当普遍。或因为身高、体重、五官等身体原因,或因家庭因素父母不和、父母离异等因素造成自身精神压力重重,自我认识消极；认为自己"处处不如别人"；担心自己的缺陷或不足会被人耻笑；对自己的能力、品质等自身因素评价过低；认为自己做不好事情，搞不好学习；心理承受能力较弱，经不起较强的刺激；谨小慎微、多愁善感；不善主动与人交往，等等。部分职校生的求知欲望较为强烈，但没有一个清晰的目标，不能主动寻求和发现问题，更不能主动探索解决问题的途径。❶ 在求知中害怕失败，遇到挫折很容易丧失信心。

（三）逆反心理

职校生成长中为求自我独立对父母或师长所表现出来的反抗心态。主要表现为对学校缺乏感情，经常旷课、逃学；对老师和家长的劝告反感，有意做他们反对的事情。如你让他向东，他偏向西；你让他做，他偏不做；你不让他做，他偏要做。主要原因是职校生正处于"过渡期"，其独立意识和自我意识日益增强，迫切希望摆脱成年人的监护。他们反对成年人把自己当"小孩"，要求以成年人自居。为了表现自己的"非凡"，就对任何事物倾向于持批判态度。正是由于他们感到或担心外界无视自己的独立存在，才产生了用各种手段、方法确立"自我"与外界对立的意识和行为。

（四）青春期性心理

青春期的职校生处于"第二次断乳期"，这里主要指性心理的断乳。由于第二性征的显现，使男女在外貌上有了差异，有差异就有吸引。无论从生理还是心理的角度看，少男少女之间渴望交往与亲近并以此来释缓性压力，是顺理成章的现象。由于男女带着各自不同的性激素，成为阴阳两个磁极，必然产生"同性相斥、异性相吸"的磁场反应，这是生理现象、自然现象。遗憾的是，迄今为止，学校和家庭在这方面的教育还是比较欠缺的，仍有家长和老师还在用"早恋"这根大棒围追堵截孩子与异性的交往，其结果适得其反。

同时青春期的身体和生理变化，有些职校生会出现一些"体像障碍"。如少男少女都喜欢在镜子前端详自己的容貌。经调查，30%～50%的职校

---

❶ 唐重. 浅议中职学生六大心理特点与教育引导［J］. 科技资讯, 2012（17）：230.

生都有对自己的外貌多少不满意的感觉，认为自己不漂亮、不"标准"、不"性感"，等等。有的女生觉得自己的乳房不丰满、身材不苗条、眼睛小或鼻子不够高等，苦恼不堪或盲目减肥，甚至要求父母给钱去做整容手术。

（五）焦虑心理

焦虑心理产生的重要因素是职校生期望值过高和社会就业压力大。部分学生不顾自身条件与社会对职校学生的市场定位，过分看重初次就业对一生的重要性，往往不自觉地加大自己的心理压力，精神过于紧张，一旦条件达不到，挫折感就会导致就业焦虑。部分家长不顾学生的兴趣、爱好、特长、专业等特点，硬是把自己的职业理想间接地强加于子女，从而将焦虑的气氛传染给了学生。当现实的求职目标与自身的理想职业不相符时，部分学生会产生悲观、失望、愤世嫉俗的心理。近几年来，就业形势越来越严峻，加上社会各种媒体的不断渲染，在客观上加重了职校生对就业前途的焦虑，社会大氛围对学生思想上造成的压力使学生发生分化，部分学生变压力为动力，积极学习知识技能，以求就业顺利；部分学生抱着得过且过的心态，随波逐流；部分学生对前途感到悲观失望，会出现情绪低落、整日忧心忡忡，愁眉不展，唉声叹气等消极现象。

（六）从众和攀比心理

部分职校毕业生在择业时，"人云亦云""大多数人选择哪里自己就选择哪里；大多数人往哪里挤，自己就往哪里挤"。他们认为，大多数人钟情的工作一定是好工作，大多数人选择的一定没错。这些人毫无主见，缺乏开拓精神，没有客观分析自身专业基础、经济状况等各方面因素，忽视自身的个体特异性与自我创造性，盲目跟风，随波逐流，采取不切合实际的从众行为。最终一事无成，空留一声叹息。

同时有一些职校生在求职择业中存在攀比心理，认为"我不能比别人差""我不能不如人""过去我一切顺利，现在我依然会顺利"的想法。即使有些单位非常适合自身发展，但因某个方面比不上其他同学的就业单位或觉得平时其他同学什么都不如自己，却找到一个比自己更好的单位，于是心理就不平衡，就彷徨放弃。这种攀比的求职观，不能从自身实际出发，常常会耽误时机，到头来却不利于自身价值的实现和长远发展。

总之，面对职校学生中目前存在的普遍心理现状，作为职业教育者来说，应积极、主动帮助学生解决在学习、生活中遇到和产生的心理状况，保障学生的心理健康，防止异常行为的出现。老师不仅要研究在新的形势下，学生不断发展的新特点，正确把握好方向，有效地做好心理健康教育；还要以科学发展观为指导，稳定思想，明确职责，准确定位，把握机遇，密切合作，齐心协力，全面加强学生的教育工作。

第二节 职校生生命发展的存在问题与理性反思

职校生与一般普高生相比，具有一定的特殊性：职业学校在读的学生正处于身心急剧发展的转折时期，学生的学习生活由普通教育向职业教育转变，发展方向由升学向就业转变，自然在自我意识、人际交往、学习和生活等方面出现巨大的转变，在这过程中必然会有一些学生产生心理上的困惑或问题。

刘延东同志指出："开展热爱生命、学会生存、了解生活的三生教育，对提高学生素质，激励学生实现生命价值，增强心理承受能力很有意义，特别是对独生子女有必要，应列入素质教育的内容。"职校生是否有明确的生命意识和正确的生命价值观，关系到他们一生的命运，也关系到无数家庭的幸福和谐，更关系到国家的前途与未来。

一、职校生生命意识存在的问题

生命意识是一个颇为复杂的问题，是一种对生命多层次、多维度的认知与感悟。所谓生命意识，就是让个体意识到自己生命的存在，意识到他人生命的存在，意识到世界上一切生命的存在，以及生命间错综复杂的联系和关系。生命意识是生命认识、生命情感和生命行为的统一。人只有有了自觉的生命意识，主动热爱生命、珍惜生命，才能善待自己和他人的生命，才能努力去实现生命的价值。

职校生生命意识的现状如何，职校生生命意识呈现怎样的特点？我们从生命存在意识、生命关系意识、生命安全意识、生命价值意识这几个方面对1100名职校生进行了调查。

（一）职校生生命意识现状

1. 生命存在意识

生命存在意识指对生命本质和生命基本特征（如生命的唯一性、独特性、超越性等）的认知和把握。调查中86.25%的学生赞同"生命是独一无二的"，否认的学生占4.26%，回答"不清楚"的占9.49%；71.55%的学生认为"命运掌握在自己手中的"，否认的学生占15.1%，回答"不清楚"的占13.35%；61.7%的学生认为"自己的生存和发展是离不开他人的"，否认的学生占21.3%，回答"不清楚"的占17%。说明大部分职校学生对生命的唯一性、独特性有正确的认识，但是还是有一些同学存在认识模糊的现象。

2. 生命关系意识

生命关系意识指对自我、他人、社会、自然等生命间关系的体认与接纳。调查中72.77%的学生能意识到自我生命与他人、社会之间的关系，能较好地处理与他人的关系，懂得生命的宝贵，能热爱、珍惜生命，但是在对动物生命的态度时，有8.9%的学生不认为"动物的生命与我们一样都是珍贵的"，9.8%的学生对此问题表示"不清楚"，说明有少部分学生对人以外的自然生命缺乏敬畏意识。

3. 生命安全意识

生命安全意识指有效保全生命免受各种危害的态度和观念。在回答"您是否掌握基本的求生、急救技能？"这一问题时，55.74%的学生表示肯定，24.7%的学生表示否定，还有19.56%的学生表示不清楚。从这个数据中说明学校还是存在潜在的生命安全隐患，学校应继续加强对学生生命安全意识的教育。

4. 生命价值意识

生命价值意识指对有关生命的价值、意义、人生理想、人生信仰等重大问题的看法和态度。多数职校学生表示对人的生命及生命价值进行过思考，认同人生的价值在于奉献，有24.5%的学生认为生命的价值在于挑战自我、超越自我，18.5%的学生认为人生成功的首要标志是受到社会任可，18.1%的学生认为是平坦从容的生活，14.5%的学生认为是有较高的地位和一定的经济实力，还有少数学生认为是吃喝玩乐、享受生活。

（二）存在的问题

1. 职校生对生命的认识存在差异

绝大部分职校学生对生命现象有基本的认识，他们肯定生命的价值，重视生命的意义，珍惜生命的存在，但也存在一定程度的偏差。有少数学生的生命意识还比较模糊，不懂生命存在的意义和价值，也不懂生命的存在方式，对生命缺乏尊重。

2. 职校生面对生命的态度存在着矛盾

职校生虽然整体上懂得生命的重要，肯定生命的意义，但在面对人生中的许多具体事件如人际关系、就业等问题时，却也有一些学生不能冷静对待，表现出极端的行为来，从而抱憾终生。

3. 职校生对待自己和他人的生命的态度不同

职校生基本具备了承受生活压力、经受挫折的能力，对自己的生命比较珍惜，但漠视他人的生命，缺乏对生命的敬畏、珍重、爱护。

4. 生命价值取向多元，但更偏重于自我价值的实现

大多数职校学生认同人生的价值在于奉献，但不是唯一的取向，他们更加务实，家庭幸福、自己的理想抱负、财富、社会地位都是衡量生命价值的重要维度。相对于奉献来说，当代职校生更渴望自我价值的实现。值得注意的是，职校学生虽然注重自我价值，但是调查也表明，个别学生缺乏明确的人生目标，所谓的自我价值也存在一定的庸俗化倾向。

5. 职校生的生命意识的形成缺乏系统专业的教育

职校学生的生命意识主要来自社会和家庭，是在成长环境的熏陶下逐渐形成的，基本没有接受过专业的、系统的教育，很少来源于学校教育。

二、职校生命教育的理性反思

职校学生生命意识呈现上述特点，原因是多方面的，既有来自家庭、社会、学校的因素，又有自身的问题，是多种因素相互交织的结果。

(一) 社会因素

随着经济全球化及信息时代的到来，中国处于社会双重转型的背景下，各种文化冲突加剧，社会思想激烈碰撞，主流价值观受到严重挑战，实用主义和拜金主义思想抬头，某些不负责任的媒体对暴力事件的过度渲染，电影电视暴力画面的充斥以及某些凶杀疑案小说中对残害生命和自杀细节的描写，潜移默化地影响还缺乏足够抵抗能力、心智还不成熟的职校生，严重误导职校生的生命观。面对诸多生命的困惑，他们无法从现实中找到评判的法则。部分学生认为生死掌握在自己手中，将放弃生命看作自身的一种权利，生命意识淡薄现象突出。

(二) 教育的导向因素

1. 家庭教育的导向因素

家庭对个体生命观的形成具有重要的作用。生命意识的形成与儿时的经历、家庭环境有密不可分的联系。家庭教育是学生对生命认知的主要来源之一。但是在当下的家庭教育中，家长们在孩子很小的时候就开始谈理想、规划未来，而关于生命的话题却一直被忽视，致使孩子对生命的认识出现空缺，形成学习好就能上好大学，就能找到好工作，就能幸福生活的观念，而一旦学业受挫，就觉得生活失去了重心，生命没有了意义，容易产生极端做法。

另外，有一些家庭，父母对孩子的过分溺爱，物质生活的过度满足，导致一些孩子以自我为中心，个人意识很强，缺乏宽容、分享，与他人交往沟通中，一旦出现不如意之处，往往把问题放大，或用极端手段对待他人，或了结自己的生命作为抗议。还有一些专制的家庭中，父母的教育缺少了最基本的生命关爱，只是将孩子当作工具培养，孩子感觉不到亲人的关怀和温暖，无法感受人与人之间的亲情，便会对生命产生疑惑，甚至对他人产生仇恨。这会对孩子的价值观在潜移默化中产生影响，他们也很难善待那些和自己发生矛盾的人或物，很难善待自己和他人的生命。

2. 学校教育的导向因素

目前，我国在校中职学生已达到 2000 多万人，他们中的绝大多数毕业后将直接步入职业生涯，是我国未来产业大军的重要来源。他们是否有明确的生命意识和正确的生命价值观，关系到他们一生的命运，更关系到国家的前途与未来。学校是对职校生进行生命教育的主阵地。但是一些职业学校在社会就业压力下，学校教育更多的是以培养学生的技能为主，忽略了学生价值观的教育，不利于学生正确生命意识的形成。相比之下，欧美国家如美国、英国等学校从小学起就开始对学生进行生命教育，专门开设生命教育的课程，让学生从小就学会珍爱生命、善待自我、正视生死，这种做法是在培养和提高学生对生命的敏感度，增强学生对生命的理解和感悟，帮助学生从一定高度上体验生活、审视生命，从而深刻理解生命的意义所在。

2000年到2003年，中国大陆开始关注和引入生命教育的教学理念和课程，学界开始对生命教育的理论诠释和课程建设进行分析和探讨。2004年，随着《中共中央国务院关于进一步加强和改进未成年人思想道德建设的若干意见》（中发〔2004〕8号）文件的颁布，中国大陆也开始加强对生命教育的重视，辽宁、上海、湖北、湖南和黑龙江等地纷纷出台了《中小学生命教育指导纲要》，着眼于面向全体学生身心的和谐发展，提高学生的生存能力和生命质量，营造健康和谐的生命环境，促使学生理解生命的意义和价值，开展形式多样的生命教育。但是传统的生命教育多限于教育学生要预防自杀、珍惜生命的理性层面上，仅仅将生命教育看成降低学生自杀率的工具，当成解决学生生命问题的权宜之计，并没有对生命教育进行更全面、更科学的解读。所以应在遵循职校生心理特征基础下，倡导积极生命教育，通过创设"绿色、和谐"的人文环境，在唤醒生命意义、启迪精神世界的同时，努力使学生成为充满生命活力、具有健全人格的现代人。

3. 学校教师的导向因素

教师的职业是神圣的，教师就是要用"生命去教育生命，用生命去唤醒生命，用生命去沟通生命，用生命去引领生命，不断丰富学生的生命内涵，不断提升学生的生命质量"。在职校学生生命教育过程中，关键是教师。只有教师首先掌握了丰富的生命教育知识和理念，具有了正确的生命意识，那么他的学生才会有正确的生命意识。从调查中也发现职业学校教师在课堂或平时的教育教学中,很多没有自觉地把生命教育融入平时的课堂中去,教师比较缺乏生命教育的意识或者方法,学校需要加强培训教师的生命教育知识,提高教师生命教育的能力,培育教师生命意识的情怀。

(三) 职校生的自身因素

职校生正处于青年和成年的交替期,其心理、性格正处于从不成熟向成熟的转变中。这个时期的职校生自我意识正在迅速发展,感情丰富但波动较大,认知还不成熟,性格容易冲动,其情绪容易受外界的影响。他们大多热情高、干劲足,具有强烈的求知欲和进取心,但大多缺少耐心。由于心智不够成熟,遇到困难时不能把握问题的本质,仅限于表面认识。因此,可能会发生片面、偏激和固执的倾向,容易在非理性的思考中将自己导入误区,从而会产生偏激的处理方式或极端行为。

职业学校的学习方式、学校的管理方式等都与普通中学有很大的不同。在这里,教师的职能由过去的灌输变为引导,学生的学习由过去的被动转变为自主性学习等。这些转变让过去习惯了在学校有班主任、任课老师全权负责的职校生无法适应。加上身边的同学来自全省不同地区,不同性格、不同生活习惯交织在一起,使他们面临新的人际关系问题。如何处理好与老师和同学之间的关系问题,成了放在他们面前的一大难题。职校学生基本都是独生子女,在家里一呼百应,他们理所当然地会把这种以自我为中心和习惯性被人照顾带入学校,在他们看来别人也理所当然地应该顺从他们、照顾他们。所以特别在住宿生活中小纠纷不断。这些小事情积少成多,最终会变成他们与别人友好相处的障碍。人际交往压力使他们产生恐慌心理,由此对学习和生活感到悲观失望,更有甚者会做出伤害自己或他人的行为。

部分职校生生命感的缺失。调查了解到,职校学生表现出的矛盾与冲突、困惑与迷茫、无助与无望,有些职校生在挥霍自己的美丽生命,漠视自己和他人生命存在的价值和意义,同时虚度生命,游戏人生,怀疑并否定生命存在的价值及意义。如有的职校生熬夜打游戏、酗酒、吸烟、吸毒等寻找无聊刺激,片面追求感官的快乐,消极颓废,厌倦学习、虚度光阴,自暴自弃,对待自己的身心健康状况较为淡漠,对自己的身体行为不负责任。由于生活阅历浅，对问题的分析认识能力低，常常易陷入束手无策境地，备感孤独无助，他们企图从网络游戏、与陌生人聊天、抽烟酗酒、挑衅滋事中释放压力，寻求慰藉，从而迷失了生命的价值。

职校生生命意识的状况，是多种原因相互作用的结果，其核心是对生命意义和生命价值的忽视，这就需要我们的教育及时修补。教育的重要目的之一，就是培养健全的人格。如果没有健全的人格，没有健全的社会个体，也就不可能有健全的公民社会。"对生命的遗忘是教育最大的悲哀，对生命的漠视是教育最大的失职与不幸。"所以，在职校生身心成长的关键期，及时、持续地开展积极生命教育，引导职校生认识生命的意义，追求生命的价值，建立正确的生命价值观，具有重要的现实意义。

第三节 职校积极生命教育的基本策略

生命既是教育的对象，也是教育目标实现的载体。没有了生命，教育就无从谈起。在职校生身心发展的关键期，从积极的视角，实施生命教育已成为职业学校教育发展的必然要求。

一、重视生命教育，彰显教育品牌

无锡机电高等职业技术学校坚持内涵发展，把培养学生的积极品质作为出发点，逐渐形成了以学生学会利用自身固有的、潜在的、具有建设性的力量面对生活，体验成功和成长的快乐与价值为目的的"四我五位一体、7S训练日常推进"的生命教育模式（以下简称"四我五位7S"育人模式）。

（一）"四我五位7S"育人模式的内涵

"四我"，即"我优秀、我能行、我负责、我帮你"。"我优秀"着重学生自信心的培养，帮助学生摆脱中考失利的阴影；"我能行"侧重学生职业技能的学习，引导学生苦练技能增本领；"我负责"注重学生责任心的培养，唤醒学生的责任意识；"我帮你"倡导的是一种境界，激发学生

的奉献精神。"五位",即"学位、工位、餐位、寝位、岗位"。"7S",即"整理、整顿、清扫、清洁、素养、安全、节约"。❶

(二)"四我五位7S"育人模式的宗旨

态度决定行为,行为决定习惯。然而,无论是态度还是习惯的形成都有一个从依从到认同最终同化的过程,这是个需要不断重复而逐渐形成的过程。所以,从职校生入校开始,学校就在教室(学位)、实训室(工位)、食堂(餐位)、宿舍(寝位)、企业(岗位),这五个学生学习生活最重要的场所,从入校到毕业的全过程,实施仿真企业环境全方位的"7S"管理,渗透"四我"的理念,让学生在感受企业管理文化的过程中,通过课程学习、实习实训以及各项主题活动,从而达到积极适应环境,重塑自信,激发责任感,学会健康、快乐地学习和生活的目的。

(三)"四我五位7S"育人模式的实践

职业学校是培养合格劳动者的场所,这不仅要求要培养出具有一定专业技能的劳动者,还要求培养出的劳动者具有健康的心理素质、良好的职业道德规范,能积极地面对生活,热爱生命。然而,这一目标,只靠说教是无法实现的。这就需要教师作为榜样,去影响学生,为他们的成长提供示范。

因此,无锡机电高等职业技术学校建立健全党委统一领导、党政齐抓共管、德育专职教师与其他课程教师相结合、全校教职员工紧密配合的领导体制和工作机制,促进学校全体教职员工结合自己的本职工作,履行各自的职责,做好"管理育人""教书育人"和"服务育人"的工作❷,以教师的积极状态去感染学生。

二、启迪生命智慧打造积极课堂

为了实现培养职校生的"我优秀、我能行、我负责、我帮你"的积极

---

❶ 王稼伟,曾海娟. "四我五位一体、7S训练日常推进"育人模式的实践研究[J]. 江苏教育研究,2013(4):59.

❷ 张旭. 以大德育理念解读和推进职业学校德育工作[J]. 江苏教育职业教育版,2014(32):13.

生命观念，无锡机电高等职业技术学校构建了以生命教育德育课程为主，选修课程和专业实训课程渗透的积极生命教育的课堂教育途径，注重在专业和实训课程中挖掘生命教育的内容，在帮助学生掌握生存技能之时，形成积极的人生观、价值观、生活观。

（一）构建以"积极生命"为主题的德育课程体系

从积极生命教育的理念出发，无锡机电高等职业技术学校创设了以积极生命教育为主题的德育课程体系。

《职业生涯规划与就业创业》从学生的性格、兴趣、能力和价值观出发，帮助学生认识自我、了解职场，培养学生的职业生涯规划能力，做好适应社会、融入职场和就业创业的准备，引导学生创造美好的生活，享受幸福的人生。

"哲学脱离人生将成玄虚，人生脱离哲学将无定位。"《哲学与人生》将哲学与人生联系起来，从学生人生的实际出发，提高学生用马克思主义哲学的基本观点、方法，分析和解决问题的能力，引导学生形成积极向上的人生态度，走好自己的人生路。

通过《心理健康》课程，让学生关注自己生理和心理的发展特点，主动进行心理调适，学会欣赏自我、积极接纳自我，做积极、乐观、善于面对现实的人，理解快乐生活的意义，追求健康生活的方式，不断提升自己的生活质量。

（二）注重对选修课程的开发，促进生命教育

学校在周三、周四下午对二年级学生开设校级特色选修课和普通选修课，学生按照自己的兴趣爱好和需求报名，打破原有专业和班级的限制，采用走班的形式。目前，学校已经开设了专业拓展、体育艺术、时政信息、生活科技等方面的选修课，比如，职业健康与职业安全、实用心理学、法律讲座、啦啦操与形体舞蹈、剪纸艺术、动漫日语、网页设计、移动机器人编程与仿真、生活中的化学等。通过这些课程，提高学生的专业素养，丰富学生的学习生涯，提升学生的人际交往能力，拓展学生的视野，帮助学生发现生命之美，提升生命质量。

（三）专业实训课程渗透积极生命教育

除了以德育课程为主的生命教育课程以外，学校在其他文化基础课程、专业课程和实习实训课程中渗透积极生命教育，将积极生命的理念融入学科教学之中。例如，数控车削实训中，教师不仅是传授操作技能，同时也在模拟企业环境、管理的情景下，强化职业安全、职业防护等方面的知识。在传递学科知识的同时，让学生不仅关注健康与安全，更能对自己未来所从事的岗位、环境有更进一步的了解，有利于职校生对未来的把握和自信心的树立，感受生命的智慧。

三、提升生命品质培育幸福文化

除了系统的生命课程体系，学校通过专题讲座、班团队活动等多种活动载体，贯穿青春期心理、和谐人际关系、交通和生产安全、健康与职业病防治、突发事故处理、民族与国防安全等内容，形成学生对生命的正确认识，培养并不断巩固学生的积极人格，提高学生的内在潜能和生命质量，促进人的主动发展。

（一）阳光体育工程

以"学生人人有体育项目、各系有体育活动"为目标，学校形成了独特的"阳光体育工程"，通过将阳光课间操、阳光长跑、阳光体育月月赛、秋季田径运动会、宿舍趣味运动会等各级各类体育联谊活动与生命教育相结合，比如在每天的阳光课间操中渗透逃生应急训练，以此提高学生参与体育运动的广度与深度，展示学生个人特长，树立自信心，培育学生团结协作、互助友爱的集体主义观念，培养公平竞争、诚实守信的社会公德，塑造不怕吃苦、勇于拼搏的坚强品质，实现阳光体育的锻炼功能和德育功能，帮助学生逐步意识到生命的宝贵，形成运动守护健康，竞技展现梦想的意识。

（二）多彩社团工程

"我优秀、我能行、我负责、我帮你"并不是一句口号。为提升学生文化素养，营造浓厚的校园文化氛围，让学生感受生命的多彩美好，学校组建了如广播社、布艺手工社团、创新社团、流光溢彩摄影社、蒲公英公益社等涉及体育、艺术、公益、科技多方面近 40 个学生社团。特别是从 2014 年开始，学校通过校内选拔学员、专职教师管理、校外专家授课等形式，组建了学生管乐社团。在 2015 年 5 月的"首届班主任暨感动机电十佳学生表彰大会"上成功首演，并获邀参加无锡市烈士纪念日公祭活动，获得广泛好评。精彩纷呈的生命化社团活动，更加突出学生个人特长，更加注重自主发展、合作参与、创新实践，更加凸显了社会关爱、家国情怀的培养。

（三）精英榜样工程

为带领职校生共同塑造"我优秀、我能行、我负责、我帮你"的品格，重树学生自信心，推动学生树立社会责任意识，让德有所养、学有所得、技有所长的学生脱颖而出，在学生中树立典型，充分发挥榜样的力量，发挥身边优秀学生的导向作用，弘扬学生自强不息、奋发向上的精神，学校开展了"劳动礼仪值周明星"和"感动机电十佳学生"评选。

截至 2015 年，已有 400 多名学生走上领奖台，接受"劳动礼仪值周明星"的颁奖。此外，学校还加大了"感动机电十佳学生"的宣传力度，充分发挥身边"榜样"的影响力，每年都举行隆重的颁奖典礼，并将学生的优秀事迹汇编成册。评选活动受到全校师生和家长的广泛关注，经过这几年的努力，形成了一股"看先进、学先进、超先进"的热潮。

（四）心理维护工程

学校历来高度重视学生的心理健康教育，倡导心理的积极取向，关注学生潜在的具有建设性的力量，探索从生命成长的高度推进心理健康教育工作。2015 年学校加大建设力度，建成由咨询室、团体辅导室、沙盘室、放松室、发泄室和阅览室等组成的占地 200 平方米的"心苑"心理健康中心。在强化硬件的同时，学校也加大对心理教师的培养，学校现有国家二级心理咨询师 2 名，国家三级心理咨询师 5 名。"心苑"心理健康中心从学生的实际需求出发，定期举办如青春期、就业、环境适应、人际交往、赛前放松等专题心理辅导讲座或团体心理辅导。同时，组织编印《心苑》小报，向学生传授心理知识，并每年组织开展心理宣传周系列活动。心理健康中心联手"明德诚教育机构·LD003 企业家联盟"举办了"圆爱中国梦·共托明天的太阳"的大型主题公益活动。在为期一天的活动中，师生、家长积极参与，全情投入，交流共鉴，激发了学生的个人潜力，使学生自信、积极，懂得感恩；告诉了家长正确的亲子沟通方式，使家长们开放、接纳，愿意在孩子们面前放低自己；点亮了教师的内心教育理想，使他们体会到为人师表的喜悦。学校通过各种心理活动，关注学生、支持学生、启发学生，帮助学生积极面对生活，促进学生健康成长。

（五）实践体验工程

学生只有在生活体验中才能形成长久稳定的道德价值取向，职业学校的主要任务是为社会培养合格职业人。因此，学校抓住"生命体验性"特点，发挥社会实践的养成作用，带领学生走出校园、走近行业、走入企业，开展了行业展业参观，NIIT 无锡实训基地等企业走访，组织学生参加"铁姆肯职业见习日"等活动。2015 年，学校启动学生创业孵化项目，为学生打造了一个"大众创业、万众创新"的发展环境。学校鼓励学生尝试创业的意义很大程度上就在于让学生获取成功的经验，在创业之初就在内心种下一颗社会责任感的种子。

这一系列实践体验活动，实现学校教育与社会教育的有效衔接，书本知识和社会实践的紧密结合，让学生在实践活动看到未来的美好，从而促进学生的健康成长和全面发展。

（六）红十字奉献工程

作为保护人的生命、维护世界和平的一个重要的国际组织，红十字会秉承"人道、博爱、奉献"精神，积极投入自然灾害救助和各种社会救济及服务。学校红十字会历年来秉承红十字精神，将理论知识学习和救护实践操作相结合，每年扎实开展丰富多彩的红十字活动，取得了诸多成绩。如制作了"红十字技能救护讲座"视频、开展以"爱生活、爱学习、爱生命、弘美德"为主题的摄影、征文、演讲朗诵和班会设计方案的比赛、红十字救护培训、造血干细胞捐献宣传、红十字人道万人捐活动以及"纪念世界红十字日救护汇报表演"。通过一系列红十字活动，学生认识到生命的脆弱与美丽，也感悟到生命的坚强与价值，启示学生去关怀生命、礼赞生命，绽放自己的生命之花。

（七）丰富主题活动工程

人们只有在与不同人群、不同生命的了解、接触、对话中，在各种活动、体验中，才能产生心灵碰撞，精神震撼。因此，为了让学生更好地展示自我，珍爱生命，学校组织开展了一系列生命主题活动。

"班班有歌声，唱响机电梦"为主题的大合唱比赛、"高雅艺术进校园——西方音乐专场"、机电好声音等一系列文化艺术活动的举办，不仅丰富了校园文化生活，营造了浓厚的校园文化氛围，也使学生能更进一步了解艺术经典、接受艺术熏陶，引导学生在学习、生活中发现美，感知美、创造美，提高审美趣味，培养学生提高生活品质的意识。"同行成人礼，共筑青春梦"为主题的18岁成人仪式，通过成人礼的洗礼，不仅增强了学生的成人意识，激发了学生的历史使命感和责任感，更能帮助他们树立正确的世界观和人生观，以时代精神塑造自我，奋发有为，勇于创新，用青春和汗水把自己锻造成为国家的有用之材，为国家的建设和发展贡献自己的青春与力量。与消防大队和辖区派出所联合进行消防运动会、遭遇地震等灾害性事故应急逃生预案演练、夜间宿舍紧急疏散演练等活动，提高了学生在遇到消防等灾害性事故紧急情况下自保、自救的能力，保证了学生在遇到消防等灾害性紧急事故中能在最短时间内安全迅速逃生，更让学生认识到了生命的珍贵，应急疏散演练常态化、制度化的重要性。

（八）幸福园丁工程

《学记》言："亲其师，信其道；尊其师，奉其教；敬其师，效其行。"可见，教师对学生的影响是非常重要的。因此，学校积极关注教师的需要，将教师的生命幸福与学校的发展、学生的成长有机融合，开展"幸福园丁"系列活动活动，如"中医养生保健进校园""体验式教育模式"团队辅导、教职工健康体检、"功勋班主任"表彰等，为教师维护身心健康提供必要的条件和支持。因为只有让教师的生命精彩绽放，才能让教育焕发生命的光彩。

积极心理学作为心理学领域的一场革命，不仅为职校生命教育开拓了崭新的积极视野，也让职校生学会把生命中的亮点展现出来，焕发出独有的美丽光彩，展示自己的人生价值。

本章小结

本章围绕职校生心理特征的界定、生命意蕴及现状,阐述职校生心理特征与积极生命教育策略。根据职校生生命存在意识、生命关系意识、生命安全意识、生命价值意识的调查结果,重点分析了职校生生命发展的存在问题与理性反思。职校生生命意识的状况,是多种原因相互作用的结果,其核心是对生命意义和生命价值的忽视。这就需要在职校生身心成长的关键期,开展及时、持续的积极生命教育,引导职校生认识生命的意义,追求生命的价值,建立正确的生命价值观,培养健全的人格。职业学校要重视生命教育,激发与提高职校生的生命力、提高生命质量;要启迪生命智慧,构建生命教育体系,打造积极课堂;要提升生命品质,从心出发,用心尽力,育心育人,有计划、有步骤地开展培育积极生命态度、积极生命体验、积极生命价值、积极生命潜能的教育活动,增进对生命的认识,培养尊重生命、热爱生命的情感,实践生命意义与价值。

(本章作者　无锡开放大学　张　旭　无锡机电高等职业技术学校　张以清　陈　岚　裴志明　韩海侠)

职校生心理发展与积极心理教育策略

《中等职业学校学生心理健康教育指导纲要》明确指出：开展中等职业学校学生心理健康教育，必须坚持发展与预防、矫治相结合，立足于发展的基本原则❶。发展是当今学校心理教育的主导价值取向❷，促进职校生心理发展是中等职业学校心理教育的根本目标❸。从注重心理障碍与疾病的预防、治疗逐步转变为重视引导学生的心理健康，促进学生心理的可持续发展，建构、创造和引领学生心理的"最近发展区"，已成为职校心理教育的核心功能。而伴随积极心理学的兴起所发展起来的积极心理教育，作为一种致力于培养人的优秀品质和美好心灵、促进心理积极和谐发展与心理潜能充分开发的心理教育❹，反映了心理教育的本质，契合了学生心理成长的需要，已成为推动学生心理发展的重要路径。在新的时代条件下进一步推动积极心理教育，促进职校生的心理发展，就需要在探究当代职校生心理发展的特征，理解职校生心理发展规律的基础上不断发现新问题，研究新现象，探索新策略。

---

❶ 教育部. 中等职业学校学生心理健康教育指导纲要. 教职成〔2004〕8号.
❷ 崔景贵. "必要的张力"：发展型心理教育与心理发展 [J]. 教育导刊，2007（2）：16-18.
❸ 崔景贵. 职校生心理发展与职业学校心理教育 [J]. 职业技术教育，2004，25（31）：64-66.
❹ 崔景贵. 积极型心理教育：21世纪心理教育的主导范式 [J]. 江苏教育学院学报（社会科学版），2006，22（5）：17-19，23.

第一节 职校生心理发展概述

职校生的年龄在 15~20 岁,是少年儿童向成人过渡的时期,是心理发展变化的重大转折期,同时也是心理发展最为复杂的人生关键期。伴随着生理发育的成熟,职校生的心理发展呈现出不同于其他人生阶段的新特点。从认知发展的角度来看,这一时期的职校生在感知、注意、记忆、想象、思维等方面发生剧烈的变化;从社会性发展的角度来看,这一时期的职校生在情绪情感、人际交往、社会角色等方面开始逐渐由"自然人"向"社会人"转变。该阶段职校生最大的特点在于心理世界的可变性和心理发展的可塑性,充分把握职校生在该阶段心理发展的特点对于实施恰当的心理教育具有重要的意义。

一、职校生心理发展的基本内涵

心理发展指从胚胎期开始一直到衰老死亡的生命全程中,个体心理由简单、低级水平向复杂、高级水平的发展变化,它着重揭示人类个体在各个年龄阶段的心理特征及其变化规律[1]。基于不同的理论视角,我们可以看到职校生心理发展的不同内涵:从皮亚杰的认知建构主义来看,职校生心理发展就是职校生心理的自主建构;从维果茨基的社会建构理论来看,职校生心理发展可以概括为职校生"最近发展区"的创造与实现;基于埃里克森自我发展的理论视角,职校生心理发展实际上就是职校生自我同一性的确立。

(一) 职校生心理的自主建构

发生认识论的创始人、瑞士心理学家皮亚杰认为:心理的发展是在内外因相互作用下心理所不断产生的量和质的变化,主体通过动作对客体的适应,是心理发展的真正原因。皮亚杰用"图式"一词指代动作的结构或组织,认为图式是在同化和顺应这两种适应的基本形式的相互作用下,在

---

[1] 崔景贵. 学校心理辅导新论 [M]. 南京:南京大学出版社,2014:148.

平衡基础上不断发展的结果。同化,即用当前的认知结构来解释新的经验;顺应,即改变已有的认知结构以适应新的经验;平衡,指同化和顺应两种机能的平衡。图式经过同化、顺应、平衡再到新的平衡的不断循环反复的动态过程,就是心理结构不断变化和发展的过程,也就形成了本质不同的心理结构,形成了心理发展的不同阶段。简言之,人的心理发展是在活动基础上主客体的双重建构与认识的无限发展❶。

从发生认识论的视角来看,职校生心理发展尤其是认知的发展,是职校生在与环境的互动中,在对先前已发展的心理内容和结构进行扬弃和改造的过程中主动建构的结果。由于职业教育情境的特殊性,职校生所面临的任务与同龄的普高学生具有相当大的差异,主要体现在能更深入地接触职业领域、更系统地参与职业实践,因此在完成与此相关的任务的过程中,除了表现出人在认知发展方面普遍意义上的顺序性、连续性与阶段性,在认知的结构、内容、水平等方面都发生不同于同龄普高学生的变化,具有不同于普高学生的特点,例如对于职业的认识、对于与操作技能相关的程序性知识的理解等,职校生的发展水平往往更高,认识也更为系统。因此,从发生认识论的角度来看,职校生心理发展就是职校生在与环境,尤其是职业教育情境的互动中认知的不断主动建构,带有鲜明的职业教育色彩。

(二)职校生"最近发展区"的创造与实现

文化历史学派的代表、苏联心理学家维果茨基认为,心理发展是在环境和教育的影响下,在低级心理机能的基础上,逐渐向高级心理机能转化的过程,表现为四个方面:心理活动的随意机能、抽象—概括机能、形成以符号或词为中介的心理结构以及心理活动的个性化。维果茨基认为个体心理发展的原因有三点:一是源于社会文化—历史的发展,二是个体掌握高级心理机能的工具即语言、符号,三是个体心理机能的内化❷。维果茨基指出了教学与发展的关系,提出了"最近发展区"理论,并认为教学应

---

❶ 崔景贵. 职校生心理教育论纲[M]. 北京:科学出版社,2013:7.
❷ 林崇德. 发展心理学[M]. 杭州:浙江教育出版社,2002:96.

该走在发展的前面。他认为人的心理机能有两种水平,一种是现有的发展水平,另一种是在外界指导和帮助下可能达到的水平,即一种发展的潜力,这两种水平之间的差异就是最近发展区。教育就是不断创造与实现学生的"最近发展区"。

从文化—历史理论的角度来看,职校生的心理发展就是职校生最近发展区的不断创造与实现,既表现为作为一个普通人的职校生一般认识、情感、意志等相对稳定的心理倾向或个性特征不断生成与内化的过程,同时也表现为作为一个未来的职业人的职校生在职业活动中应当具备的认识、情感、意志等相对稳定的心理倾向或个性特征不断生成与内化的过程。实际上,这一过程也就是职校生心理潜力不断开发挖掘的过程,是职校生的心理机能不断由较低一级向更高一级发展的过程。

(三) 职校生自我同一性的确立

美国心理学家埃里克森提出了人格的社会心理发展理论,指出人格是生物的、心理的和社会三个方面的因素整合作用的结果,尤其强调自我在人格发展中的主导和核心作用,提出了终生的自我同一性形成与发展的观点[1]。"自我同一性"作为埃里克森理论体系的核心概念,虽未形成普遍接受的定义,但一般认为是个体对过去、现在、将来"自己是谁"及"自己将会怎样"的主观感觉和体验[2],其本质上指人格发展的连续性、成熟性和统合感[3]。埃里克森把人格的发展划分为八个阶段,指出每一阶段的特殊社会心理任务;认为每一阶段都有一个特殊矛盾,矛盾的顺利解决是人格健康发展的前提。按照埃里克森的自我发展理论,青少年处在埃里克森所说的人格发展的第五个阶段,即"获得同一感克服同一性混乱"。埃里克森认为,同一感可以帮助青少年了解自己以及了解自己与各种人、事、物的关系,以便能顺利地进入成年期,否则就会产生同一性的混乱,比

---

[1] 郭金山. 西方心理学自我同一性概念的解析 [J]. 心理科学进展, 2003, 11 (2): 227 – 234.

[2] 周红梅, 郭永玉. 自我同一性理论与经验研究 [J]. 心理科学进展, 2006, 14 (1): 133 – 137.

[3] 韩晓峰, 郭金山. 论自我同一性概念的整合 [J]. 心理学探新, 2004, 24 (2): 7 – 11.

如，怀疑自我认识与他人对自己认识之间的一致性；做事情马虎，看不到努力工作与获得成就之间的关系。

从自我发展的理论视角来看，职校生的心理发展就是职校生把自己"众多的人格"统一起来，形成一个比较稳定的人格，包括社会的我与个体的我的统一，主我与客我的统一。在这一过程中，职校生能够对自身有充分的了解，能够自我确认，能将自我的过去、现在和将来形成一种内在连续感，确立自己的理想与价值观念，并对未来自我发展的一些重大问题，诸如理想、职业、价值观、人生观等做出自己的思考，最终形成一个自己决定的、协调一致的又不同于他人的、独具"统一风格"的自我。

二、职校生心理发展的基本特征

青春期是个体走向成熟的过渡时期，是身体发育的第二个高峰期。处于青春期的职校生，生理发展迅速，在身体形态与机能、脑和中枢神经系统、肌肉力量和运动能力等方面都急剧地变化、发展和成熟，职校生的成人感不断增强，独立的愿望越来越强烈。但是职校生的心理成熟水平和社会化水平还比较低，心理发展相对滞后于生理发展，二者的不平衡构成了职校生心理发展的基本动力。总的来说，这一时期是职校生人生"第二次诞生"和真正实现"心理性断乳"的人格再构时期，是职校生心理发展最宝贵、最富有特色的时期，其特点就是心理世界的可变性和心理发展的可塑性。

（一）职校生心理发展的年龄化特征

心理发展的年龄特征指在一定社会和教育条件下，在个体心理发展的各个年龄阶段所表现出来的一般的、典型的、本质的心理特征。青春期的职校生心理发展的年龄特征主要包括以下几个方面。

1. 过渡性与两面性

青春期是连接过去与未来的中间环节和过渡阶段，青春期的职校生正从依赖向独立转化，从幼稚向成熟转变，从不自觉向自觉发展。青春期的职校生渴望独立，希望自己的世界自己做主，但在重大选择面前又往往容易退缩，希望由他人来为自己做决定；青春期的职校生否定童年却又眷恋童年，原来的孩童世界已被打破，开始摆脱童年的幼稚与天真，但新的成人世界又尚未建立，还不具备成年人的成熟与老练，时常表现出幼稚的一面；青春期的职校生开始对自己的人生有了主动的设想，有了自觉发展的意识，但又容易产生怕苦畏难的心理，容易自暴自弃放任自流。总之，青春期职校生心理发展的过渡性中往往又体现出两面性，显得异常复杂。

2. 动荡性与两极性

既然职校生处在儿童向成人过渡的阶段，童年的模式被打破，而成人的模式尚未构建起来，就容易呈现出一种不平衡、不稳定的状态，以种种动荡的心理现象表现出来。如果处理不当，往往会向两极发展，体现在知、情、意、行的各个方面。例如，思维敏锐却又往往片面，看问题容易绝对化而陷入偏激，要么自高自大、目空一切，要么觉得自己一无是处、一文不值；情绪体验深刻而强烈，常因一时一事的顺利和成功而非常激动、欣喜若狂，也会因为一次失败或一点挫折就陷入极端的苦恼以致灰心丧气、一蹶不振，甚至因为一些无足轻重的小事不顺心而感情冲动；想努力学习，但又怕吃苦，在克服困难中毅力还不够，往往在坚定与执拗、勇敢与蛮干之间摇摆；对异性产生爱慕之情，有了强烈的性意识、性冲动却又不善于正确处理两性之间的关系等。

3. 闭锁性与开放性

青春期的职校生，内心世界变得丰富多彩，渴望得到更多关注的同时又不轻易表露自己的真实想法，语言、行为有了内隐纹饰性，在与父母长辈的相处过程中呈现出闭锁性的特点。他们渐渐地将自己内心封闭，在长辈面前从过去的滔滔不绝变得寡言少语，而不是像儿童时期那样经常向成人敞开自己的心扉。他们不再像以前那样嬉笑打闹而是变得安静，有了对自己、对他人、对世界的独立思考，并喜欢写成网络日志、微信动态、QQ动态等，却又设定密码或对访问的人群进行限制。他们渴望有自己独立的小天地和相对私密的空间，对"侵犯个人隐私"的行为格外在意，不喜欢父母查看自己的手机、电脑以及其他的私人物品。心理发展的闭锁性使职校生容易感到孤独，因此又产生了希望被人理解的强烈愿望，在面对同龄人时往往表现出开放性的一面，热衷于寻求"志同道合"、有共同语言的知心朋友，对自认为值得信任的朋友往往能袒露心扉。

（二）职校生心理发展的社会化特征

对职校生来讲，青春期是其个性发展和人格成熟的重要时期，是由"自然人"向"社会人"发展、完成社会化任务的关键时期，每每要面临许多心理方面的问题。虽然心理发展的社会化早在儿童时期就开始了，但是更大规模更深刻全面的社会化，则是在青春期后期即职业学校学习阶段完成的。

1. 职校生心理发展的自主性

青春期被称为人生的第二次断乳期，即心理意义上的断乳，是个体主动摆脱成人的监督，独立思考和解决问题的时期。随着生理的发育成熟，职校生的自我意识明显加强，比起懵懂的初中生，他们会更多地思考自己的"我是谁"和"我将走向何方"等人生课题，尤其对未来生活道路的选择，成为他们意识中的重要问题。他们开始重新审视周围的世界，并在与社会的不断接触中对人、事、物有了新的认识，经常反问"干什么""为什么"和"凭什么"，而不是像以前那样对长者的言论轻信盲从，开始形成自己的价值体系和评判标准。职校生开始关注社会，对社会现实生活中的很多现象都很感兴趣，对社会活动的参与日益活跃，对政治、法律、公平、正义等社会问题思考的深度和广度都有所提高，并喜欢像成年人一样发表自己对问题的看法和评论，大胆表达自己的观点。

2. 职校生心理发展的逆反性

处于青春期的职校生，大脑前额叶皮层尚未发展成熟，还没完全学会"共情"，即"将心比心、设身处地"的能力，"会不会给别人添麻烦"这种念头压根就没出现在他们脑中，而是往往以自我为中心，更多地思考"我的行动会如何影响他人"。他们不再轻易听信父母、老师的"教诲"，通过推理归纳，他们能观察到父母、老师教导中的言行不一，能指出父母、老师要求里的自相矛盾，对父母、老师的管教表现出较普遍的逆反心理和行为，似乎分分钟都在"无理取闹"。即便不是天天"顶嘴"，满口"歪理"，至少内心坚信父母、老师已经"out"了，对父母、老师的教导常常不屑一顾。他们难以理解父母的担忧，甚至为了摆脱"控制"，会做出许多毫不体谅的"无情"行动,以父母拿他们无计可施作为快乐的来源,与父母及其他成年人的"代沟"冲突频繁剧烈。

3. 职校生心理发展的从众性

职校生的模仿和从众心理比较强,随大溜意识明显,甚至不惜牺牲原则而随波逐流。而缺乏精神寄托、失去人生理想和职业目标的部分职校生极易产生空虚、盲从心理。几乎每个职校生都有自己崇拜的明星,他们对于这些明星的生日、属相、星座、爱好和私生活等津津乐道,极力模仿明星们的装扮穿着。在职业学校,女生最爱港台综艺节目、微信聊天以及网上购物,男生则沉迷于网络游戏,这些成为流行的校园时尚。受到社会亚文化的影响,幼稚、模糊而强烈的成人感使职校生渴望像成人那样交友、生活,使他们沾染了一些不良的江湖习气和哥儿们义气。职业学校的一些男同学相互称兄道弟,甚至称王称霸、以江湖老大自居;女同学互为大姐阿妹,往往是一人打架,众人出手帮忙,绝不忘记"有难同当";一人有钱,全部拿出来请客,绝对做到"有福同享"。

(三)职校生心理发展的时代化特征

从时代特征看,当代职业学校学生与以往职校生相比,个性心理面貌表现为三大突出变化,即从接受转向思考,从闭锁转向开放,从关心书本转向关心社会。在当今社会变革与转型中,由于所处的特殊社会历史时期、年龄的特殊阶段、生活的特殊环境、教育的特殊内容和所担当的特殊角色与使命,当代职校生表现出一系列与以往任何一个年代职校生不同的心理面貌。

1. 讲究实用

当今时代是一个讲究实用、注重实际的时代。一些职校生待人处事特别讲求实际,强调实用,在交往、活动等方面习惯抓住眼前既得利益,表现出过于急功近利的倾向。他们竭力想按社会的现实要求和评价标准塑造自己的行为,学习成年人的语言行为和老练成熟,在待人接物方面比高中生更有丰富的社会生活经验,表现出比同龄学生更明显的社会化、实用化倾向。在学习上,不少职校生将学习需求建立在对自己将来升学、生活与工作是否有用上,往往是觉得有用就肯学、想学、苦学、乐学,否则就不肯学、不想学、少学、厌学甚至逃学。总之，他们很务实，注重兑现，特别关心自己的切身利益，希望掌握实用专业技术，能够得到"看家"真本领。

2. 追求新潮

不难理解，当代职校生处于改革开放日益深化、市场经济与知识经济交织的 21 世纪之初，社会政治、经济、文化、科技和教育诸方面都在影响他们的思想、心理和行为系统，使他们产生丰富强烈、纷繁复杂的需要结构。"超前"的现代化的物质生活需要，多维自主的社会交往需要，新奇高雅的文化娱乐需要，提升自我的学习求知需要，自我实现的专业成才需要，强烈的归属和爱的需要，尊重与理解的需要，等等，使当代职校生在需求满足上"似乎没有不需要的"，总是显得有些"贪心"甚至"贪婪"。可以说，21 世纪职校生与以往任何一个时代的职校生相比，其需要心态的突出特征就是丰富多样性。

3. 价值多元

在当今社会变化日新月异的形势下，职校生价值观出现了前所未有的多元化重新组合，表现出前所未有的包容性，多元价值观并存现象在当代职校生身上也表现得十分突出。在当代职校生中，绝对权威崇拜、绝对一元的价值信仰和价值评价标准已经不复存在，而代之以一幅多元纷呈的价值世界图像。越来越多的职校生强调自我与社会融合，索取与奉献并重，兼顾国家、集体和个人三者利益而又比较注重自我，注重实际。这种变化趋势似乎日益成为当代职校生价值观的主流。

当代职校生存在诸多的心理矛盾和冲突并非偶然，也并不可怕，相反这是心理发展过程中的正常现象，是职校生努力走向成熟与尚未真正成熟的集中表现，也是实现职校生心理健康发展和持续前进的内因和动力。开展积极心理教育，就是要根据职校生心理发展特征的实质，善于把握心理特征的可变性，考虑个性心理差异，注重因时而化、因势利导、因人而异和因材施教。

第二节　职校生心理发展的问题与反思

职校生在发展过程中,由于各种因素的影响,不可避免地会遇到一些心理发展的问题和困惑。积极审视并深刻反思这些问题,有助于我们更好地理解职校生,更好地开展及时的、适切的教育。

一、职校生心理发展存在的主要问题

职校生的学习由普通教育向职业教育转变,发展方向由升学为主向就业为主转变,以及面临职业选择、就业压力等多方面的挑战,职校生产生了诸多的心理困惑,主要包括自我意识问题、学习心理问题、人际交往问题以及职业心理问题。

（一）自我意识问题

自我意识是一个人对自己存在的一种觉知,是对自己的一切的"觉察",包括认识自己的生理状态（如身高、体重、体形等）、心理特征（如兴趣爱好、能力、性格、气质等）以及自己与他人的关系（如自己与周围人们相处的关系、自己在集体中的位置与作用等）,分为自我认识、自我体验、自我控制三种形式[1]。职校生的自我意识与初中阶段相比有了较明显的发展,但由于自身以及环境因素的影响,暴露出自我认识片面、自我体验消极、自我控制欠缺等问题。

1. 自我认识片面

自我认识是主观自我对客观自我的认识,包括自我感觉、自我观察、自我概念、自我印象、自我分析和自我评价等。职校生自我认识方面的问题主要表现在对自己的外在和内在两方面认识的偏差。外在方面,在整个社会以瘦为美的风气下,一些职校生尤其是女生对自己的形体不满,明明并不肥胖却觉得自己仍不够瘦,饮食没有规律不注重营养,整日热衷于所谓的节食、美体、减肥,宣称自己要"瘦成一道闪电"。内在方面,由于

---

[1] 伍新春. 中学生心理辅导 [M]. 北京：高等教育出版社,2010：91.

长期以来社会对职校、对职业教育的偏见，认为职校是差校、职校生是差生，以致职校生自入学起就有"低人一等""矮人三分"的自卑感；再加上以往学习经历中体验了较多的挫折和失败，相当一部分职校生觉得自己"笨""傻""呆"，眼里只有自己的缺点和不足，自己看不起自己，带有一定自轻自贱的心态，甚至随意给自己贴上"失败者""低能儿""落水者"的标签，"我不能""我不会""我不行"成为他们的一种口头禅和思维定式。

2. 自我体验消极

自我体验指主体对自身的认识而引发的内心情感体验，是主观的我对客观的我所持有的一种态度，包括自我感受、自爱、自尊、自卑、自傲、羞耻、责任感、优越感等。受多方面因素的影响，部分职校生存在一些消极甚至阴暗的自我体验，很多时候都处于一种"能做的基本想不到，想到的基本不现实，现实的基本做不了，做得了的基本没意义"的"无能者"的悲观心态中。部分职校生抱着"混"世度日、得过且过的无所谓态度，对任何事情都提不起兴趣，全盘自我否定，"自暴自弃、破罐破摔"，"就算再努力反正也不会成功"。有的职校生自觉"升学无望，学习无能，生活无着，就业无门，交友无人，恋爱无成"，因而特别"郁闷"和"没劲"，整日怨天尤人。看看现在的生活了无生气，想想未来的日子毫无希望，他们彷徨、自卑、失望，时常深陷消极的自我体验而不能自拔。

3. 自我控制欠缺

自我控制指监督和调节自己的行为以达到自我的目标，包括自立、自主、自制、自强、自律等。片面的自我认识、消极的自我体验，往往容易使职校生降低对自己的要求甚至放纵自己的行为，自我调控能力不足。有的职校生说话不经思考言语失范，整日满口脏话甚至"恶语伤人"，似乎不带脏字就不知如何表达；有的职校生做事冲动不计后果，往往"想到一出是一出"，甚至话不投机就付诸暴力；有的职校生时间观念淡薄，做事缺乏计划性，凡事能拖就拖，总是被动应付，表面上"满口答应"，实际上"以后再说"；有的职校生抵抗外界诱惑的能力不足，盲目追求所谓的时尚和个性，发型夸张怪异，穿戴另类新奇，抽烟、喝酒、混迹于网吧，热衷于网络游戏而无法自拔。

（二）学习心理问题

职校生正处于身心发展的转折时期，随着学习生活由普通教育向职业教育转变，发展方向由升学为主向就业为主转变，他们在学习内容、学习方法、学习形式等方面必然会面临新的情境、产生新的问题，主要表现为学习动力不足、学习认知片面、学习策略不佳等。

1. 学习动力不足

相当一部分职校生入学后会有一种从过于繁重的初中学习中获得解脱的轻松感，并随之产生懈怠、惰性心理，难以产生继续学习的需要。还有一部分职校生跨入职校属于普高落榜后的无奈之举，报考职业学校在他们看来是没有前途、没有出息的"权宜之计"，"觉得上职校没有什么意思，学不到什么，学了也感觉没有什么用"，并未把职业学校当成是全新学习生涯的起点；在选择专业时多由父母代劳，对所学专业不了解、不认同，真正一接触才发现其实不适合自己或是不感兴趣，丧失了学习的动力；还有一些职校生依赖心理较重，"反正今后父母会给我安排工作，学不学无所谓"。

2. 学习认知片面

一是重技能轻理论。职校生入学前普遍文化知识素质薄弱，他们认为，毕业后反正是在生产一线当工人，从事没有含金量的简单劳动，理论知识学习无关紧要，只要肯干活能动手会操作就行，大多存在重技能轻理论的倾向。二是偏科现象。部分职校生偏科现象比较突出，对于文化基础知识课没有兴趣，基本学不进，也不会学，甚至根本就不想学，对专业领域之外的知识技能和文化历史更缺乏兴趣，认为学习这些完全是在浪费时间，"既然对自己将来的工作没有什么用还不如不学"。

3. 学习策略不佳

部分职校生希望能在职业学校学到真才实学，但由于不具备良好的学习策略，导致学习效果欠佳。一些职校生在学习上缺乏目的性与计划性，对于学什么不学什么、先学什么后学什么、学到什么程度等没有系统的规划，往往是学到哪儿算哪儿，导致学习的内容不够系统；一些职校生尚未探索出科学有效的学习方法，他们对不同学科、不同任务的学习方法趋同，习惯于机械识记、题海战术，往往花费了大量的时间精力却事倍功半，破坏了进一步学习的信心；有的职校生在学习上缺乏必要的反思，学习策略的元认知水平较低，或是对学习结果的归因不够合理，不懂得在学习过程中进行必要的自我调整，削弱了学习的内部动机。说到底，一些职校生还不会学习，在自主学习、高效学习和创新学习方面还很欠缺。

（三）人际交往问题

早在20世纪，联合国教科文组织就把"学会共处"作为教育的四大支柱之一。对于职校生来说，良好的人际交往能力不仅是心理发展的现实需要，同时也是心理健康水平、社会适应能力的综合体现，更是今后事业发展与人生幸福的重要基石。然而，由于种种因素的影响，职校生在人际交往方面还存在诸多不足，暴露出种种问题，主要表现在以下几个方面。

1. 人际交往的功利性

受当今社会实用主义风气的影响，越来越多的职校生开始重视人际交往的物质实惠，"有用即交往""有求即结识""互相利用"等功利意识增强，"大利大交""小利小交""无利不交"等功利观念开始在学生中传播。尽管人与人之间的交往会有一定的目的，通过正常的交往活动各取所需、互惠双赢也无可厚非，但如果过于考虑个人利益能否实现，难免会在人际交往中工于心计、精于算计，破坏人与之间的真诚与信任，不利于建立牢固、持久、良好的人际关系。

2. 人际交往的被动性

部分职校生人际交往中的自卑心理较重，在人际交往中时常会想别人会如何看待自己，会不会讨厌自己，对别人的言谈举止特别敏感，特别在乎他人的言论中对自己不利的评价。这类学生要么处事过分谨慎，为避免挫折，尽量避开人群，减少与人的接触；要么用自傲掩饰自卑的心理，凡事喜欢与人争论，具有较强的攻击性，容易导致人际关系紧张。还有部分职校生过于胆小害羞，不敢表达自己的想法与情感，容易在人际交往中导致他人的不理解甚至误解，长此以往会限制自己与他人的交往，造成人际交往的被动。

3. 人际交往的虚拟性

随着网络技术的发展，尤其是无线网络的普及，许多职校生沦为"低头族""手机党"，"看着手机进出课堂，宿舍里面不声不响，互联网上互诉衷肠"，可谓是当代部分职校生交往现象的形象描述。网络虚拟社交在扩大人际交往范围的同时，也容易使职校生忽视现实的人际关系，导致现实中情感匮乏而趋向人际冷淡。另外，沉迷于网络社交的往往是在现实交往中受挫的学生，对于这部分学生来说，在虚拟世界里获得的安慰和满足越多，对现实人际环境就表现得越淡漠。长此以往，容易形成恶性循环，致使这部分学生越来越脱离现实、退缩孤僻、自我封闭，现实人际交往变得淡漠与疏离。

（四）职业心理问题

职业心理是人们在职业活动中表现出的认识、情感、意志等相对稳定的心理倾向或个性特征，良好的职业心理是职校生专业学习、求职就业、人生发展的重要基础。职校生职业心理问题主要体现在职业认知偏差、择业心理依赖以及创业心理脆弱等方面。

1. 职业认知偏差

一些职校生在入学选择专业时多从就业的角度来考虑，认为今后容易找工作的就是好专业，对专业与兴趣的匹配考虑不多，导致在专业学习时产生排斥心理；有的职校生自入学就没有建立对专业的恰当认知，如有的学生认为物流管理以后就是送快递的，电子商务以后就是开淘宝、做微商的，而这些职业即便没有经过专业学习训练的人照样可以无师自通，做得很成功，所以学习时毫不用心、得过且过；还有的学生认为，进了职校就注定将来要在最基层做最辛苦的工作，反正最终就是一个蓝领，既没有什么发展前途，更没有白领的光鲜体面，做得再好也没什么意思。

2. 择业心理依赖

一些职校生从小就生活在家长的溺爱中，他们独立能力差，不会自己主动面对问题，缺乏主动参与的意识和竞争意识，也缺乏必要的责任意识，凡事"等""靠""要"的依赖心理较重。在求学的过程中，学校是家长选的，专业是家长选的，他们根本就没有自主选择的机会，同时也缺乏自主决定的勇气，在就业时自然而然就期待家长为自己安排好就业岗位。还有一些职校生在面对就业机会时顾虑重重，表现得优柔寡断、瞻前顾后、犹豫不决、患得患失，期待由他人为自己做最后的决定，往往在择业过程中错失许多就业良机。

3. 创业心理脆弱

近年来，通过"创新创意创业"教育的开展，职校生的创业意识有了明显的提高，但不可否认的是，较低的创业成功率严重影响了他们创业的积极性。另外，在很多职校生眼中，认为创业只能成功，不能失败，缺乏对创业失败的客观理性分析，面对创业过程中的困难、挫折和失败，心理承受力较低。还有些职校生在创业过程中急于求成、好高骛远，缺乏创业应有的坚持不懈、脚踏实地和顽强拼搏，最后往往达不到预期的目的和效果。

应该说，职校生心理发展中有这样或那样的问题是正常的现象，如果没有一点心理问题反倒是不正常的，关键是我们该如何来正视和审视这些问题。实际上，每个人都具有向上、向前、向着未来的一面。从发展的角度来看，职校生心理发展过程中的种种问题本身不是问题，而是解决问题的方法不当导致问题的出现。因此，传统的"问题学生"的观点显然需要被抛弃，我们甚至可以认为不存在所谓的"问题学生"，只有尚未被解决的"学生问题"。

二、职校生心理发展问题的教育反思

如果将上述职校生的心理问题全部归结于职校教育工作的失位、缺位与错位显然有失公允，但教育对职校生心理发展的影响如此之大却又使我们不得不从教育的视角进行反思。从教育的视角来看，学校教育中存在的以下一些误区值得我们关注。

（一）教育观念消极

随着职校生心理问题呈现日益严重化的趋势，职业学校对职校生心理问题越来越重视。但是，在关注学生问题的同时，又往往陷入另一个极端，步入了"只见问题不见人"的误区。职校教师常常带着问题的眼光去看待学生，不知不觉将"问题学生"的标签贴到了职校生身上，即用学生某一方面的不足来代替对其整个人的评价。而为了及时找出"问题学生"，职校教师热衷于用专门的心理量表对学生的心理状况进行评估，将职校生进行等级划分。显然，在他们眼里，发展、潜力、自主、能动等词汇与职校生是没有什么关联的，他们的教育信念只有一个，那就是不出问题就好。在这样一种消极教育观念的支配下，职校教育过分强调了问题学生的普遍性和教育的矫正功能。实际上，职校并没有那么多的问题学生，最大的问题恰恰是教师自己看待学生的眼光出了问题。可以说，只见问题不见学生是职业教育的失误，而只见学生不见人则是职业教育最大的败笔。

（二）教育内容功利

有些职校坚持以就业为导向的教育方针，认为职业学校办学的主要宗旨就是让学生毕业后顺利就业，由此格外重视培养学生的一技之长。许多职校在学生专业技能的培养方面，越来越重视与企业需求的有效对接，教育的内容越来越务实。表面上看，这样的职业教育正走在引领职校生通往"就业"与"成才"的康庄大道；然而，在职校生经过整齐划一的课堂教学或是技能训练达到某种统一的规格从而与社会需求实现"无缝接轨"时，部分职校生的其他素质尤其是心理素质却往往与社会需求相背离而严重"脱轨"。究其原因，在于职校更多地关注了学生显性素质的提高，却忽视了学生隐性素质的培养，教育内容单一的后果是在职校生掌握了更多的生存技能、具备了更强大的生存能力的同时，综合素质尤其是心理素质却每况愈下，例如不会全面认识自我、不能自主高效学习、不懂真诚与人交往等。而这样的职校生，即便毕业时能在就业市场顺利谋求到"一个饭碗"，但其今后的发展潜力是虚弱的，发展前景是黯淡的。

（三）教育管理简单

长久以来，作为职校管理者的教师常常以这样的形象自居：专业的、权威的、高高在上的。教师认为，无论是从社会经验还是从专业知识方面，自己都远远胜于学生，自己应该而且能够配得上这样的形象，并且如果没有树立这样的形象，他们担心自己在学生面前就不会有所谓的威信，学生对自己的教诲就不会真心聆听和接受，也就无法取得想要的教育管理效果。而一旦教师选择了这样的形象，那么也就意味着同时选择了隐含在这一角色背后的责任。作为教育管理的实施者，一些老师习惯于发号施令，他们要求职校生在自己规定的范围内行事。他们热衷于惩罚的教育、纠错的教育、听话的教育，不愿意启发，认为启发浪费时间；不愿意激励，认为激励没有作用；不愿意表扬，认为问题学生没有闪光之处；不愿意欣赏，认为问题学生满身都是错误。在这样简单甚至有些粗暴的教育管理方式下，职校生不出现问题就奇怪了，职校生获得发展更是成为一种奢望。

从以上分析可以看出，职校生在心理发展过程中的确存在这样那样的问题，职校教育也存在相当的不足。然而有问题并不可怕，问题在昭示不足与缺陷的同时，实际上也提供了发展的契机和机遇，关键在于能否从问题的背后看到希望，能否找到解决问题的方法。也许开展职校生积极心理教育并不能解决所有的问题，但是不失为一种有益的途径。推动职校生的心理发展，积极心理教育大有可为。

第三节　促进职校生心理发展的积极心理教育策略

积极心理教育是随积极心理学的兴起，在对传统消极心理教育反思与变革的基础上发展起来的一种心理教育理念与实践。积极心理学把研究的重点放在人自身的积极因素方面，主张心理学要以人固有的美德作为出发点，倡导用一种积极的眼光对人的心理现象做出新的解读，以激发人自身内在的积极力量，并最大限度地挖掘人的潜力。积极心理学不仅致力于研究如何使身处逆境中的人们学会生存和发展，更注重研究如何使处在正常境况下的人们学会建立起高质量的、有尊严的生活。在积极心理学的指导和启发下所孕育的积极心理教育，对于改变职校心理教育认知，变革职校心理教育范式，促进职校生心理发展，具有重要的意义。

一、积极心理教育的基本内涵

积极心理教育指通过培养、增强职校生的积极心理力量促进其心理和谐发展、心理潜能充分开发的一种教育活动❶。众所周知，传统的心理教育强调矫治功能，工作的重点在于发现"问题学生"，解决学生心理问题，可以说是一种"消极心理教育"。而积极心理教育无论是理念还是实践都与之有很大的不同，可以从以下几个方面来把握：在工作目标上，积极心理教育把以缓解或消除职校生心理障碍为主要目的转移到以职校生心理发展和心理潜能开发这一核心旨趣上来，凸显了心理教育理念的正向性；在工作对象上，把针对少数问题学生的心理教育引领到面向一般学生上来，凸显了职校生心理教育受众的全面性；在工作形式上，把具有浓厚医学色彩的个别诊疗和个别咨询的工作形式延伸到充满浓厚教育色彩和人文关怀的讲座、心理剧、团体心理辅导等工作形式上来，凸显了职校生心理教育方式方法的丰富性；在工作队伍上，把以专职心理教师为主导力量的心理教育队伍拓展到全体教师、家长乃至整个社会共同参与的新图景上来，凸显了职校生心理教育参与者的广泛性。

总的来说，积极型心理教育的特征就是面向全体促进学生心理积极和谐自主发展和心理潜能充分开发，倡导心理教育要关注和研究人心理生活的积极方面，用积极的方式对心理教育问题做出解释并获得积极意义❷。

二、积极心理教育的实践策略

立足于推动职校生心理发展的根本宗旨，着眼于当代职校生心理发展的现实需要，开展职校积极心理教育，必须明确以人为本、助人发展的教育理念，坚持以学生为主体、重在体验的教育过程，构建学生互助、虚实结合的教育平台，营造文化育人、全员参与的教育氛围。

（一）明确以人为本、助人发展的心理教育理念

心理教育本质上是围绕人而开展的一项教育活动，是关于人、为了人和真正使人"成人"的教育，对人的关切始终是心理教育必须直面的主题。积极心理教育，应是以人为本的心理素质教育，是主体性、发展性的

---

❶ 崔景贵，黄亮. 当代职校生心理健康教育模式的理论构建［J］. 职教论坛，2013（7）：4-9.

❷ 崔景贵. 积极型心理教育的信念、目标与建构［J］. 当代教育论坛，2006（13）：33-35.

第八章 职校生心理发展与积极心理教育策略

心理教育,即促进人的素质现代化,以人的现代化推进社会现代化的现代心理教育。

1. 以人为本

所谓"以人为本",就是把人视为自身心理发展与建设的主人,把人的主体性发展作为"目的"而不是"手段",一切从人出发,一切为了人,一切服务于人,一切着眼于人的全面发展,重视人的生命和生活,关怀人的价值和使命,关照人的精神和信仰❶。以人为本开展职校生积极心理教育,就是要剔除心理教育过程中功利主义以及工具主义的思想,明确开展心理教育的目的在于人的适应与发展,唤醒职校生作为人的存在的意识,培养职校生作为人的存在的能力,提升职校生作为人的存在的价值,使心理教育回到人这一本真;就是要将以教师为主导的心理教育转变到以职校生为主体的教育轨道上来,在肯定职校生主体地位的前提下,尊重职校生既有的辨别和选择能力,坚信职校生具有正向的自我心理调适和自我向上成长的潜能,以提升学生的主体心理素质、实现学生心理的最优发展为根本目的;要不唯理性主义是论,要看到职校生作为人的存在的主观性和差异性,充分肯定职校生自我价值创造的能力,引导职校生对人的存在进行主动思考和探索,提高职校生作为人的存在的智慧。

2. 助人发展

发展不仅是现代教育理念的体现,现代心理学精神的要求,同时也是职校生心理发展的现实需要。这就要求我们以一种积极的眼光看待学生以及学生面临的问题,秉持助人发展的积极心理教育信念,树立积极的心理发展观。助人发展,职校生积极心理教育要紧扣职校生心理发展的现实需求,通过多种多样的教育形式以推动、促进、实现职校生的心理发展,既要着眼于职校生心理发展的阶段性,又要立足于心理发展的连续性;既要看到心理发展的结构性,又要重视心理发展的层次性;既要关注心理发展的稳定性,又要关照心理发展的可变性。助人发展,职校生积极心理教育

---

❶ 崔景贵. 转型与建构:心理教育范式的发展趋向 [J]. 上海教育科研, 2005 (7): 33 - 35、22.

要善于抓住职校生心理发展的"关键期",致力于创建职校生心理的"最近发展区",将心理教育的目标定位在职校生可能发展的程度,使心理教育走在职校生心理发展的前面。助人发展,职校生积极心理教育要将预防与发展结合起来,全面发展与个性发展结合起来,全体学生与个别学生结合起来,主导课程与学科渗透结合起来,学校、家庭、社会结合起来,不断开拓发展的途径,创新发展的方法,从而引领职校生向更高的、可能的、潜在的水平不断发展。

总之,职校积极心理教育应当以现代人性观为指导,从当代职校生生理、心理特点出发,培养学生良好的心理素质,实现身心健康发展,引导学生做心理健康和谐、人格完善的现代人。

(二)坚持学生主体、助人自助的心理教育过程

坚持以学生为主体,积极心理教育要在肯定职校生主体地位的前提下,发挥职校生的自主性、能动性、积极性,提升学生的主体心理素质、实现学生心理的最优发展来开展心理教育。

1. 自主建构

传统的职校生心理教育,往往重知识的传播而轻学生的主动实践,重教师的说教而轻学生的自主建构,使学生在教育过程中更多处于被动地位。然而,知识可以复制,但是对知识的理解和选择不可复制。教师不是把心理健康的知识"传授"给学生,更不是死板、生硬地进行知识的灌输和"填鸭",而是将知识"提供"给学生,让学生自己去决定和选择。因此,强调学生的自主建构,就是要从学生的需要出发去确定心理教育知识的范围,而不是盲从既有的所谓客观的知识体系;就是要建立新型的师生关系,从"我说你听""我讲你做"的"单向命令式"转变为平等、民主、宽容氛围下教师与学生的"双向互动式",给予职校生在教育内容、教育过程等方面自主选择、自我判断的自由,而不是拘泥于某一固定的程式;就是要在教育过程中给予学生独立思考、相互讨论以及自由发挥的时间和空间,教育过程富于情境性和变化性,给学生"留白",而不能把心理教育变成教师个人的"独白"。

2. 积极体验

坚持以学生为主体的积极心理教育过程，不仅要重视学生对知识的主动建构，更要重视学生的自主体验。众所周知，心理教育是一种性质特殊的教育，没有哪一种教育比心理教育更需要触动人的心灵，也没有哪一种教育比"真正的"心理教育更能触动人的心灵。因此，开展积极心理教育要重视学生的自主体验，要创造并选择能够让学生的知、情、意、行全部投入其中并能触动学生心灵的教育形式作为教育的主要手段，如心理剧、角色扮演、情景模拟等；要鼓励职校生主动参与真实的实践活动，将理论化的知识转化为直接经验并为自己所用，进而以活动中的体验为切入点，促进职校生情感和认知的相互影响，以生成和发展良好的行为模式。在这种注重体验的心理教育中，以"教师为中心"的教学过程必须转变为以"学生为中心"，教师要从"主角"走向"配角"，学生应从"旁观者"变成"当事人"。

3. 助人自助

苏霍姆林斯基曾指出："促进自我教育的教育才是真正的教育。"[1] 助人自助，就是在肯定学生主体地位、主动建构的基础上，发挥学生自我建构的潜能，利用学生自身的力量，让学生自己帮助自己，实现学生心理最优发展的过程。应该看到，教师再高明的教育理念、再先进的教育手法都不可能完全适合每一个学生，总会出现偏差；只有学生自己最清楚自己的心理需求，最明白自身的优势所在，而教师始终无法取代学生的自主建构。另外，每一个学生都具有一定的自我认知、自我判断和自我发展的能力，具有自我教育的潜力和资源。把教育的主动权还给学生，让学生学会自己帮助自己，这是心理教育的最终目的。助人自助，就是要培养职校生心理自助的意识，激发职校生心理自助的动力，鼓励职校生心理自助的行为，使学生掌握自我提问、自我探究、自我激励、自我暗示等方法，提升学生心理自助的能力，真正实现心理健康的自我教育。

---

[1] 崔景贵. 助人自助：学校心理教师专业化的理念与策略[J]. 思想理论教育，2007(12)：4-8.

总而言之，以学生为主体开展积极心理教育，就是要鼓励职校生自己去观察、去体验、去活动、去思考、去感悟，真正实现助人自助。

（三）构建学生互助、虚实结合的心理教育平台

开展积极心理教育，需要根据职校生心理发展的需要，充分发挥他们的能动性，顺应时代的潮流，不断拓展心理教育的形式，打造心理教育的新平台。

1. 学生互助

处于青春期的职校生更喜欢与同龄人交流、更乐于向同龄人倾诉、更愿意接纳同龄人的意见。因此，职校生积极心理教育不仅要重视教师、家长、社会支持系统对职校生心理发展的重要影响，更要重视并充分开发利用同学支持系统，给予职校生更多互动与互助的机会。如建立心理委员制度就是开展学生心理互助的一种较好的形式，其基本架构可以设置如下：一是制定甄选标准，在职校生中选拔心理委员，对选拔对象的心理健康状况、个性特征等要重点考察；二是对选拔的对象进行适当的培训，这样的培训并非要求学生达到专业心理咨询师的水准，也并不一定需要掌握规范的心理咨询流程，更多的是培养他们心理健康的理念和一般的沟通技巧；三是明确心理委员的工作标准，规定好他们工作的内容以及担负的职责；四是建立与专职心理教师密切联系的"准督导"工作机制，对心理委员的工作进行全面监控。职业学校要敢于放手发动职校生去开展心理教育工作，发挥职校生的积极性和主动性，通过职校生的互帮互助实现心理的健康发展。

2. 虚实结合

虚实结合指将现实空间的心理教育与网络虚拟空间的心理教育结合起来，以拓展积极心理教育的空间。所谓心理健康教育的"实体"平台，是相对于虚拟的网络心理健康教育平台而言的，指所处的环境、参与的人员是可触知的、有形的，存在于特定具体的时间空间。网络时代的迅速崛起为心理教育提供了新的平台，通过网络开展心理教育既迎合了职校生的现实需要，也提升了心理教育的即时性和互动性。积极的网络心理教育可以从以下几个方面展开：一是拓展网络心理教育内容的呈现路径，从文字和

图片拓展到动画、视频等多媒体形式，丰富对学生感官的刺激，激起学生参与的热情；二是培养学生主动参与的意识，利用网络的开放性加强学生之间心理的沟通与协作，加强师生之间的交流与对话；三是提升学生主动参与的能力，广泛发动学生投入到网站维护、信息更新上来，发挥学生的能动性；四是扩大网络心理教育的参与人群，将家长纳入网络心理教育的体系中来，加强学生、家长以及教师之间的互动，发挥家庭教育的积极作用，以构建"学生—学校—家长"一体化的积极的网络心理教育。开展积极心理教育，就是要将实体平台和虚拟平台结合起来，充分发挥二者的育人功效。

（四）营造文化育人、全员参与的心理教育氛围

开展积极心理教育，需要营造良好的育人氛围。良好的校园文化氛围能给学生以积极的影响和启迪，能使学生的思想观念、行为方式、价值取向等受到良好的熏陶，在"润物无声"中带动学生的心理发展、人格成长。

1. 文化育人

职校生正处于一个文化开放的时代，一个多元文化激烈碰撞的时代，各种文化理念深深影响职校生心理的发展。开展积极心理教育，需要我们格外重视文化对学生心理发展的作用，充分利用积极文化的育人功能，使职校生能够理性认识自己所处的文化背景，从容应对消极文化带来的挑战，及时把握积极文化带来的机遇，更好地实现自我发展。发挥文化育人的功能，职校教师要尊重职校生的文化取向，理解职校生的文化需要，依据职校生的文化背景、文化立场、文化特征，营造正向的、有利于职校生成长的校园文化环境、班级文化氛围；要引导职校生正确看待社会上风行的"网络文化""非主流文化""性文化"等，自觉抵制不良文化的影响；要重点关注现代文化和传统文化碰撞下职校生可能出现的矛盾心理状态，使职校生明白如何在"个人本位"与"集体本位"的文化抉择中做出适当取舍；要有意识地从多元文化视角出发，将文化的差异充分利用，作为实施职校生心理健康教育的重要契机和基本准则。

2. 全员参与

心理教育是一项复杂的专业性很强的教育工作，离不开专职心理教师的主动积极参与。但是，提升学生心理素养、促进学生心理发展仅仅依靠专职心理教师是远远不够的，一个极端的印证是对学生心理健康没有任何意识的其他课程的老师，在其不当教育教学方法的影响下，可能使原本没有心理问题的学生出现问题，比如经常性的体罚、责骂后学生自残自杀行为的出现。我们不能让学校不当的行政和教学行为成为学生心理问题的"纵火者"，而让专职的心理老师去充当"消防员"；恰恰相反，要让全体教师成为学生心理健康的维护者，成为学生心理素养提升的开拓者。全员参与，实际上是要强化全体老师对学生心理发展的重视，自觉提升维护、促进学生心理成长的意识，形成以学校分管领导为统领、以专业心理教师为核心、以班主任为骨干、以学科教师为生力军的学校心理教育网络体系，在全校范围营造积极的心理教育氛围。也许这种育人氛围不足以成为促进学生心理发展的"灵丹妙药"，但至少是普照学生心灵的"一片阳光"，这或许也是最为重要、最为核心的一种校园文化。

积极心理教育是以人为本、助人自助、全员参与的崇高事业。职校教师要认真研究当代职校生心理发展的特点，切实把握心理教育的规律，把自己对职校生心理发展的认识建立在理性分析的基础上，坚持不懈地开展积极心理教育，让所有职校生的心理得到最充分自主的发展。要科学把握当代职校生心理发展的新特点和新走向，分清主流与非主流，本质与非本质，既关心爱护又不护短，既支持鼓励又不盲目吹捧，既信任放心又不放任自流，既理解宽容又不姑息迁就，有针对性、有特色地做好引导、促进当代职校生和谐发展的积极心理教育工作。

本章小结

发展是当今学校心理教育的主导价值取向，促进职校生心理发展是中等职业学校心理教育的根本目标。职校生心理发展意味着职校生心理的自主建构、职校生心理"最近发展区"的创建与实现以及职校生自我同一性

第八章　职校生心理发展与积极心理教育策略

的确立。职校生心理发展具有年龄化的特征：过渡性与两面性、动荡性与两极性、闭锁性与开放性等；社会化的特征：自主性、逆反性、从众性等；时代化的特征：讲究实用、追求新潮、价值多元等。在职校生心理发展的过程中，不可避免地暴露出一些问题，如在自我意识方面，自我认识片面、自我体验消极、自我控制欠缺；在学习方面，学习动力不足、学习认知片面、学习策略不佳；在人际交往方面，比较功利化、被动化、虚拟化；在职业心理方面，暴露出职业认知偏差、择业心理依赖、创业心理脆弱等。基于积极职业教育的视角，职校生心理发展问题主要是由于教育观念消极、教育内容功利、教育管理简单等造成的，而推动职校生心理发展，需要我们把握以人为本、助人发展的心理教育理念，坚持学生主体、助人自助的心理教育过程，构建学生互助、虚实结合的心理教育平台，营造文化育人、全员参与的心理教育氛围。

（本章作者　南通科技职业学院　黄　亮　袁忠霞）

职校生心理幸福感与积极教育管理策略

心理幸福感,又称主观幸福感,英文解释为 Positive Psychological Well-being 或 Subjective Well-being (SWB)。这一名词源于积极心理学理论,长时间以来一直被认为是评定个体生活质量的核心要素。从个体进化和发展论的角度来说,正性的心理幸福感是一个人积极地探索人生、勇敢地面对生活挑战和机智地处理压力事件的动力。中高职院校用职校生的心理幸福感作为学生心理健康的评定指标、干预介质及结果呈现,对职校生在校期间心理健康发展有着重要的指导意义[1]。

第一节 职校生心理幸福感概述

一、职校生心理幸福感的意蕴

职校生心理幸福感与学生个体对自我生活的总体评价有关,包括认知判断和情感评价两方面。具体来说,职校生幸福感的认知判断即在个体经验下的生活满意度判断,也就是学生在校期间对校园生活的主观评判;而

---

[1] Park,N. The role of subjective well-being in positive youth development [J]. The Annals of the American Academy,2004,91 (1):25-38.

情感评价则涉及职校生学习生活的心境和情绪体验，如积极或消极事件所带来的正性或负性的情感体验。相关的研究报告表明，较高的心理幸福感预示着职校生未来会形成良好的社会适应能力和心理健康水平；反之，报告心理幸福感较低的个体很可能伴随着一定的心理疾病和社会交往障碍，如抑郁和社交不适应症❶。通常情况下，乐观开朗并对校园生活评价较高的学生，往往有较好的应变能力，有好的学习表现，拥有正面积极的社会交往关系，同时也具有宽容、慷慨等良好的心理品质。那些抗压能力差、不敢面对困难和挑战，同时伴有易怒等消极情绪体验的学生，往往给出较低的心理幸福感反馈。

对于心理教师和德育工作者来说，职校生心理幸福感可作为广泛的、长期有效的指标来衡量学生生理、心理及行为是否健康发展，同时为开展职校生心理教育工作提供了可靠依据。关注职校生心理幸福感，积极干预并帮助职校生获得主观幸福体验，最终使得学生个体主动地获得认知、心理和社会行为的良性发展，是职业院校和教育工作者的长期目标。

二、职校生心理幸福感的基本特征

职校生心理幸福感一般具有三个基本特征，即主体性、体验性和生长性。

（一）主体性

心理幸福感即个体经验下的自我判断，首要的特征便是主体性。根据自我认知和阶段性的情绪体验，职校生自行评估幸福感高低，也就是通常说的"幸福/不幸福"或"高兴/不高兴"。可以这么理解，学生的主观经验、脾气性格，或称之为内在因素，是个体心理幸福感高低的基准。一个长期独来独往、性格内向并兴趣淡薄的学生，很有可能主观地认为在校幸福指数不高；而一个乐观向上、爱动脑并乐于助人的学生，往往自我评价在校生活很幸福。所以，同校、同专业的职校生，甚至同班同学，也就是

---

❶ Singh, S., Lal, R. A study of subjective well-being of adolescents in relation to big five factors of personality [J]. Journal of Psychosocial Research, 2012, 7 (1): 33-42.

普遍认为在校教育背景、生活经历颇为相似的学生群体也能反映出心理幸福感的不一致性，这就充分体现了职校生心理幸福感的主体性特征。

（二）体验性

校园是学生生活、学习、交往的主要场所，他们置身其中并参与各类校园事件，作为外因变量，对于职校生幸福感获得也起到了一定的影响作用，即心理幸福感的体验性。举例来说，作息规律、合理饮食并爱好结交良师益友的职校生，往往获得幸福愉悦的主观感受；抽烟喝酒、经常逃课并伴随暴力倾向的学生，则更多地得到负面消极的评价。有无良好的学习生活环境，是否有危害健康的校园行为体验，有无良好的师生及生生沟通交往，是否经常参与各类有意义、有挑战的集体活动……诸如此类的体验性因素，往往被学生拿来作为评价标准。因此，作为校方和心理教育工作者，我们要做的就是为职校生提供更加丰富的校园生活和更加优美的校园环境，帮助职校生每天尽可能多地体验积极、正面、多元的校园文化。

（三）生长性

职校生心理幸福感作为个体心理健康的衡量指标，不是固定不变的；随着个体发展，尤其是年龄的增长，及外部因素的影响，学校和教育工作者完全有能力进行心理干预，有目的地帮助学生提升主观幸福感。不难理解，职校生的心理幸福感与积极向上的心理品质呈正相关，如高内控、外向性及自我效能等；与一些心理疾病的症状体验呈负相关，如焦虑、神经过敏症和孤独症等。同时，职校生的心理幸福感与生理、心理所表现的正性行为呈正相关，如规律的体育锻炼和积极的学习活动；与一些危害性的行为表现呈负相关，如打架斗殴、旷课逃学等。在日常生活中，教师应当鼓励学生多交朋友，参与各类校园社团组织，帮助学生稳固社会支持系统以满足学生社会亲和的需求；教导学生避免去思考消极事件所带来的不快，进行心理控制；学习并实践工具性的目标策略，满足学生求知欲和成就感的需求；鼓励学生参与主动式的休闲活动，舒缓压力，放松心情等[1]，

---

[1] Nima, A. A., Archer, T. Garcia, D. Adolescents' happiness – increasing strategies, temperament, and character Mediation models on subjective well – being [J]. Health, 2012, 4 (10): 802 – 810.

从内因控制和外因干预两方面入手,帮助职校生心理幸福感的正向生长。不因暂时的挫折失败而失去信心,要允许职校生犯错,给予其改正和重新找回自我的机会,让其正确面对困难、正确调整心理、正确直面生活,不断获得积极的幸福体验。

三、心理幸福感对职校生成长发展的意义

我国职业类学校,大多采用寄宿制,甚至封闭式管理。除周末和寒暑假,职校生的学习及生活行为均发生在校园。因此,职业院校教育工作者肩负着学生从十六七岁青春期进校到二十一二岁成年毕业期间的身心健康发展的重担,义不容辞地帮助学生完成青少年期向成年期的平稳过渡,顺利地走向社会,开启新的人生。职校生在校期间心理幸福感的水平高低将直接影响个体的身心发展水平:

一是高水平的心理幸福感会促进职校生的专业学习和职业认知,避免或减少发生旷课、退学等违纪问题的出现;二是高水平的心理幸福感会稳定职校生的个性品质和心境体验,减少消极情绪导致的不良应激反应;三是高水平的心理幸福感可以增加职校生的社会交往,避免出现小团体暴力行为等;四是高水平的心理幸福感促使职校生为今后踏入社会做准备,避免社会性交往不适应症,避免重大突发事件的发生❶。

崔景贵教授在《职校生心理发展与职业学校心理教育》一文中倡导,提高职校生心理幸福感实则解决职校生心理和行为上的不平衡发展及矛盾冲突,引导职校生实现身心发展过程中的自我完善。因此,提高职校生心理幸福感是从学生个体(内因)和校园文化生活(外因)两方面入手,进行"补救性、预防性和发展性"的心理干预❷。具体措施如下:

一是积极的学校教育,在班级等学习群体中主张平等民主的教育模式并采用积极的情感交流方式。注重感情和工具性支持,往往有助于职校生

---

❶ Eccles, J. S., Barber, B. L. Stone, M. Hunt, J. Extracurricular activities and adolescent development [J]. Journal of Social Issues, 2010, 59 (4): 865-889.

❷ 崔景贵. 职校生心理发展与职业学校心理教育 [J]. 职业技术教育(教科版), 2004, 25 (413): 64-66.

形成和发展心理幸福感。

二是鼓励学生积极参与结构性的团体活动,如小组学习或竞技体育项目。那些主观幸福感低的学生,常常处于因考试压力而独自复习或者交往压力而经常独处的状态。

三是尽可能提供健康及稳定的社会支持系统,促进职校生与老师、同学、家人保持亲密关系,并且进行愉悦的、有意义的、有深度的反馈和交流。

四是搭建更广阔的社会交互平台,鼓励学生多做义工或社区服务活动,参与校园社团或艺术展演活动,报名学生会及其他校园学生组织,参与学校专业工作室等。通过活动和实践体验,促使学生多做正性行为,并在社会团体中找准定位,获得专业认同及职业体验。

总之,高水平的心理幸福感会鼓励职校生更加积极探索未来世界,勇敢接受各种挑战,正确处理矛盾冲突,不断挖掘自身潜能,努力做最优秀的自己,为今后的顺利成长和发展做好人格和素养的积累。职业院校的办学目标应该让学生在掌握知识技能的同时,拥有快乐生活的积极体验和创造幸福的综合能力。

第二节 职校生幸福感存在的问题与教育反思

一、职校生幸福感存在的问题

随着国家对职业教育的重视,职业教育获得了快速发展的黄金机遇期。《国务院关于加快发展现代职业教育的决定》中明确指出:"加快发展现代职业教育,是党中央、国务院做出的重大战略部署,对于深入实施创新驱动发展战略,创造更大人才红利,加快转方式、调结构、促升级具有十分重要的意义。"

职业教育的发展是一个系统工程,不仅仅是学校规模的扩大,设施设备水平的提升和学生数量的增多。反观现实,社会对职业教育还存在很多偏见,只是把职业教育作为高等教育的补充;职业院校的教师也常常抱怨学生不好教、不好管，而职业院校的学生也难以找到认同，缺乏自信。这些将直接影响我们的教育对象幸福感的获得。帮助职校生走出应试教育"失败者"的阴影，用更加积极的心理和行为主动迎接自己的职校生活，需要教育者教育理念的调整和教育策略的改变。

（一）职业教育理念亟待更新

全国人大常委会 2015 年 3 月至 5 月进行"职业教育法"执法检查，从公布的报告可以看出，我国职业教育改革创新不断深化，形成了国民经济各领域共同推进职业教育改革发展的工作格局。但是报告也同时指出："观念滞后，直接影响职业教育法的贯彻落实和职业教育事业的改革发展。"目前全国约有 1/3 的省（区、市）尚未落实职业教育法规定的"制定本地区职业学校学生人数平均经费标准"要求。

不仅整个社会的职业教育理念滞后，甚至职业院校本身的教育理念也亟待更新。很多职业院校对职业教育的定位不准确，重视技术教育和技能训练，忽视人文教育和综合素质培养。教育的目标仅限于帮助学生掌握某项专业技能，以期毕业后在社会上能找到谋生的职业；忽视学生的心理发展，忽视学生获得幸福的能力。这样的职业教育是"饭碗教育"而非"素质教育"，培养出来的学生是"技能人"而非"社会人"，不利于学生的终身发展。

（二）职业教育的内容亟待整合

"课程在人的潜能向人的现实素质的生成过程中，起着中介的、催化的作用。职业技术教育的课程，如何使学生的潜能向现实的职业素质生成，与社会政治、经济、文化的发展相适应，是一个需要深入研究和亟待改革的实践课题。只有对职业教育的课程进行改革，使之与现代社会的生产方式、生活方式的发展变化合拍，才能培养出现代社会需要的有文化、有技术、有道德的高素质劳动者，实现职业技术教育的目标。"[1] 职业教育的特点就在于与行业和职业的紧密结合，体现职业的特点和技能的要求。但是目前的职业教育课程体系仍然是学科型的课程体系，强调知识的系统

---

[1] 孟宪平，李宾. 论职业教育课程内容改革的原则 [J]. 职教论坛，2003（10）：9-10.

化和理论化。对于目前职业院校的学生来说，学习和掌握课程既没有兴趣，也十分困难。这种教育内容的设计也与行业和岗位的发展相脱离，不能有效对接实际工作任务和问题，也很难培养学生的职业意识、职业道德、敬业精神、团队精神等综合职业能力。

"普通教育的课程是统一的，国家可以集中力量制定完备的改革模式、课程体系，统编各类教材，学校和教师主要任务是在校园内贯彻执行，因而可以全面推行。而职业教育要求在所有专业、对所有课程、在短时间内进行改革是不现实的。"❶ 这不仅是因为各个行业的迅速发展，也因为各个职业院校缺乏有效的整合能力。职业院校应整合社会、行业和学校的力量，迅速调整课程，更新设施设备，优化师资，以及提升教育教学水平。

（三）学生积极心理教育亟待开展

职业院校的学生大多是对某一专业有所爱好和追求，或者希望将来能进入到某一行业工作，通过自己的努力完成自我实现。但是职业院校的生活开始后，很多学生并不能改变自我的学习习惯，发现现实和自己的想象有很大的距离，专业和文化课程的学习仍需付出艰苦的努力，学校的管理也非常严格，使他们不能适应，在理想和现实的矛盾中迷惘，对学业和生活失去信心。

同时在基础教育的学习经历中，学校和家长由于学业竞争的压力，比较关注学生的成绩，忽视学生其他方面综合素质的提高。职业教育在学业上与初高中相比有很大的不同，生活上也给学生更多的独立空间。这需要学生尽快养成自主学习和独立生活的习惯，但现在的学生大多为独生子女，缺乏动手能力和自我约束力。很大一部分学生在进入职业院校后不能调整好状态，养成新的学习和生活习惯的过程比较长。这时，如果不对学生心理及时进行正确的引导，会导致学生心理倦怠、学习兴趣下降、注意力不集中、学习质量下降，甚至引发各类心理障碍问题。

（四）学生评价方式亟待丰富

职业教育是以"应用型"人才为培养目标，这与其他类型的教育有很

---

❶ 张健. 职业教育课程改革的动因、内容和策略 [J]. 职教通讯，2006 (10)：32 - 34，37.

大的不同，那么，其评价方式也应发生改变。学生评价是一个复杂的、多因素的体系，它是学校教学的杠杆，在课程体系中起着激励导向和质量监控的作用。但是在目前的职业教育中，学生的评价方式仍然以传统的考试方式为主，评价内容以知识和技能的掌握程度为标准。这种评价方式，有利于促进学生对知识系统的掌握，强化学生的技能训练，但忽视了学生的多元成长，没有结合行业、企业甚至社会对于学生培养的要求。

《国家中长期教育改革和发展规划纲要（2010—2020年）》提出"根据培养目标和人才理念，建立科学、多样的评价标准。开展由政府、学校、社会各方面共同参与的教育质量评价活动。完善学生成长记录，做好综合素质评价"。《国家高等职业教育发展规划纲要（2010—2015年）》也提出"改革学生学业考核与评价办法，以学习能力、职业能力和综合素质为评价核心，集成传统考试、职业技能鉴定、职业技能大赛、学习过程跟踪反馈等多种考核评价方式的优点，构建、完善体现科学发展观、符合高职专业人才培养特点的评价体系"。同时，提出"进一步完善高等职业院校人才培养工作评估，吸收行业企业参与人才培养质量评价，将毕业生就业率、就业质量、企业满意度等作为衡量人才培养质量的核心指标，逐步形成以学校为核心、教育行政部门为引导、社会参与的教学质量保障体系"。

二、基于积极视角的职业教育反思

20世纪80年代兴起的积极心理学，如其创始人美国心理学家塞里格曼所倡导的那样，是"致力于研究人的发展潜力和美德的科学"。我们应在积极心理学视角下看当前职业教育存在的问题，以及给我们带来的新思考与启示。关注人的心理机能，重视人的潜能的发挥，促进人的健康成长，发展与培养人的积极情绪，助力人们快乐与成功，引导人们把幸福当作自己的历史使命，这与职业教育为促进人的全面发展的目标不谋而合。它打破了既往偏向重视治疗和改善负面情绪的观念和做法，转而重视个人积极乐观情绪、积极意义及内在动机等特质。积极视角把研究重点放在人自身的积极因素方面，主张职业教育要以人固有的、潜在的、具有建设性的力量和美德为出发点，提倡用一种积极的心态对职业教育做出新的解读，从而激发人内在的积极力量和优秀品质，最大限度地挖掘自己的潜力并获得美好生活。

从积极视角出发，如何营造一种能够促使学生的积极本性生长发育的环境，通过良好的教育氛围影响每一个学生，使学生在快乐和成功的体验中感受教育培养的温暖和力量，从而促进学生的全面、自觉和主动成长？笔者有如下思考。

（一）对培养目标的反思

职业教育应培养什么样的人才？以理性主义哲学思想为代表的纽曼、洪堡、雅斯贝尔斯等学者都着重强调教育的目的在于培养"完人"，所谓"完人"就是有修养的人，个性和谐、全面发展的人。实用主义或工具主义哲学思想的科尔、范·海斯等专家学者则强调教育应在培养训练有素的从业人员方面发挥更大的作用。教育应该为社会培养有效的公民，这种有效的公民，不但是一个合格的公民，而且是积极的生产者和积极的消费者。从20世纪90年代开始，在市场经济影响下，越来越多的研究将目光关注于如何培养适应社会经济发展需要的专业技能人才，强调人才培养目标要符合社会发展的需求。我国这种以专门人才和应用型人才为培养目标的教育在现实中已经暴露出越来越多的问题，如文辅相先生系统总结了长期以来教育培养目标存在四个突出问题："一是普通教育目标淡化；二是科学教育目标层次偏低；三是科学教育与人文教育分离；四是个性发展受到忽视。"长期以来，我国教育对每一个受教育者，对他们作为一个"个体"的成长和发展的关注，是被忽视和弱化了的。而一个把致力于民族和社会的文明进步作为最高价值追求的职业教育，应该是既服务于国家和社会，同时也关注每一个"个体"的发展，因为社会就是由一个个"个体"组成的，社会的文明与进步就是为了每个人自由全面的发展，教育对每个"个体"的关注也在培育着每个人对他人和社会的关注与责任感。因此，从职校生个体发展目标的角度分类，根据不同教育对象对职业教育需求的不同，针对未来就业发展趋向的不同，可以把职业教育人才培养目标分为应用型人才、复合型人才、实践型人才等，依据培养目标的不同建立不同的人才培养体系，即人才培养目标不搞一刀切，要分类分层次培养。

(二) 对课程实施的反思

职业教育要高瞻远瞩地为课程实施的真正落实做好工作。教育是面向全体学生的，每个学生都有进行学习的权利。课程设置教学目标的基本特征为知识的综合、能力的综合以及情意的综合。但是，在实际开展过程当中，许多教师没能处理好知识掌握和能力发展之间的关系，重知识轻能力，其目标导向是为掌握知识而发展能力，而不是为了发展能力而掌握知识。至于情感领域的教学目标更是很少被关注，即使稍带提起也只流于形式。例如，在教育教学成果发布时，校领导、教师一般注重的是学生是否做出漂亮的作品等，却忽视了学生的合作、交往等能力的发展以及学生在学习过程中的情感体验和思想教育。这其实是抛弃了职业教育在学科课程难以关照的两大目标领域——情意发展和实践能力培养中所具有的弥足珍贵的教育价值。课程教学设置中对学习活动的指导是否到位，是课程实施成败的关键。若指导不到位会使学习活动难以顺利有效进行，导致学与教的脱节。这主要表现在两个方面。一方面，许多教师不知道该如何指导学生活动，甚至以为让学生玩玩说说，动手制作即可，而且，在活动中摆不正学生与教师的关系，易走极端，要么对学生事事过问，越俎代庖；另一方面，放任自流，过分"民主"，造成了学生主体性的缺失和走样。这一现象折射出需要我们深刻反思的两点，一是许多教师并未真正理解职业教育的旨趣，二是教师还没树立起主体性的学生观，其固有的教学观念和教学方式与职业教育对课程实施的要求存有较大差距。

(三) 对育人过程的反思

育人是一个长期渐进的过程，不能指望一蹴而就，但在实际的学校管理中，我们往往存在重结果、轻过程的现象，在过程的实施方式上又存在重说教、轻体验，强调不能怎样、忽视可以怎样等教育偏差，没能把握职校生的身心特点和所处时代的特征要求。

目前，职业院校大多已经实施了绩效管理，比如，在德育工作常规执行方面有很多量化考核，其实就成了扣分管理，但很少分析每个数字背后隐藏的原因和规律。在行为养成方面，过多强调整齐划一，多半是讲教师或学生不应该怎么做，至于应该怎么做并没有规定和引导，学生的许多行为确实需要规范，但学校在制定相关规定时又缺乏法律依据，如学生使用手机问题，很多学校都明确哪些场合不准使用或携带手机，但在如何管理及管理到什么程度，学生是否可以更加合理地使用等方面的办法太少。社会生活已经今非昔比，教育环境、教育对象特点的变化，必然要求教育思想、教育内容和教育方法的变革，使德育工作适应新的形势，与时俱进，以新的德育理念、措施渗透到育人的每一环节的设计和过程实施中来。

（四）对考核评价的反思

对职业教育考核评价要倡导"立足过程，促进发展"的评价原则，因此，积极视角下的考评体系更注重质性评价。质性评价是对整个教育教学过程做出真实、完整价值判断的评价模式，具有重视评价过程中的生成价值、强调评价的真实性、尊重学生个性等特点。相较于量化评价，质性评价更关注学生个体发展的需求，由注重甄别与选拔转向关注个体生命的成长。我们认为，职校生幸福感评价，应强调对学生进行全面、深入、真实的观察与培养，才能使教师更清楚地了解学生的成长过程，促进学生的全面发展。

一是注重多元评价，突出学生的主动参与。传统的评价大多是教师评学生的线性评价模式，评价主体单一，而且作为教学活动中的重要主体之一的"学生"始终处于被评价的地位。质性评价倡导多元主体的评价模式，消解了评价者和被评价者之间的对立状态，作为评价对象学生同时也是评价的主动参与者。

二是注重自我评价，突出学生的主体地位。作为考评教师充分相信学生的能力，将评价的权利交给学生，让学生自评。教师则从旁指导，对评价过程进行监控，引导学生不断成长。教师还要注意组织学生开展互评，让他们互相提醒，互相学习。放手让学生操作评价，不仅有利于发展学生的自我反思能力，提升学生对自我、他人的责任意识，也有利于教师将更多的精力投入到教学改革与创新中去。此外，主动参与评价显然更有利于学生对自己、对他人、对集体形成正确的认识，这既是心理健康的标志，也是生命自觉最为基本的前提。

三是注重过程评价，突出学生的成长发展。职校生幸福感评价不是以预定的目标、标准为导向来评价对象的，而是将评价焦点由结果转向过程，用动态的视角研究评价过程中的各种发展变化。职业教育应努力改变以往将评价活动看作对教学目标达成程度进行检验的狭隘思维，更加强调诊断、激励和发展。作为评价主体的教师，是"教天地人事、育生命自觉"的教育者，他们除了精心设计、精确定义量化考核指标外，更关注学生在评价过程中获得了怎样的思维训练、行为养成，得到了怎样的生命成长和幸福体验。

第三节 职校幸福教育管理的积极策略

本节依据青少年身心成长发展的特征和规律，结合常州艺术高等职业学校的校园生活典型案例，从文化引领、活动体验和快乐生活等方面制定实施并总结出一系列引导职校生在校期间幸福成长的可行性方案和策略做法。

依据我国教育现状，与同龄的普通高中学生相比，很大一部分的职校学生过早地卸下了文化学习和升学的包袱，这就意味着他们把更多的时间和注意力放在了专业技能学习和校内外的人际交往等方面，并会对个体本身多加关注，以自我为中心的现象较为突出；同时，与普通大学的学生相比，一些职校学生对于专业学习的动机和认知度不足，学习意志和学习方法也远远达不到专业课程的要求[1]。因此，除了学业本身的困扰之外，职校生更多地会面临自我认知、是非判断、情绪控制、抗打击能力、抗干扰力、人际交往及生活技能等多方面的问题[2]，并由此引发了一系列言语及行为上的矛盾与冲突。特别是人际交往方面，如师生之间、同伴之间、家庭成员之间都比较容易出现各类争端。换句话说，职校生的一些行为偏差背后所反映的心理问题，尤其值得我们每个职业教育工作者关注和深思。

---

[1] 杨利民. 高职学生学习心理特点分析及教育策略 [J]. 宿州学院学报, 2005, 20 (3): 109-111.

[2] 孙永波. 对高职生学习、发展健康问题的思考 [J]. 中国校外教育旬刊, 2014 (33): 125-125.

打造幸福校园，为学生营造积极、健康的校园生活氛围，是职业院校育人的基础，并为职校学生的专业学习成长及心理健康发展提供保障。具体来说，在校园环境方面，学校管理者要积极规划，关注吃、住、学等场所的环境营造；在专业学习方面，任课老师要营造积极的学习氛围，形成鼓励机制，增强学生的学习兴趣和学习动机；在德育教育方面，班主任以及心理老师需积极介入和引导学生课后参与学校的各类开发兴趣、拓宽视野的职业体验类课程和寓教于乐的校园文化活动，让学生体验学习的益处和校园生活的乐趣，从而以积极向上的心态面对学习，面对成长，最终达成职校生的心理和谐和学校幸福教育的目标。

一、文化引领

成长中的职校生面临日益增多的心理压力，他们在学习、生活和社会适应等方面遇到越来越多的困难和挫折，导致各种心理问题和心理障碍的出现。当代职校生处于社会变革时期，人们的经济生活、价值观念、思维方式、人际关系等都发生很大变化。越来越多的学生感到自己最薄弱的素质是心理素质。如何优化职校生心理素质，增强其承受各种心理压力和处理心理危机的能力，以迎接社会的挑战，这是职业教育工作者所面临的迫切问题。

校园文化作为一种在教育活动中产生、形成和发展的特定的文化形态，对实施心理健康教育具有重要的作用。加强校园精神文化建设可以营造一种浓厚的心理健康教育氛围，起到渗透性、暗示性的作用，使学生受到潜移默化的影响。丰富多彩的校园文化活动，不仅可以作为学生紧张学习之余的体力、脑力恢复的调节剂，而且可以进一步作为娱乐、愉悦身心的催化剂，让学生心理得到放松，心态得到调整，从而保持良好的心境。在日常生活中接受心理健康教育，从而拓展心理健康教育的途径，则可以有效提高学生的心理健康水平。

幸福文化，是指以幸福为理念、以提升师生主观幸福感为目的、引导个体及群体树立科学合理的幸福观并能将其付诸实践活动为主要内容的文化形态和文化现象。幸福文化的基本内核是如何引导师生把一种正确的、科学的，并与社会所倡导的道德准则一致的幸福理念植入生活及实践中，使人们的各种决策与行动遵循幸福的准则。❶下面结合常州艺术高等职业学校围绕幸福文化打造，着重介绍美文化、爱文化、创文化等方面进行的积极尝试。

（一）美文化

校园"美文化"就是坚持以人为本，通过以美育人，以美优教，引领学生一起去发现美、感受美、传递美、践行美、创造美。常州艺术高等职业学校根据自身专业特点和艺术人才培养规律，全面构建以"美"为核心的校园文化，用"美文化"引领师生和谐发展，帮助他们向幸福出发。校园内，环境因生态而美，制度因人本而美，活动因创意而美，队伍因和谐而美，专业因艺术而美，前景因宽广而美。人与人、人与景、事与人、内与外和谐相生。构建以"美"为核心的校园文化，既是艺术教育的使然，更成为人与事业和谐幸福发展的必然。下面撷取其中的景观之"美"、人文之"美"两方面加以阐述。

1. 景观之"美"

景观之美，即为校园"美"文化的硬件条件。学校确立了"崇艺、尚美"的校训，有机整合各种教育资源，以"美"为核心和主线，将自然景观、文化底蕴和人文关怀融为一体。优美宜人的美丽校园景观为广大师生的学习和生活提供了最佳的物质和精神保障，为学生们的身心健康成长提供了良好的现实平台，培养学生们对"美"的认知和感悟能力。该校的建设凸现了人文理念和艺术创意，校园建筑风格时尚、简约、典雅，校园环境生态、精致、艺术，幽静优美的湿地公园、时尚穿越的创意广场、蜿蜒曲折的九曲桥、厚重凝练的老房子等都是学校德育的有效载体。学校还特别注重班级环境、宿舍环境的营造和设计，开展了"美文化"创建评比，建设体现艺术学校的特色和有别于其他高职院校的班级、宿舍文化，让师生们一起创造美丽的学习生活环境，并从中收获快乐、体验幸福。

---

❶ 齐佳. 幸福文化视域下高校校园文化建设探析［J］. 教育与教学研究，2012，26（7）：61-64.

2. 人文之"美"

学校人文内涵的核心体现是：要形成"学校是我家"的软环境。要做到这一点，就要承认差异，并善于做到沟通、包容、助力、融合。较之物化景观之"美"，人文之"美"是一种校园美好精神文化的集中体现，它更多表现在校园制度管理、校风学风班风建设、师生之间的关系等方面，尤其是良好的师生关系有利于沟通，使人心情愉快，容易培养团队精神和创造力。

制度是校园行走的规范，该校以服务师生主动发展为根本，充分贯彻人文精神，建立起了人本、积极、科学、向上的德育制度。班集体建设中，尊重学生个性，注重启发引导，激发参与意识，展示特色特长，促进学生发展。学校把专业化和职业性的发展理念导入德育队伍建设中，努力造就一支适应艺术职业学校管理要求的优秀班主任队伍。从德育科研、常规管理、班集体建设、学生满意度、活动开展、创新举措等方面对班主任工作进行多元评价，促进了班主任幸福团队的建设。在学生干部培养方面，学校通过查、看、试、荐、评五步曲组建优质高效学生干部团队。认真做好学生会干部的选拔、任用、培养和管理，积极组建学生生活管理委员会，创新实施"班主任工作助理制度"和"班级值周制"，大胆地让每个学生加入到自我管理、自我服务工作中，在收获经历、收获成长的同时收获快乐和幸福。

(二) 爱文化

爱心是人的道德品质体系中道德情感的核心和灵魂，是对我国"仁爱"思想的继承。有着五千年悠久文明史的中华民族特别注重爱心在"修身、齐家、治国、平天下"中的重要性，形成了以"仁爱"为核心的中华民族传统美德。它提倡人与人之间应互相尊重、互相关心、互相友爱、互相帮助。

发扬爱文化能够促进学生人文素养与专业技能相融合，促进和谐校园建设，提高校园文化的品位，积极发挥文化育人功能，培养高素质技能型人才。学校根据自身特色开展了如尊师敬老、扶残助困、爱心义卖、送演出进儿童福利院等青年志愿者活动，带领学生走出校门，面向社会，增强使命感和责任感，把对学生的心理教育寓于实践中。学生不仅能提高动手能力、动脑能力以及与人交往的能力,更学会了很多书本上所感受不到的失败、耐心、信心、喜悦、希望、成就感等,更为形成幸福心理奠定了坚实的基础。

(三) 创文化

"大众创业,万众创新"是当前国家和社会对广大青年鼓励和推崇的要求,职校生拥有激情与活力、知识与技能,理当抓住机遇,努力实践,敢闯敢拼,勇敢地创新创业,为实现自身梦想而努力拼搏。提到"创"字,人们脑海中会迅速联想到与其相关的词汇:创意、创新、创造、创业……这是一个鼓励"创"的社会,生活中需要增加创意、工作思路需要创新、新产品的研发需要创造,创业创新意识和能力的形成除了市场的历练,同样需要在校期间的培养。

常州艺术高等职业学校早在 2012 年就提出艺术类人才"三创双能"的培养目标,在近几年的实践中又不断探索,目前确定为"三创三能"的人才培养目标,"三创"即创新的意识、创意的技巧、创造的实践;"三能"即专业工具性应用技能,人文内涵性拓展技能和把握幸福生活的心智技能。学校把整个校园界定为一个虚拟文化创意产业园,把一个个专业实训空间打造成与企业直接对接的工作室,将市场中真实的项目和要求引进到课堂中来,让师生得到实实在在的锻炼。在学校,创文化渗透到了空间设计、活动开展、文化布置、工作推进等各个方面。学校鼓励师生用一种与众不同的、新颖的和敢于冒险的方法和精神去解决所面临的问题,并提出新思想、新认识,探索新规律,做出新构想,创造新成果。学校开辟了创意工坊、班级文化墙、创业工作室等支持学生运用自己的专业、智慧和创意,锻炼展示个体和集体的创意及作品。职校生作为未来社会发展和建设的主体,必须与时代发展要求相适应,完全可以具有较强的创新创业能力。

二、活动体验

职校生心理幸福感具有体验性,这包括学生的活动体验。校园文化活动是职校生校园生活的重要组成部分,一直以来在育人工作中起着举足轻重的作用。职业院校在时间、空间、专业、师资等方面有着天然的优势,丰富多彩的校园活动让职校生有了更多的"幸福体验",这将更有利于培养学生自信、自强、自主的优良品格,有助于学生心理的和谐、健康发展。

(一)"6W"活动平台设计

校园文化活动开展的同时,完善的活动平台设计对于学生活动体验能够起到积极的引导作用。常州艺术高等职业学校根据艺术类学生的身心特点和培养要求,在不断丰富学生活动的基础上,根据"6W"(我学习、我体验、我创意、我时尚、我成功、我快乐)学生发展理念,整合和开发活动资源,将开展时间和参与范围作为两个维度,把参观学习、主题教育、专题培训、专业展示、技能比赛、综合实践、文体活动、社团活动等活动划分为"我学习、我体验、我创意、我时尚、我成功、我快乐"六大板块,全面搭建幸福活动平台,确保学生自我展示、自我发展、自我欣赏、自我评价等目标的实现(见表9-1)。

表9-1 常高艺"6W"幸福活动体验平台活动一览

6W板块	活动内容	6W板块	活动内容
我学习	1. 艺海初探 2. 业余党校培训 3. 课余团校培训 4. 专业大师进校园活动 5. 晨读大赛 6. 职业生涯规划培训及比赛 ……	我体验	1. 社团活动 2. 志愿服务活动 3. 30公里毅行 4. 优秀团干部夏令营 5. 班主任助理活动 6. 18岁成人仪式 ……
我创意	1. NCA跳蚤市场 2. 班级文化墙设计 3. 宿舍文化节(每学期一次) 4. 各类创业大赛 ……	我时尚	1. K-SHOW校园户外流行音乐节 2. "我环保我创意"手工大赛 ……
我成功	1. 五四表彰 2. NCA校园吉尼斯 3. 国家励志奖巡讲 4. 班级值周风采展示 5. 毕业班毕业汇报展演 6. 毕业典礼 ……	我快乐	1. 迎新枕头大战 2. 万圣节 3. 平安夜 4. 学生心灵课堂 5. "青春绽放的季节"演出 ……

（二）活动的组织与开展

完善的活动平台为学生的幸福心理体验提供了很好的机会。通过组织开展有创意、有文化、有意义的校园活动，学校搭建的"6W"幸福活动体验平台让学生在活动前形成期待，在活动中获得幸福体验，在活动后树立良好自信，为学生健康心理的养成提供了积极的支撑。在此基础上，活动的组织和开展作为体验的内核发挥着不可替代的作用。

1. 活动的组织——项目化尝试

学生的幸福体验应当不仅仅体现在报名参加活动，参与活动的设计和组织也是提升职校生心理自信的很重要的途径之一。学校尝试打破由校方主办设计、学生报名参加活动的传统组织模式，让更多的学生能够参与不同活动的策划、组织和开展的各个环节。因此，学校将不同的校园活动形成工作项目，并通过招投标的方式，邀请不同年级、不同专业、不同班级主动承接工作项目。如此一来，"6W"幸福活动体验平台就得以更立体、更具活力。这样，几乎全体学生都能够参与到活动的组织开展中来，学生真正成为校园活动平台的搭建和实施主体，校部和系部作为支持者和后援单位，帮助学生成功开展活动。学生作为这一项目的承办者，将收获不同于参与活动本身带来的成就感与心理满足。

2. 活动的开展——品牌化建设

在校园活动开展的过程中，要逐步挖掘活动的深度，让学生有更具体和丰富的幸福体验。学校在活动开展的过程中，非常注重活动的品牌化建设。以"我时尚"活动板块中的"K-SHOW"校园户外流行音乐节为例，该活动2009年开始创办，原本是艺术表演系团总支组织的一项活动，每年下半年举办一届，经过七年的积累，逐步发展为在常高校大学生音乐节。一所职业学校，能够努力扩大活动规模，提升活动品牌与影响力，成为聚集众多高校文化资源的主力军，这对于职校生自信心的树立是非常有帮助的。并且，通过与普通高校学生共同展示、比拼，职校生将在潜意识中形成平等感、自豪感，打破职校生的自卑心理，获得更多的幸福体验。

（三）活动的评价与影响

除了活动的组织、参与能够让学生获得幸福体验之外，活动的后续评价和成果展示也能创造出让学生获得幸福体验的契机。活动组织的优劣和学生表现的好坏,通常都可以引入学生的评价和意见,尤其在手机和网络广泛使用的今天,学校只需搭建一些平台让学生发表看法、上传照片视频等,活动的影响力将随着"点赞"和投票再发酵再扩散,来自校外朋友圈、同学圈的关注将使得活动的幸福体验延续升华。

另外,许多职业院校都开展类似学生德育学分制的德育管理模式。常高艺则将活动的组织和参与与学生德育学分、学生奖助学金的发放工作相结合,学生组织、参与活动,在各项校园评比展示活动中有所斩获,都能够在德育学分中找到对应的加分项,让学生不仅体验活动过程中的乐趣,更能够提升自身存在感和幸福感。

三、快乐生活

近年来,我国职业教育得到了快速发展,办学的理念和方法也在发生着深刻的变化,为学生提供一个更加人性化的学习生活环境越来越成为共识,尤其是后勤社会化改革和互联网时代来临之后,校园的围墙已经被打通,所谓的封闭式管理已经不可能实现。这些变革给我国职业院校食堂、图书馆、宿舍等的建设带来了许多新的变化。注重人文关怀和幸福教育,就要由教育学生向服务学生转变,始终把学生的全面发展作为高校学生工作的出发点和归宿。❶

打造幸福校园,是让职校生在学到专业技能的同时,心理幸福感得到全面提升,在幸福的校园环境里幸福快乐地生活。常州艺术高等职业学校使生活与学习设施向功能多元化、复合化、人性化、智能化方向发展,以生为本,将一所学校建设成为一个成熟的社区。

(一) 吃——"创美客能量补给站"

常言说得好:"民以食为天""学校要管好,重点抓'两堂'。一是课堂,二是食堂。"食堂的好坏直观反映出一个学校的综合管理水平。正因为如此,学校对食堂进行了全面的升级改造,提升了学生的幸福体验。常

---

❶ 周鑫. 高校学生工作中的人文关怀与幸福教育 [J]. 中国成人教育, 2011 (15): 36-38.

州艺术高等职业学校"NCA 创美客能量补给站"是一个有关于"吃"方面的成功案例。

1. 丰富饮食文化内涵，提升就餐幸福体验

食堂是学生就餐的场所，也是学生交往成长的地方。为优化就餐环境，达到环境育人的目的，学校借助环艺专业师生们的团队力量对就餐环境进行了全面的设计改造。如桌椅墙壁的颜色搭配、兼顾亮度与舒适度的光源选择、就餐区域的布置设计、墙面文化丰富、食堂名字的包装等，都做了全面的用心设计。如名字"NCA 创美客能量补给站"，"NCA"是该校校名的简称；"创美客"凸显学校"三创三能"的办学理念及校园文化的内涵，"创"即创新、创意、创造，"美"即美文化，有较高审美的意思，"客"是对用餐主体（师生）的一种尊称；"能量补给站"即 Power Supply Station（补充能量的地方）。食堂的整体装修突出了"海港"鲜明的主题，不管是墙壁的色彩，还是饰物的选择，都尽量和谐统一。充满艺术感的就餐环境不仅会增强学生的食欲，而且可能成为职业院校食堂装修风潮中的时尚典范。

2. 满足师生多样需求，扩大食堂服务功能

食堂往往人流量较大，相对来说是一个师生活动较为频繁的区域，要求开放格局，内外融合，功能多元，空间复合。❶ 随着生活水平的提高，职业院校食堂的功能已经从过去单一的餐饮提供扩展到集饮食、休闲、商业、文体等为一体的多元化服务。比如，自动售货机、餐卡充值、自动取款机等，甚至是对于校园超市的整合，越来越多的生活需求都进入了食堂。学校还在餐厅专门安装了无线网络，方便学生在信息时代对网络的需求。同时安装了多台数字电视，播放体育比赛、社会新闻、人文知识等节目，使同学们在就餐的同时接受了更多的信息，提高自己的文化品位和综合素养。在 NCA 创美客能量补给站，不仅可以获得物质能量的补充，还可以获得无形的精神食粮，从而提升了学生们的就餐幸福体验。

---

❶ 武鑫. 浅析国内高校食堂的空间设计与艺术思考［J］. 华章，2014（9）：110.

3. 增加学生参与管理，提高后勤服务水平

为了提高就餐满意度，更好地服务于广大师生，学校专门成立了"学生膳食委员会"，配合后勤与学工处参与日常管理。通过"学生膳食委员会"，餐饮公司可以了解师生的需求，以及对食堂的一些不满意之处，并将师生的建议、意见尽快付诸实际工作当中，以全方位满足师生的需求，能有效促进学校的后勤服务水平的提升。另外，食堂在食品供应方式上尽可能多样化，让学生有选择。比如增设地方特色风味小吃，利用人们有追求新、奇、特的行为心理，准备了多种地方风味美食，随季节的变化，饭菜品种应时多样，师生的满意度和幸福感自然提升。

（二）住——"Y-幻巢"

职校院校一般都有住校生，住集体宿舍成为了他们成长中遇到的第一个大变化，除了短暂的新奇感，接踵而来的是不适应，因为和家庭相比，居住条件一般都比较简陋，仅能满足学生日常的基本需要。常州艺术高等职业学校近期对学生宿舍进行了整体改造，让学生宿舍不是简简单单供学生居住的公寓，而是拓展它的功能，让其成为一个学生成长的平台。

1. 学习调研，做好顶层设计

2015年暑假，常州艺术高等职业学校对学校老旧学生宿舍全面进行改造。在改造之前一年多的时间里，学校管理层做了大量的调研学习，希望提升学生宿舍的内涵与特色，使其更加符合当代职校生生活与成长的需要。

学校给宿舍起了一个很有设计感和时代感的名字——"Y-幻巢"。Y有两层意思，一是它与英文单词WHY是一个读音，希望学生养成爱问问题，勤于思考的习惯。二是来源于YOUNG的首字母，象征住宿环境与学生们更加年轻，更有朝气与活力；幻——可以理解为梦幻的、幻想的、幻境的；巢——鸟巢、动物的窝、人居、人与自然的和谐共生。学生宿舍已经更像一个社区，一个人与物、人与人、物与物相互作用、相互融通的微社会，具备了如下的特征。

（1）作品创艺化。作为一所艺术类的学校，宿舍的硬件设施要体现出设计感，具有创造性与艺术感。

（2）运管社区化。日常的运行与管理要像社区一样，学校成立学生社区生活服务指导中心，除职能部门对其进行日常指导监督外，专门成立一个学生自主管理队伍——学生自主管理委员会（隶属于团委、学生会）负责宿舍社区的日常运行与管理。社区主任、副主任各一名，男女生服务部部长各一名，以及各楼层长，下设职能部门有纪检部、办公室、生活服务部等，负责具体工作。

（3）产品标准化。每一个宿舍内部的床铺设计、阳台安全防护、洗漱用品摆放位置等以及每一层次楼道的监控设施布局都进行了统一标准化的安排，让学生人人都能分享改造后的成果。

（4）生活社交化。在男女生宿舍楼一楼大厅，有供学生活动的场地，在这里可以打印照片、玩桌球、喝咖啡、上网冲浪、接待亲友、宿舍联谊等，满足学生的社会交往需求，学校提供各种便利支持。

（5）服务人性化。一是硬件支持方面，如为学生每人床边安装三个USB弱电接口，既满足学生对充电的需求，也保证了安全；二是软件支持方面，如宿舍报修更智能，学生通过手机APP或电脑就可以上报维修项目，修好了还可以接收到短信等反馈信息；三是制度建设方面，本着"以人为本"的指导思想征集学生意见，对宿舍的各种规章制度进行了修订。

（6）发展生态化。发展生态化，就是崇尚自然，尊重生命，关注学生发展，张扬学生的个性，促进学生自主的可持续的个性发展。在Y-幻巢里，每个学生都受到关注与发展，学校将不断创造符合成长规律的教育环境，营造学校人文生态的教育氛围，赋予每一个学生快乐成长的空间，让每一位学生在自然和谐的学校教育环境中潜能得到开发，特长得到拓展，能力得到全面可持续发展。

2. 学生参与设计改造

通过问卷调查，列出学生希望宿舍内出现的设施与想要达到的功能，再借助学校环境艺术设计专业学生的力量，完成了初期的装修设计。学生的设计参与反映了学生改善条件的渴望和对个性的追求，因此在改造设计中，尊重学生的参与和条件改善的要求，体现"以人为本"的人文关怀。

3. 进行绿色改造设计

当前建设项目都要求绿色环保，走可持续发展的路线，对于建筑改造，特别是供大量学生使用的学生宿舍更应该做到这一点。不断优化设计，选择适用的技术、材料和产品，合理利用并考虑资源的配置；采用绿色建筑技术，为学生提供舒适的室内物理环境，减少使用过程中的能耗；在节约能源的同时充分利用先进节能设备，例如 LED 灯、智能管理系统等。

4. 预留再改造的弹性度

设置多义空间，提高空间的功能的复合性以满足功能的动态性发展。改造设计体现前瞻性，设计留足空间余量，为将来添加设备、管道等留有空间，以减少再改造时对建筑本体的破坏。在细节处理上考虑弹性度，也将有利于后期施工，例如考虑到材料的变形，设计之初就留有余地，能够避免起鼓，保持表面长久的美观性。

在宿舍设计改造中，学生宿舍寝室除了满足最基本的生活需求，还充分考虑了个人空间的相对私密性等一系列心理需要，使之尽量做到互不影响，同时又便于交流；另外，针对不同的使用群体，根据性别、专业、年级、身体能力的差异，在宿舍的空间设计和配套设施方面进行差别化的处理，使每位学生获得的不仅仅是住宿功能的满足，更是对他们成长的支持。

（三）学——"书式阅读生活坊"

作为教育工作者，我们不能不深思：应该如何引导学生走进丰富多彩的阅读世界，博览群书，拓宽视野，丰富学生的知识储备，不断提升学生的整体综合素质，以渊博的知识去适应和面对未来社会的需要和挑战。学校应该引导学生爱上阅读，把阅读当成一个习惯，当成生活中不可或缺的部分。❶

自主学习是职业院校倡导的一种理念和要求，让阅读成为职校生一种生活方式。想象一下，一杯现磨的咖啡，一本钟爱的书，伴随柔和的音

---

❶ 冯文刚. 营造"书式生活"，享受阅读乐趣 [J]. 基础教育论坛，2013（12）：58-59.

乐，久违的"书式生活"如果每天出现在校园内，而其中的主角就是职校生，那么他们主动阅读的意愿和心理幸福感将大大提升。为职校生提供一个可以静思、阅读、创作、交流以及学习的艺文空间，给学校的管理者提出了全新的课题。常州艺术高等职业学校通过对校园物质文化与精神文化长期探索，根据职校生生理、心理发展规律和校园阅读要求，对学校图书馆进行了整体改造，创造出了适合职校生成长发展的学习环境。

1. "书式生活"理念导入

"书式生活"既是一家书馆，也是一家咖啡馆，上万册的书籍可看可借又是一座小型图书馆，整个空间弥漫着书的墨香、咖啡的浓香、花草茶的清香。书式生活，就是一种在学习生活压力之下，依然把读书视为生活的一部分的生活方式，它就像吃饭、喝水一样能够成为习惯，是幸福校园生活的重要组成部分。

2. 学生成为设计主体

学生首先给新设计的图书馆起了一个特别的名字——"NCA 蓝海湾书式生活坊"。它从一个普通的图书馆经过 50 名学生的精心设计，以崭新的面貌与功能服务于广大师生。它翻转了很多人对学校图书馆的印象，所有的设计都是以学生为中心：中式的大门，现代风格的灯箱字牌，怀旧的民国建筑风格、老旧的船只浮于空中，汽模航模旋于空际，再加上加勒比海盗、海怪的现代元素，使人涉入其中，情不自禁穿梭于历史与现实之间。粗犷大气的洛夫特建筑风格加上简约温馨的细节装饰，使读者不自觉地进入充满艺术气息的阅读世界中。

3. 让阅读成为享受

耳畔舒缓轻柔的古典音乐，柔软的沙发，精挑细选的书籍，使读者有读书的冲动。当然这里也有一些看似与读书不搭的物件——滑梯、帐篷、瑜伽垫。看书累了，学生可以玩一玩滑梯，或钻进帐篷，躺在垫子上短暂地休息或进行思考，还可以进入一间低矮幽静的房间——"星星所秘读屋"，和同学说说悄悄话。每一个进入这里的学生，都与书坊签订了《阅读契约》。学生们可以在这里用便利贴写下阅读的感悟，放入时光机中，或者贴在布告墙上。他们可以在这里展示自己的作品，与同学老师进行艺术交流。

4. 开卷有益完美呈现

布置美化一新的学生阅览室，引导学生走进书本，走向文化殿堂；丰富充实了电子图书的种类和容量，以满足不同需要、不同层次的学生的阅读要求。学校图书馆还经常组织开展各种各样的读书活动，如"美在校园"摄影叙事作品展、"开卷有益"书香班级评选、"悦读人生"综合知识竞赛等，促进学生学习知识、比拼智力、增长智慧、提升素养，以进一步促进校园的文化建设，促进班级的健康发展，促进个体的幸福成长。书式生活能给职校生带来阅读的快乐情绪，快乐情绪是学生健康成长的源泉。"快乐阅读能使人精神充实、睿智聪慧，快乐阅读能净化心灵，帮助学生积淀人生的经验"。❶ 正如常州艺术高等职业学校高慰校长所说："如今人们阅读越来越注重环境氛围，学校创设这样一个受学生喜爱的书坊，就是希望能把学生拉回到传统阅读中来，让他们回归人文，通过阅读回归心灵的宁静。"享受阅读是一种幸福的能力，让学生在轻松愉快的氛围中走进文本，与文本直接进行语言交流、情感交流、思想交流，并产生情感的、心灵的共鸣。

在教育教学与管理中贴近学生、优化策略，实现每一个生命价值的自觉提升，是教育事业赋予教育工作者的使命与担当。积极心理学视角下的职校生幸福感建设管理策略的制定与实施，既优化了学校的育人环境，也唤醒了职校生的生命意识，更为其一生幸福健康成长奠定了基础。

本章小结

职校教育内涵发展不仅仅是学生数量的增多、设施设备的提升和办学规模的扩大，更应该关注学生的健康幸福成长。职校教师常常抱怨学生不好教、不好管，而职校生缺乏自信，自主成长的动力相对不足，这些直接影响职校生在校期间主观幸福感的获得和毕业后的幸福成长。职校要从积

---

❶ 张立频. 从快乐阅读中领悟幸福的真谛 [J]. 语文建设，2014（1）：26-27.

极视角出发，帮助职校生走出基础教育"后进者"甚至"失败者"的阴影，用更加积极的心理和行为主动迎接自己的职校生活和今后的人生发展。职校要从幸福教育入手，努力营造能够积极促使学生成长成才的心理环境，让每一位职校生在快乐和成功的体验中感受并获得教育培养的温暖和生长发展的力量。依据职校生身心特征和成长规律，常州艺术高等职业学校在幸福文化引领、幸福活动体验和幸福校园生活等方面积极探索与实践，研究并总结促进职校生主观幸福感提升的策略和措施，让学生体验到校园生活的有趣和自主成长的快乐，从而以积极向上的心态面对学习、面对生活、面对成长、面对未来，有效促进职校生的心理和谐和主观幸福感的不断提升。

(本章作者　常州艺术高等职业学校　杭国金　马　岚　罗业尧　蒋梦超)

职校生心理优势与积极职业教育管理策略

2004年7月，教育部颁发《中等职业学校学生心理健康教育指导纲要》（以下简称《纲要》）。《纲要》指出，开展中等职业学校学生心理健康教育工作，必须坚持以育人为本，根据中等职业学校学生生理、心理特点和发展的特殊性，运用心理健康教育的理论和方法，培养学生良好的心理素质，促进他们身心全面和谐发展。心理教育在职业学校素质教育体系中有着不可替代的重要地位，可以说是素质教育的基础、核心和中介。职业学校心理教育应该如何做？班主任作为职校学生人生的引路人、指导者，又有哪些管理艺术可循？本章将围绕职校生心理优势及其现状、职校班主任积极管理策略进行阐述。

第一节 职校生心理优势概述

《纲要》指出：心理健康教育的总目标是提高全体学生的心理素质，培养他们积极乐观、健康向上的心理品质，充分开发他们的心理潜能，促进学生身心和谐可持续发展，为他们健康成长和幸福生活奠定基础。对于职业教育而言，挖掘职校生心理优势，了解其心理优势发展现状，在此基础上开展教育教学具有重要意义。

一、职校生心理优势的内涵

心理优势是个体在适应社会的起始比较环节的心理结构中所应具备或所表现的人格特征。它来源于个体与情境的比较，是经多次比较而形成的一种人格上的心理积淀，是反映个体心理素质的一个综合指标。其结构成分特征可以根据意志、认知、情感、行为等方面的自我信念相应地表现为控制感、自信心、自尊心和自主性。其中，控制感是指个体对生活事件和外在情境的控制信念。控制信念强的个体相信通过努力可以影响或改变自己的"心理生活空间"。自信心是指个体对自己从事某项任务或活动的能力的积极信念。自信者倾向于认为自己有足够的经验和能力应对外在压力和困境。自尊心是指个体对自己存在于某个社会位置及其价值的积极的情感体验和信念。自尊者深信自己在所处社会情境中的价值和重要性。自主性是指个体能够按照自己的意愿行事。自主者觉得他们完全能够按照自己的主张和方法应对压力，解决问题[1]。

个体能否形成心理优势取决于个体与社会情景的比较过程。这种社会比较过程通过两个认知成分来执行，其一是初级评估——个体对外在社会环境压力的评估，即判断自己所面对的外部环境的威胁和危险的性质及程度；其二是次级评估——个体对自身资源的评估，即判断自己是否有足够的资源来战胜环境的威胁和危险。通过两级评估，个体才能得出自身是否具有心理优势的结论[2]。

心理优势是衡量职校生心理素质的一个综合指标，其结构成分特征可以根据认知、情感、人际、公正、节制、超越等方面的自我信念相应地表现为创造力、求知力、思维与观察力，执着、真诚、爱、友善、领导力、合作力、谦虚、宽容、持重，信念与希望、幽默风趣、心灵触动。

---

[1] 陈琦. 基于心理优势的学生可持续发展之研究 [J]. 黑龙江教育学院学报，2008，27(8)：71-73.

[2] 陈建文，王滔. 关于社会适应的心理机制、结构与功能 [J]. 湖南师范大学教育科学学报，2003，2(4)：90-94.

二、职校生心理优势的发展现状

(一) 职校生积极心理品质发展现状

崔景贵在《职校生心理发展与教育策略》报告中指出,从相关研究及群体心理分析看,职业学校学生的心理特点与普通高中学生有年龄特征的共同之处,也存在明显的个性发展差异。如从心理过程看,职校生的认知模式职业化,职业道德情感发展较快,职业意志活动具有理智性。从个性心理特点看,职校生具有鲜明而强烈的职业成就动机,学习动机比较复杂、层次偏低,学习行为和活动实用化,专业技能水平较高,职业能力得到较好发展,讲究实惠的择业观念,理想日益现实化、兴趣职业定向化,高度自觉而敏锐的就业信息意识,对毕业分配和择业的疑虑心理,比较突出的自卑心理,强烈的审美需求,觉醒而敏感的性意识,这些都决定了中等职业学校学生教育有别于普通学校的教育。总的来讲,职校生积极心理品质发展现状呈现出以下特点,如接受信息多,思想活跃,成就动机强,渴望成材,向往美好未来,盼望幸福生活,自主自立意识强,求新求美等。

(二) 职校生积极心理品质现状调查[1]

自美国心理学家 Seligman 等提出积极心理学理论以来,心理学研究目标已不再仅仅满足于心理问题的应对,而是从积极心理学出发,致力于激发和培养积极心理品质,促进个体生活更加美好[2]。在社会主义市场经济体制转轨和就业形势越来越艰难的情势下,当代职校生更需要良好的心理品质[3],但现实情况表明,尽管当前国家对职业教育支持力度不断加大,大部分中考考生及家长依旧首选普高,以期通过高考之路进入高等学府,无奈之下才会接受职业教育。走进职业教育尤其是中等职业学校大门的学

---

[1] 季春兰,李梅. 中职生积极心理品质现状调查报告 [J]. 中学课程辅导, 2015 (6): 77-78.

[2] 官群,孟万金,John Keller. 中国中小学生积极心理品质量表编制报告 [J]. 中国特殊教育, 2009 (4): 71-76.

[3] 渠慎霞. 浅论职高学生积极心理品质的培养 [J]. 中等职业教育, 2005 (20): 27-28.

第十章 职校生心理优势与积极职业教育管理策略

生,大部分是心理矛盾冲突交织增多,心理负担压力不断加大,心理适应调节能力不强,心理价值判断迷失错位❶的"90 后"群体。基于积极心理学的视角,拨开诸多问题行为的表征现象,了解中职生积极心理品质现状,这对提升职业教育教学质量、促进师生共同成长显得尤为重要。

1. 职校生积极心理品质总体状况

调查数据表明,职校生积极心理品质处于中等偏上水平,但随着年级的上升,职校生积极心理品质却呈现总体下降的趋势。在认知方面,男生的创造力明显高于女生,而女生在"爱"的品质上明显优于男生。不管男生还是女生,求知力和领导力得分较低。一年级在认知维度上的积极心理品质显著高于二年级和三年级,二年级在人际维度上的积极心理品质显著高于一年级和三年级。来自市区的职校生在认知维度、公正维度和节制维度上的积极心理品质都明显高于非市区的职校生。三年级男生和一年级女生节制维度上的积极心理品质最低。

如何应对职校生存在的心理问题,激发他们的积极心理品质,成为每个教育者应该关注的话题。德国职业教育的成功,受到全世界的关注与肯定,它的教学基本目的是"培育人、形成人、改变人、生存人、完成人、提升人"。德国教育家克诺尔认为要利用一切可以利用的机会来培养青年人良好的性格并使之发展巩固。美国的教学目的是立足于不断的变化与发展之上的个人与社会,所以他们总是通过不断培养个人继续发展的能力,以此来让学生主动转移目标,从而走上良性发展道路。正如杜威所说:与其让他们作为被动的接受者,不如让他们成为主动的参与者。我国陈顺利总结出要转化职校学生心理问题,教师起着重要的作用,因此教师必须要提高自身的认知水平,平等地对待所有的职校学生,并要努力营造良好的学校氛围,完善中职学校的教育机制,构建和谐校园,稳定职校学生的情绪,最终实现学生自我教育的教学目的❷。

---

❶ 贺文瑾,崔景贵. 90 后职校生心理发展的问题分析与教育策略[J]. 教育与职业,2009(30):20-23.
❷ 陈顺利. 当前中职生心理健康状况及教育对策[D]. 湖南师范大学,2006.

2. 调查结果对职业教育教学的启发

（1）改变教育理念，树立积极职业教育认知观。长期以来，职校生被人们认为是学业上的失败者，老师们也对他们不再报以希望。久而久之，职校生形成了破罐子破摔的心态。许多职业学校教师普遍感到现在学生难管、难教，究其根本原因主要是没有潜心研究当代职校生的个性心理特征，缺少具有针对性的教育理念。当代职校生心理发展的新面貌和新特征，迫切需要职业学校教育工作者创新教育观念❶。时至今日，新时代的职校生作为一个个性张扬、自我意识凸显的特殊青年群体，其心理发展一直备受社会各界关注。积极职业教育是促进职校生成长成人成才的"希望工程""阳光工程"和"幸福工程"❷。在教育过程中，要采用积极的评比激励方式，让学生在积极的氛围中体验成功。学校要尊重学生人格，开展多种多样的教育活动，为每一位学生创造公平的发展机会。对不同专业、不同层次学生提出不同要求，要求全体同学学好专业知识，练好专业技能，提高综合素养，以便更好地服务于当地建设；鼓励一部分成绩优秀的同学向更高目标迈进，争取进入大学学习。总之职业学校教师要建构全新的职业教育目标观念：每一个职校学生都要发展，但不求同样的心理发展；每一个职校生都要提高，但不是同步的心理提高；每一个职校生都要合格，但不必相同的心理规格。职业教育要尊重学生存在的多元差异，使得每一位职校生都能真正成为具有健全人格与独特个性的个体，成为富有智慧、具有实践力量的自我实现者❸。

（2）重视环境熏陶，营造积极的校园文化氛围。校园文化是指在社会先进文化的指引下，以师生活动为主体，以校园精神为底蕴，融合学校的历史、传统、风格、特色和水准，学校所有成员认真总结，精心培育，在长期的办学过程中共同创造而形成的学校特有的物质文明和精神文明的总

---

❶ 崔景贵. 树立促进职校生心理发展的现代职业教育观［J］. 职业技术教育，2008，29（1）：78-80.

❷ 崔景贵. 职校生心理发展与积极职业教育的心理策略［J］. 职教论坛，2015（1）：4-8.

❸ 崔景贵. 树立促进职校生心理发展的现代职业教育观［J］. 职业技术教育，2008，29（1）：78-80.

和。浓郁的文化氛围，优美的育人环境，能塑造学校形象，提升学校品位，增强学校竞争力，体现学校的办学理念、文化积淀和文化底蕴，它不仅对学生的学习、生活、心理起到良好的调节作用，而且对规范学生的行为习惯，促进学生全面素质的提高起到潜移默化的作用。要改革管理体制，完善现代中职学校制度，在校园文化建设中体现职业特色，如某些学校在学校的显著位置，写上标语"品质成就人生，技能改变命运"；"创造财富，服务社会，恩泽员工"；"以就业为导向，以质量求发展"。学校活动要突出职业性、技能性和实践性，使学生的职业技能、职业素质、职业态度在活动中得到提高。如素质拓展训练可以提升学生的责任感和团结协作精神，社会实践活动可以增加学生对社会的认识，职业生涯规划设计活动、就业创业模拟训练可以使学生对人生有更好的规划，岗位练兵比武、专业技能比赛、创新设计比赛等可以使学生的职业技能得到提高，创新思维得到训练。通过活动的引导，既提高了学生对职业能力的兴趣，又使学生的社会交往和活动协调能力得到提高，同时扩大了学校的影响力，提升了学校的社会声誉。校园要用整洁优美的绿化和人文景观，给学生在潜移默化中接受环境熏陶，感染净化心灵，培养高尚情操，养成良好习惯，从而培养积极阳光的心态。

（3）完善课堂教学，激发职校生求知兴趣。职校生求知力水平较低，这在很大程度上与职校生的先前经验与学习基础相关。大部分职校生在初中阶段学习成绩处于中等偏下水平，由此带来的挫败感成为初中学习生涯路上难以抹去的回忆，对学习漠然，再加上学习基础较差，进入中等职业学校后，大部分职校生想对学习说声"爱你"实在太难。由此，任课教师亟须完善课堂教学，应尽可能以丰富的教学资源，多样的教学手段，以学生原有知识结构为基础，让课堂"活"起来，避免死板的课堂教学模式，对于职校生来说，将当下流行话题、时尚因素融入课堂，这样的教师更具亲和力和感染力，这样的课堂更容易激发求知兴趣，教学效果更明显。

（4）抓好师资建设，培育高素质班主任队伍。火车跑得快，全靠车头带。班主任是学校班集体的指导者和组织者，既是联系各科教师与学生的纽带，同时也是沟通学校、家庭和社会教育的桥梁。所以班主任的管理能力、业务水平、自身素质以及职业态度等对于班集体建设、学风建设及学生成长发展起着十分重要的作用。要贯彻落实教育部《中小学班主任工作规定》，明确班主任工作职责，引导班主任加强班级工作研究，积极探索新形势下班主任工作的新特点、新思路和新方法。学校要采取各种方式，大力加强班主任队伍建设。比如完善班主任考核制度，优秀班主任在评优评先、职称评定等均给予优先考虑，激发班主任工作的热情；组织班主任校外参观，开阔班主任的视野，使他们学到新的教育教学理念，提高自身业务水平；鼓励班主任加强理论研究与学习，提升理论水平；完善班主任经验交流制度，开展班主任师徒结对和班主任沙龙等活动，充分发挥老班主任传帮带作用，加强班主任培训，举办班主任学习培训班、班主任论坛、班主任基本功竞赛、班主任成长节、主题班会比赛等，提高班主任的实践育人能力。

（5）拓展心育途径，激发学生积极心理品质。丰富校园文化活动。学校每学期要开展大量丰富多彩、寓教于乐的活动，来激发学生兴趣，培养学生能力，鼓励学生积极、主动、认真学习，引导学生学会学习，学会审美，学会健体、学会做人，激发他们的爱国之心、报国之志。深入开展热爱党、热爱祖国、热爱社会主义教育，弘扬和培育民族精神。着力加强民主法制、文明诚信教育、心理健康教育、日常行为习惯的养成教育，广泛开展内容新颖、形式多样、教育意义丰富的德育活动，营造健康向上的校园文化氛围。强化激励机制，以各种评比为激励手段，推进积极向上的班级文化建设，使学生在良好的文化氛围中提高自主自律意识，培养自立自强能力，自觉"外塑形象，内强素质"，成长为受社会和企业欢迎的高素质技能人才。学校还要开展一些学生喜闻乐见的活动，如体育比赛、文艺表演、美术书法作品展、春游野炊、影视欣赏与评论、演讲比赛、艺术节、征文比赛等。它可以活跃校园文化气氛，丰富业余生活，增强学生的集体意识、顽强意志，提高学生的自信心等，使师生的心理生理得到和谐发展。

广泛开展社团活动。目前，社团已经在一些职业学校蓬勃开展起来，如文艺社、舞蹈社、棋牌社、计算机俱乐部、羽毛球社、乒乓球社、文学社、话剧社、摄影社、经典诵读社、十字绣社等，这些社团活跃了校园文化生活，丰富了学生业余文化活动，为学生提供了一个锻炼能力、展示才华的空间，搭建认识自我、超越自我的舞台，让学生找回自信、激发热情、感受生活乐趣、充分锻炼成长。在社团的活动中，锻炼了学生组织能力，培养了学生积极心态和乐观向上的精神。

突出以心理健康、法制和安全教育为主的生命教育。每个学校要配备至少1名专职心理健康教师，开通心理健康热线、网上交流平台，定期开展全体教师心理健康通识教育培训，建立特殊学生心理健康档案、心理危机干预应急预案，及时对学生不良行为实施心理危机干预，积极开展心理健康教育，并与思想教育有机结合起来，充分发挥心理健康教育实效性，培养健康的人格和心理，促进个性的发展。面对社会不断发展带来的各种各样复杂安全问题，安全教育月月抓，周周抓，开展对学生交通安全、用电安全、人身安全防范等的教育；每月开展各种形式的安全演练、安全隐患排查、防毒、防艾、禁烟等方面的活动。这不仅使学生学会如何应对各种危险情境，更让学生明白在各种困难和挫折面前保持积极心理的重要意义。

突出学生自主管理，发挥学生心理优势。在学生工作中，学校要注重发挥学生干部的作用，成立学生会，一些活动可以放权给学生，由学生干部负责策划实施。学校要注重学生的自主管理，让学生成为学校的主人。如让学生作为大众评委，在运动会中，由学生为主进行组织、裁判；学校成立学生宿舍管理委员会和伙食管理委员会，对宿舍管理及食堂伙食问题能及时反馈，信息渠道通畅，发现问题能及时解决；学生校园巡逻队和学生交通协管员每天放学期间配合保安加强校园巡逻和校门口的交通引导；学校的一些网络平台交由学生干部打理，每天推送校园新闻和好的道德体验文章，对学生进行潜移默化的引导。学校的社团组织都由学生自主成立、自主管理，每学期举办社团展示活动，学生在社团的表现作为评优评先的依据。学生在自主管理的活动中增强了责任心，也体验到成功的喜悦，心理优势得以发挥，也为学习生活注入了无穷动力。

加强家校联系，促进职校生持续成长。家庭和学校是学生成长的重要领地，两者相辅相成。现实情况表明，不少职校生来自单亲家庭、再婚家庭，家长的文化水平普遍不高，加上忙于生计奔波，当孩子需要家长的时候，鲜有家长能及时给予关心和爱护，青春期的孩子自我意识强烈，成长迅速，难以"驾驭"，不少家长在维护亲子关系方面显得力不从心。鉴于此，我们更应该通过校讯通平台、电话、短信、网络等途径，加强家校联系，让家长随时了解自己孩子的在校表现与变化，教师也可以向家长推荐科学的教育理念与方法，通过家校合力，让孩子感受到爱的力量，为孩子的持续成长提供强有力的支持与保障。

了解职校生心理优势的内涵，掌握职校生心理优势的发展状况，我们就可以采取适合实际情况的教育方法，抓住最佳教育时机进行教育，做到有的放矢，将起到事半功倍的效果。在教育过程中，职业学校教育工作者应结合自身的办学特色和行业性质，并结合积极心理教育理念，尝试用积极的视角发现和解读学生心理的积极特征，用积极的态度和观念培养学生积极品质，并且用积极的反馈强化积极心理的培养效果，积极研究并探索出适合本校学生或某一类行业的职校生的积极心理培养方案。

第二节 职校生心理优势的认识问题与反思

《国家中长期教育改革和发展规划纲要（2010—2020年）》中强调：把育人为本作为教育工作的根本要求。关心每个学生，促进每个学生主动地、生动活泼地发展，尊重教育规律和学生身心发展规律，为每个学生提供适合的教育。要大力发展职业教育，增强职业教育吸引力。全面看待职校生心理优势，理性反思当前职校教育管理，这是时代的需要，是有效开展职业教育的必要步骤。

一、职校生心理优势的认识问题

中等职业学校的学生是一个不容忽视、不可小觑的社会群体，而且是富有活力、充满朝气的青年团体，也必定是未来社会发展进步和城乡建设的生力军，职校生作为当代高中生中的一个特定群体，他们有着与其他同龄青年群体不同的心理特点，也有其特定的心理优势。

认识职校生心理优势是有效开展职业教育的基础。中等职业学校学生年龄在 16~20 岁，正值其个性发展和人格成熟、由"自然人"向"社会人"发展、完成社会化任务最关键、最重要的青年初中期❶。这一时期的职校生心理发展，特别是在认知与思维方式、情感与智力发展、个性倾向及言语表现上，都有其独特的特征，表现出接受信息多，思想活跃，成就动机强，渴望成材，向往美好未来，盼望幸福生活，自主自立意识强，求新求美等心理优势。职业教育只有在遵循职校生心理发展规律，立足于职校生心理优势的基础上，才能更充分地体现积极的意蕴，更深入系统地促进职校生的心理发展，关注人性的积极方面，也才能更好地增强自觉性，把握针对性，体现时代性，富有创造性。

二、职校教育管理的理性反思

职校学习时期是职校生从心理幼稚走向成熟的过渡时期，也是对他们进行心理教育的最佳时期、关键时期。对职校生的教育管理，要做到"管而不僵，统而不死，活而不乱"，关键是把握以下几个方面的要求。

一是要"富有条理"，讲究教育管理的目的性和计划性，循序渐进，因材施教，分层对待，忙而不乱，增强管理工作的时效性；

二是要"依据法理"，强化教育工作者依法管理、按章办事的意识，增强管理工作的规范性；

三是要"讲清道理"，做到科学性和思想性相结合，使教育要求能够真正"入耳入脑入心"，增强管理工作的教育性；

四是要"注重情理"，善于将心比心地为学生着想，设身处地换位思考，激发学生产生积极的移情体验，增强管理工作的感染性；

五是要"善于清理"，努力为学生解决实际困难和问题，防患于未然，因势利导，合理合力疏导，及时化解各种矛盾与冲突，增强管理工作的自

---

❶ 崔景贵，姚莹．职校生心理发展与积极职业教育的心理策略 [J]．职教论坛，2015（1）：4-8．

主性；

六是要"引导自理"，要充分调动学生的积极主动性，发挥创造性，让学生"自我教育，自我管理，自我服务"，增强管理工作的互动性。

总之，面对新时代的职校生，面对"95后"甚至"00后"，我们教育工作者，面临许多转变，包括制度、观念、方式等方方面面，这是一个系统工程，不能一蹴而就。我们要积极把握新时代职校生心理发展的新特点和新走向，分清主流与非主流、本质与非本质，既关心爱护又不护短，既支持鼓励又不盲目吹捧，既信任放心又不放任自流，既理解宽容又不姑息迁就❶。我们要拓宽管理视角，既要遵守教育管理的原则，又要创新教育管理的方法；既要对学生晓之以理，又要对学生动之以情；既要做好学生成长路上的领路人，又要挖掘学生自我成长的主动性。在这一过程中，教师需要学习和积累，学校也面临转变和调整。真正实现教育功能，更需要一个长期的过程。

第三节　职校班主任积极管理的基本策略

当代职校生群体，有着时代的特殊性，也有着一定的规律性。在当前大力推进素质教育的背景下，面对职校班主任在班级管理工作中出现的情况和问题，我们亟须用科学的管理理念引领当前职校管理，用积极的管理方法完善育人机制，用可操作的管理技术促进师生成长。

一、职校班主任积极管理的理念

（1）宽容——允许犯错。学生不是完人，而是一个发展中的人，宽容学生，允许学生犯错，帮助他们找出改正方法，是引导学生走向完美的过程。

（2）尊重——激发活力。把班主任和学生放在同等地位上，班主任是班级的一分子，改变班主任居高临下的心理优势，平等对待学生，激发学

---

❶ 崔景贵. 职校问题学生心理与积极职业教育管理［J］. 中国职业技术教育，2012（33）：53-59.

生活力,提高班级管理的民主化、人文化。

(3) 信任——激励自我。信任每一个学生,相信学生能尽他所能完成好每一项工作,能激发学生潜力,做事精益求精,做人日臻向善。

(4) 赞美——体验成功。找到学生的长处,不遗余力地赞美学生,让学生感受到幸福,体验到成功的喜悦,引导其走上正确的人生轨道,在成功的道路上奋力前行。

二、职校班主任积极管理的方法

1. 激励

每个人在成长道路上都会遇到困难和挫折,班主任要时刻注意激励学生,让学生看到希望,感受到来自老师、同学、家庭以及社会的温暖。让每个学生在校期间都能得到成功体验,获得成功带来的快乐。使他在学习、生活中始终充满阳光,充满自信。

2. 引导

一棵小树即使始终沐浴着阳光,也会长出杂乱的枝丫,我们只有加强正面引导,明确规范,及时纠偏,让学生明白真正的真、善、美,看清假、恶、丑,自觉走到阳光下,远离阴暗面,使他们始终积极向上,茁壮成长。慎用处罚、处分等惩戒手段,严格区分是青春期冲动还是品质问题,发现问题及时教育处理,给学生改过的机会,发挥家庭作用,共同教育提高。

3. 示范

榜样的力量是无穷的,不仅班主任本身要做到言传身教,成为学生学习的榜样,更要在学生中树立典范,让身边的榜样成为学习的标杆。让学生能始终对照先进找差距,瞄准目标见行动,"他能成功我也行,你行我行大家行",激发潜能,快速成才。

4. 熏陶

熏陶是将外在影响逐渐内化的过程。具体言之,就是借助审美的熏陶,澄汰内心的浊滓,感发人的善性,达成内心的纯净与和谐,在潜移默化中起到道德、铸造人格的作用。因此,班主任在班级管理中应撇开一些急功近利、急于求成的观念,而注重发挥好熏陶的作用。

三、职校班主任积极管理的技术

(一) 身体力行做好榜样示范

俄国教育家乌申斯基说,"没有教师对学生的直接的人格方面的影响,就不可能有深入性格的真正教育工作,只有人格能够影响人格的发展和形成。"班主任是学生健康成长的引路人,教育过程自始至终都是一个人与人之间相互影响、相互作用的过程。而它的成功就在于班主任的情感示范及良好的师生关系。为了使学生的人格得到健康发展,班主任必须首先塑造自己高尚的人格。班主任的思想觉悟、道德风貌、文化修养、意志品质、情感情操,甚至言谈举止,无不深刻地影响着学生,比如情感方面为例,班主任热爱祖国,对工作的责任感,对学生的热情诚挚,对真善美的歌颂追求,对假恶丑的鞭挞鄙弃,都会强烈地影响着学生,唤起学生产生积极向上的情感。"以情感人、以情动人、以情育人",这正是众多班主任在情感教育方面的成功经验。班主任要搞好班级管理,切不可忽视自己的业务素质和业务水平的提高,从某种意义上说,一个优秀的班主任,首先应该是一个优秀的教师。这是做好班级工作的首要条件,否则,学生会从心理上不接受班主任,久而久之,会降低班主任在学生心目中的威信。为更好地提升自我发挥榜样示范作用,班主任应积极参加班主任沙龙、论坛、成长节、新班主任投身于学习培训班,新老班主任师徒结对等活动,通过诸多途径努力提高自己的业务素质和业务能力,树立终身学习的观念。

实践证明,班主任好的行为,是鼓舞前进的旗帜和方向,能点燃学生理想的火种,前进的动力、信心和理想,反之,则会影响学生。

(二)"一班一品"展现积极面貌

"一班一品"即班级全体成员创造出来的独特的班级文化,是班级内部形成的独特的价值观、共同思想、作风和行为准则的总和,是班级的灵魂所在,代表着班级的形象,体现了班级的生命,是班级发展的动力和成功管理的关键。

第十章　职校生心理优势与积极职业教育管理策略

积极心理学认为，积极的个性品质的形成离不开良好的社会、积极的社区以及积极的组织的影响。因此，班主任要努力营造积极的班级环境，使学生的潜能得到充分的发挥并且感受到最大的幸福。在班级工作中，班主任和学生共同创设硬环境，营造良好的软环境。创设硬环境，即静态的文化环境，主要指教育环境的布置。布置教室时，在墙壁上悬挂名人格言、名人画像；在班级图书角中增设适合本班学生阅读的书籍；利用黑板报，宣传本班教育理念等。当学生身处窗明几净的教室，享受着现代化多媒体的教学活动时，内心也会产生积极的情绪体验[1]。班主任可以引导学生选择自己的"座右铭"；设立班级的"心语心愿"，写上每一个学生的梦想；在墙壁上粘贴励志的名人名言；建立"班级公约"等，从而潜移默化地把积极的价值观渗入学生内心每一个角落，培养学生积极的个性品质。营造良好的软环境，即动态的文化环境，如班风、人际关系等。班主任要建设乐观向上、积极进取的良好班风。班主任可以深入班级详细调查，采用民主的方式，从学生的兴趣爱好、能力特长方面出发，确定本班"品"的对象，拟定出切实可行的活动方案、活动计划。根据本班的活动方案，将此活动做精、做细、做实。要求有计划、有目标、有过程性资料，有成果。如在研究中某校某班确定的目标是成为一个"向日葵"班级。所谓"向日葵"班级，取其外在形象和内在品质之意。向日葵外观颜色是黄色和绿色，色彩明快，给人一种赏心悦目的感觉。它的形象是向着太阳，向着阳光。全体学生在上课的时候思想能够围着老师转，外在形象上能够落落大方，而内在气质上像向日葵那样给人一种自信阳光、积极向上的感觉。学校各个班级可以根据自己班级的特点，亮出自己的特色，秀出自己的风采，既可创别人所未有，又可创别人所未及，形成"一班一品""百花齐放"的良好局面。在师生关系方面，要建构平等、民主，相互欣赏、相伴成长的师生关系，班主任是学生健康成长的引路人，班主任与班级学生的关系显得尤为重要。班主任可以通过"互助小组"或者优生与后进生的"一帮一"活动，发挥传帮带的作用，引导学生彼此尊重，相互关爱，

---

[1] 王婷. 积极心理学视角下的班级管理 [J]. 新教育，2015（1）：39-40.

互帮互助，使学生在同伴交往中体验到积极的情绪情感。

"一班一品"活动的有序开展可以有效地调动学生的学习积极性，树立自信心，培养学生的健全人格。学生置身于具有个性化的班级中，不断汲取丰富的营养，积淀文化底蕴，展现出积极向上的精神面貌。

（三）因材施教唤起学生上进心

因材施教，就是在教育教学过程中，根据学生的年龄特征和性格差异，有的放矢地使学生的思想品德、文化科学知识水平和体美劳等方面健康成长，能沿着培养社会主义建设者和接班人所要求的方向发展。简单地说，就是根据不同对象的特性，从其实际出发，采取不同方式方法进行教学和教育。

一名优秀的班主任应该全面掌握并经常分析班级学生情况，了解每个学生的特点和潜能，尊重学生人格，开展有针对性的教育，为每一位学生创造公平的发展机会。班主任针对班级特点和学生实际情况，对不同专业、不同层次学生提出不同要求，要求全体同学学好专业知识，练好专业技能，提高综合素养，以便更好地服务于家乡；鼓励一部分成绩优秀的同学向更高目标迈进，争取进入大学学习。班主任也要分层次教育，也就是要根据学生不同情况，注重教育、教学的针对性，分层次对待，从实际出发进行思想教育。如低年级重点是入学适应性辅导，帮助学生调整原来"高不成低不就"的心态，逐步接纳"适合自己的才是最好的"这一价值观念，适应完全陌生的学校生活。中高年级引导学生学会与人合作、和谐共处的交往技巧，处理好各种人际矛盾问题；也要注意学生学习心理和情绪情感变化。高年级引导学生用整体观念做出自己生涯的选择，在综合部，由于要对口单招高考，所以学校特别重视抓好考前心理和方法辅导。

班主任因材施教，有的放矢，不抛弃不放弃每一位学生，做好特殊学生帮扶工作，耐心细致地发掘每个学生的特点，始终用一颗宽容的心对待学生，善于发现学生的长处，欣赏学生，就能使班级管理在学生的心底开花、发芽，最终结出累累硕果。

（四）主题班会提升班级凝聚力

主题班会是以班级为基本单位，以课堂为主要阵地，以班主任为主导,以全班学生为主体,在发动学生较充分准备的基础上,采用生动活泼的形式,对学生进行思想品德教育的综合性活动。它是班主任老师对学生组织、管理、教育的重要途径,也是学生民主生活的一种主要形式,是创建良好班集体的重要组成部分。在班会课上,班主任围绕着特定的主题对学生进行思想、品德、心理教育,与在其他场合、其他形式的德育相比,它更能促进正确的班集体舆论形成,推进学生自我教育、自我管理;在学生中实现更广泛的思想交流,达到撞击后的相容;能较好地利用学生从众心理。同时,还有利于学生口头表达能力、思辨能力、组织能力,以及创造性思维的发展。主题班会使学生在过程中自我体验、自我成长,培养了学生的积极心理品质。

班主任可以根据班级的实际情况和实际需要,开展各种主题班会或者团体辅导,培养学生积极的心理品质。如低年级重点是入学适应性辅导,帮助学生调整原来"高不成低不就"的心态,逐步接纳"适合自己的才是最好的"这一价值观念,适应完全陌生的学校生活。中高年级引导学生学会与人合作、和谐共处的交往技巧,处理好各种人际矛盾问题;也要注意学生学习心理和情绪情感变化。高年级引导学生用整体观念做出自己生涯的选择,对要参加对口单招高考的中职生,班主任要重视考前心理和方法辅导。此外,班主任也要鼓励学生在百忙之中走出校园,积极参加志愿者活动,丰富课余生活,在活动中锻炼意志,净化心灵。

(五)班级常规管理促进学生全面成长

班级常规管理主要包括卫生(教室、宿舍、包干区)、纪律(学习纪律、宿舍纪律)、学习(上课听讲,作业完成,课堂互动等)。细化班级常规管理,是做好班级管理工作的重要措施。班级在执行学校各项常规工作的同时,制定班级常规、教室及宿舍守则等,一旦通过,便严格执行,奖优惩劣。少数学生的自觉性较差,班主任可以利用大多数同学的正确舆论和班干部、积极分子的带头作用影响这些学生,使之意识到这是大家的要求,是集体的要求,感到"时时有纪律,处处有规范",久而久之,形成自觉守纪的班风。

班主任可参照学校常规要求根据班级和学生情况制定一套班级常规管

理制度，该制度要注意到每个学生的特点，尽可能挖掘学生身上的闪光点，激发每个学生的积极性，如月考、期中考试、期末考试成绩有进步或保持优良成绩能加分，乐于助人、拾金不昧加分，积极参加各项活动加分等，从德智体美劳等方面全面考核学生，避免以偏概全带来的不公平与不公正。学生发自内心对常规制度认可后，班主任再照此对学生实行管理。班主任可针对每一个学生的学习纪律、卫生、出勤等各方面的情况，在班会时进行小结，提示不足，表扬表现较好的学生。对表现好的学生可适当给予奖励，激励其他学生向好的方面发展。总而言之，对学生的表现要进行全面、客观的评价，从细节入手，以鼓励为主，让学生感受到希望和信心。通过约束、量化、激励等方式，让学生在积极的氛围中体验成功。

众所周知，职业学校的教育管理与普通学校的教育管理相比要难得多，在职校的教育教学中我们经常会遇到这样的学生：他们碰到问题不愿意动脑筋，遇到挫折不努力就放弃，他们内心深处有一些自卑，认为自己的文凭太低，社会评价也低，毕业后的工作就是当工人，工资待遇、社会地位低，因此对自己的前途持悲观态度，没有足够的自信心，对学习抱着一种无所谓或听天由命的态度，部分成绩落后的学生更是自暴自弃，破罐子破摔。这也决定了职校班主任工作的艰辛，在班级教育工作中要付出很多的心血和汗水。让我们用一颗宽容的心对待学生，善于发现学生的长处，欣赏学生，我们也相信通过不懈努力，学生的心底会开花、发芽，最终结出累累硕果。职校积极教育管理，任重而道远！

本章小结

职校学习时期是职校生从心理幼稚走向成熟的过渡时期，也是进行心理教育的最佳时期、关键时期。心理教育在职业学校素质教育体系中有着不可替代的重要地位，是素质教育的基础、核心和中介。本章围绕职校生心理优势及其发展现状、职校生心理优势的认识问题与反思、职校班主任积极管理基本策略三方面进行阐述。通过了解职校生心理优势的内涵，掌握职校生心理优势的发展状况，全面看待职校生心理优势，从而理性反思

第十章 职校生心理优势与积极职业教育管理策略

当前教育管理，在遵守教育管理原则的基础上，进一步拓宽教育管理视角，创新教育管理方法，倡导职校班主任积极管理：身体力行做好榜样示范、"一班一品"展现积极面貌、因材施教唤起学生上进心、主题班会提升班级凝聚力、班级常规管理促进学生全面成长，为职校班主任科学处理班级管理工作中出现的情况和问题提供有力参考。班主任秉持科学的管理理念引领当前职校管理，采用积极的管理方法完善育人机制，通过可操作的管理技术促进师生共同成长。

（本章作者　江苏省张家港中等专业学校　葛敏亚　李　梅　季春兰）

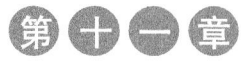

职校生心理资本与积极职业教育管理策略

教育部 2014 年 12 月 22 日颁布的《中等职业学校德育大纲（2014 年修订）》（教职成〔2014〕14 号）中明确指出：中等职业学校的德育目标是把学生培养成为社会主义合格公民，成为高素质劳动者和技术技能人才，成为中国特色社会主义事业合格建设者和可靠接班人。奉行积极职业教育，加强职校生心理资本教育，提升职校生心理资本是落实这一德育目标的重要途径和手段。

第一节　职校生心理资本概述

心理资本的概念，源于积极心理学，是积极心理学的理论延展到人力资源管理与组织行为学领域而提出的。积极心理学是心理资本的理论基础，解读心理资本的基本内涵，分析职校生心理资本，首先要了解积极心理学的基本理论。

一、心理资本的基本意蕴

积极职业教育是在积极心理学的启发下，反思职业教育现实和传统观念的基础上建构的一种职业教育理念和范式。用积极职业教育的理念指导并提升职校生的心理资本,也要基于积极心理学的理论研究基础。

(一) 积极心理学理论的兴起

积极心理学是心理学领域的一场革命,也是人类社会发展史上的一个里程碑。积极心理学倡导心理学的积极取向,研究人类的积极心理品质,关注人类的健康幸福与和谐发展。

20世纪60年代,人本主义心理学和由此产生的人类潜能研究奠定了积极心理学发展的基础。但是,由于第二次世界大战的影响,积极心理学的研究几乎中断,战争及战后心理学的主要任务变成了治愈战争创伤和治疗精神疾患,研究心理或行为紊乱以找到治疗和缓解的方法,心理学对人的积极性研究似乎被遗忘了。消极心理学模式在整个20世纪占据了心理学发展的主导地位。20世纪末西方心理学界兴起了一股新的研究思潮——积极心理学的研究。这股思潮的创始人是美国当代著名的心理学家马丁·塞里格曼 (Martin E.P. Seligman), 谢尔顿 (Kennon M. Sheldon) 和劳拉·金 (Laura King)。他们的定义道出了积极心理学的本质特点:"积极心理学是致力于研究普通人的活力与美德的科学。"积极心理学主张研究人类积极的品质,充分挖掘人固有的潜在的具有建设性的力量,促进个人和社会的发展,使人类走向幸福,其矛头直指过去传统的"消极心理学"。它是利用心理学目前已比较完善和有效的实验方法与测量手段,研究人类的力量和美德等积极方面的一个心理学思潮[1]。

积极心理学致力于使"普通"人群生活得更有意义,认为积极的情绪体验能够带来智力上的益处,在积极的情绪状态下,人们会更加灵活和富有创造力。积极心理学理论的基本前提是:人类的优点、卓越之处和人类的缺点、无能为力之处是共同真实存在的。积极心理学理论的核心思想是:心理学不应只研究个人和社会存在的各种问题,不应只重视对个体缺陷的弥补、伤害的修复,还应研究和培养人的诸多积极情绪情感和正向品质,即研究人的积极的特质和素质:善良、诚信、希望、宽容、勇气、毅力和洞察力等特点;研究人际交往技巧、团队合作的能力;研究信仰、道

---

[1] 卢军. 积极组织行为学研究概述 [J]. 现代商贸工业, 2014 (14): 38.

德、价值观、兴趣天分、才能等；研究能够承载美好生活的社会构成：友情、婚姻、家庭、教育、宗教等。

积极心理学有3个重要的主题：①积极的主观体验（幸福、愉悦、感激、成就等）；②积极的个人特质（个性力量、天分、兴趣、价值等）；③积极的机构（家庭、学校、商业机构、社区和社会）。很显然，积极的机构可以促进积极特质的发展和体现，进而促进积极主观体验的产生。积极心理学倡导的理念是尊重个体，注重对个体潜力的挖掘，引导个体成长并获得积极的成就体验。

（二）心理资本概念的提出

积极心理学理论的兴起拓宽了人们的视野，心理学家们不再仅仅关注"人出现了什么问题"，而开始考虑如何才能让人达到最佳状态，怎样培养和充分开发人的潜能。美国管理学家路桑斯（Luthans F.）教授创造性地将积极心理学的思想理论延展到人力资源管理与组织行为学领域，并于2004年提出"心理资本"这一概念，旨在从根本上打造人的竞争优势。路桑斯等人将心理资本定义为"个体在成长和发展过程中表现出来的一种积极心理状态"，它包括四个核心成分：自我效能（自信）、乐观、韧性和希望。其中，自我效能是指个体有胜任任务的自信，能面对挑战并力争成功；乐观是指个体具有积极的归因方式，并对现在和未来持积极态度；韧性是指个体能从逆境、挫折和失败中快速恢复过来，甚至积极转变和成长；希望则是通过各种途径努力实现预定目标的积极动机状态❶。

心理资本被誉为除了财力资本、人力资本、社会资本三大资本以外的个人生存与发展的第四大资本。人的发展、成功和幸福不仅需要环境和社会文化等，更需要充分认识和发掘个人内在的积极心理品质，心理资本是将心理学和管理学的理论与实践相结合，从心理学的角度拓宽管理视野，掌握提升心理素质的方法和心理辅导的技术，引导人们以积极的情绪投入工作，培养健康向上、积极阳光的心态，激发团队活力和激情，促进工作

---

❶ [美] 路桑斯（Luthans F.），等. 心理资本 [M]. 李超平，译. 北京：中国轻工业出版社，2008：101-102.

绩效提升。

心理资本是贮藏在我们心灵深处一股永不衰竭的力量,是实现人生可持续发展的原动力,对学术界、应用领域和普通大众都有震撼效应。由于人的潜力巨大,所以相对于资金、市场和技术资本而言,心理资本的升值空间是最大的。心理资本可以带来决定性的竞争优势。拥有过人的心理资本的个人,能承受挑战和变革,可以成为成功的员工、管理者和创业者,从逆境走向顺境,从顺境走向更大的成就。自信、乐观、坚韧、充满希望的人,勇于创新,敢于创新,能够因地制宜地将知识和技能发挥到最大限度,成就辉煌人生。

二、职校生心理资本的发展特征

提升职校生心理资本,应该了解和把握职校生心理资本的发展特征,从而有针对性应用教育策略,进行教育管理。

(一)职校生心理资本的内涵界定

根据我国职校生的生理特征、心理特征和社会特征,综合国内外不同心理学者的观点,职校生心理资本也应从自我效能感、乐观、希望、韧性四个方面进行界定。

1. 认识自我,善待他人,拥有较好的自我效能感

能正确认识和评价自我,就是对自己的认识比较接近现实,既不狂妄自大又不妄自菲薄,既不过分乐观又不过分悲观。很多职校生之所以自卑,缺乏自信心,就是因为自己学习方面的失败而片面评价自己,否定了自己其他方面的长处。拥有良好的自我效能感的职校生,面对困难和问题时对自己充满信心,乐于接受挑战,愿意付出努力,相信凭借努力能够改变困境,实现目标;而自我效能感比较低的职校生,则对自己信心不足,在压力面前焦虑不安,面对困难和问题容易退缩,产生逃避心理和回避行为,无助于目标的实现。

因此,职校生要看到自己的长处和短处,懂得经营自己的长处,修补自己的短处,注重扬长避短,对自己的长处感到自豪但不狂妄,对自己的弱点悦纳而不回避。要正确地认识自我,悦纳自我,克服患得患失的不良

心态，对自己无法补救的缺陷做到泰然处之，给自己制订切合实际的目标，努力挖掘自身潜能，实现自我价值。

2. 积极阳光，富有活力，拥有乐观向上的积极心态

在面对问题和困难、经受挫折和失败时，乐观的人能把这些问题和困难看作是展示自我的良好机会和挑战，做好充分准备，用阳光积极的心态去面对困难，解决问题，从挫折和失败中吸取经验和教训。在追求理想与目标的过程中，乐观向上的人能够坚持不懈，锲而不舍，对未来抱有坚定的信念与积极的预期，相信通过努力，最终能够获得成功。

职校生本身处在青春时期，拥有大好年华，不能因为学业的不突出不优秀而掩盖住他们自身的特质和光芒。职校生在校学习期间，要抛弃中考失利的阴影，积极投入职业学校的学习和生活中，利用学校的一切有利条件和积极因素不断地锻炼自己，提高自己。用积极阳光的心态对待职校新生活，在职校新生活中体验快乐，收获成功，从而获得更加阳光的心态，拥有更加乐观的心理品质，走向一条健康成长、良性发展的新轨道。

3. 热爱生活，充满希望，拥有快乐幸福的情绪体验

希望是个体积极、正向的动机状态。一个对未来充满希望的人在学习和生活中会根据自身条件和现实环境主动设定具有挑战性的目标，独立思考，自觉行动，积极进取，有效解决问题，努力实现目标，并获得快乐幸福的情绪体验。

职校生的年龄一般在 16~20 岁，在学习生活中遇到挫折或顺利，情绪的起伏波动性比较大。一个热爱生活、对未来充满希望的职校生能接受自己在学习生活及人际关系的现状，培养相应的能力去应对周围的环境，获得自尊与自信。他们热爱生活和学习，对喜欢的事情持久地保持兴趣。无论处于顺境还是逆境，都能保持积极乐观的态度，遇到不顺心的时候，能及时地进行自我调控，迅速恢复到轻松愉快的情绪状态，并且主动挖掘生活的光明一面，能够化解紧张和焦虑并保持愉快的情绪状态，对生活和未来充满希望。职业道德情感发展快，并趋于成熟，为不确定的前景做好充分的准备。能够和父母、兄弟、同事、同学友好相处，当别人有困难时能给予帮助和同情，当自己遇到麻烦时也会主动向别人求助，当人际关系紧

张时会设法及时处理解决。在与朋友相处过程中会感受到幸福的体验，他们能为朋友的进步而由衷地高兴，也会因从朋友那里获得信任、鼓励和帮助而感到欣慰。他们善于与人相处，能够在集体中工作，乐于与他人交往，能分享、接受和给予爱和友谊。

4. 适应环境，锻炼意志，拥有较强的抗挫能力

意志是人在完成一种有目标的活动时，所进行的选择、决定与执行的心理过程。意志薄弱，做事不能持之以恒是职校生的显著弱点。职校生在成才的道路上，可能经常遇到这样或那样的挫折和困难，如考试的失败、人际交往的困扰、就业的艰辛及各种竞争性活动的失利等。职校生要努力适应环境，锻炼毅力，具有坚强的意志品质和高度的耐挫力，在遇到挫折、打击和坎坷的情况下，也不放弃对目标的执着追求，勇于承受困难和压力，培养较强的抗挫力，思考对策，克服困难，取得成功。拥有较高抗挫力的人遇到困难或身处逆境时，能积极主动地处理难题，持之以恒、保持信心，使自己在失败和逆境中变得更加坚强和柔韧，并使自己的心理状态快速恢复，甚至达到更佳的状态。在具有挑战性的积极事件中，具有较高韧性的个体能以超常的意志力，开发自己的潜在能力，帮助个体最终走出困境。

职业学校培养的是适应社会需要的应用型、技能型人才，职校生要完成由中学生向职校生的角色转变，承担起职校生的历史使命和责任，要拥有开放的头脑、宽广的视野、博大的胸怀、平衡的身心和超前的意识，适应职业学校的学习特点、方法及各种人际交往，适应职业学校所处的自然环境和社会环境，并与社会保持良好的接触，通过正确认识社会和了解社会，使自己的目标、思想和行动等与社会潮流保持协调一致，实现自己的梦想和追求。

（二）职校生心理资本的特点分析

职校生是处于特定年龄阶段的、既有别于高中生又不同于普通高校大学生的特殊群体，具有与其年龄和角色相适应的心理行为特征，这一群体在心理资本方面也具有自身不同的特点。

1. 职校生心理资本具有差异性

有调查发现，经济发达地区的职校生在创造力、求知力和思维品质的训练上优于落后地区，表明经济发达地区能够提供给学生更多的信息和更先进的科技，学生经常接触丰富的多元文化，了解的信息和知识越多，就越能够培养谦虚和持重的品质，对人对事也越能够宽容，也越能够接受和包容新异观点和事物。另外，经济落后地区受传统价值观影响更多，受外界复杂信息和多元文化价值观的影响较小，更有利于培养真诚、执着、希望等品质，这些也是传统文化所强调的优秀品质；而经济发达地区的学生具有先进理念和科技优势，掌握大量信息，对自己的认知、对未来目标更清晰执着，对未来更抱有希望，同时也更关心精神层面的追求，更关注自我成熟和成长❶。

还有研究表明，从性别差异来看，男生更加自信理性，自我效能水平显著高于女生。女生则充满爱心与同情心，感恩水平显著高于男生。该差异的原因可能是由于中国的传统文化对于男生和女生有着不同的性别刻板印象，人们普遍认为男性是勇敢的、坚强的、领导者的角色，女性是体贴、顺服、情绪化的角色，而往往忽略对人的情感关怀。从专业差异来看，文科生在自我效能和韧性两个维度上的得分均低于理、工科学生。这可能是由于专业方面的训练，使得理工科学生较文科生更倾向于客观理性思维。在面对挑战甚至经受挫折之后，能以更客观、更现实的态度面对自己的问题。而文科生可能相对情绪化、情感波动大，易对自己产生否定的想法❷。

2. 职校生心理资本具有阶段性

职校生进入职校之前，中学期间大多是班级成绩不是特别好的学生，饱尝学业失利之苦，所以，他们在刚刚进入职校时，在学业上的自信不足。以江苏省职校生为例，中学三年的学业失利，使得职校生的学习基础

---

❶ 张冲，孟万金，王新波. 中职学生积极心理品质现状调查和教育对策 [J]. 中国特殊教育，2012（3）：81-84.

❷ 李林英，肖雯. 大学生心理资本的调查研究 [J]. 北京理工大学学报（社会科学版），2011（2）：148-151.

相对薄弱，在进入职业学校学习过程中，又恰逢江苏省教育厅提倡要提高职业教育质量，完善人才培养方案，职校生在校学习期间，语文、数学、英语等文化课比例必须达到总学分的40%，文化课比重得到前所未有的重视和增加，也使得本来文化课基础就十分薄弱的职校生在初入学时自我效能感持续下降。但是，随着学业的推进，进入到二三年级时，在同一个起跑线上，具有大体相同的学业基础和学习背景的职校生，渐渐显示出自己在学习方面的优势和特长。中学期间位列末位的学生，在职业学校能获得奖学金，在职业学校开展的"文明风采"大赛、技能大赛、创业创新大赛、优秀学习标兵竞赛等活动中如鱼得水，斩获佳绩，又极大地提高了他们的自信心和成就动机，对未来充满了新的希望和梦想。从另一个角度来看，尽管有不少学生在学业上仍不突出，但热心于学校开展的各项文体活动，在活动中体现出出色的组织能力、协调能力、团队合作意识、团结拼搏精神良好的精神风貌和出色的心态，乐观积极，主动参与，热爱集体，荣誉感强。

3. 职校生心理资本具有可塑性

职校生处于青春后期，各种心理矛盾交织，身心发展变化较大。一方面，在他们的成长过程中会暴露出来各种各样的心理问题和矛盾，影响其身心健康发展；另一方面，由于他们涉世未深，极易受到各种因素的影响和感染。这也为进一步加强心理健康教育，提升职校生的心理资本提供了广阔的空间。针对其个性心理发展特征，职业学校应积极开展心理健康教育，不仅帮助他们解决在心理发展过程中出现的矛盾与困惑，也有助于提高他们的心理资本。通过目标设定、拓展训练、成功体验、榜样引领等活动带来的正向激励和积极心理暗示，能够有效提高职校生的自信心，提升他们的希望水平，在活动和体验中塑造培养坚韧的性格特征，形成积极乐观健康向上的自我认知风格。因此，职校生的心理资本具有可塑性。

三、职校生心理资本教育的意义

职业学校重视职校生心理资本教育，对提升职校生积极心理品质，培养健康和谐全面发展的技术技能人才具有重要意义。

(一) 心理资本教育是落实《中小学心理健康教育指导纲要》的重要途径

教育部《中小学心理健康教育指导纲要》(2012年修订)指出:"中小学心理健康教育的总目标是:提高全体学生的心理素质,培养他们积极乐观、健康向上的心理品质,充分开发他们的心理潜能,促进学生身心和谐可持续发展,为他们健康成长和幸福生活奠定基础。"进行职校生心理资本教育是落实教育部《中小学心理健康教育指导纲要》(2012年修订)的重要途径。

人是社会发展的主体,人的心理的和谐是社会发展的前提,人的积极心理状态是人心理和谐的基础。积极心理是职业学校德育工作的本体价值,学校应成为提升学生心理资本的重要场所,要从切合职校生的心理特点、提高心理素质入手,挖掘职校生的积极行动能力,培养心理资本,促进职校生身心和谐可持续发展。

(二) 心理资本教育是职业学校心理健康教育的重要手段

注重心理资本的培养是职业学校心理健康教育发展的必然趋势。心理健康教育与积极心理学相结合的研究方向,矫正了传统的病理式的研究模式,是职业学校心理健康教育工作发展的必然趋势。积极心理学主张挖掘人的固有的积极心理潜力,通过培养个体积极的力量使其达到自我健康和幸福体验,培养引导学生发现自我的积极心理,使学生在面对困难和挫折时,更多地进行积极归因,从而更加努力地朝好的方向转变,提升学生的自信心,培养学生坚韧不拔的意志,使学生不断在收获中获得成就感,促进学生个体全面健康发展。

进行职校生心理资本教育,是尝试着努力让学生拥有个人完整的精神生活,包括信仰、信念(灵魂的安顿,生命的皈依)、理想、人生目标;分享人类创造的精神财富;自由地从事创造性的活动;对友谊、亲情、爱(情爱、人类之爱)的渴求与珍视;对个人生命的意义、价值与尊严的体认;对公共事务的关注和新奇与独特的认识。因此,职校生心理资本教育是职业学校开展心理健康教育的重要手段。

(三) 心理资本教育是积极职业教育发展的需要

职业学校所面对的共性困难有：招生难，就业难，生源质量偏低等，这使得职业学校的教育教学面临非常严峻的形势和挑战，由此而形成的各职业院校生存和发展的生命线归结为一句话，那就是如何招得进、育得好和送得出。保住这条生命线，各职业院校就必须树立积极职业教育的理念。

在积极职业教育中，"积极"应当成为贯穿教育全过程的核心价值和主线，使每一个人的素质都能够获得相对于自身而言的更为健康、积极的发展与提高。"积极"包含三个方面的意蕴："积极"是对前期集中于心理问题研究的病理式职业教育的反动和变革；倡导职业教育要关注人性的积极方面；强调用积极理性的方式对职业教育中存在的问题做出适当的解释，并从中获得积极意义。积极职业教育是对职业教育功能的补充，不是对传统占主流地位的消极型职业教育的全面否定，而是一种合理继承、积极超越和发展创新。这就要求我们保持与时俱进的学术勇气，树立科学的职业教育发展观，正确把握职业教育范式发展的时代脉搏，在积极职业教育与消极职业教育两种范式之间保持必要的张力。

进行职校生心理资本教育既是积极职业教育的积极尝试和有益探索，也是积极职业教育的重要实践内容，同时还是积极职业教育的目的所在。职业学校开展积极心理学的教育与研究，注重培养职校生心理资本，正是积极职业教育发展的需要。

第二节 职校生心理资本的问题与教育反思

心理资本理论从产生到发展才经历了短短十年的时间，在职业教育领域中关于心理资本的研究目前也并不多见。反思职校生心理资本发展过程中的问题，有助于更好地实施积极教育策略，提升和优化职校生心理资本。

一、职校生心理资本的问题分析

职校生心理资本与其心理健康素质是相辅相成的，拥有积极心理资本的职校生，其心理健康素质也较高。同时，心理健康素质较高的职校生，其心理资本发展水平也较好。

(一) 职校生心理资本剖析

职校生年龄大多在 15～20 岁，正处于一生中心理发展变化最激烈的时期，职校生的成长是通过生理成熟、个体社会化和个性形成三方面来体现的，在他们的心理发展过程中，新旧矛盾交替重叠，时常发生冲突，产生种种心理矛盾。这使得他们在成长过程中体现出来的心理资本，既有积极的一面，也有消极的一面。

从积极层面上看，职校生求知欲望强烈，对新事物有浓厚兴趣和探索意向，特别是对于自己喜欢和感兴趣的事物具有较为持久的坚持和探索精神，并能通过自身努力获得成绩，从而增强信心，乐观地对待自己和他人，对自己的未来充满希望；这个年龄阶段的职校生通常观察敏锐，勤于思考，敢于怀疑，勇于探知，力图探寻既符合客观规律，又契合自己内心需求的最佳答案；随着职校学习生活的深入和自我交往范围的扩大，职校生更加关注自我，有较强的自我意识，希望通过自己的努力展示自我风采，体现自我价值；虽然许多职校生普遍学习基础比较弱，但他们富有爱心和同情心，关爱社会，关心他人，渴望交往，拥有较强的正义感和社会责任意识，社会意识开始形成，社交范围进一步扩大，社交活动的组织能力不断提高。

从消极层面上看，职校生心理资本的问题主要表现在以下几个方面：一是自信不足，自我效能感欠缺。他们相信，通过在校学习，能掌握一些真本事，凭自己的能力立足于社会。但一部分职校生是因为家庭经济负担过重，为早日就业而报考职校，更多的则是因为中学时学习成绩平平，不可能通过高考升入普通高校，不得已只好选择职校，因而对自己要求不严，放松懈怠，进而发展成自我鄙视、自我轻蔑、自我责备、自信不足，自我效能感欠缺。二是消极应对，悲观失望。他们不唯上、不唯书，注重自己的直接经验和现实感受，但文化基础普遍较差，思维能力还不够强，看问题比较简单，缺乏全面深刻的剖析。对未来思考不够，准备不足，满足于消极应对，缺少积极态度。三是思想活跃，但毅力不够。他们做事情缺乏韧性，缺少持久性，喜欢率性而为，有时不计后果，在遭遇学习技能、人际交往等方面的问题时，缺少处理技巧和解决能力，容易不计后果，感情用事，挫败感经常充斥在他们心中。四是动机不强，行动不足。他们渴望独立但由于年轻，人生经验不够丰富，知识结构又很不完善，尤其是经济上不独立，使他们对父母仍有较大的依赖性，这种依赖性常常使他们感到不安，怀疑自己，致使自己有想法，没行动，缺少脚踏实地的务实精神，更多的是安于现状的无力感，对自己能力的怀疑态度，和行动上的犹豫不决❶。

（二）职校生心理资本问题在生涯规划中的表现

职业生涯规划对职校生的成长和发展起到导航作用，科学合理的职业生涯规划能够引导和助推职校生明确职业奋斗目标，发挥自我潜能，实现自我价值。因此，要正视并重视职校生的心理资本在选择学校、选择专业、自主学习、自我探索、自觉行动等生涯规划过程中出现和存在的问题，并加以积极的教育与引导。

1. 选择学校的盲目性

初中毕业的学生，经历了中考，再经过重点高中、普通高中等的层层筛选，剩下的学生，已经在三年初中生活饱尝失败和挫折，他们面对自己人生的第一个转折关头，内心已经是千疮百孔，百毒不侵。他们在选择职业学校时大多抱着无所谓的心态，随大溜，凭感觉。有的是完全对学校生活失去了兴趣，被家长逼迫而来，有的是跟随自己初中好友结伴而来，有的是受往届学哥学姐的影响而来，有的是受学校招生宣传感染而来，只有少部分是真正独立思考自己的未来职业生涯发展规划，凭自己的兴趣和志向而来。每年有大量这样心思、想法、理想、抱负五花八门、迥然不同的学生涌入职校，不仅凸显学生选择学校的盲目性，也体现出对学生进行生涯规划指导的必要性。

2. 选择专业的随机性

如同他们选择职业学校的盲目和随意一样，职校生进入学校对于自己

---

❶ 刘翠英. 职业生涯规划过程中职校生心理资本提升研究［J］. 江苏教育（职业教育版），2014（9）：59-60.

所学专业的认知也存在模糊不清、认识不足的现象。许多学生甚至顾名思义，凭自己一念之间的想法就选择了某一个专业。比如，有的学生特别喜欢看动画片，于是选择了动漫设计与制作专业，真正进入职校学习生活后，发现残酷的现实离他的梦想太过遥远，学习的内容和过程完全出乎自己的想象。有的是为了不违背家长的心愿而来，而本人却对所学专业一无所知或者毫无兴趣。还有的甚至是与家长赌气而来，所选专业专门是为了与爸妈的愿望背道而驰的。

3. 自主学习的散漫性

经过九年义务教育的初中后学生，习惯了各门任课老师将他们的学习生活安排得精确到每一天、每一节课，甚至每一小时、每一分钟。对于以培养综合技能型人才为目标的职业学校人才培养方案和模式有诸多不适应，对于职业学校的"三自"特色在认识上有一个缓冲期，有相当多的学生甚至进入高年级了，依旧对"自我学习、自我管理、自我服务"不了解、没行动，处在消极应付、随波逐流的学习状态。课堂之外，他们每天有大把的时间，却不知道用来做什么，无所事事、无聊空虚成了众多学生的现实写照。

4. 自我探索的缺失性

十五六岁的职校生处于心理发展变化最激烈矛盾最突出的时期。他们更加关注自我，有较强的自我意识，但是又自信不足，欠缺自我效能感。他们注重自己的直接经验和现实感受，但看问题过于简单，缺乏分析，做事情缺少持久性，喜欢率性而为。他们对自我在认知、情感、能力、态度、方法、兴趣、恒心、勤奋、价值观等方面缺乏深入探索和全面了解。迷茫、无助、看不清未来、找不到方向。

5. 自觉行动的滞后性

这个年龄的职校生还缺乏必要的自我约束能力，当自律和他律相结合时，又会产生抵触情绪，他们习惯了在自我的"心理舒适区"得过且过、安于现状，动机不强，行动不足。他们渴望独立但又有很强的依赖性。他们想改变现状，但是有想法，没行动。他们一方面可能会茫然于时间太多不知如何打发，但当老师布置作业、安排技能训练任务时又会"群起而攻之",希望最好没作业、没任务。他们有的对未来过于乐观,认为车到山前必有路,所以安于现状、缺乏行动;有的则完全相反,对未来过于悲观,认为当下的行动对自己的将来没有多少实际意义,对自己的能力持怀疑态度,因而行动上犹豫不决,缺少脚踏实地的务实精神,甚至自暴自弃,放弃努力❶。

科学看待职校生心理资本在生涯规划中表现出来的问题,采取积极教育策略,能够帮助职校生实事求是地面对存在问题,有的放矢,扬长避短,清除成长道路上的障碍,更好地成长成人成才。

二、职校生心理资本的教育反思

教育部等六部门印发的《现代职业教育体系建设规划(2014—2020年)》强调指出,要"加强职业教育教师队伍师德建设,增强教师从事职业教育的荣誉感和责任感"。"完善教师培训制度。建立职业院校教师轮训制度,促进职业院校教师专业化发展。"加强职业学校的师资队伍建设,是实施职校生心理资本教育的重要保障。

(一) 教师应是实施职校生心理资本教育的重要力量

职校生心理资本教育应渗透在职业学校的课堂教学、德育管理、生涯发展规划等各项工作中。在实施职校生心理资本教育过程中,师资是关键,职校教师应是实施职校生心理资本教育的重要力量。

1. 职校教师是学生心理资本的呵护者和提升者

职校生处于身心发展急剧变化的成长阶段,在其成长过程中,心理问题比较突出,各种矛盾和冲突交错纵横。职校教师要做学生心理健康的保健医生,要运用心理学知识和技能,解决学生各种心理困扰,促进学生快乐学习,健康成长。要经常在班级开展形式多样的心理健康辅导和教育活动,让学生学会自助助人、自我管理、自我教育、自我服务。要注重教室文化和宿舍文化的布置,精心打造良好的心理氛围,为学生提高个性心理

---

❶ 刘翠英. 积极职业教育视域下职业生涯规划策略[J]. 江苏教育(职业教育版),2015(40): 75-76.

品质创造条件。要在各学科的课堂教学中渗透心理健康教育，帮助学生锻炼意志品质，培养思维能力，陶冶健康情感，提高心理资本。

职校教师要做学生心理资本的呵护者和提升者，要帮助学生提升自信，增强自我效能感，使学生相信，通过努力学习，能够掌握一技之长，并凭借技术和技能立足于社会。要面向全体学生，组织各种活动，让所有学生参与进去，以积极乐观的态度对待学习和生活，发挥特长，体验成功，收获快乐，培养乐观品质。要针对学生思想活跃，喜欢率性而为，但毅力不够、行动不足、缺乏韧性的特点，组织以提高技术技能水平、学会人际交往、学会协作共事等为主题的各类主题班会教育活动，让学生从中考失利的挫折和沮丧中走出来，培养学生的毅力，锻炼学生的意志，促进学生的成长和进步。要帮助学生提高动机水平，明确奋斗目标，走向独立自主，完善知识结构，丰富人生经验，满怀希望，心怀梦想，脚踏实地，勇往直前。

2. 职校教师是学生专业方向的领航者和引导者

刚刚步入职业学校的学生，除了文化基础比较薄弱这一普遍共性之外，在选择学校和专业方面存在相当大的局限性、盲目性和随意性。有的是凭借家长的一句话，有的是跟随中学同学好友而来，有的是觉得某个专业的名称听上去很好玩等非理性的思考、选择和举措，真正面对专业学习时，茫然感、理想与现实的落差感、学习的吃力感等纷纷显现。职校教师要在学生刚刚入学时就对学生进行专业思想教育，做学生专业方向的领航者和引导者，帮助学生明确专业发展目标和方向。在入学教育时帮助学生分析我国职业教育发展的现状，使学生了解目前职业教育的形势政策和发展态势，帮助学生走出认识误区，树立学习信心。带领学生学习专业人才培养方案，根据行业企业的人才需求及未来专业的发展前景，让学生了解并明确本专业人才需求的标准与规格，调整认识偏差，纠正行为偏差。通过走出去请进来的方式，经常组织学生深入企业参观学习和进行社会实践，邀请优秀毕业生返校作专题讲座，激发学生的学习热情，提高学生的专业兴趣。帮助学生了解自己的优势与不足，分析自己的兴趣与爱好，反思与总结过去，正视与面对现在，设计并走向未来，明晰专业发展目标，进行符合自身实际的专业方向定位。

3. 职校教师是学生综合素养的熏陶者和培养者

学生的综合素养包括科学素养和人文素养。综合素养的提高不是一朝一夕能够一蹴而就的，需要职校教师做耐心细致的工作、教育和引导。职校教师要做学生综合素养的熏陶者和培养者，让学生会学习，会合作，会做人，会交往，会生活，会劳动。培养的合格职校生，适应社会形势和行业环境，适应人才竞争和岗位需求。要注重培养学生的生存能力、学习生活能力、自理能力，提高学生的生活意识，培养健康积极科学向上的人生观。要从细微处入手，培养学生为人处世的态度和方法，建立和谐的同学关系，学会自我评价，提高评价能力，提高辨别善恶、美丑、是非的识别能力和审美观点，培养良好的道德情操。要培养学生劳动光荣、技能宝贵、创造伟大的思想意识和时代风尚，组织学生不仅要做好校内的班级、宿舍的日常卫生清洁工作，还要多参加各种青年志愿者社团服务，培养学生勤于劳动、乐于奉献的思想意识。要配合各学科的任课教师注重学生的专业技能和就业创业素质的培养和提高，要善于利用网络技术搜寻信息，更新知识，广泛开展包括书法、美术、演讲与口才、形体训练等在内的丰富多彩的第二课堂活动，注重学生工作素质的训练与培养，使学生的课内知识与课外活动相得益彰，科学素养和人文素养相互融通。

4. 职校教师是学生人生出彩的扶持者和助推者

职校教师所面对的是个性十足、差异突出的学生个体，要帮助每一位学生在原有的基础上调整目标，不断前行，助推所有的学生能够找到人生出彩的平台和机会。看似漫不经心、随意散漫的学生，有可能不在乎校长姓甚名谁，不在意任课教师的课堂教学，但却很在乎教师的评价，很在意教师是否正直公正，实事求是，能否让他们心悦诚服，服从管理。教师要用心对待每一个学生，用欣赏的眼光看待学生的每一个想法、每一点进步，发现学生的进步、优点和可爱之处，科学评价和理性看待每一个学生，要善于使用显微镜，及时发现学生需要改正的不足之处。要善于使用放大镜，充分肯定学生的优点特长。要善于使用广角镜，努力为学生的成长成功搭建平台，助推每一个学生人生出彩。

教师的欣赏和鼓励会是一个推动器,既肯定学生的成绩,也为学生指明新的努力目标和方向。有时教师的一句亲切话语,就会给学生带来勇气,提升信心,甚至能让学生创造属于自己的人生奇迹。要设身处地地从学生的角度去理解问题,处理事情,体会学生的思想感悟,关注学生的心灵空间,做到动之以情、晓之以理、导之以行,充分理解学生,尊重学生人格。用真诚和爱心,唤起学生的自信和斗志,使学生运用科学方法,提高技术技能,加强自我修炼,提高自我修养,不断悦纳自我,提升自我,完善自我,使学生在快乐中学习,在学习中体验,在体验中成长,在成长中出彩[1]。

(二) 注重专业化成长,提高职校生心理资本教育的师资水平

积极职业教育是促进职校生成长成人成才、引导职校生创新创业创优的希望工程、阳光工程和幸福工程。实施这一工程的职校教师应当加速专业化成长的步伐,摒弃负向教育和消极教育,倡导正向教育和积极教育,不断提高实施心理资本教育的综合能力和素养。

1. 加强阅读思考,积累教学智慧

广泛的阅读与思考,是职校教师需要终身坚持的必修课。职校教师承担着学校专业文化传承的重任,是知识的传授者,是学校专业文化传播的主体。难以想象,一个自身综合素养不高的教师如何能够提高学生的专业素养和人文素养。教师通过阅读,才能准确把握时代脉搏,拓宽专业视野,积累教育智慧,提高业务素养。一个热爱阅读与思考的教师,必然是个能以积极乐观的心态面对学生、面对职业的人,也一定会用一种积极的方式方法将通过阅读积淀的思想和智慧通过自己的课堂带给学生,去启迪学生、感染学生和教育学生。对高职校教师而言,广泛的阅读与思考就是最好的备课,阅读思考才能厚积薄发,才能积累丰富的教学智慧。积极职业教育理念下,广泛的阅读与思考不仅是高职校教师专业化成长必不可少的环节,也应该成为职校教师积极的生活方式。

---

[1] 刘翠英. 积极职业教育视域下职校班主任的角色定位与行动策略 [J]. 当代职业教育,2018 (3): 34 - 35.

2. 立足教学创新，打造生态课堂

职校教师要立足于学生在学习上自信不足、自我效能感欠缺、消极应对、悲观失望、毅力不够、动机不强、行动不足等普遍存在的消极现象，积极创新课堂教学，为课堂教学注入积极因素，积极打造生态课堂，善于寻求最适合的教学方法，精心去设计教学环节，让学生远离绝望，学会客观理性和科学积极的归因，激发学生积极的学习动机，调动学生的主动性和创造性，发挥潜能，获得发展。要做到教育无痕，不留有教育者的意图痕迹，为创造与实现学生的最近发展区去精心设计和准备，让职教课堂教学充满生机和活力，最大限度地调动学生的积极性；要认识到课堂教学是教人（学生）而不是教书本，课堂教学是"人"学，要以人为本，育人至上；要摒弃传统教学的经验思维，以积极为主线，以学生为主体，不断提高学生的人文素养和专业技能。

3. 更新教育观念，追求专业卓越

观念决定行动，心态决定状态；思想有多深刻，行动就有多远；观念富有创新，实践才能持久。职校教师在奉行积极职业教育的道路上，要从学生实际出发，潜心研究新时代职校生群体，理性认识学生的心理发展，了解学生的需求，分析学生中存在的心理问题，开发学生心理潜能，找寻学生的兴趣点，启迪学生思维，激发学习欲望，使学生在职校集体中快乐自信乐观地幸福生活；要树立与时俱进的职校学生发展观念，立足实际，积极扮演好新时期高职校教师的多重角色，做到有思想、能创新、善反思、务实际，充当好导师、导演、导游的角色，助推学生提高技术技能，"让每一朵花开，看每一个人成长"。要遵循崇尚实践、行动导向，理实一体、注重能力，师生互动、教学相长的原则，做学生学习的辅导者、支持者、激励者和促进者。高职校教师要在更新观念的基础上，转换角色，追求卓越，努力由教学新手成长为专业骨干，进而成长为专家型教师。

4. 注重品行修炼，提升综合素养

教师的综合素养内化为教师的内在品质，外现为教师教书育人的行动。教师良好的综合素养对学生有积极的影响作用。充满智慧、行事独立、自我控制、意志坚强是提升职校教师综合素养的坚实基础，对学生具

有榜样示范作用;丰富的爱心、温和的性格、和谐的人际交往、驾轻就熟的幽默感是提升职校教师综合素养的必要条件,对学生具有熏陶感染作用;将真善美的精神品格贯穿课堂是高职校教师综合素养的完美体现,对学生具有激励启迪作用。具备良好综合素养的教师,会让学生自觉行动,端正学习态度,改变不良习惯,培养积极品德,丰富内心世界,积极向上、健康快乐。因此,职校老师要不断修身养性,做到身心健康,和谐发展。要陶冶情操,学会诗意地栖居,做骄傲的精神贵族;要用博大的胸怀、积极的态度、智慧的方法、艺术的手段,教育、感染和影响学生。教师在教育学生的同时,也是自我教育的过程,在教育学生的过程中能够不断提高自身专业化成长的步伐。

5. 善于总结反思,提高科研能力

照本宣科、闭门造车的教师难以教出人生出彩的学生。职校教师要善于总结与反思,要有问题意识,要通过教学、研究、再教学等不断反复的过程,进行自我锻炼、提升和成长,不断提高科研能力和专业素养。教学反思基于教学经验,是一种教学实践研究,是以亲身实践和亲历体验为基础,是不断在教学中发现问题、分析问题和解决问题的过程。高职校教师要不断挑剔和批判自己已经形成的教学理念、教学行为、教学经验和教学成果,在貌似合理和正常的地方找出反常和问题。通过反思改善自身教学理念和行为,提升教学自觉意识。职校教师要积极参加各级各类培训,与同行进行广泛交流,拓展专业视野,提升理论素养。要让自己成为反思者、学习者和研究者,在反思、学习和研究中体会价值感和成就感,并经由自己的教学实践,奉行积极职业教育的理念,行之有效地将这种价值感和成就感传送给每一个学生,将职业教育的人才培养目标落到实处❶。

第三节 职校生心理资本教育的积极策略

《国务院关于加快发展现代职业教育的决定》(国发〔2014〕19 号)

---

❶ 刘翠英. 倡导积极职业教育,促进高职校教师专业化成长[J]. 江苏教育(职业教育版),2015(10):62-63.

指出：我国职业教育发展要"坚持以立德树人为根本，以服务发展为宗旨，以促进就业为导向"。"立德树人""服务发展""促进就业"是职业教育的神圣使命，完成这一使命，职业学校既要致力于培养学生过硬的专业技能，高尚的思想道德品质，同时要注重培养和提升学生的心理资本，在职业学校的德育管理过程中加强职校生心理资本教育，在职业学校的课堂教学过程中渗透心理资本教育，在对职校生的职业生涯规划指导过程中优化职校生心理资本。

一、在德育管理过程中加强心理资本教育

德育管理工作是职业学校加强职校生心理资本教育的重要渠道。职业学校要充分发挥班主任作用，充分利用学生社团等学生组织，以丰富多彩、形式多样的活动为载体，促进职校生心理资本水平的提升。

（一）发挥职校班主任作用，培育职校生心理资本

职校班主任作为与学生朝夕相处的管理者，要通过班级活动、情感熏陶、意志锻炼、社会适应能力培养以及心理指导与训练等方式，促进学生素质的提高和个性的全面发展，维护好学生的积极心理品质。

1. 良好和谐的集体氛围是培育职校生心理资本的重要基础

班级是学生生活的重要环境，对学生的认知、情感、意志和行为产生广泛而深刻的影响，班级的凝聚力是班级集体健康成长的共同心理环境。职校班主任要善于营造整洁舒适的教室空间环境，营造民主严明的法治环境，营造团结和谐的班级人际环境，营造健康美观的人文艺术环境，培育学生的心理资本，促进学生的健康发展。职校主任要有目标有计划地带领全体学生，群策群力，确立班级发展目标，制订班级发展计划，健全班级规章制度，创设富有特色的班标班训以及教室宿舍文化，用团结向上、活力十足、良好和谐的集体氛围影响学生，熏陶学生，促进学生积极性、主动性和创造性的发挥，提高学习效率。同时，职校班主任要注意采取有效策略和手段，面向少数具有心理品质和行为问题的学生，如考试焦虑、学习困难、注意力不集中、厌学、抑郁、恐惧、焦虑、紧张、忧虑、多动、说谎、打架、吸烟、胆怯等不良心理现象及行为进行及时的教育、引导与

矫正。

2. 丰富多彩的集体活动是增强学生心理资本的有效载体

职校班主任要善于组织学生积极参加学校和班级组织开展的各项丰富多彩的文体活动，如运动会、合唱比赛、演讲比赛、知识竞赛、手抄报和征文比赛、踢毽子、排球比赛、黑板报比赛、创业设计大赛、宿舍文化创意大赛、文明文采大赛、技能大赛等，使学生通过活动锻炼自己，认识自己，评价自己，在活动中体验良好的交际环境，舒解心中的压抑和焦虑，在交往中培养宽阔的胸怀和乐观的情绪，通过各项活动进行体验感悟，学习交流，完善自我，发展自我，有效提升心理资本。

班会是培养学生文明行为习惯、积极心理品质、良好道德品质的重要阵地，也是学生与学生之间、学生与班主任之间进行情感交流、心灵沟通的重要方法。职校班主任要通过形式多样、内容丰富的班会，调动学生的积极性，发挥他们的主观能动性，塑造良好的班级环境，培育学生的积极心理品质。同时，多组织学生参加社会实践活动，打破从校门与家门的封闭式生活给学生造成的胆怯恐惧等心理状态，帮助学生克服面对新环境或初次结识的人表现出来的紧张、自卑、孤独、抑郁、畏惧、烦闷等不健康心理，增强学生的社会适应性。在社会实践活动中参加社会调查问卷等活动，经受艰苦的劳动磨炼，严格纪律的训练和各种挫折的打击，有助于学生正确认识自己，克服独立生活能力差、挫折耐受性差、害怕困难等心理，有助于培养学生吃苦耐劳、艰苦奋斗、勇于开拓进取的精神和百折不挠、坚韧不拔的勇气以及乐观开朗、团结协作的品质。

3. 健康和谐的师生关系是提升职校生心理资本的有力保障

良好的师生关系是教学取得优质效果的重要保证，也是提升学生心理资本的有力保障。学高为师，身正为范，职校班主任要加强自身修养，培育自身拥有良好的心理资本，具备敏锐的观察力、良好的思维品质、良好的情操品质、稳定的情绪、坚强的意志和良好的自我意识品质，以自己优雅的气质、高雅的谈吐、渊博的学识去吸引学生，以自己理性的行为、丰富的思想去感染学生，以自己的人格魅力和专业智慧去影响学生。班主任在实施教育的过程中，要注重建立和发展健康和谐的师生关系，师生之间要有良好的情感交流，教师要做值得学生信赖的心灵挚友，使学生对老师产生亲近感和认同感，让学生亲其师，信其道，在受教育时如沐春风、心情舒畅，从而获得成功不骄傲，遇到困难不退缩，树立信心，积极向上，坚强乐观，对未来充满希望，积极行动，实现梦想。

（二）开展社团活动，提升职校生心理资本

学生社团是由学生自愿结成的、不分年级、系科甚至学校界限的，由兴趣爱好相近的同学组成，是为了实现满足个人兴趣爱好的需求、自愿组成并有序开展活动的群众性学生组织。目的是活跃学校学习气氛，提高学生自治能力，丰富课余生活；交流思想，切磋技艺，互相启迪，增进友谊。社团活动打破了传统书本和课堂的束缚，将学生从相对呆板的环境中抽离出来，投入到自主、鲜活、富有实践性和挑战性的地带，充分调动了学生的积极性和创造性，使学生能够在社团活动中亲身感受或成功或失败的经历，在潜移默化中促进职校生的积极心理品质的形成与发展。因此，开展社团活动是提升职校生心理资本的有效途径。

1. 通过社团活动，提升职校生的自主认知水平

社团不仅是职业学校德育的重要载体，也是塑造学生健康心理品质的重要途径。形式多样的社团活动，寓教于乐，可以提高学生的积极性和主动性，锻炼他们的管理、交往等多方面的能力，提高其责任感和自主意识。职校生虽然具备一定的独立思考和做事的能力，但因为多数学生在家中是独生子女，所以他们依赖性强，容易受到别人的影响。学生社团作为学生自愿组成的群众性组织，为广大学生提供了扬长避短、取长补短、认识自我，展示自我，发展自我的广阔舞台。学生在这个多姿多彩的舞台上绽放自己，发挥自己的最佳才能，展示自己最优秀的特质，能极大地增强学生的自信心，强化学生的自我意识。因此，社团活动的开展，对学生进行自我教育，提升学生的自主认知水平起到了良好的促进作用。

2. 通过社团活动，唤醒职校生的自我发展潜能

社团活动根据自身内容的不同和形式的差异形成不同的社团特点，适合不同的学生去积极参与。社团活动的根本目的在于发掘社团每一个成员的个人潜能，突出学生的个性特长，确保社团成为学生喜爱、乐于参与、

展现自我的舞台。在教师的悉心指导下，学生担负起处理社团事务、决定发展目标，实施发展计划、制定活动方案等一系列社团工作，例如：每周定时召开各社团负责人会议，讨论一周社团活动的得与失，布置下一周的社团工作。在整个社团活动过程中，学生内心的自我发展潜能得到充分的释放和体现。因此，参与社团活动的学生，不仅更热心于社团活动，同时在组织社团活动过程中能进一步提高自己的综合能力和素养，对自己未来的发展充满了乐观的期待与美好的希望。

3. 通过社团活动，激发职校生的自觉学习热情

学习是一生的过程，不仅仅体现在学校里和课堂上，也体现在生活中的点点滴滴。社团活动就是把课堂从呆板的教室搬到了学生的生活中和兴趣上。学生在选择社团时能够从自己的兴趣出发，始终保持兴趣，主动积极，充满热情，不畏困难。同时，这个年龄的学生，正是处在不甘人后的阶段，社团则提供了一个良好的相互之间比拼技艺的擂台，每个社团中都会有技高一筹的学生，这些学生成为其他社团成员学习的动力和榜样。例如，有的同学书法优美流畅，其他成员则会自觉向其请教，不断尝试新的结构变化；有的同学乐器演奏震撼人心，其他成员则会刻苦训练，不断完善技能技巧；有的同学思维敏捷头脑聪慧，其他成员则不断改进思考问题的方式方法；有的同学组织协调能力强，其他成员则会自觉学习面临一个任务时，如何更好地调动大家的积极性，共同完成任务……社团就是通过丰富多彩形式多样的活动，在拓展学生的知识面、开阔学生的视野的同时，为学生营造了一个良好的文化环境和良性的竞争空间，培养学生勇于克服困难的意志，激发学生自觉学习的热情，使学生能够知耻后勇，知难而进，主动学习，积极学习，不断完善自我、提高自我。

4. 通过社团活动，增强职校生的自身综合能力

社团是学生依照各自的兴趣自愿参加的组织，社团成员间相互沟通和交流拥有共同的话题和发展愿景，这使一些原本不爱交流或者不善交流的同学能够得到很好的锻炼，因为在面对自己感兴趣或者擅长的事物时，人们会更乐于表达自己的观点和主张。相比于未参加社团活动的学生而言，社团活动能够让学生见识的更多，激发他们的求知欲和好奇心，自身知识

能力得到不断积累,与人交往的自信心也会随之不断增强。通过社团活动,学生的认知维度得到了明显的提升,对于自我和周围有一个正确的认识。在组织、参与和协调社会活动的开展过程中,学生的自信心得到验证,克服困难迎难而上的勇气进一步增强,乐观向上、助人为乐的品质逐步养成,人际交往能力得到提高。

二、在课堂教学过程中渗透心理资本教育

在课堂教学过程中渗透心理资本教育,要求教师在教学中力求以学生为中心,让学生成为教学活动的主体,教师引导学生积极思考,改进学习方法,培养良好的习惯,在解决问题的过程中逐步培养学生坚韧的精神和乐观的态度,克服困难后的成就感又会使学生对探索知识产生兴趣,逐步消除畏惧心理和厌学情绪,对自己充满信心和希望,真正将学生从压抑束缚的"填鸭式"教学中解脱出来,引发学生内在的学习动机,学生能够主导自己的学习,不再被动接受知识❶。社会需要高素质职业技术人才,职校教师应该秉承"以人为本"的教育理念,立足教学,用丰富的知识,真诚的爱心,灵活多样的方法,潜移默化地影响学生、激励学生、锻炼学生,最大限度地挖掘学生的潜能,既让学生掌握知识,培养学生人文素养,又提高学生的心理资本,促使学生综合素质的协调发展。

(一)在文化课教学中注重职校生心理资本的培养

职校文化课教师,要在培养学生综合文化素养的同时,结合教学内容,联系学生实际,把提升学生心理资本的目标贯穿到课堂教学过程中,发挥文化课"人文性"的学科特点,努力让文化课的课堂教学对学生心理资本的培养和提高起到潜移默化的作用。

1. 营造轻松、愉悦的课堂氛围,用积极的情绪感染学生

课堂氛围与课堂效率、教学质量息息相关,同时也是影响学生性格与心理品质形成的重要因素之一。因为家庭、学校的压力与社会的偏见,多

---

❶ 张新颖. 职业学校专业课教学心理资本教育策略研究[J]. 职业教育(下旬刊),2015(9):56-58.

数职校生存在自卑心理，上课不愿主动发言，学习兴趣不浓，甚至有厌学情绪。而教师的否定、打压，沉闷的课堂气氛，都不利于激发学生的学习兴趣，为学生心理资本的培养设置了重重障碍。作为课堂教学的主导，教师的态度对于营造轻松、愉悦的课堂氛围至关重要：教师一个亲切的微笑可以有效地消除学生的抵触情绪，拉近师生之间的距离；教师一个鼓励的眼神可以激发学生举手发言的勇气；教师一句肯定的话语，可以让学生树立自信，获得一种成功的满足感。因此，在教学实践中，我们应该以平等的态度对待学生，尊重他们、理解他们，用宽容与爱感染他们，将积极的情绪、热情乐观的人生态度传递给他们。转变"师道尊严"的传统观念，建立平等、民主、和谐的师生关系，允许学生说"我不同意""我认为"，让学生在民主的、有安全感、无心理压力的课堂氛围中重拾信心、肯定自我。同时，充分调动各种积极因素，鼓励学生自发、主动地参与到语文课堂教学中来，获得积极的情绪体验。

2. 开展灵活、多样的实践活动，用真实的体验引导学生

实践活动是心理产生和发展的基础，心理学家维果茨基指出"人的心理是在活动中发展起来的"，"人的心理过程的变化与他的实践活动过程的变化是同步的"。由此可见，设计、开展相应的语文实践活动是培养学生积极心理品质的重要途径。面对千差万别、心理品质有待调整、提高的学生，教师可以在教学中组织分角色朗读、演讲、辩论等灵活、多样的活动，激励每个人通过自己的努力获得进步与发展，并收获自信心，产生成功感。引导学生在实践活动中体验生活，积极认识社会，正确对待自己应该承担的责任。综合实践活动，不仅能激发学生学习兴趣，提高学习能力，而且能给学生提供展示才能的平台，调动了学生参与合作的热情，令他们在交流合作中学会了尊重、谦让、竞争，充分体现出集体荣誉感与团队合作意识，并且在学习、展示过程中获得乐趣，满足了他们的心理需要，体会到学习的快乐。

3. 挖掘丰富、经典的教材资源，用榜样的力量鼓舞学生

职校文化课程不仅传承了民族文化、民族精神，更蕴含着对人生态度、生命价值、生活意义以及人性的深刻思考，向学生传达的是积极乐

观、健康向上的情感态度和价值观。在课堂教学中，教师可以通过丰富的教材资源教育学生、感染学生、鼓舞学生，引导学生确立人生目标，鼓励学生正视成长中的困难、挫折，培养他们的责任感和使命感，以此塑造健康的人格，培养积极心理品质。以语文课教学为例，在学习普希金的诗歌《假如生活欺骗了你》时，教师要引导学生去领悟蕴含在诗中的人生哲理：磨砺是人生的宝贵财富，在生活中因遭遇艰难困苦而身处逆境时要保持积极乐观的态度。学习《荷塘月色》时，教师在结合时代背景帮助学生理解文章主题的同时，要引导学生学习朱自清"在自然美景中暂时摆脱现实中的烦恼，获得心灵的宁静与精神上的慰藉"这种心理调控的方法，指导学生在遭遇挫折、产生消极情绪时能够用正确的方法减压，调节负面情绪，保持良好的心理状态。

4. 构建科学、合理的评价体系，用多元化评价激励学生

考核评价在整个教学过程中起着重要的激励、调节、导向作用，在很大程度上决定着学生的学习方向、学习品质及学习成效。科学、合理的评价可以激发学生的学习兴趣，促进其全面发展，使学生在学习实践过程中获得自豪、满足、幸福等积极的情绪和体验，有利于学生积极心理品质的培养。因此，职校教师应该在尊重学生、关注学生个体差异性的基础上，注重对学习过程、学习方法、学习态度的考核，注重对教学活动中学生的情感、态度和价值观的反馈。进行评价时，可以改传统单一的评价方式为教师评价、学生互评与学生自我评价相结合的多主体评价模式。把学生作为评价的主体，在调动学生学习积极性的同时，挖掘出他们身上的闪光点并加以鼓励、引导，使之发展为特长，让学生在获得成功体验的同时可以准确地认知自我、肯定自我，提升个人的综合能力与职业素养。通过学生自评、学生互评与教师评价相结合的方式，可以引导学生正确地认识自己，客观地评价他人，在展示自我、肯定自我的同时提升了个人能力与自信心。

(二) 在专业课教学中强化职校生心理资本的教育

职业学校专业课心理资本教育是指在专业课教学中，教师通过一种教学模式，创设积极的教学氛围，让学生全程（包括课前、课中、课后）融入其中，产生乐观、自信、坚韧、希望等积极心理，让学生以一种积极向

上的态度，从被动走向主动，最大限度地发挥自身潜力，乐学善思，学有所获，为今后的健康成长和事业发展奠定良好基础。

1. 专业课教学中职校生心理资本的教育策略

从某种意义上讲，学生的心理资本越强，其发展后劲越大。关注学生心理资本的培养，在教学中，教学模式的设计、实施和终极目标，应当体现人本主义的教学理念，以学生为中心，尊重个体，挖掘潜力，引导学生成长并获得积极的成功体验。

（1）引领思想，转变观念。思想是一切问题的根源，解决了思想问题，事业则成功了一半。但专业课教学中，教师普遍重视知识、技能的传授和训练，对学生的思想状态和精神诉求关注甚少，甚至不愿了解。学生对专业缺乏探索的兴趣，缺乏学习的内在动力和恰当的方法，产生厌学情绪。

针对职校生可塑性强的特点，教师可尝试通过多种途径对学生进行思想引导。新生入学教育时，可利用学生置身新环境重塑好形象这一心理，帮助他们在了解专业特点、就业前景、未来发展等的基础上，做切实可行的职业生涯规划，对未来产生期冀与憧憬，重拾自尊和自信，迈好开学第一步。在专业课教学中，教师可以利用演讲比赛、辩论会、好书荐读或者播放电影视频等活动，让学生参与、感悟和思考，既调节了课堂气氛，也不喧宾夺主，开启学生心智，触动学生灵魂，让学生反思自我，汲取力量，引发自内而外的觉醒和改变，心理资本提升，步入学习的正轨。

（2）确立目标，分步教学。思想决定行动，行动改变命运。学生思想转变后，激发了内在求知欲，体现在行动上，就是将原来的"要我学"，转变为"我要学"。教师要抓住时机，因势利导，和学生共同精心筹备一场引人入胜的教学盛宴。教学的首要任务是要确立教学目标，让学生明确学习重点，抓住主要问题。教师要将教学目标以问题的形式展现给学生，根据难易程度，将学习内容划分成若干小步骤，每步骤逐一确定目标。将知识逐层分解，化繁为简，易于学生理解和接受，不至因大量繁杂的学习内容而心生畏惧。同时，随着问题的解决和目标的实现，学生的自信和希望也就油然而生，建立起对以后知识学习的积极态度。

（3）主动探究，自主学习。自主探究学习，是不断发现问题、解决问题的过程，也是学习能力、观察能力、创新能力、探索能力得以历练提升的过程。明确了教学目标，学生就可以进行自主探究。教师要提前布置好教学任务，给学生留出充足的时间，教会学生利用网络等信息渠道准备资料。大数据时代的互联网给学生的自主学习提供了有利的条件，极大超出了传统课堂里的有限时空。学生准备材料的过程实质就是自学的过程，学生需要以韧性克服困难和障碍，体会通过自身努力，使得问题得以解决的峰回路转、柳暗花明的成就感和幸福感，增强自信心，不再惧怕以后学习中遇到的困难和挑战，对未来充满着希望。

（4）加强沟通，团队协作。工作的开展离不开团队的支持，单打独斗很难胜任工作。为适应将来的工作岗位，在校期间就要有意识地训练学生团队合作能力。教师可把学生划分为若干学习小组，形成工作团队，团队内部各有分工。团队合作是一个沟通对话的过程，培养的是人际交往能力。学生将个人不能解决的问题提出，团队间互相探讨学习，在思维碰撞中相互启发，相互促进，增进了团队间的友谊，锻炼了沟通表达能力，加深了对知识点的理解。同时，在合作过程中将个人存在的问题分散解决，节省了时间，大大提高了课堂效率。

（5）成果展示，师生共评。团队互助学习阶段结束后，要将各团队的完成情况进行成果展示，据此评定分数，加强考核。分析各组完成情况，评价优点和不足，以取长补短，相互借鉴。通过团队讨论，若仍存在一些学生自己难以解决的共性问题，可在此阶段通过师生共评彻底解决。学生提出疑问，教师有针对性地释疑点拨，举一反三，加强对重难点的理解。这是一个师生平等对话交流的过程，师生间亦师亦友，关系融洽，有助于教学活动的顺利开展，让学生更牢固地掌握知识，圆满完成教学任务。

2. 专业课学习中职校生心理资本的培养

学习过程遵循一定的规律，学生在学习中知识得以深化，不断进行自我超越，学生的心理资本也不断得以培养、锻炼和提高。

（1）自我意识的觉醒。对于全新的专业知识，学生往往会有畏难情绪，产生排斥心理。教师要引导学生树立目标，志存高远，产生求知、探索的决心。教师可将专业教学同现实生活相结合，让学生不仅发现生命的意义和生活的美好，还要认清现实，了解竞争的残酷和生存的压力，学会独立和担当，产生对学习的迫切需要，追求美好生活的信心，探索知识的勇气。唤醒自己走出迷茫，以乐观的精神和坚强的韧性去实现希望，以全新的姿态迎接未来。

（2）"跳一跳，够得着"的预期。学生觉醒后，对自己产生一定的预期。从自我否定转变为客观认识自己，接受自身暂时存在的问题和不足，并试图进行解决。教师在教学过程中帮助学生客观分析自身优劣势，自我剖析学情，全面认知自我，改变不良的学习态度和习惯，学会悦纳自己。针对学生青春期自尊心强、爱面子的特点，要不断鼓励和欣赏学生，使学生产生学习动力，努力克服困难、解决问题，培养对学习的乐观态度和顽强拼搏精神。

（3）客观恰当的设计。当学生全面剖析了自我，产生了自我预期，教师应引导学生进行学习设计，针对自己的学习情况制定有针对性的解决方案，有效地解决学习问题。在教师的引导下，学生能够了解自己的潜力和优势，面对困难充分发挥主观能动性，积极进取，在每天的点滴进步中产生信心及希望。

（4）脚踏实地的行动。行动是将设计付诸实践的过程，学生通过分组行动，实施自己的学习计划，达到预期教学目标。行动中往往会产生一些超出预期的困难，教师要鼓励学生坚定信心，鼓足勇气，克服困难，实现目标。行动，是提升心理资本的重要阶段，唯有行动，才能实现从量变到质变的飞跃。

（5）持之以恒的坚持。好习惯的养成，贵在坚持。行动之后，要努力保持已经形成的良好状态，防止和杜绝故态复萌。在坚持中需要忍耐和克制，当度过临界点后，新习惯便渐渐养成，从而实现学习过程的完善和突破。通过持之以恒的坚持，提升学生的自我约束力、韧性和勇气，让优秀成为习惯，自我效能感进一步增强❶。

---

❶ 张新颖. 职业学校专业课教学心理资本教育策略研究［J］. 职业教育（下旬刊），2015（9）：56-58.

三、在生涯规划过程中优化心理资本教育

开展职校生职业生涯规划，不仅完全符合我国职业教育发展"立德树人""服务发展""促进就业"的指导思想，同时也是实施心理资本教育、优化和提升职校生心理资本的重要策略和有效途径。

（一）职校生职业生涯规划的目标分析

职校生职业生涯规划是指职校生在校期间，能够在教师的指导下，有意识地将个人专业发展方向与未来职业目标有机结合，充分认知、了解、分析和评价个人职业生涯发展的主客观条件，为自己选定并最终确立一个最合适自己的职业奋斗目标，并为实现这一目标做出有效安排和规划。

职校生职业生涯规划可分为起始目标、成长目标和发展目标三个方面。起始目标，是指入学时学生对学校、专业的选择与专业定向。成长目标，是指在集中学习阶段学生的专业理论、职业技能的学习培养及就业创业能力和综合素质的培养。发展目标，是指学生在即将或已经就业阶段为提高业务能力而进行的职业迁移能力的培训与进修。

根据职业生涯规划的三个目标，学生也将要扮演好职校生、准职业者、职业者三个角色，并有机促成这三个角色的递进转化。一是立足专业，完成由中学生向职校生转化，这是职校生职业生涯规划起始目标的角色定位。这一角色要求学生学会确立适合自己未来发展的人生目标，摆脱对家长和教师的依赖心理，倡导自主学习、合作学习和创造性学习，走进企业，了解专业对应的行业企业的人才需求，树立正确的职业价值观。二是准确定位，完成由职校生向准职业者转化，这是职校生职业生涯规划成长目标的角色定位。这一角色要求学生重视对专业知识和技能以及综合素质的培养，具备未来职业发展所需要的职业道德、专业技能、就业创业能力和可持续发展能力。要培养独立生活能力和社会适应能力，增强社会责任感，学会根据专业、兴趣、心理素质、知识结构、社会需要等选择适合自己的职业。三是面向职场，完成由准职业者向职业者转化，这是职校生职业生涯规划发展目标的角色定位。这一角色要求学生要将课堂上的就业与创业指导，延伸至就业阶段的在职进修培训与职业迁移能力培养，倡导

终身教育,增强就业竞争力。要注重职业素养的培养,包括敬业精神、创业精神、管理能力等各种职业能力的培养。要注重择业方法和技巧方面的培养,善于寻找机遇,把握机会,推销自己,成为合格的职场中人❶。

(二) 基于优化职校生心理资本的职业生涯规划策略

积极职业教育倡导立德树人、助人自助、育人至上的职业教育理念,强调要关注职校生的积极方面,研究如何科学促进职校生的健康成长,使每一个职校生的综合素质都能够获得相对于自身而言的更为健康、更加积极的发展与提高。

教师要以积极职业教育的理念引导学生从专业、学业、职业等多角度入手,分阶段有步骤地对学生进行职业生涯规划指导。

1. 加强入学教育,帮助学生找寻归属意识,消除选择学校的盲目性

新生报到后,学校一般都要进行系统的入学教育活动,职校生的职业生涯规划应该纳入到入学教育体系中。教师要以积极阳光的心态迎接这群在中考中失利的还未摆脱失败阴影的垂头丧气的学生,要有积极的方式方法使刚刚脱离基础教育的初中后学生尽快适应新环境,熟悉新集体,结识新同伴,找寻归属感,形成共同的群体意识、集体观念和班级文化、宿舍文化,用积极的职教理念和富有个性的职教特色去引导学生开拓思维,帮助学生形成积极乐观的学习态度,使学生尽快形成归属意识,积极进入职校学习的新轨道,适应职校学习的新模式,接受职校学习的新任务,确立职业发展的新方向❷。

2. 注重专业引领,帮助学生树立专业方向,纠正选择专业的随机性

教师要带领学生积极解读各专业最新修订的人才培养方案,了解行业企业的岗位需求,了解整个职校学习阶段的学习任务和专业特点。要积极组织学生进行市场调研,走进企业,现场感受和体会本专业与企业的零距离接轨的过程。要邀请企业家进课堂开设讲座,教师在课堂要积极渗透专

---

❶ 刘翠英. 职业生涯规划过程中职校生心理资本提升研究 [J]. 江苏教育(职业教育版), 2014 (9): 59 - 60.

❷ 刘翠英. 积极职业教育视域下职业生涯规划策略 [J]. 江苏教育(职业教育版), 2015 (4): 75 - 76.

业思想，职校教师要认真组织学生开展了解专业、热爱专业的主题班会。通过学校、企业、教师等多方共同努力，齐抓共管，积极关注不同专业不同学生不同的优点和特长，帮助学生澄清观念，开阔视野，减少和消除学生最初随机选择专业带来的负面影响，树立科学的职业价值观和清晰的专业发展方向。

3. 规范学业流程，帮助学生明确学习方法，克服自主学习的散漫性

职校与基础教育阶段的学习任务有很大差异，职校学习的规律、目标、方法、手段以及生涯发展方向与初高中阶段也迥然不同。教师要帮助学生认识差异，了解职业，认识到注重技能训练、旨在培养和造就适合行业企业需要的技能型人才的职校培养目标和职校生职业生涯方向。要帮助学生理解任务引领、项目教学、理实一体的学习方式的特点，使学生做到求同存异，既保留初中阶段学习的一些良好习惯，又能抓住职校学习的新特点，加强时间管理，培养自学能力，运用小组探究，开展合作学习，有效开始职校学习生活。

4. 重视心理教育，帮助学生正确认识自我，弥补自我探索的缺失性

职校生在初中阶段几乎是被贴上了"失败者"的标签，这一标签也会被他们无意识地带入职校生活。教师要积极关注到每一个学生，引导学生进行积极的自我认知，了解和找寻自我的积极因素，帮助学生挖掘闪光点，提升自信心，激发潜能，积极探索，树立"天生我才必有用"的信念。要用大量职校生职业生涯中的成功案例给学生传递正能量，感染学生，激励学生。要使学生学会取长补短，扬长避短，在职校大舞台展示自我风采，展现青春活力。要引导学生用自身实实在在的行动撕掉消极标签，给自己注入积极因素，不断进行自我探索和挖掘，树立正确的自我意识，为眼前的学业生涯和未来的职业生涯做好积极准备。

5. 制定行动方案，帮助学生积极有效行动，解决自觉行动的滞后性

规划再好，没有行动也是枉然。大多数职校生虽然文化基础薄弱，但其内在的本质是纯朴和善良的，他们有向上和向善的良好愿望，对未来也有色彩斑斓的美丽梦想，但往往只是心动，没有行动，或者是想要行动，却不知如何着手行动。三天打鱼两天晒网、三分钟热度是他们的常

态。教师要根据学生专业特点和个体差异,引导学生制订行之有效的行动方案,将若干年后的职业生涯发展目标与眼前的学业紧密相连,找到专业、学业与职业的最佳结合点,消除懈怠,学有目标,自觉行动,实现梦想,让自己的职业生涯拥有出彩机会。

(三) 开展职业生涯规划对提升职校生心理资本的意义

职业生涯规划包括确立目标、了解和认识自我、制订方案、开始行动等几个步骤,科学合理的职业生涯规划,是职校生职业发展道路上的行动指南。同时,开展职业生涯规划也是提升职校生心理资本的有效途径。

1. 能提升职校生的自信心,增强自我效能感

自我效能感强的人会对自己充满信心,乐于接受挑战,确信自己通过努力能够实现目标;而自我效能感低的人,则对自己信心不足,容易产生逃避心理和回避行为。亨利·福特（Henry Ford）说过：无论你想、你能,还是不能,你通常都是对的。教师的任务是要帮助学生设定合理的目标,减少失败的机会,体验成功的快乐,从而提升自信心,增强自我效能感[1]。

职业生涯规划的第一步,就是要使学生明确职业生涯的目标。目标的明确可以使学生体会到职业生涯目标的重要性及与自己学业和专业的关联度,感受到目标对自己行动的引领作用,能够主动积极思考,自觉调节行动,将个人的职业生涯规划目标融入整个社会主流。教师可以有意识地指导学生设定切实可行的目标,帮助学生修正难以实现的目标,引导学生设定富有挑战的目标,使学生学有动力,学有方向,锻炼心智,重拾自信,唤发朝气和活力,培养和具备坚定不移的信念,相信自己具备取得成功的要素。因此,开展职业生涯规划是职业学校培养职校生自信心的切入点,是学生活力和朝气恢复和增长的切入点,是学生重新审视自己、认识自己的切入点,也是他们增强自我效能感,开创亮丽人生的切入点。

2. 能促使职校生进行积极归因,培养乐观的心理品质

乐观的人能用积极的心态面对困难、挫折、失败和不幸,并进行积极

---

[1] 刘翠英. 职业生涯规划过程中职校生心理资本提升研究[J]. 江苏教育（职业教育版）, 2014（9）: 59—60.

归因，从中看到潜在的机会和挑战，去沉着应战，不懈坚持，对未来抱有积极的预期，相信最终能够获得成功。

职业生涯规划第二个关键步骤是对自我的认知和把握，通过对自我的认知，确定未来的职业发展方向。教师在指导学生进行自我认知时，既可以让学生客观公正地审视自己、认识自己、了解自己，并做出自我评估，又可以通过自我认知的过程让学生充分了解自己在兴趣、特长、性格、学识、技能、智商、情商、思维方式、思维方法、道德水准等方面的优点和特长，让每一个职校学生都能认识到自己虽然不是这个学校、这个专业、这个班级最优秀的，但总是能找寻到最合适自己的职业生涯，相信最适合的就是最好的。积极的归因方式，有利于激发学生的学习动机，提高学习积极性，提高学习效率，维持学生心理平衡，既可以使学生避免产生自负骄傲和自卑懈怠两种极端情绪，又能够促使学生愉悦自我，接纳自我，拥有乐观向上的心理品质，释放潜力，获得成功。

3. 能提高职校生的抗挫力，锻炼坚强的意志品质

爱迪生说过：生活中的很多失败是因为人们没有意识到，当他们放弃努力时距离成功是多么近。具有较高韧性的人，拥有较强的抗挫力和坚强的意志力，在逆境中能不畏险阻，迎难而上，保持良好的心理状态，在失败和逆境中变得更加坚强，并且不断开发潜能，最终走出困境，走向成功。

职业生涯规划的第三步是设计行动方案。应该说，进入职业学校的学生，曾经都饱尝失败滋味。灰头土脸，失落失望，无助无奈，茫然淡漠，自暴自弃是他们的真实写照。开展职业生涯规划，学生根据自身实际，自己设计生涯行动方案和生涯目标实施的计划表和时间表，亲手描绘自己未来的美好蓝图，让模糊的未来真切可感，有可操作性，有现实可能性。开展职业生涯规划，能够给职校生点燃心灯，照亮他们前行的路，让他们学会分析环境、分析自我，培养和锻炼坚强的意志品质，克服种种困难，激发学习兴趣和发展潜力，科学合理地规划自己的学业，设计自己未来的职业发展方向，取得师生共同期盼和满意的成绩。因此，开展职业生涯规划，能够让职校生面对现实，重拾信心，是职校生提高抗挫能力、适应职

校生活、培养学习兴趣、激发学习潜能、明确奋斗目标、积极健康成长的有效途径。

4. 能激发职校生的积极动机，努力实现预定目标

对未来充满希望的人能够坚持独立思考，主动设立目标，有效解决问题，努力实现目标。进行职业生涯规划指导，对于在就业过程中处于弱势群体的职校生而言，能够帮助他们合理定位，点燃希望，激发动机，积极行动，增强学习的针对性和实效性，避免习得性无助感，去体验成功，促进未来职业生涯目标的达成。

职业生涯规划最重要的步骤就是停止梦想，马上行动，这是职业生涯规划中最艰难的一个步骤。纸上的蓝图再美妙，也必须落实在行动上。如果动机不转换成行动，动机终究只是动机，目标也只能停留在梦想阶段。多年来，职业学校为社会各行各业输送了大量高技能技术型人才和高素质的优秀人才。他们以自身独特的魅力和过硬的专业技能在各行各业中发挥着不可替代的作用。在开展职业生涯规划时，教师可以广泛收集和整理职业学校优秀毕业生成功的职场资料，通过优秀毕业生的事迹，感染学生，激励学生，激发学生积极动机，引导学生积极进取，让学生进一步明确专业方向，树立成才信心，确立发展方向，调整规划方案，并依据方案，克服困难，排除干扰，通过实实在在的行动，努力实现预定目标。

职校生职业生涯规划应该从学生一入校就着手进行，并有计划分步骤地贯穿和渗透于学生整个学习生涯之中。职校教师要奉行和倡导积极职业教育，关注每一个职校生的优势和特长，立德树人，悉心指导，引导学生积极探索，认真规划，让每一个职校生在未来的职业生涯中都拥有人生出彩机会。

本章小结

心理资本被誉为财力资本、人力资本、社会资本三大资本以外的个人生存与发展的第四大资本。进行职校生心理资本教育是职业学校开展心理健康教育的重要手段，关注职校生的健康和谐发展，必须注重提升职校生

第十一章 职校生心理资本与积极职业教育管理策略

的心理资本。本章着重讨论了职校生心理资本的内涵及特点，分析了职校生心理资本存在的问题，指出职校教师应是职校生心理资本教育的重要力量，要注重职校教师的专业化成长，提高职校生心理资本教育的师资水平。倡导运用积极职业教育策略，在德育管理过程中加强心理资本教育，在课堂教学过程中渗透心理资本教育，在生涯规划过程中优化心理资本教育。

(本章作者　江苏省徐州经贸高等职业学校　刘翠英)

职校生青春期心理与积极职业教育管理策略

教育部印发的《中小学心理健康教育指导纲要（2012年修订）》要求，学校要开展心理健康教育工作，将心理健康教育始终贯穿于教育教学全过程。教育部印发的《中等职业学校德育大纲（2014年修订）》明确指出，在中等职业学校要重视心理健康教育工作，开展心理健康基本知识和方法教育、青春期心理健康教育、职业心理素质教育、心理咨询、心理辅导和心理援助。职校生正处于青春期，是身体发育和思想道德形成的关键时期。开展青春期心理健康教育是职校生成长的内在需要，是职业学校的德育内容，是培养中国特色社会主义事业合格建设者和可靠接班人的德育途径。开展职校生青春期心理健康教育，就是要了解职校生青春期的心理特征及问题，反思教育管理的形式、内容和评价，探索实践积极的职业教育管理策略，帮助职校生走过迷茫的青春期。

第一节 职校生青春期心理概述

青春期（Puberty）指个体以第二性征出现为起点并以性成熟为主要特征的时期。个体在身高、体重等身体形态方面经历第二次发育高峰。一般在10～20岁，其中10～15岁为青春前期（女性为10～13岁、男性为

第十二章 职校生青春期心理与积极职业教育管理策略

12~15岁），15~20岁为青春后期（女性为14~18岁，男性为16~20岁）。❶ 本节主要讨论职校生青春后期的心理概况，故下文青春期特指青春后期。

青春期是人类个体生命全程中的一个极为特殊的阶段，这个阶段的青少年生理发育十分迅速，但心理发展的速度则相对缓慢，心理发展水平尚处于从幼稚向成熟发展的过渡时期。❷ 生理的迅速发展与心理的缓慢发展形成鲜明对比，矛盾性显而易见。然而，与童年期相比，青春期个体的心理发展也有了突飞猛进的变化。

一、职校生青春期的心理特征

职校生青春期心理发展，主要包含职校生青春期的认知发展、性心理发展、社会性发展。其中认知发展主要讲述记忆、思维方面的发展特征，性心理发展讲述职校生在性生理及性心理双重影响下的变化，社会性发展描述自我意识、情绪变化、第二反抗期、人际关系等方面的现状及特征。

（一）职校生青春期的认知发展特点

1. 记忆

记忆（Memory）是在头脑中积累和保存个体经验的心理过程，简单来说，人通过感官获得的信息在脑海中留下印象，在一定条件下还能恢复，这就是记忆。记忆联结着人的心理活动的过去和现在，是人们学习、工作和生活的基本机能。处于青春期的职校生通过记忆才能获得知识与技能，不断增长自己的才干。职校生在青春期时，长时记忆得到充足发展，记忆容量不断扩大。

2. 思维

思维（Thinking）是借助语言、表象或动作，实现对客观事物概括的和间接的认识，是认识的高级形式。它能揭示事物的本质特征和内部联系，并主要表现在概念形成和问题解决的活动中。处于青春期的职校生在

---

❶ 林崇德，杨治良，黄希庭. 心理学大辞典 [M]. 上海：上海教育出版社，2004：934.
❷ 林崇德. 发展心理学 [M]. 北京：人民教育出版社，2009：327.

头脑中运用存储在长时记忆中的知识经验，对外界输入的信息进行分析、综合、比较、抽象和概括，即思维操作，完成一系列比较复杂的活动。❶

根据皮亚杰的认知发展阶段理论可知，职校生正处在形式运算思维阶段（十一二岁以上）。在这个阶段，职校生的形象思维已经发展成熟，抽象逻辑思维（一种假设的、形式的、反省的思维）也趋向成熟。研究表明，处于青春期的职校生已经能够正确分类，并且能从本质上说明分类的依据。随着年龄的增长，职校生的创造性思维水平总的趋势是不断向前发展的，年级越高，创造性思维成绩越好，但发展速度是不均匀的，二年级是创造性思维发展的高潮，三年级相对二年级是创造性思维的低潮，创造性思维对职校生的专业技能培养起重要作用。❷

（二）职校生青春期的性心理发展特点

性成熟使青春期个体对过去的情感、性意识、人际关系、生活范围的认识发生变化，多表现出不安、烦躁等心理特征，需要成年人的适当引导。

（三）职校生青春期的社会性发展特点

1. 自我意识

青春期是自我意识发展的第二个飞跃期，个体自我意识增强。性的成熟使其更关注自己的身体特征，性意识日趋明显，在与成年人的冲突，以及与同龄人的交往中不断认识到自己的优缺点，逐渐学会正确评价自我。

职校生青春期自我意识高涨的突出表现为：一是内心世界越发丰富起来，在日常生活和学校中，常常思考"我是一个怎样的人""别人喜欢我还是讨厌我"等一系列关于"我"的问题；二是展现出个性上的主观偏执性。一方面他们总是认为自己正确，听不进别人的意见；另一方面他们又感到别人似乎总是用尖刻挑剔的态度对待他们，例如当老师在课堂上多喊自己回答了一个问题，就会认为是老师对他有意见。随着年龄的增长，职校生在关心自己个性成长的同时，自我评价日益成熟，在其言行受到肯定

---

❶ 彭聃龄. 普通心理学［M］. 北京：北京师范大学出版社，2004：246.
❷ 张景焕，张广斌. 中学生创造性思维发展特点研究［J］. 当代教育科学，2004（5）：53.

第十二章 职校生青春期心理与积极职业教育管理策略

和赞赏时，会产生强烈的满足感，反之，易产生强烈的挫折感。

2. 情绪变化

青少年的情绪表现出半成熟、半幼稚的矛盾性特点。主要表现在两个方面：一是情绪表现的两极化。强烈、狂暴性和温和、细腻共存；可变性和固执性共存，内向性和表现性共存。❶ 二是心境的变化，处于青春期的职校生可以意识到现在的自己是由过去的自己发展变化来的，能意识到自己是一个各方面统一、协调的个体。

3. 第二反抗期

个体产生成人感，同时独立性增强。为摆脱成年人的束缚，处于青春期的个体开始与其发生冲突，进入第二反抗期。

反抗心理是青少年普遍存在的一种个性心理特征，主要表现为对一切外在力量予以排斥的意识和行为倾向。职校生的反抗方式具有多样化，如态度强硬、举止粗暴、态度冷淡、漠不关心。通常在没有得到家长或老师等尊重其独立人格时、个性伸展受到阻碍时、自主性被忽视时、强迫其接受某种观点时，容易出现反抗行为。

4. 人际关系

职校生进入学校后，大多离开父母开始了住宿生活，学习一个人处理生活事务、与成长背景不同的同伴相处，与此同时他们对父母有既想独立又必须依赖的矛盾，因此在人际关系方面，职校生在青春期的人际关系发展包含与同伴、成人交往两方面。

一是同伴关系。在和同伴关系上，青春期的职校生主要表现在逐渐克服了团伙的交往方式，交友的范围随着年龄增长而逐渐缩小。研究显示，从青春期到成年早期，拥有最好朋友的数量从 4~6 个逐渐减少到 1~2 个。❷ 青春期的职校生对交朋友的意义也有了新的认识，认为朋友之间应该能够同甘苦、共患难，能从对方那里获得支持和帮助。同时，异性之间的交往也开始逐渐融洽。

---

❶ 林崇德. 发展心理学 [M]. 北京：人民教育出版社，2009：348.

❷ Hartup, W. W., Stevens, N. Friendships and Adaptation Across the Life Span [J]. Current Direction in Psychological Science, 1999, (8): 93-99.

二是与成人的交往。正如上文提到的，他们对成年人的一些行为表现出了反抗，当对象是父母时，他们通常会在情感、行为、观点上脱离父母，同时父母的榜样作用削弱。当对象是老师时，青春期的职校生不再盲目接受任何一位老师，他们开始品评教师，而且在心目中都有一两位最钦佩的教师。

二、职校生青春期的心理问题

职校生青春期的心理问题，主要从认知发展、性心理发展、社会性发展三方面进行问题阐述。对处于记忆、思维等认知发展迅猛的职校生来说，自我意识觉醒、性意识逐渐萌发、对与老师及同学的交往方式、交往态度有了显著变化。

（一）职校生青春期的认知发展问题

由于记忆、思维等方面迅猛发展，职校生学习能力迅速上升，可以接受更多、更本质、更深入的基础知识和专业技能学习。随着年龄的增长，逻辑思维能力接近成人水平，但思维内容，如对世界是怎样的，我与世界的关系等问题的思考还受到年龄、环境的局限，因此如何提高职校生认知能力成为亟待解决的一个问题。

（二）职校生青春期的性心理发展问题

处于青春期的职校生对异性关系表现出了异于童年时期的兴趣，渴望了解异性生理、心理发展的特点，通过各种或明或暗的方式收集信息。在这个过程中，有一些职校生通过互联网、新闻媒体、影视剧等渠道，建立了不成熟的恋爱观，例如爱就是一切，爱情只要重视过程不用在乎结果等非理性观念。

在生理发展成熟的条件下，性激素分泌旺盛，职校生通常会通过手淫、自慰等方式满足性欲望，过度的性欲望满足行为会侵害到青春期个体正常的生理心理发展。

（三）职校生青春期的社会性发展问题

由于半成熟与半幼稚并存的特性，职校生与父母、老师在相处方式存在对抗趋势，对于削弱其独立性的行为表现出强烈的反抗，同时对父母、老师的权威性产生质疑，不再充分信任父母、教师的言论与行为。这在某些职校生家中对父母态度恶劣、课堂中对老师呛声的日常表现中可见一斑。在与同伴相处的过程中，他们面临更复杂的人际关系，交往圈子缩小，更愿意与志趣相投的人成为朋友，但又由于对自我在团体中位置的不确定，而弱化了自身在团队中的作用。团队意识薄弱成为青春期职校生同伴交往的一个缩影。

同时，在适应社会方面也暴露了一些问题，如吸烟成瘾、游戏成瘾、网络成瘾，因为生理心理变化以及对社会生活的不适应，所产生的焦虑、抑郁等内部失调问题。❶

三、职校生青春期心理的教育管理

职校生青春期心理的教育管理，主要从三方面展开：认知发展教育、性教育、社会交往教育。在认知发展教育方面，加强学校教育与社会实践的结合工作；在性教育方面，加强科学知识宣传与学校课程安排学习；在社会交往教育方面，营造良好的社团文化实践活动氛围，帮助学生从社团活动中锻炼社会交往能力。

（一）职校生青春期认知发展教育

职校教育重在将学校教育与职业紧密结合，因此在教育过程中，非常重视对学生实际操作能力的培养，常常会通过各种技能大赛检验学生的能力水平。创造性思维在其中发挥了重要作用。创造性思维是指重新组织已有的知识经验，提出新的方案或程序，并创造出新的思维成果的思维活动。在未来职校生青春期认知发展教育过程中，树立正确的创造性思维模式观念、建立符合时代潮流的创造性思维培养模式、营造贴合学生实际的创造性思维环境变得尤为重要。

通过制定相关政策，帮助学生树立正确的创造性思维模式观念，以影片、人物模范等方式，建立榜样模范，让学生在思想上接受并向创新模范学习。

---

❶ 林崇德. 发展心理学［M］. 北京：人民教育出版社，2009：360.

将学生日常活动与创新思维融合起来，建立符合时代潮流的创造性思维培养模式。以团队为核心，发展先行创新部队，摸索创新思维培养模式，再慢慢渗透到普通职校学生中，稳固具有推广性的创新培养模式。

结合当代中职生喜好，营造贴合学生实际的创新思维环境。如设立相关社团、开展与专业有关的创新比赛，让参与创新活动的思想成为一种新的校园文化，营造校园良好的创新氛围。

（二）职校生青春期性教育

树立正确的性观念，传达正确科学的性知识。在学校开设相关课程，向职校生普及关于青春期的科学性知识，不遮掩不回避，主动应对学生的疑惑；定期开展相关讲座，为学生答疑解惑；开展文娱活动，让职校生接触性知识，表达自己对青春期性的态度，不躲避。

传递科学的性知识家庭教育。为家长定期开设性知识讲座，帮助家长用适当的方式向自己的孩子传递科学、正确的性知识。

（三）职校生青春期社会交往教育

研究表明，接触可以减少偏见，群际接触可以缩短人与人之间的距离。[1] 职校生青春期心理的社会交往教育，应该秉持"积极接触"的理念，在帮助学生树立正确的交往观念时，帮助交往双方进行合理适度、恰当有效的积极接触。

树立正确的交往观，学习相关课程，教导学生礼仪、一般交往规则。在校园中张贴相关名言名句，营造良好氛围。

积极开展文娱社团活动，加强学生与同伴的相处交往。文娱社团活动有助于拉近同伴交往距离，还有助于帮学生学会大大方方地与异性交往。

第二节 职校生青春期教育管理的反思

青春期的职校生处于身体和心理的生长发育期，他们个性张扬，自我

---

[1] Thomas F. Pettigrew, Linda R. Tropp. A Meta - Analytic Test of Intergroup Contact Theory [J]. Journal of Personality and Social Psychology, 2006, 90 (50): 751 - 783.

意识强、情绪波动大、渴望被认可。根据职校生青春期的特点，反思职校生青春期的德育管理、教学管理和实践活动，如何更好地开展教育管理，是职业学校教育管理者理应积极思考和努力实践的一大课题。

一、反思职校生青春期的德育管理

中等职业学校学生德育管理工作取得了很大成就，但是面对新的社会形势、新的市场需求、新的学生特点等众多挑战，学校德育管理工作还存在着一些问题。主要表现在以下方面。

（一）职校生青春期德育管理的目标和内容

德育目标脱离实际，内容存在偏失。中职学生在认知能力、情感因素、意志品质和行为习惯等方面都与普通高中的学生有一定的差别，在对学校德育的认同和接受程度上也与同龄人有一定的差距，而且中职学生的情况比较复杂，不同学生之间的个性差别也比较明显。一些学校在制定德育目标时，直接照搬教育部下发的文件，一连多年都没变的德育目标，早已不适应新的形势和新的变化。学校在德育内容的选择上，将德育等同于政治教育问题，既存在规定过死，开放性、灵活性不够的问题，又存在德育内容与学生所学专业的联系不够紧密，缺乏中等职业教育特色的问题。

这样的做法与学生的现实需求相背离，由于德育目标和内容不能有效地贴近现实生活，只能导致学校德育的低效乃至失效。同时理想与现实的落差也容易使学生不同程度地产生心理失衡，并导致他们对学校德育的质疑，从而影响德育的实施效果。

（二）职校生青春期德育管理的方法和途径

德育方法比较简单，德育途径狭窄。长期以来，由于各种因素的影响，中职学校对于德育的认识相当模糊，德育方法简单、德育途径狭窄，学校习惯于把大量的道德知识、行为规范灌输给学生，基本停留在肤浅、苍白无力的说教水平上。在德育活动中，学校也大多是基于一种上对下的态度进行教育，忽视了学生的主体地位，忽视了挖掘学生自我教育的主动性和积极性。很多学校还是把德育课和班主任工作作为学校德育工作的"主渠道"，忽视家庭教育、社会教育具有多样性、实用性、及时性和补偿性的特点。这种不让学生接触社会,不重视给学生提供社会实践的机会,这种脱离社会道德环境而独立存在的封闭的德育方式有很多弊端。

(三) 职校生青春期德育管理的评价和体系

德育管理评价单一,缺乏科学体系。德育评价是对德育的效果和价值所作出的评价和判定。很多中职学校德育评价主体十分单一,学生个体的德育评价主要是由班主任或辅导员来判裁,带有厚重的主观性,而其他任课教师、管理人员、学生家长等基本上都不参与德育评价活动。学生是被评价的对象,更是无权自己评价自己。这样的德育管理评价体系,忽视教师和学生的主体参与、主体发展和主体开发,忽视管理评价的全员性、全程性、多元性、差异性、持续性和发展性。评价价值没有充分发挥,评价资源开发不深入,评价活动收益小,没能通过强有力的评价杠杆,发挥德育管理评价的真正有力作用。

二、反思职校生青春期的教学管理

职校生处于特殊的人生阶段,职校生青春期的教学管理需要渗透到职校生生活的多个方面,贯穿整个青春期,为职校生顺利度过青春期保驾护航。现代管理学认为,管理最重要的是人的管理。现将从教学管理的三个主体:学生、教师和家长三方去反思。

(一) 职校生青春期教学管理之学生

积极教育更注重学生寻找并研究学生的各种积极力量[1],并创造一切机会和平台让学生应用这些积极力量。但是现今的职业教育,让学生不够积极。

1. 对学习内容无兴趣

课程内容不符合职业标准,课程内容陈旧滞后,跟不上企业真实岗位的发展需求;教学过程忽略学生主体,以教师的讲授为主,无法激起学生的学习热情,也无法激起学生的好奇心;考核形式单一,职校生看不到自己的进步,更加不自信。

---

[1] 任俊. 写给教育者的积极心理学 [M]. 北京:中国轻工业出版社,2014:15.

2. 自尊自信不足

职校生因为自尊水平低，对自己的言行要求低，很多时候自控力差，无法控制自己的情绪，人际关系差，也掌控不了自己的零花钱，常常入不敷出，到处借钱。不求上进，自暴自弃。又因自信心不足，对自己的各种能力缺乏自信，不参加学校组织的各种活动，封闭自己，对未来迷茫，毫无规划。

（二）职校生青春期教学管理之教师

职业学校的教师也需要积极地引导，提升幸福感，幸福教师培育幸福学生。但是职业学校教师的职业幸福感不高。

1. 职业倦怠现象严重

教学体制的各种限制，让职业学校的教师承受着各种压力。职业学校的教师需要一专多能，需要理论和实践两手抓，达到双师型标准。论文课题年年有，各项比赛争名次，下企业谈合作样样行。但是这样的高要求之下，职业学校的教师普遍薪酬水平低于普通学校[1]，导致很多教师产生严重的职业倦怠，无法提起工作的激情。

2. 职业成就感偏低

职校生的管理难度远远超过普通高中的学生，他们个性顽劣、特立独行、蔑视纪律和规章制度。职业学校的教师需要花费更多的时间和精力去维持课堂秩序，去说教基本规范。长期单调的工作环境和任务，让职业学校的教师职业成就感低下，职业幸福感低下。

（三）职校生青春期教学管理之家长

家庭教育是学校教育的重要组成部分。职校生的诸多问题，很多是不良家庭教育的结果。职校生的家庭教育主要存在以下问题。

1. 家庭亲子关系严重不和谐

职校生和父母的关系大多数很差，父母的话很少起作用，在家里任性妄为，在和父母的斗争中，总能获胜，父母对其毫无办法。父母毫无威

---

[1] 陈川，徐泽民．职校教师自我评价及其对职业学校评价的调查分析［J］．中国职业技术教育，2011（6）：62-65．

信,更增添职校生的嚣张气焰。他们和同学关系一般,无法和优秀同伴一起学习和成长,阻碍了自我发展和进步。

2. 家庭教育严重缺失理性和科学

家庭教育知识薄弱,父母无法进行有效的教育。从小没有管教好,等孩子到了青春期后,父母想管却无法掌控。家庭教育态度方式不当,不懂得以身作则,总是说一套做一套。父母关系紧张,争吵不休,严重影响孩子的身心健康。离婚、再婚家庭比例很高,很多职校生缺少基本的安全感,很多不良习惯都是家庭教育的诟病。

三、反思职校生青春期的实践活动

处于青春期的职校生精力充沛,特别需要通过交友活动、团队活动等形式表现自我、培养兴趣、锻炼能力,同时获得同伴认可。据调查,职业学校德育活动的现状不容乐观,出现了活动目标脱离实际,学生主体性作用发挥不够,活动内容单调,活动方法粗糙,活动过程形式化等问题,影响了德育实践活动对学生成长的指导作用。

(一)职校生青春期实践活动的内容

1. 以德育常规类活动为多,学生自主性不突出

职业学校长期重视学生的行为习惯养成,重视开展学生常规方面的教育实践活动。通过入学军训等形式,对职校生的早锻炼、课间操等一日常规,都高标准、严要求达到准军事化的要求。再通过广播操比赛、内务大赛等德育实践活动,培养学生的日常行为规范。但青春期的职校生,处于心理叛逆期,会对严格的常规管理或多或少地表现出抱怨,以德育常规类活动为多的实践活动,没有发挥出学生的自主性。

2. 以文艺体育类活动为主,活动主题体现不够

职校生对唱歌、打篮球等文体类活动比较偏爱,喜欢文体类的活动。参加这种活动的方式比较简单,户外球场、音乐教室等都能满足场地需求,所需要的活动器具也容易准备。这种活动的组织形式也松散自由,在球场上可以随意组队,开心快乐为主要活动目的,活动内容单一,活动的主题体现不够,也没有明确的目标追求,缺少活动主题明确、活动内容丰

富的实践活动。

（二）职校生青春期实践活动的形式

1. 以小众参与为多，学生参与不广泛

职业学校组织的德育实践活动，通常以学生自发报名参加为主，活动受场地和人数等限制，学生参与面不够广泛，大大影响了学生参加实践活动的积极性。

2. 以学生自发为主，教师指导不深入

有街舞、摄影、书画等相同兴趣爱好的职校生，通常会自发组建学生社团，向学校申请形体房等场地，利用空余时间训练街舞、书画或参加摄影采风等活动。学校没有制定社团管理的规范，学生活动时间和活动场地常会受限，学生通过相互介绍等形式加入社团，缺少社团招新、社团展示等活动宣传形式，更缺少社团指导教师的专业指导。

（三）职校生青春期实践活动的评价

1. 以班主任评价为主，缺少学生互评

以班级、系部或学校组织的实践活动，大多以学校和系部表彰、班主任表扬为主要的评价方式，对活动过程中的评价较少。在德育实践活动过程中，学生之间表现出来的相互提醒、相互帮助、团队合作，仅仅记录了学生成长的足迹，缺少学生之间的相互评价。

2. 以参与体验式为主，缺少目标激励

在传统的德育实践活动中，以参与式、体验式的活动为主。活动的开展应以阶段性为主，所以缺少目标激励和量化机制，也没有与职校生的德育综合评价相结合。

第三节　职校积极职业教育管理的基本策略

基于积极心理学的职业学校的教育管理，是针对职校学生的生理、心理等特点，注重积极的心理健康教育引导，在德育、教学、实践等方面开展积极职业教育的管理模式。只有实施积极职业教育的管理，才能提高职校生的心理素质，培养他们积极乐观、健康向上的心理品质，充分挖掘他们的心理潜能，促进职校生身心和谐发展，为他们健康成长和幸福生活奠定基础。

一、积极职业教育的德育管理

积极职业教育的德育管理要通过建设积极的校园文化，探索积极的文化育人途径，开办家长学校，创造家校合作育人的环境，校企合作，构建校企合作育人的新平台等方式，实现学校、家庭和社会多方位合作育人的管理模式。

（一）校园文化，探索文化育人新途径

职业学校的校园文化建设是具有职业学校特质的、在校园这一特定环境中形成的一切意识形态的总和。职业学校的校园文化建设，在激发职校师生对学校认同感和使命感、凝聚力等方面，具有潜移默化的教育作用。

1. 校园文化的建设内容

精神文化引领师生。精神文化是学校的灵魂。学校结合办学理念，形成具有职业学校特质的校风和学风，增强了师生的凝聚力、向心力和公信力。通过学校创办校报、建立校园电视台、广播等形式，开展专业文化知识的宣传和学习活动，营造专业文化氛围，用行业动态引领学生专业学习。

建立健全制度文化。学校按照教育规范制定日常行为管理制度、实习管理制度、活动管理制度、卫生管理制度、生活管理制度、安全管理制度、考核评比制度等一系列规章制度，科学、合理、可操作性强，执行力大，确保了教育教学管理工作的顺利开展。

企业文化融入校园。通过打造怡情励志的校园环境，加强校企共建环境文化。根据自身的特点，规划校园绿化与景观布置，并用先进企业的企业精神、员工行为准则等图文资料布置校园环境；用全国高技能人才事迹介绍、行业领军人物介绍等图文资料布置专业文化长廊；用各班级专业领域相关企业和产品介绍等图文资料布置班级环境，企业文化熏陶学生的环境氛围。

2. 校园文化的建设途径

建立健全校企共建的工作机制，完善校企共建的工作制度，用规范保障校外基地在积极德育中的长效作用。

依托合作企业文化、人力等资源，开设专业文化展览室，实现专业文化和企业文化融会对接。通过陈列相关专业的历史典故、文化渊源、知识介绍、知识拓展、专业要点，相关专业的名言警句，专业大师、名师、高级教师的寄语，师生专业教学操作与成果展示，相关专业企业的用人标准、专业模拟场景等文字、图片、实物模型陈列方式开展校企共建校园文化。

创设企业学校互动平台。定期组织企业和学校之间的学习、交流、服务和评价活动。通过举办岗位能力展示和竞赛、举办模拟就业市场、毕业生报告团汇报会、职业素质评价活动等活动，构建校企共建的校园文化平台。

专业文化走进课堂。学校开展班级专业文化布置评比活动，注重体现专业风格、突出专业个性的课堂环境布置。在课堂教学中渗透专业文化，开设"企业课程选修班"，聘请企业专家和工程技术人员参与日常教学和实训工作，专业课程实行校企教师同堂授课。

3. 校园文化的建设成果

形成校级品牌文化活动，开拓了校内外文化教育基地。学校可以通过开展技能大赛和创新大赛等品牌活动方式，形成文化育人的氛围。同时借助周边文化教育基地，组织学生到企业、社区、博物馆等地方开展学习活动，并通过教育媒体，开展学习活动，为学生提供了多方位的学习资源。

职业学校校园文化的探索和实践，积极发挥校园文化在青年思想道德建设中的作用，实现文化育人的效果。

（二）家长学校，搭建家校育人新模式

家庭是孩子的第一个课堂，父母是孩子的第一任老师，教育孩子是父母的法定职责。只有遵循孩子成长的规律，不断提高家庭教育的水平，增强家庭教育的能力，用正确的思想和方法引导并教育孩子，发挥家长在家庭教育中的主体责任，重视以身作则和言传身教，才能培养孩子积极健康

的道德品质。要充分发挥学校在家庭教育中的重要作用。学校可通过开办家长学校，建立健全家长学校的组织机构、组建家庭教育讲师团和家长委员会、开发家庭教育课程、规范家长学校的管理，强化家长学校对家庭教育工作的指导，丰富家长学校指导服务的内容，充分发挥家长委员会的作用，传递科学家教的理念、知识和方法，解决家庭教育中的热点和难点问题，寻求多方合作共同办好家长学校，搭建家校合作育人的新平台，创造家校合作育人的新模式。

1. 统一思想、达成共识，创造家校携手的良好氛围

家庭是社会的基本细胞。注重家庭、注重家教、注重家风，对于国家发展、民族进步、社会和谐具有十分重要的意义。家庭是孩子的第一个课堂，父母是孩子的第一任老师。家庭教育工作开展的如何，关系到孩子的终身发展，关系到千家万户的切身利益，关系到国家和民族的未来。学校积极推进家长学校的建设，充分发挥学校在家庭教育中的重要作用，创造家校合作育人的良好氛围，为地方经济发展建设培养具有良好道德品质和文明行为习惯的高素质劳动者和技术技能人才。

2. 建章立制、规范管理，做好家长学校的教学管理

学校要将家长学校纳入学校的整体工作，组建家长学校校务委员会和家长委员会，制定家长学校的章程和各项规章制度，设计活动记录表册，并由活动组织部门做好活动的相关记录。学校要制订家长学校的建设方案，每学期结合实际制订可行的教学计划，科学设置教学课程。通过学校培养和外聘等多种方式，组建一支家长学校的讲师团，担任面向学生家长的家庭教育讲课和面向全校班主任的家校沟通指导等工作，确保家长学校的活动经费和活动地点，确保工作顺利开展。

3. 注重引导、培养品德，彰显立德树人的育人目标

学校可通过发放问卷调查表等形式，了解家庭教育情况以及家长对家长学校办学方式和授课内容的意见建议。学校要对学生进行心理测试，了解学生心理状态，建立学生心理健康档案。通过班主任老师与家长定期沟通，联合家庭教育的力量引导学生调适心理。学校通过微信平台公众号，传播学校教育信息，定期分享科学家教的视频、文本等资料，传递优秀家

庭教育理念，让家长主动关注学校教育，提高对家庭教育重要性的认识，主动学习家庭教育的新方法，形成家校合作育人的合力。

（三）校企合作，构建合作育人新平台

为服务地方中小企业发展，职业学校开展校企合作，利用学校自身资源，为企业在产品研发、技术推广、设备维修、安装调试、检验检测、工艺创新、创意策划、管理咨询、文献检索、员工培训等方面提供服务。通过这一过程，提供师生了解、熟悉企业的机会，提升师生的交往和实践能力，培养师生的专业和工程素养，提高教师的教学水平，促进学校专业建设水平和教学质量的提高，构建了合作育人的新平台。

1. 建设一个校企合作工作平台

为深度开展校企合作，学校通过挂牌成立校企合作工作平台，结合学校实际和企业需要，按专业成立电气检测、汽车维护等技术服务队。针对技术服务队特点，明确要求技术服务队通过市场调研、实践运作，努力寻找多元共赢的校企产学研合作的形式，探索新的校企合作模式和新的人才培养方案。

2. 构建三位一体的校企合作机制

校企合作工作平台本着为中小企业提供科研技术、人才培养服务，同时反哺学校提升技术水平、提高教学质量，不断完善校企深度合作办学机制，切实从产学研合作教育体制机制入手，积极推动学校出击社会经济建设主战场和激发企业主动承担人才培养责任，初步构建以学生为中心，形成专业设置与地方产业对接、课程项目与企业专技岗位对接、学校资源服务与市场需求对接的新型人才培养、科技服务、技术创新三位一体的校企深度合作互惠共赢的运行机制。

3. 创设五种校企产学研合作模式

将校企产学研合作按合作主体的关系创设为五种校企产学研合作模式：校内联合型合作模式，以校内实训基地相互交融，跨专业交集开展产学研合作；双向紧密型合作模式，以学校与对口行业、企业开展紧密深度合作；多向复合型合作模式，以组建中小企业合作共享平台，与大型企业合作；中介协调型合作模式，以沟通联合中高等院校与中小企业、行业开

展合作；政校企联盟合作型模式，以政府、学校、企业三方研讨，形成联盟集团合作。

4. 开展项目化校企服务

校企技术服务队以"服务共赢"为宗旨，积极主动开展组合型项目化合作，实施过程中不断探索技术技能提升，课程设置合理调整，科研创新实践应用等方面学校与企业的融合。并通过科研课题实施，鼓励教师以项目建设立项，在纵向项目和横向项目中交叉应用，形成理论指导实践、实践提升理论的科研形态。

政校企联盟的校企产学研合作更显成效，企业主动参与学校建设发展更能增添活力。在地方经济社会事业转型升级中，人才培养模式也要转型升级，这样就要求政府与学校、企业结合联盟互动，形成合力，才能为社会培养出适合当前经济事业发展需要的现代实用型技术技能人才。要使企业"热"起来，政府应出台企业优惠政策，行业和大型企业主导先行，同时学校要着眼未来，主动积极开展各项校企产学研合作服务，企业与学校真诚开放心扉，合作"共赢"才能长久，才能走得更远，前景更广阔。

二、积极职业教育的教学管理

积极职业教育的教学管理要通过探索和实践合作探究、翻转课堂等方式，营造积极教学的新课堂，实践积极教学的新模式，开展多元并举的教学评价，激发学生学习的兴趣，提高学生自主学习的能力。

（一）合作探究，营造积极教学新课堂

随着信息技术的普及应用，根据职业学校专业建设与教学工作实际，新的教学方法应运而生，其中合作探究法得到广泛认可。合作探究教学就是让学生通过开放式教学，从实验操作与合作交流等活动中获得知识与技能。

1. 创设情境、提出问题

教师采用仿真教学等方式创设自主探究教学的问题情境，激发学生探究欲望，为其获取新知识抛砖引玉。给学生以足够的时间和空间，让每个学生围绕探究的问题，决定探究的方向。对学生而言，该问题的设计应具

有一定的可自由发展的空间。探索过程中教师适时提示，帮助学生沿概念框架逐步攀升。

2. 交流提炼、得出结论

交流提炼主要是小组合作交流，围绕问题收集到各类事实，及其对事实的解释，通过分组互助、集体交流的方式，使问题得到解决。

分组互助：将班级学生按每小组6~8人分成几个学习小组，小组中分别有不同成绩层次的学生，在学习中发挥互助功能。在教学中立足中等生，扶持学困生，发展优等生，他们对探究结果进行互相讨论、互相补充、互相教学，各自发表自己的见解，充分发挥学生与学生之间的互补作用。

集体交流：对小组教学中出现的各种结果，运用分析、比较、讨论等方式进行集体交流，促进学生自我思考、积极交流、融会贯通，在各自得出的结论之间建立联系，以求得最佳的答案，并达成共识、得出满意的结论。同时建立生生、师生之间多维互动的合作交流方式，并充分发挥生生、师生之间互补作用，使学生参与到自主解决问题的全过程。

3. 深化练习、有效迁移

练习是教学过程中学生实践的主要形式，是掌握知识、形成能力的重要手段。教师是活动前的策划者、活动中的合作者、疑难处的引导者，教师的任务是搭建一架无形的"梯子"，让学生在合作探究的登攀中拾级而上。练习应以能力养成为依据，以学生实际为出发点，以学生接受性为尺度。练习的设置应体现问题的多向性、解决问题策略的多样性，能面向全体学生并结合学科的特点，分层分类，具有拓展性、开放性、探究性，注重学生思维的流畅性、多变性和独创性，使学生能自主解题并自觉检验，鼓励发散思维。同步、有梯度的练习为每一层次的学生设计可选择的空间，让学生充分地阅读、讨论、理解，这样就变"吸收—存储—再现"为"探究—鼓励—创新"。

合作探究的课堂，少了不该有的条条框框，多了应有的自由与宽容，增添了自主学习的自信和勇气，在这种不拘一格的教学形式中，在这样和谐融洽的氛围中，思维的闸门开启了，智慧的浪花迸发了，激荡起了创新的激情和成功的欢欣，教师的劳动涌现出创造的光辉和人性的魅力。

（二）翻转课堂，实践积极教学新模式

对于职校生的专业课程教学，教师用传统的课堂教学方法讲授专业知识、指导学生训练专业技能，大部分学生的学习积极性不高，自主学习意识不强，为应付考试或考证的学习，也很难适应未来职业化发展所需要的学习能力。翻转课堂是指在信息化环境中，课程教师提供以视频为主要形式的教学资源，学生在上课前完成对教学视频等学习资源的观看和学习，师生在课堂上完成作业答疑、协作探究和互动交流等活动的一种新型教学模式。❶ 职业学校采用翻转课堂教学模式，学生通过听讲解、看示范、做作业、评教案、练习题、解疑问等环节开展自主学习，提高了学习兴趣和学习能力。

1. 课堂教学实践翻转课堂

开展翻转课堂教学，课前准备工作必不可少。教师要根据教学的需要，组建团队二次开发教材，选择适合翻转教学的章节，分组录制微课，设计习题。考虑到大部分职校学生还没有普及电脑，也可以根据实际情况尝试课内翻转实践。通过分组讨论学习等形式，引导学生积极参与课堂讨论，开心分享学习体会，增强主动学习的意识和同伴交流学习的氛围。

2. 课后评价改革翻转课堂

翻转课堂教学激发了师生对专业知识实际应用的探索。教师可通过结合生产实际，组织学生到企业参观学习，由企业技术工程师给学生讲授并做演示，学生真实地体验专业技术的应用。也可结合课程，布置学生一些调研项目并形成调研报告、做成PPT作小组交流分享。而课堂变成巩固知识的过程，提高了学生的学习能力，把知识转化为技术应用，实现了职业体验。这时候，传统的教学评价已经不能有效评价学生的成绩。教师可改革教学评价方式，按自评、组内互评、组间互评、教师评分相结合的方式汇总统计考试成绩。学生从背诵知识点应付考试转变为分享知识、交流技

---

❶ 钟晓流，宋述强，焦丽珍. 信息化环境中基于翻转课堂理念的教学设计研究［J］. 开放教育研究，2013（1）：58-64.

术，享受交流分享、同伴互学带来的学习乐趣，同时也提高了理解、分析、讲解的能力。

3. 体验参与共享翻转课堂

传统的课堂教学，教师和学生之间作简单交流，学生用传统作业的方式向老师反馈学习结果，而没有学习过程和学习体会的交流。而教师对学生学习的评价方式也比较单一，只有笔试或操作。而翻转课堂把学习的主动权交给了学生，克服传统教学中被动学习的状态，学生在调研、分析、交流等活动中，成为学习的主人，提高了职校生的学习能力，真正培养了专业素养和专业实践能力。学生对教师的教学评价也提高了，构建了新型的师生合作关系，促进了教学资源的开发利用，为师生提供了互动的交流平台，师生在体验参与中共享翻转课堂。

(三) 多元并举，实施积极教学新评价

中职校的教学评价是促进教育教学不断优化的重要手段之一，它具有导向、判断、改进、激励等功能，对师生的积极评价，能有效地影响他们自我认识、自主行为，形成积极动机，实施"积极教学"。

1. 服务学生，教学评价多视角

中职校教学评价的主要目是促进有效学习，锻炼综合能力，养成良好的素养。作为评价者，应从多个视角对中职生进行积极评价：既关注知识的积累，又关注参与的热情；既关注个体的发展，又关注协作的品德；既关注技能水平的提高，又关注创新能力的提升；既关注整堂课的收获，又关注各环节的表现；既关注学习效果的达成，又关注学习方法的养成。积极评价的视角还应包括探究精神、收集资料，筛选信息，掌握技能等，多视角评价就是要做到立足现实的终结性评价与面向未来的形成性评价相结合。

2. 殊途同归，教学评价多途径

"条条大道通罗马"，教学评价亦如是。积极的教学评价，既有管理者的评价，也有教师、学生、家长、企业多方参与评价。教师评价，挖掘职校生的闪光点，以发展的眼光看待职校生，多以正面肯定带动职校生的自信心、上进心；自我评价，让职校生学会审视自己，客观公正地看待自己,提高自我反思能力;生生互评,学会用欣赏的眼光看待他人,见贤思齐,提出中肯的建议,善于倾听伙伴意见;家长评价,家长对学习习惯、自觉性、沟通能力、劳动表现等方面评价,促进中职生行孝扬善、以德为美、吃苦耐劳、自立自强;企业评价,企业对顶岗实习期间及毕业后在遵守厂纪、出勤、工作态度、责任感、能力素养、同事协作、质量意识、发展潜能等方面评价,校企合作有助于做好人才培养与教学质量的反馈。

3. 齐头并进,教学评价多举措

"教然后知困,学然后知不足",教学评价既是教学的催化剂,又是师生教学状态的还原剂。教学评价是一项系统工程,需要方方面面齐头并进才更客观公正。多样化的检查:教案、作业、试卷,辅导等强调对课堂教学的质的分析,定性和定量相结合;多样化的巡视:课前、课堂、课后、活动、课间操、自修课等强调规范意识,注重学习状态,注重中职生习惯的形成;多样化的比赛:同课异构、五课、微课侧重团队协作辅导,展示师生的素质,发展优秀禀赋;多元化反馈:教学公开日、推门听课、座谈会、问卷调查,窥一斑见全豹,强调日常工作严谨,应讲究细微处;专题讲座和横向交流学习,第一课堂与第二课堂相结合,拓宽视野,丰富技能……多样化评价强调过程,注重发展功能。一次评价不仅是对某一活动的总结,更是下一段活动的起点、向导和动力。评价方式的多样化追求从不同角度提供师生学习和发展的信息,帮助师生排忧解难,资源共享,快速发展,更上层楼。

多元并举的教学评价,有助于激发师生兴趣,积极参与课堂教学;多元并举的教学评价,有助于改善中职生的学习态度和学习方式,对学习充满信心,敢于挑战自我,超越自我;多元并举的教学评价,尊重个体差异,坚信努力后能进步,促进中职生真正按照自己应有的方式成长,成为具有独立精神及创新精神的人才。

三、积极职业教育的实践管理

积极职业教育的实践管理要通过学生社团、创业活动、创新实践等活动方式,为学生提供培养兴趣、交流学习、个人展示的平台,培养他们健康的志趣特长、吃苦耐劳、勇于探索、敢于创新的精神品质。

(一) 培育优秀社团，服务青年成长

学生社团是以学生共同的生活理念、兴趣爱好、专业特长、学术取向或其他方面的共同追求而自发建立起来的，是具有明确发展目标和规范、符合学校社团成立条例并相对独立地开展活动的非正式群体。[1] 职业学校学生社团的建设和发展，关系到学生的成长与成才。学校以学生兴趣爱好为引导，紧密结合新时期青年学生的新特点，从社团规划、社团管理等方面，提升共青团服务学校发展、服务青年成长的能力，创新工作思路、务实工作方式，推进职校学生社团工作。

为引领职校生思想品德、提供职校生交友平台、增强职校生服务社会的意识、提高职校生综合素质，把职校生学生社团打造成为文化艺术类、体育运动类、公益服务类、创业实践类、技能创新类五大类社团。

1. 文化艺术类社团

文化艺术类社团是通过建设棋类、舞蹈、器乐、摄影、书画、播音主持等社团，引导职校生学习优秀传统文化、开展优秀传统文化教育实践活动、推动优秀传统文化传承创新，培养爱国爱党的家国情怀，提升客观公正、文明友善的人格修养。

2. 体育运动类社团

体育运动类社团是通过建设健美操、太极拳、武术、足球、篮球、羽毛球等运动社团，训练职校生强健的体魄，培养团结协作、顽强拼搏、坚持不懈的精神，提升学生的心理素质和身体素质。

3. 公益服务类社团

公益服务类社团是通过建设校园协警、城管执法、空调清洗等社团，开展志愿公益服务，培养职校生自立自强、热于奉献的精神，树立勇于担当社会责任、志愿公益服务社会的大局意识，让学生参与社会实践、服务社会的过程中锻炼自己、提升自己。

---

[1] 李朝阳. 高校学生社团现状研究 [D]. 苏州大学，2013.

4. 创业实践类社团

创业实践类社团是通过开展创业实践体验，培养创业兴趣；开展创业系统培训，学习创业理论；申报优秀创业项目，实践创业经营等系列创业实践活动，培养调研市场、分析行业、承担风险、熟悉经营管理的能力，积累创业经验，提高参与社会创业的成功率。

5. 技能创新类社团

技能创新类社团是通过动漫、影视制作、礼仪、导游、航模等专业社团，提高职校生学习专业技能的兴趣，培养善于思考、刻苦钻研的研究精神，提升学生的专业素养。

职校学生社团管理应该由团委负责，制订社团管理的办法和考核评价的办法。社团发起人通过填写社团申报表、招募社团成员、制定社团章程和活动计划等组建社团。校团委根据实际需要配备指导老师、安排活动场地和时间，确保社团活动顺利进行。

职业学校要充分发挥学生社团在青年思想道德建设中的作用，为职校生提供社团活动的平台，建设"凝聚青年、服务青年、发展青年、服务社会"的社团组织，积极探索青年学生社团活动内容和活动方式的不断创新，尝试青年学生社团社会化，以开放的视野思考社团发展，为青年思想道德教育提供丰富的实践载体。

（二）开展创业活动，培养创业精神

习近平总书记对现代职业教育的发展的指示中提出：职业教育是国民教育体系和人力资源开发的重要组成部分，是广大青年打开通往成功成才大门的重要途径，肩负着培养多样化人才、传承技术技能、促进就业创业的重要职责，必须高度重视、加快发展。党的十七大提出要"实施积极的就业政策"，"以创业带动就业"。这表明我国的就业方针已经从被动扩大就业机会，逐步进入到鼓励自主创业，以创业带动就业的新阶段。自2013年以来，国家出台了一系列推动自主创新、创业的政策，全民参与创新、创业的意愿空前高涨，各中等职业学校已经将创业教育从创业知识传授向创业实践的转变，更好地实现了提升学生创业意识，培养创业精神，提高创业能力，鼓励、引导和支持学生投身创业实践。

1. 开展创业活动，营造良好的创业氛围，促进学生职业心态、职业意识的养成

开展创业活动，首先要让创业的理念渗透到学校教育的各个环节，成为学校文化的一部分，让所有的学生在校期间能够从潜移默化中接受培训，点燃学生的创业梦想是创业教育过程中的主线，在校学生正值青春年华，他们渴望享受成功的喜悦和快乐，只有注重营造良好的创业教育文化氛围，如实训中心，教学楼和创业园等场所展示专业文化、企业文化和创业文化的内涵，通过图片文字形式陈列或实物模型展示或大型标语展贴或音像资料，选用大师、名师、导师寄语以及优秀学生典型，发挥榜样的引领作用，学校出台系列的创业优惠政策，激励和鼓励学生创业。创业有成的毕业生回母校"现身说法"，向学生"零距离"面授机宜，用自身艰苦创业的经历、业绩、体验教育广大学生，开启学生的思路，激发内在潜能，使创业不再高不可攀，让人生畏，使他们感受到创业成功者就在他们的身边，让创业的理念渗透到学生心里。

2. 开展创业活动，提供广泛的创业培训平台，促进学生职业技能、职业能力的提高

学校积极引进有效的创业培训项目，不断拓展多种形式的创业培训，将 GYB、SIYB、"领航者"创业培训引进课堂，培训对象不同，层次不同，课时不同，满足了不同学生的需求。专题创业培训可根据学生的创业情况进行量身定做，适时调整。

在创业培训过程中注重四个结合，教学与实践相结合、培训与模拟相结合、网上与网下相结合、校内与校外相结合，在点燃学生创业梦想的同时，激发学生创业热情，引导学生追梦、定梦、圆梦。

3. 开展创业活动，提供广泛的创业实践平台，促进学生职业道德、敬业精神的培养

学校提供形式多样的创业实践平台，如学生创业模拟公司、学生创业园、创业孵化园等多个平台，定期组织"创业开放日"活动，让有创业想法的学生首先在创业开放活动中练胆、练摊；组织学生去校外创业实践基地进一步积累经验；组织学生参加各级各类创业计划书比赛；经过试水成

功的创业项目进驻学校学生创业园开店营业或上网经营，最后积累了一定的经营管理经验、成熟的创业项目再到学生创业孵化基地经营，努力使学生最终圆梦。

开展创业活动，通过围绕点燃学生创业梦想，培养创业精神，让学生拥有"我的创业梦"，并且在成就创业梦想的路上积极实践，不断地提高创业技能和创业能力，不断体验成功的欢乐和喜悦。

（三）开展创新实践，实现岗位成才

弘扬创业创新创优的"三创"精神，激发和提高职校生的科技创新热情和能力，培养具有创新精神和创新素质的科技人才后备队伍，服务和推动创新型社会建设，是加快发展现代职业教育，培养现代高素质劳动者和技术技能人才的有效途径。学校可通过健全创新组织机构、开展创新培训和创新实践等活动，培养学生的创新精神。

1. 健全组织机构，全面推进创新工作

学校可将创新工作纳入学校的教育计划，将创新工作落实部门专项推动，建立健全学校科技创新的领导小组和工作小组的组织机构，分类组建由学校、企业人员参与的创新工作小组，制定相应的管理制度、工作计划和考核奖励办法等，保障科技创新的专项经费，改善科技创新的设施设备，培养一批科技创新的指导教师，每年组织开展科技创新节，规范有序、保障有力地开展科技创新工作，全面推进创新工作，让科技创新成为职业学校的一大特色。

2. 开展创新培训，组队开展创新实践

学校要加强学生创新意识、创新思维、创新能力的培养，通过组建创新团队，挖掘创新项目，培养创新型人才。通过组织寓教于乐的科普教育讲座培训，开展科普知识宣传活动，让学生了解科普，学习科学技术，培养学生"科技创造世界、科技改变生活"的意识。学校每年举办科技月活动，举办科技创新竞赛活动，全面发动师生发现创新项目，调动学生积极参加创新实践活动。学生可根据个人的兴趣爱好，报名参加科技创新小组，由指导老师带队进一步实践创新。在校企合作中建立学校与企业的创新合作关系，科技创新小组主动参与企业技改项目。在地方科协指导下，

优秀创新技术申报国家专利，服务于企业的技术创新，确保创新工作落到实处。

3. 参加创新比赛，开展创新交流学习

学校可积极组织师生参加各级各类展览活动，增长见识，了解产业行业发展动态，学习最新创新知识。组织师生参加各级各类职业教育创新大赛或青少年科技创新大赛等，在比赛中积累经验、交流学习。

创新精神是一个国家和民族发展的不竭动力，创新精神是企业发展和竞争的"法宝"，创新精神也是当代职校生应该具备的一种素质。创新不仅是一种精神，更是一种能力。职业学校只有重视创新教育，注重培养学生的创新意识和创新思维，提供学生创新实践的舞台，职校生才能成为具有创新精神和实践能力的高素质劳动者和技术技能人才。

本章小结

根据职校生青春期的认知发展等心理特征，把握职校生青春期的心理问题，从德育管理、教学管理和实践活动三方面，反思传统的职校生青春期德育管理，存在德育目标脱离实际，内容存在偏失，德育方法比较简单，德育途径狭窄，德育管理评价单一，缺乏科学体系等问题；反思传统的职校生青春期的教学管理，教师、学生和家长都存在一些问题；反思传统的职校生青春期的实践活动，在内容、形式和评价方面存在学生自主性不突出、活动主题体现不够、学生参与不广泛、教师指导不深入、缺少学生互评、缺少目标激励等问题。基于积极心理学的职业学校教育管理，是针对职校学生的生理、心理等特点，注重积极心理健康教育引导，在德育、教学、实践等方面建构积极职业教育管理模式。这种针对职校生青春期的心理特征，开展积极职业教育管理的策略，积极探索家校合作育人的新模式、积极教学的新方法，有助于实现职校生的岗位成才。

(本章作者　江苏省江阴中等专业学校

梅暧英　贺　盼　尹志军　罗　苗)

职校生个性心理与积极人格教育策略

职校生的年龄，正值青春期或青年初期，这一时期是人的心理变化最激烈的时期，也是产生心理困惑、心理冲突最多的时期。由于这些学生中的大多数是基础教育中被忽视的群体，这也决定了他们的心理问题多发、易发而且日益复杂，是一个需要特别关注的群体。个性心理品质是一个人心理面貌最主要和最重要的体现，是心理健康及其他素质发展的基础。通过了解职校生的个性心理现状及成因，以积极心理学为理论指导，对学生进行积极人格教育，创设良好的德育环境、教学环境和心育环境，调适学生的心理问题，引导学生形成良好的个性心理品质，以使职校生具备可持续发展的积极人格特质，成为高素质劳动者和技能型人才。

第一节 职校生个性心理概述

一、个性心理与人格的心理内涵

（一）个性心理概述

人的一般心理过程为人的共性，每个人均经过这个心理过程。人的个性心理，各不相同。个性心理是在完成一般心理过程后发展起来的，没有

第十三章 职校生个性心理与积极人格教育策略

一般的心理过程的发生发展,就不可能有个性心理的发生、发展。

1. 什么是个性心理

个性心理简称个性,是指一个人的整个心理面貌,即具有一定倾向性的、稳定的、本质的心理特征的总和。

个性是复杂的、多侧面、多层次的统一体。由于个性结构较为复杂,因此,许多心理学者从自己研究的角度提出个性的定义,美国心理学家奥尔波特(G. W. Allport)曾综述过50多个不同的定义。就目前西方心理学界研究的情况来看,从其内容和形式分类主要有五种定义。

第一,列举个人特征的定义,认为个性是个人品格的各个方面,如智慧、气质、技能和德行。

第二,强调个性总体性的定义,认为个性可以解释为"一个特殊个体对其所作所为的总和"。

第三,强调对社会适应、保持平衡的定义,认为个性是"个体与环境发生关系时身心属性的紧急综合"。

第四,强调个人独特性的定义,认为个性是"个人所以有别于他人的行为"。

第五,对个人行为系列的整个机能的定义,这个定义是由美国著名的个性心理学家奥尔波特(G. W. Allport)提出来的,认为"个性是决定人的独特的行为和思想的个人内部的身心系统的动力组织"。

目前,西方心理学界一般认为奥尔波特的个性定义比较全面地概括了个性研究的各个方面。首先,他把个性作为身心倾向、特性和反应的统一;其次,提出了个性不是固定不变的,而是不断变化和发展的;最后,强调了个性不单纯是行为和理想,而且是制约各种活动倾向的动力系统。

苏联心理学家一般是从人的精神面貌方面给个性下定义的。从这方面理解个性的心理学家又有两种情况:一部分心理学家把个性理解为具有一定倾向性的各种心理品质的总和。目前,我国的一些心理学教材也持这种观点。另一部分心理学家只从心理的差异性方面把个别心理特征理解为个性。应该说,前一种看法是比较恰当的。他们认为人的能力、气质和性格等个性特征并不孤立存在,而是在需要、动机、兴趣、信念和世界观等个性倾向的制约下构成的整体。而后一种看法过于狭窄，没有看到个性倾向在个性中的作用，缺乏对个性的各个特征作为一个整体来看待，显然没有揭示出个性的实质。

由于个性的复杂性，我国心理学界对个性的概念和定义尚未有一致的看法。我国第一部大型心理学词典——《心理学大词典》中的个性定义反映了多数学者的看法，即"个性，也可称人格。指一个人的整个精神面貌，即具有一定倾向性的心理特征的总和。个性结构是多层次、多侧面的，由复杂的心理特征的独特结合构成的整体。这些层次有：第一，完成某种活动的潜在可能性的特征，即能力；第二，心理活动的动力特征，即气质；第三，完成活动任务的态度和行为方式的特征，即性格；第四，活动倾向方面的特征，如动机、兴趣、理想、信念等。这些特征不是孤立的存在的，是有机结合的一个整体，对人的行为进行调节和控制的"❶。

我们在本书中提出将"个性"和"人格"这两个概念加以区别，认为个性即个体性，指人格的独特性；人格是一个复杂的内在组织，它包括人的思想、态度、兴趣、气质、潜能、人生哲学以及体格和生理等特点。两者并不是完全相同的，只是互相交错在一起，共同影响人的行为，人格的形成更多的是由教育决定的。

综上所述，尽管心理学家们对个性的概念和定义所表达的看法不尽相同；但其基本精神还是比较一致的："个性"内涵非常广阔丰富，人们的心理倾向、心理过程、心理特征以及心理状态等综合形成系统心理结构。

2. 个性心理的结构

个性心理的结构包括个性心理倾向性与个性心理特征两大部分，这两大部分有机结合，使个性成为一个统一的整体结构。

（1）个性心理倾向性是指人对社会环境的态度和行为的积极特征，包括需要、动机、兴趣、理想、信念、世界观等。

每个个体对客观世界的事物、事件都各有自己的倾向，有不同的需要、不同的兴趣、理想、信念、世界观和不同的动机。个性心理倾向性决

---

❶ 荆其诚. 简明心理学百科全书［M］. 长沙：湖南教育出版社，1991：385.

定人对现实的态度，决定人对认识活动的对象的选择。个性倾向性是个性系统的动力结构。它较少受生理、遗传等先天因素的影响，主要是在后天的培养和社会化过程中形成的。个性倾向性中的各个成分并非孤立存在，而是互相联系、互相影响和互相制约。其中，需要又是个性倾向性乃至整个个性积极性的源泉，只有在需要的推动下，个性才能形成和发展。动机、兴趣和信念等都是需要的表现形式。世界观属于最高指导地位，它指引和制约人的思想倾向和整个心理面貌，它是人的言行的总动力和总动机。由此可见，个性倾向性是以人的需要为基础、以世界观为指导的动力系统。

（2）个性心理特征是指一个人身上稳定地表现出来的心理特征。它是个性结构中比较稳定的成分，主要包括能力、气质和性格。在个性心理发展过程中，这些心理特征较早地形成，并且不同程度地受生理因素的影响。

人的个性心理就是个性心理倾向性和个性心理特征的总和，但是这两部分之间也不是彼此孤立的，而是相互渗透、相互影响的，个性心理特征受个性心理倾向性调节，个性心理特征的变化也会在一定程度上影响个性心理倾向性。人的个性是在生命成长过程中通过从出生、婴幼儿、童年、青少年、学生，经历几年、十几年、几十年，心理过程的发育、发展及至终生的接受教育、自我学习、锻炼，最终培育形成了具有自我特征的个性。

（二）人格的心理内涵

人格（Personality）一词源自古希腊语 Persona。Persona 最初指古希腊戏剧演员在舞台演出时所戴的面具，与我们京剧中的脸谱类似。而后指演员本人，一个具有特殊性质的人。现代心理学沿用 Persona 的含义，转译为人格。其中包含了两个意思：一是一个人在人生舞台上所表现的种种言行，人遵从社会文化习俗的要求而做出的反应。即人格所具有的"外壳"，就像舞台上根据角色的要求而戴的面具，反映出一个人外在表现。二是一个人由于某种原因不愿展现的人格成分，即面具后的真实自我，这是人格的内在特征。人格是一个存在很大分歧的概念，不同的学者由于不同文化背景，因而对人格的理解也不同。

1. 人格的定义

人格是源于个体自身的稳定行为方式和内部过程。❶ 在心理学中，人格是探讨个体与个体差异的领域，也是一个人区别于他人的特征之一。

人格包括两部分内容。第一部分是稳定的行为方式。人格是稳定的，可以跨时间、跨情境地观察这些稳定的行为方式。第二部分是内部过程。内部过程和发生在人与人之间的人际过程不同，它是在人的内心发生的，影响人怎样行动、怎样感觉的所有情绪、动机和认知过程。稳定的行为方式和内部心理过程都是在个体身上发生的，外部环境对人格也有影响，父母教养孩子的方式自然影响孩子将来成为什么类型的成人。

2. 人格的基本特征

（1）独特性。一个人的人格是在遗传、环境、教育等因素的交互作用下形成的。不同的遗传、生存及教育环境，形成了各自独特的人格。人与人没有完全一样的人格特点。所谓"人心不同，各有其面"，这就是人格的独特性。但是，人格的独特性并不意味着人与人之间的个性毫无相同之处。在人格形成与发展中，既有生物因素的作用，也有社会因素的作用。人格作为一个人的整体特质，既包括每个人与其他人不同的心理特点，也包括人与人之间在心理面貌上相同的方面，如每个民族、阶级和集团的人都有其共同的心理特点。人格是共同性与差别性的统一，是生物性与社会性的统一。

（2）稳定性。人格具有稳定性。个体在行为中偶然表现出来的心理倾向和心理特征并不能表征他的人格。俗话说，"江山易改，禀性难移"，这里的"禀性"就是人格。当然，强调人格的稳定性并不意味着它在人的一生中是一成不变的，随着生理的成熟和环境的变化，人格也有可能产生或多或少的变化，这是人格可塑性的一面，正因为人格具有可塑性，才能培养和发展人格。人格是稳定性与可塑性的统一。

（3）统合性。人格是由多种成分构成的一个有机整体，具有内在统一

---

❶ ［美］杰瑞·伯格（Jerry M. Burger）. 人格心理学 [M]. 陈会昌，译. 北京：中国轻工业出版社，2014：4.

的一致性，受自我意识的调控。人格统合性是心理健康的重要指标。当一个人的人格结构在各方面彼此和谐统一时，他的人格就是健康的。否则，可能会出现适应困难，甚至出现人格分裂。

（4）功能性。人格决定一个人的生活方式，甚至决定一个人的命运，因而是人生成败的根源之一。当面对挫折与失败时，坚强者能发愤拼搏，懦弱者会一蹶不振，这就是人格功能的表现。

据此根据其特征我们可以在心理学上将人格定义为：个人在适应环境的过程中所表现出来的系统的独特的反应方式，它由个人在其遗传、环境、成熟、学习等因素交互作用下形成，并具有很大的稳定性。

3. 积极人格教育的内涵

积极心理学对人格的研究以反思和批判传统心理学关于人格研究中存在的问题来进行。积极心理学认为传统的人格心理学研究存在两个方面的问题：一是过分强调人格的独特性而忽视人格的共同性。二是传统的人格心理学具有消极的特性，即过分关注问题人格，从精神分析人格理论到特质人格理论，最终都无一例外地都落实到对问题的分析和研究上。

积极人格教育以积极心理学为理论基础，倡导以"积极赋义，悦纳共情、激励尊重、持之以恒"的方式使受教育者"保持积极观念，趋向自我完善，寻求主动发展，乐于探索创新，积极调整适应，努力发挥潜能"，进而形成可持续发展的积极人格的教育模式。积极人格教育致力于培养积极的个人特质：爱的能力、工作的能力、勇气、人际交往技巧、对美的感受力、毅力、宽容、创造性、关注未来、灵性、天赋和智慧等。[1]

二、职校生个性心理的基本特征

职校学习时期是职校生从心理幼稚走向成熟的过渡时期，是他们的个性人格趋于定型的时期，也是进行心理教育的最佳时期、关键时期。个性心理具有稳定性和可变性、积极性和消极性、整体性和独特性，以及鲜明

---

[1] 王道荣. 走向心灵的高职德育：积极人格教育模式的建构研究 [J]. 职业教育研究, 2013 (10): 29-30.

的社会性等特点，是在生活过程中发展形成的，也会随社会环境、教育条件的改变而改变。

1. 稳定性和可变性

个性心理具有稳定性。人在行为中的偶然表现不能表征他的个性，只有在行为中比较稳定经常表现出来的心理倾向和心理特征才能表征他的个性，个性具有经常性、稳定性。❶ 个性的稳定性是相对的，个性并不是一成不变的，个性是在主客观条件相互作用的过程中发展起来的，同时又是在主客观条件相互作用的过程中发生变化的，因此个性具有可变性的特征。个性是稳定性和可变性的统一。

2. 积极性和消极性

职校生的个性心理具有积极性特征。学生进入职业学校后，紧张的学习状况有所缓解，职校生无须面对高考的压力，他们逐步摆脱了感性经验的限制，思考与感悟能力已经形成。性格开朗、思想解放、社会参与度高且易融入社会。表现为乐于参加文艺、体育等各种有益活动，形成了富有竞争心理、个性突出、乐于交往、珍惜友情、尊重他人的性格特征。

职校生的个性心理在很多时候表现出消极的特征。部分职校生由于自控能力差，贪图玩乐且学习不得法，成绩普遍较差，存在比较严重的自卑心理。进入职业学校后人为地把自己封闭起来，上进心不强，求知欲不高，得过且过混日子，甚至自暴自弃。职校新的教学模式新的学习内容更让他们一时难以适应，一旦在学习上遇到困难，就会出现行为上的懒惰，经常迟到，上课时感兴趣就听，不感兴趣就趴在课桌上打瞌睡，讲话消磨时光；作业想做就做，不想做就不做，厌学情绪普遍，偏执和叛逆心理严重。

3. 整体性和独特性

个性是一个统一的整体结构，是人的整个心理面貌。每个人的个性倾向性和个性心理特征并不是孤立的，它们相互联系、相互制约，组成一个完整的个性。但是人与人之间没有完全相同的心理面貌，每一个人的个性

---

❶ 叶奕乾，何存道，梁宁建. 普通心理学 [M]. 上海：华东师范大学出版社，2004：313.

都有独特的个性倾向和个性心理特征,即使是同卵双生子,他们的心理面貌也不会完全相同。因为个性在遗传、环境、成熟和学习许多因素影响下发展起来的,这些因素之间的相互关系都不可能完全相同。[1] 职校生在认知上,以形象思维为主;情感上,呈现出较多的淡漠与怀疑;意志上,容易产生动摇;行为上,不善自律,活泼好动。但他们动手能力强,接受新鲜事物快,容易感动,敢于探索。

三、职校开展积极人格教育的意义

人本主义心理学家马斯洛认为:人的需要有两种,即基本需要和成长需要,也就是生存与发展,简而言之就是"活着"与"活好"。"活好",即通过"自我实现"满足多层次的需要系统,达到"高峰体验",重新找回被排斥的人的价值,实现完美人格。积极人格教育指向的是后者,是使受教育者具有更好的生命质量和更高的精神素质。美国心理学家马丁·塞里格曼认为:"积极心理学致力于研究人类的优势和美德,它催化心理学从只关注于修复生命中的问题到同时关注建立生命中的美好品质。"积极人格教育转移了教育的视角,完成了现有德育模式的转换,使职校德育更加符合职业教育的规律,更加尊重学生的个性需求,更加关注学生的成功体验,更加关注学生的自主发展。中央教育科学研究所孟万金教授认为,积极的心理健康教育就是"一切从积极出发,即用积极的视角发现和解读各种现象,用积极的内容和途径培养积极向上的心态,用积极的过程诱发积极的情感体验,用积极的反馈强化积极的效果,用积极的态度塑造积极的人生"。积极,揭示了生命的本质,也体现了积极人格教育的核心价值。因为人的生命是一个开放的、自我决定的系统,既有自我控制的内在冲突,也有指向完善的成长潜能。积极人格教育源于生命生长的基本动力,指向成长问题的妥善解决,追求生命完善的积极发展。

---

[1] 叶奕乾,何存道,梁宁建. 普通心理学 [M]. 上海:华东师范大学出版社,2004:314.

第二节 职校生个性心理发展的问题与反思

职校生正处于身心急剧发展的转折时期，教师只有了解、掌握学生的个性特点和表现，才能开展有效的教育教学活动，才能实施对学生全面的管理，才能保证职业学校学生的成人成才。在这样的特殊时期里，学生的学习生活由普通教育向职业教育转变，发展方向由升学向就业转变，自然也会在自我意识、人际交往、学习和生活等方面发生一些变化。因此，教师掌握并分析学生的个性特点，加强对他们教育和引导，就显得尤为重要。

一、职校生个性发展存在的问题

（一）缺乏积极理想和追求

不少职校生在进入职业学校时就觉得自己是被淘汰的或者被遗弃的人，认为自己将来没有出息、事业上难有作为，往往表现为精神萎靡不振，思想上不求进步，学习上不思进取，生活上自由散漫。一些职校生抱着混世度日的心态打发人生，甘愿沉沦，听天由命。

（二）社会适应能力较弱

现在的职校生大部分是独生子女，受到来自长辈的过分关爱，依赖性强，生活自理能力差，难以顺利适应职业学校的集体生活。由于缺乏集体生活的磨炼，职校生社会生活经验比较少，社会认知方式不够合理，往往对社会现象缺乏理智的判断，分不清是非对错。面对快速多变、纷繁复杂的社会，职校生比同龄优势群体的学生显得更加困惑和无所适从。

（三）人格尊严受到损害

由于初中阶段学业成绩的不理想，不少职校生的人格尊严得不到认同。他们成了世人眼中"不上进的顽劣"，是老师眼中不可教的孺子，是家长眼中"没希望"的一代，是亲友眼中"不学好"的典型，是现实社会中"多余人"的代表。可以说，与普高生相比，职校生的人格尊严问题比较突出。

(四) 存在不良性格特征

从当前职校生个性塑造的实际情况看,狭隘、妒忌、暴躁、敌对、依赖、孤僻、抑郁、怯懦、神经质、偏执性、攻击性等不良的性格倾向已经成为相当一部分职校生的个性心理特征。一些职校生可以毫不犹豫或毫不内疚地说谎、欺骗、敲诈或偷盗,边缘性人格、双重人格、物化人格等并不少见,反社会性、分裂性、戏剧性等人格障碍倾向在一些职校生言行举止中也有明显表现。[1]

(五) 个性发展不够健全

部分职业学校由于对学生个性发展的忽视和教育引导的缺乏,以及对个性的否定性评价倾向,扼杀了一些学生的个性,导致个性发展不健全。表现为缺乏积极的主体人格倾向,强化了谦卑需要、攻击性需要等消极人格特征,造成个性和人格的缺陷。由于初中阶段学业上的反复失败,备受歧视,自卑感强,对学校、对社会充满冷漠、仇视。不少学生缺乏远大的理想及克服困难的毅力,缺乏自主学习的意识。有的怕吃苦,懒散,只追求享乐,上网、早恋及不受纪律约束情况日益严重。个别学生上课迟到、早退、吸烟、打架等。

二、职业学校教育管理的反思

(一) 职业学校学生管理存在的问题

1. 管理过严,缺乏以人为本

众所周知,由于职校生自控能力差,加之对学习不感兴趣,大部分职业学校在学生管理中采取严防死守的管理方法,认为管不严学生就会出事,管不好学生就会出问题。因此在管理中更多的用"扣分"和"惩罚"替代其他的教育管理学生方法。现在的中等职业学校学生,在思想品质上良莠不齐,在思想认识上也是差别较大,有的积极向上,有的却消极倦怠,可是大多数职校把学生当作"对手"和"敌人",不考虑学生的心理感受,缺乏人情味的死板管理是不可能达到预期效果的。

---

[1] 李娟. 中职院校学生个性心理问题和择业心理问题研究 [J]. 企业导报, 2010 (5).

2. 管理过死，缺乏灵活创新

大部分职校为了提高规范教育的可操作性，学校把学生管理规范具体化，对各班学生遵守规范的情况进行量化打分，作为评选"星级班级"的主要依据。在规范评比过程中，各班又建立了班级考评制度，周周有评比，月月有总结，班主任的眼睛盯在学校的记分牌上，学生的眼睛盯在班级评比的"星"和"美"上，每周一节的班会课，就成了评比和总结的主阵地，"批评与自我批评"是课堂的主旋律，学生管理缺乏灵活性和创新性。

3. 管理过细，缺乏实际效果

长期以来，职业学校都明确了德育为首的管理思想。每个学期，学校制订详细的德育计划，并按计划开展德育活动，做到"月月有主题，周周有活动"。时代变了，网络高速的发展，学校传统的德育工作内容、惯用的德育手段与途径，以及对学生的影响和号召力，显然已经不适应时代发展的要求，必须采取新的有效的德育工作策略加强和改进德育工作，切实增强德育工作的针对性和实效性，让思想教育落在实处。

4. 管理过多，缺乏教育疏导

在职校学生管理过程中，一些学校领导及教师总觉得职校生就是"问题学生"，他们认为，对待"问题学生"如果不加以全天候规范，不予以精细化约束，就不可能发生改变，就不可能思想变优秀，行为变端正，至于认真学习和提高成绩也就更成了天方夜谭，根本是不可能实现的。在具体的管理过程中更经常出现不尊重学生个性和隐私的情况，置学生的自尊心于不顾，忽视学生的真实情感，不考虑学生的逆反心理，过多、过分、过度的管理往往无功而返，并最终导致没有问题的学生反而逐渐成了问题学生，原本的"问题学生"问题更多了、更严重了。

5. 管理过简，缺乏责任担当

长期以来，在职业学校的学生管理上，很多教师都认为学生管理工作应该是学工处和班主任的事，跟任课教师毫无关系，任课教师只要上好课，保证自己课堂的四十五分钟不出事，按计划完成自己的教学就行了。在这种思想的作用下，部分任课教师甚至将本该自己处理的学生管理工作，也都推到班主任身上，这大大加大了班主任的工作量，也加大了学生管理的难度。部分班主任对学生管理工作执行力度不够强，对某些有问题学生的处理教育不到位，缺乏责任心和担当意识。

（二）职业学校学生管理的思考

学生管理工作是中等职业学校管理工作的重要内容之一，是维持学校正常教学秩序、保证学生健康成长的基础性工作，也是职业教育成败的关键。它决定学生质量的好坏，劳动者素质的高低，对促进职业教育的可持续发展，落实科学发展观具有重要意义。

1. 以人为本，建立和谐师生关系

以人为本在中等职业学校学生管理工作中就是以生为本，尊重学生、依靠学生、发展学生，满足学生的需要，发挥学生的主动性与创造性，促进学生的健康成长和全面发展。建立和谐的师生关系就是要建立民主、平等、合作的关系。职校的教师要做好学生的管理工作，首先应该做学生的良师益友。教师应该尊重学生，尊重学生的人格，公平公正地对待每一位职校生，积极维护学生的合法权益。因此，作为管理者必须真正把学生看作活生生的"人"来对待和尊重，以学生为中心，对学生进行人性化管理，多关爱，多鼓励，所言所行以不伤害学生的身心健康为底线，以促进学生快乐发展为准则。只有让职校生感觉到学校和老师的温暖，感受到自我的重要性，体会到学习生活的意义和价值，他们才会自信起来，进步起来。❶

2. 自我管理，提高教育管理实效

班主任是班集体的教育者和组织者，我们除了要发挥班主任的引导作用外，还要与学生的自我管理相结合，使职校生养成自我管理、自我规范的良好习惯。职校生自我管理的重点在于引导学生自觉遵守学校的各项规章制度。首先要培养学生的主体意识，增强自己管理自己的责任感，逐渐形成自尊、自强、自信的人格特征。其次要进一步加强学生干部和学生骨

---

❶ 郑红霞. 职业学校学生管理工作的现状考查与对策探讨——以河南省经济管理学校为个案分析 [D]. 华中师范大学，2007.

干的培养和管理，加强学生社团组织的建设，发挥他们在学生管理中的积极作用。同时采用不同的激励机制，发挥学生管理的主观能动性，激发学生自觉地遵守规章制度，提高学生管理的针对性和实效性。

3. 文化育人，采用活动体验方式

良好的校园文化环境，可以营造良好的育人氛围。职业学校也有独特的校园文化。职业学校可以通过组织丰富多彩的社团活动和社会实践活动，给学生提供展示个性的舞台，丰富学生的课余生活，扩大学生的视野，提高学生的综合素质。另外大部分职校生除了学习基础差外，个人素质修养也较欠缺。所以职业学校除了要让学生学会一门谋生技术外，更要让学生懂得为人处世之道。坚持职业道德教育与技能培养并重的原则，注重培养敬业、合作、诚信、务实精神，努力提高学生的专业技能和创业能力。职校应采用多样化的教育方法让学生自觉转变观念，让学生更多地通过活动体验的方式感悟各种道理，提高学生认识能力和分辨是非的能力。

4. 重视心育，促进身心全面发展

职业学校的心理健康教育在学生管理中起非常重要的作用，心理健康教育也是德育工作的重要内容和核心。职业学校可以在建立学生心理健康档案、开放心理咨询室等常规工作的基础上，根据学生心理特点拓宽渠道，开展形式多样的心理健康教育活动，如心理健康教育进课堂、团体心理辅导、个别心理咨询、心理专题讲座以及心理健康教育活动等。平时利用板报、海报、广播等传播工具大力宣传、普及心理健康知识，在学生中努力营造关心心理健康、提高心理素质的良好氛围，提高学生的心理自助及助人意识，促进学生心理的健康成长。

5. 突破传统，创造适度学习环境

职业学校的学生管理存在两个方面的矛盾：首先，学校不但要招得进学生，还要留得住学生，要想留住学生，最重要的是要让学生喜欢待在学校里，而不是怕到学校。其次，职校生相对于升入高中的学生而言，生源质量偏低，学生自律较差。学校因为自身生存需要，又不能对生源质量提出过高要求。学生的管理难度偏大。学校如果不严格要求、强化管理，会对学校工作产生负面影响。因此，这"宽"与"严"的矛盾，必须很好地予以解决，这就需要运用超越性思维，突破常规和传统做好学生工作。教育终究要达到某一目标，但在向这一目标逼近的过程中，每一步都应有其价值。这就要求我们运用预判力创造性开展学生工作，夯实学生工作的基础。刚入校的学生，感到学校管理比较严格，但经过一段时间的学习生活，却普遍能够接受。这是因为，管理制度虽然严格，管理手段却比较人性化，加之建立健全民主的管理机制，抓好制度管理中的公平、公正环节，做到制度面前人人平等，不因学生求情、家长说情而失去原则，影响规章制度的执行。

6. 家校结合，达成教育管理共识

作为职业学校的管理者及老师，要主动联系家长，坚持联系家长，与家长形成共识，增强教育合力。期初、期末或遇重大事情时尽可能登门家访，平时可采用电话、校讯通等形式与家长保持沟通与联系，通知家长来校谈话时注意方式方法，这样，家长和老师双方对学生的了解才能全面、深入、准确，从而提高教育针对性和有效性。管理者要从学生角度设身处地为学生考虑，理解学生心灵世界，使学生把老师看作真正关心和帮助自己的"好老师"，而不是一打电话就告状的"坏老师"。相信有了学校老师的积极沟通和真诚交流，家长一定会更加支持学校工作，学生管理就能如鱼得水，更加顺利有效。

第三节 职校生积极人格教育的基本策略

职校学习阶段是职校生心理发展的重要阶段，也是人格形成的关键时期。当今积极心理学所倡导的积极人格理论为新时代青少年期职校生的人格建构和培养提供了新的解决思路。

一、职校生积极人格教育的目标

积极人格是任何事情成功的基本要素，而积极心理学旨在把握和运用人类的积极特质，发现和培养积极人格，让个体的优秀人格特质和个性特征渗透其整个生活空间。2004 年在《人格力量与美德分类手册》一书中，塞里格曼和彼得森归纳了几乎所有的传统著作都支持的六种美德，即智慧、勇气、人道、公正、节制、卓越，并提出了与之相应的二十四个积极人格特质的分类标准。❶ 根据职校生个性心理的发展特点和规律，职校生积极人格的培养应当关注并借鉴所有积极人格理论所倡导的六大美德和二十四种积极人格特质的发展，在此基础上，应着重培养职校生的创造力、求知欲、好奇心、友善、爱、团队精神、谦虚、宽容、感恩、希望等积极特质。同时，职校生也存在某些薄弱品质，如毅力、自律、领导力等，要预防由此引起的偏差和问题。

（一）智慧和知识

创造力：以新颖和富有成效的方式做事；

好奇心：寻找有趣的主题和话题，并进行探索和研究；

求知欲：掌握新技能和知识；

开放性思维：全方位思考，多方面考察；

洞察力：能对他人提出明智的建议。

（二）勇气

正直：说出事实，展现真实的自己；

勇敢：不畏惧威胁、挑战、困难或痛苦；

毅力：做事有始有终；

热情：面对生活充满激情和力量。

（三）人道

友善：做好事，乐于帮助他人；

爱：重视与他人的关系；

善于交际：能够意识到自己和他人的目的和感受。

（四）公正

公平：同等对待所有的人；

领导力：组织团队活动并参与其中；

---

❶ Dahlsgaard K, Peterson C, Seligman M. E. Shared Virtue: The Convergence of Valued Human Strengths Across Culture and History [J]. Review of General Psychology, 2005, 9 (3): 203.

团队精神：作为一名团队成员完成分配的任务。

（五）自制

宽容：原谅那些犯错的人；

谦虚：让成绩说话；

谨慎：小心地做出选择；

自律：规范自己的感受和所为。

（六）卓越

品位：发现和欣赏美；

感恩：意识到并对发生的美好事情心怀感谢；

希望：期望最美好的未来，并努力达成这一愿望；

幽默：喜欢畅怀大笑；给人带来快乐；

虔敬：对生活有更高追求。

二、职校生积极人格教育的内容

职校生正处于青春期身体和心理发展的关键期或者转折期，积极人格对于个体发展具有至关重要的作用，抓住关键期或者转折期进行行为、技能和人格的培养，可以起到事半功倍的效果。职校生积极人格教育可以关注以下三个方面。

（一）促进职校生积极认知

积极认知是指个体在一定的程度上，对未来抱有积极预期的思维过程，与个体的行为存在内在的关联❶。当个体对未来抱有积极的预期，个体会通过持续的努力来达成预期的目标，而当预期目标非常难以达到时，个体便会选择放弃。对于职校生来说，要培养积极认知可以以塞里格曼的"乐观型解释风格"理论为基础，具体实践包括两个方面：一是培养乐观的认知态度。乐观是认为好事比坏事更有可能发生在自己的身上，是一种积极的认知风格。一个人之所以乐观，主要是因为这个人学会了把消极事件、消极体验及所面临的挫折或失败归因于外在的、暂时的、特定的因

---

❶ 李溢铮. 积极认知研究简述［J］. 科教导刊，2014（2）：226.

素，这些因素不具有普遍的价值意义。乐观不是为了暂时的高兴而歪曲事实，而是以更积极的方式解释失败并形成对自己更具有鼓励性的看法。❶ 二是提高学生的自我效能感。自我效能是个体在特定情境中是否有能力胜任某种任务的感知、预期、信心和信念，受到预先思维的指导。在不一致经验的作用下，低自我效能的个体很容易降低自身努力程度，而高自我效能个体则仍能保持自身的努力程度。

（二）增进职校生积极体验

积极人格可以通过增强积极体验习得。积极体验是指个体满意地回忆过去、幸福和从容不迫地感受现在并对未来充满希望的一种心理状态。❷ 积极心理学认为主观幸福感是积极人格的核心特质。同时，积极心理学家将幸福体验分为三种成分：①愉悦感，包含三类积极情绪，即指向过去的积极情绪如满足、坦荡、自豪等；指向未来的积极情绪，如乐观、希望、信念等；指向现在的积极情绪，如此时此刻的快乐体验；②参与感，指对一切生活事件的高度投入以及因此萌生的内心充盈的积极情感；③意义感，指将自己与外在世界建立联结，精神自我得以延展升华的积极情感。❸

（三）培养职校生积极行为能力

积极心理学主张人格研究不仅要研究问题人格和影响人格形成的消极因素，更要致力于研究良好人格以及影响人格形成的积极因素，特别是研究人的现实能力和潜在能力在个体良好特质形成或发展中的作用。人格的形成和发展是个体主动建构的过程，好的行为和外部环境是积极人格形成的一个重要来源，而人在自己人格的建构过程中又具有主动性，那么我们就能通过发展学生良好的行为达到建构或改善学生的人格。而要发展学生的良好行为，我们则又可以通过发展学生的主动的积极行为能力，因为当个体具有了主动的积极行为能力之后，他就可以对自己的心理体验、行为

---

❶ 林曼，任俊. 以积极力量为核心的心理健康行为模型研究［J］. 中小学心理健康教育，2014（3）：7-10.

❷ 任俊. 积极心理学思想的理论研究［D］. 南京师范大学，2006：96.

❸ 项亚光，卫红云. 积极心理学视域下初中生积极人格之塑造［J］. 外国中小学教育，2014（1）：41-45.

方式以及周围的环境有意识地施加一定的积极影响，从而影响自己的人格建构。一个人的现实能力（包括人对自己行为的评价能力，制定目标的能力、实现目标的计划能力等所有涉及行为形成的能力）就被纳入人格的建构之中，并且成为影响人格的一个重要力量。我们不仅要关注学生的外在能力，也要关注学生的内在潜力。

三、职校生积极人格教育的原则

人格教育主要是为了帮助职校生形成良好的人格特征或人格品质。为了达到这一目标就需要了解人格教育的基本原则，因为人格教育的原则规定了人格教育的重点、主要方向和途径。塑造职校生健康人格主要有以下几方面的原则。

（一）发展性原则

所谓发展性原则，指教育者遵循一定的要求，通过对学生的心理卫生知识和技能的教育，培养其良好的心理品质与健全的人格，增强其面对未来可能受到心理冲击的适应力，促进其心理健康的过程，使学生能快乐生活，具备终身学习的能力、拥有情绪管理的能力，具有应对挑战、自我激励的能力，具有承受挫折、勇往直前的能力，培养创新精神等，使学生自我潜能得到最大限度地开发并走向自我完善的过程。❶

作为考试竞争的失意者，职校生已经形成了比较固定的思维定式和行为模式，这是职校生人格教育必须面对和研究的重要问题。积极人格教育重视问题的存在，但是它重视对问题和困惑的正向认识和积极改变，而不是陷入对问题的责怪与抱怨。积极人格教育，转换了教育的视角，确立了积极的理念：成人比成功重要，成长比成才重要，人格教育是职业教育的根本，积极人格教育是促进学生自主发展、可持续发展的原动力。❷

---

❶ 向前. 积极心理学视角下的发展性心理健康教育［M］. 北京：中国书籍出版社，2014：31-36.

❷ 王道荣. 高职生积极人格教育模式的建构研究［J］. 连云港师范高等专科学校学报，2013（2）：59-62.

（二）主体性原则

所谓主体性原则，指积极人格教育应该充分尊重学生的主体地位，所有工作要以学生为出发点，同时要使学生的主体地位得到实实在在的体现，把教师的教育与辅导和学生的积极主动参与真正有机地结合起来。

人格首先是一种外在的社会活动。然后在一定的生理机制的作用下内化为个体的一种稳定的心理活动。由于个体的主观能动性在人格形成中起基础性的作用，因而在积极人格教育中要发挥学生的主体地位，提高学生自我调节能力，让他们发挥自己的巨大潜力，追求自我实现和自我价值，最终成为主动为社会做贡献的人才。要引导职校生通过分析自己行为的动机、态度、表现、取得的效果分析、评价自己，从而正确认识自己，并通过不断自我反省，将各种积极因素内化到自己的认识中去，保留和巩固积极健康的人格特质，优化人格结构，达到自我教育和成长的目的。积极人格教育倡导教育者对学生要积极悦纳，关爱宽容，要充分尊重学生的人格，做学生健康成长的指导者和引路人。教育者赢得学生的信任，才能产生合作，激发出受教育者内在的积极力量，使学生成为真正意义上的主体，从而自觉地成长和完善自我。

（三）差异性原则

所谓差异性原则，指在积极人格教育过程中要关注和尊重学生的个体差别，根据不同学生的不同需要，开展形式多样的、针对性强的人格教育活动。人是有差异的，他们拥有自己的个性特点，具有不同的社会背景、家庭环境、生活经验和价值观念。积极人格教育不是要消除这些特点与差异，而是要使学生的差异性、独特性以最合适的方式完美地展现出来。

（四）整体性原则

所谓整体性原则，指在积极人格教育过程中，教育者运用系统论的观点指导教育工作，注意学生心理活动的有机联系和整体性，对学生的心理问题作全面考察和系统分析。从系统论的观点出发，积极人格教育的对象是完整的活生生的人，而人的心理也是一个有机整体。从学生自我完善的需求看，整体性原则注重知、情、意、行几个方面协调发展。所以积极心理教育应从个体心理的完整性和统一性、个体身心因素与外部环境的制约性、协调性等综合因素出发，全面把握和分析学生的心理问题的成因，采用相应的教育与辅导对策。

（五）实践性原则

所谓实践性原则，一方面指以学生喜闻乐见的方式开展课外活动，把学生的脑、心、手充分整合、调动起来，达到和谐一致的状态。只有充分调动学生的感官，才能对学生产生强刺激，人格教育的效果才能发挥出来。另一方面指学以致用，重视把学生所学的应用到生活和社会实践中去，鼓励学生用所学知识和技能服务社会，把课外活动和社会实践密切联系起来，润物无声地进行人格教育，把所学知识和技能运用到实践的过程中，能够检验人格教育的效果。

四、职校生积极人格教育的方法

作为一种相对稳定的个性心理和行为特征，人格的形成却是一个发展变化的动态过程，它并不完全是由先天遗传因素决定，后天教育是人格塑造的主导力量。对于学校教育而言，它是建立贯穿于专业、学科、社团活动、校园文化等一切教育过程中的培育活动。对于职校生而言，培养积极的人格，主要是在学习生活中使他们形成积极的认知，获得积极的情感体验，在积极的学校文化氛围中促进他们的自我教育。

（一）树立新型的职校学生观，发现职校生的积极力量

职校生是一个特殊的群体，积极的成功教育对职校生有特殊重要的意义。积极的成功教育相信每一个学生都有成功的愿望，相信每一个学生都有成功的潜能，相信每一个学生都可以在老师的帮助下获得成功。积极心理学主张教师要善于发现学生身上的积极品质，对学生要以鼓励赏识为主，以批评惩罚为辅，应致力于培养学生的积极品质。积极人格理论认为，在积极人格培养中，教师和学生都是成长的、发展的个体，不再是教育与被教育的关系。教师不仅要以积极的态度看待发展中的学生，培养学生的积极心理，还要关注学生的健康成长；教师应多使用平等的、积极的词汇，如尊重、信任、分享等，鼓励学生挖掘潜能。悦纳学生，并在教学和管理中以欣赏的眼光看待职校生，以最大限度的倾听、理解和尊重，通过知觉体验、情感体验、能力体验、合作体验等方式，让学生找到自信，与学生建立起和谐的师生关系，促进学生产生被接纳、被理解和被尊重的认同感，从而产生一种愉悦，进而形成合作、利他、宽容、尊重、善解人意等人格品质。

（二）重视课堂教学全面渗透，促进职校生形成积极认知

课堂是职校生知识汲取、能力发展和人格塑造的重要环境。教师要在数理化学科教学中进行发散思维和批判性思维品质的训练，培养学生创新意识和创造能力；在语文和艺术等学科中，发展学生的积极情感，培养友善、宽容、正直、审美、希望、信念等人文精神；在体育教学中，培养学生的合作精神、良好的意志品质等；更重要的是在现代社会的复杂生活中，要教会学生在遇到挫折与沮丧的情况下，时刻保持积极思考与乐观的态度，这是积极人格所必须具备的核心因素。因此，学校教育除了传授学生知识和技能外，也要重视学生积极思考方式和习惯养成，让他们学会了解自己的负面情绪以及掌握应对的方法，并使自己不被负面情绪所操控；帮助学生学会不将事件放大而失去信心，这样能使他们更容易面对学习生活中的挫败与挑战，也更能拥有快乐的人生。

同时，我们要进一步深化职校教学改革，探索适合职校生特点的教学方法和学习方式，创新出具有职校特色的各种专业教学方法，提高教师的整体教学水平，提供优质的教学服务，让学生感到学有所值。同时加强学生管理，强化学习纪律，督促学生学习，提高学习效率，让学生感到学有所得，学就能得，体验学习的快乐与充实，养成创新、好学、勤奋努力的积极人格特质。

（三）开展丰富多样团体活动，促进职校生形成积极体验

情感体验与自我认识相伴相生。增进个体的积极体验是发展个体的积极人格和积极力量的重要途径。积极人格源于学生的主体和环境的互动，是学生个体在活动中有所体验、有所感悟、有所触动而形成的。职校生的情感丰富而热烈、复杂而深刻，思维的深刻性、灵活性和批判性虽迅速发展，但非常需要有丰富而具体的直观经验来支持。学校可以通过开展灵活多样、丰富多彩的活动对职校生进行积极人格培养，引导学生培养坚持、勇敢、自信、理智、不半途而废或怯场等积极人格。例如，组织升旗仪式和主题班会等集体活动；组织团体心理训练和辅导、角色扮演、心理剧、游戏、小品、辩论等团体活动；组织歌唱、舞蹈、球赛、朗诵等文体活动。

（四）塑造教师积极人格品质，引导职校生积极自我教育

积极心理学认为，每个人都存在巨大的潜能，都具有多种基本需要，都重视自我发展和自我教育。在职校生积极人格的培养中应充分发挥教师的指导作用，努力提高教师的自身修养和知识水平，促使其积极思考应如何培养学生的自我教育能力的问题。教师作为个体发展过程中的重要指引者，他的教育态度、风格等对学生解释风格的形成有重要的影响，老师经常性的表扬对学生乐观型解释风格的形成有重要的影响。同时，掌握获得知识的方法比掌握知识更重要，掌握提升自己心理素质的策略比掌握心理健康知识更重要。教师要注重向学生传授方法，才能实施正确的自我教育。要教会学生掌握自我认知、自我评价、自我管理的方法，使他们能够不断挖掘自身的心理潜能，提高各方面的能力，培养自身的积极心理品质，使自己始终保持乐观积极的心理状态。

（五）构建"三面一体"培养机制，促进学生积极人格形成

积极人格的培养是一个长期而复杂的工程，需要各个方面全方位的努力。学校可以构建全体层面、团体层面和个体层面相结合的"三面一体"的人格培养机制。全体层面是面向全体学生的心理教育，通过心理教育，学生掌握基本心理科学知识，理解人格的内涵，区分消极人格与积极人格的表现，了解人格形成的影响因素和方法途径，在自己的学习和生活中，自觉地运用心理科学知识分析思考问题，了解自己人格的积极和消极面，进行人格的自我培养和塑造。在自我人格塑造中发展自身主动的积极行为能力。对自己的心理体验、行为方式以及周围的环境有意识地施加一定的积极影响。团体层面是面对部分学生的人格培训，团体辅导以其真诚、尊重和同感的特点，集知识性、技巧性与活动性于一体，让成员敞开心扉，无私交往，满足成员交流与借鉴的需求。个体层面则是面对个别学生的心理咨询，对学生具体人格状况作个别辅导，具有很强的针对性。

(六) 创建积极的校园环境，营造文明和谐的氛围

积极心理学认为，人的体验、人的积极心理品质与个体所处的环境、社会背景是分不开的。同时，环境又在很大程度上影响个体的成长与发展，良好的环境适应能力实际上也是一种积极的心理品质。校园是学生学习、生活的环境，丰富多彩的校园文化活动给学生展示才华、陶冶情操、人际交往、能力锻炼和人格培养提供了多元的选择。学生会、社团及志愿者组织体现了学生的自主性、胜任感和价值感，能够培养能力，提升情感，历练意志，使学生具备爱心、助人、协作、宽容、坚持等优良品质，提升学生的人格品质。文明高尚的校风、积极向上的班风、互助友爱的舍风、认真敬业的教风和刻苦努力的学风，构成和谐文明、积极健康的校园心理氛围，增强职校的积极体验，培养积极的情感，对学生积极人格起"润物细无声"的塑造作用。

积极人格教育的探索给了我们积极的启示：积极心理学视域下的积极人格教育或许是与职业教育规律的一种有效契合，是促进职校心理教育创新增效、提升职校生心理教育吸引力的一种积极尝试。积极心理学以一种宽泛的视野，充分挖掘和利用职校生积极人格培养的丰富资源，将积极人格培养渗透到各学科教学和学校教育的各个环节中，把人格培养作为一个系统，其各种支持系统或组织包括家庭、学校、社会文化条件、语言环境等，目的是共同打造积极的心理健康教育的育人环境。

本章小结

职校生的个性心理具有稳定性与可变性、积极性与消极性、整体性与独特性以及鲜明的社会性等。职校生年龄在16~18岁，正处于身心急剧发展、自我认知逐渐成熟的关键期，也是心理困惑和心理冲突的多发期，少数职校生甚至会出现较严重的个性心理问题。因而，职业学校实施积极人格教育对个体发展具有至关重要的作用。积极人格教育以积极心理学为理论基础，遵循职业教育规律，尊重学生个性特征，用"积极赋义，悦纳共情，激励尊重，持之以恒"的方法，将积极人格培养渗透到学校德育和学

科教学中,将积极人格培养延伸到家庭、学校和社会等环境中,切实增强教育工作的针对性、实效性、时代性和吸引力,着力打造积极心理健康教育的育人环境,从而引导职校生形成可持续发展的积极人格特质,成为高素质劳动者和技术技能型人才。

(本章作者　江苏省昆山第一中等专业学校　王　文　梅　娟)

职校生网络心理与积极教育模式建构策略

职业院校主要培养理论和实践兼修的技术技能型人才,相对而言更加侧重于专业实践能力的培养,学生在校时间短、实习时间长、有更加自由互动的生活和学习形式。职校生同时还具备年龄相对较小、好奇心强、热爱新鲜事物、喜欢刺激、自控能力较弱等特点。当这些特点遇到网络优劣的两面性,使学生经常在善与恶、是与非的天平上晃动。如果缺乏正确的引导,沉迷网络、游戏成瘾、行为孤僻、网络犯罪等情况便会经常发生。因此,采取积极有效的模式加强职校生网络心理教育非常重要。

第一节 职校生网络心理概述

青年学生是网络阵地上最活跃、最富有创造力的群体,他们具备涉猎新兴文化的良好条件和心理特点,能很快融入网络、利用网络,也容易被不良的网络文化所误导。教育工作者必须正确认识职校生心理特点和网络的深刻影响,才能有效开展职校生网络心理教育。

一、网络特征与职校生心理特点紧密契合

网络是集通信网络、计算机、数据库以及日用电子产品于一体而构成

的电子信息交换系统，它能非常便捷地将声、图、文等媒体信息传送到设有终端设备的地点和个人，职校生很容易被它的神奇所吸引，这归结于网络的固有特征与职校生心理特点的紧密契合。❶

1. 网络的巨容性契合学生好学好问的心理

职校生正处于汲取丰富知识的阶段，一般的纸质媒体或频道定制媒体信息容量相对较小、信息传播速度滞后，已远远不能满足他们对知识获取的渴望。网络作为新媒体具有信息量大、内容涵盖广泛、免费使用、便于比较等特点。随着海量知识时代的到来，网络上充满各类学术信息、经济信息、娱乐信息及其他各式各样的新闻，内容丰富而新鲜，为学生开辟了一条全新的学习之路，对他们产生了强大的吸引力，能让其足不出户就可以尽览天下事，满足其旺盛的求知欲。但职校生在深度钻研方面往往不足，海量的信息让他们急于知道一切却又走马观花、浮光掠影，一定程度反映出他们容易浮躁，不求甚解、浅尝辄止的心理特点。

2. 网络的时效性契合学生求新求快的心理

网络技术发展日新月异，从台式机到平板电脑、手机，从传播平台到交互平台，从腾讯时代到微博时代，网络平台和信息传递技术都发生巨大的变化。网络信息内容新鲜，更新快速，这正符合职校生求新求快的心理特点。"求新"，每一天网络上更新的信息数以万计，不管来自世界各地的新闻，只要通过网线就能与全世界共享，能及时了解社会的最新发展和就业需求。"求快"，学生对信息的迅速掌握有助于处于主动地位，优先占据有利形势。同时，先睹为快本身就具有一种心理优越感，可以在群体里成为信息来源渠道和舆论领袖者。职校生在校学习时间短，学习要求高，并且所学知识要跟社会需要紧密结合，因而他们对网络的依赖性更为强烈，通过网络学习降低了难度，提升了速度，提高了效度。

3. 网络的前沿性契合学生追求时尚个性的心理

网络对大多数人而言是一种符合时代潮流又具有较高知识含量的事物，在它的世界里总是第一时间爆料最前沿、最新鲜的东西。职校生大多

---

❶ 俞亚萍. 职校生网络心理教育模式建构探讨［J］. 职教论坛，2014（8）：22-23.

受过良好的现代教育,熟练掌握网络资源已成为追求高雅时尚生活的有效途径,他们往往以自己更快地掌握最新信息而感到骄傲,这已成为他们时尚生活的一条主流标准。网络同时为学生提供了追求和展示自己个性的舞台。自由设计的个人主页、随时更新的微博或朋友圈反映大学生的思想追求,记录他们的喜怒哀乐;越来越多的网络流行语、互发短信时用的火星文字更是成为一个时代的特征,彰显出大学生与众不同的个性和独特品位。

4. 网络的虚拟性契合学生追求率性自由的心理

网络虚拟的物理属性使人类的真实身份在网络空间中消失,提供了一种新的行为方式和沟通方式。大学生可以抛开各种局限和束缚,以前所未有的自由度进行各种角色扮演。每个人可以做真实的自我,将隐藏在自己内心世界的东西毫无保留地抒发,减少了现实生活中关系的竞争和冲突。内向自闭的大学生在网络世界里也可以谈笑风生,从中找到一种现实生活中难寻的轻松和自信。这些都契合职校生追求率性自由的心理。但网络的虚拟性同时带来的是社会规范和约束的大大减弱,不必为行为产生的后果承担责任,往往会弱化大学生的社会责任感和自我控制力,影响他们在网络生活中的心理状态和行为。

二、网络对职校生心理行为的负面影响

网络的优势使之成为职校生学习生活的重要途径和平台。但是,像其他的科学技术一样,网络也是一把双刃剑,学生在享受网络带来便利的同时也经受网络文化带来的负面影响。

1. 网络对学生价值认知的影响——行为准则和善恶标准难辨

因为政治、利益等目的的驱使,各类网站刊登信息的内容良莠不齐,其中有积极的,有消极的;有健康的,有颓废的;有先进的,也有腐朽的。应该接受哪些信息、回避哪些信息、抵制哪些信息,如何正确处理信息等都受到人们价值取向的制约。[1]职校生由于年龄偏小,世界观、人生

---

[1] 俞亚萍,邵丽珍. 网络文化视角下大学生道德人格的培育 [J]. 学校党建与思想教育,2012 (11): 66-68.

观、价值观还没有完全形成，认知能力和判断能力比较有限，对是非善恶难以做出正确的判断。面对错综复杂和信息过量的网络世界，他们往往来不及思索和判断，就已经被各种信息所影响。长此以往，大学生的"三观"产生混乱，无法形成判断是非的正确标准，势必对他们的心理发展和行为模式产生影响。

2. 网络对学生时间分配的影响——沉迷网游和引发网恋

职校生定时上课相对较少，自由学习和实践的时间相对较多，因此大量的课余时间由学生支配。在职校生群体中，有相当一部分学生学习动力不足、学习习惯不良、学习目标不明确，他们往往会选择快乐、轻松、刺激的生活和学习方式，因而长时间的上网成为很多学生的选择。并且大部分学生不是通过网络学习和获取信息，而是沉迷于网络游戏、网上聊天、看视频、发微博等。通过天马行空的交友聊天、毫无顾忌的网上恋爱、永无止尽的游戏升级带来的满足感和成就感成为大学生们的追求。网络世界的自由和快乐使他们厌烦现实生活的约束和枯燥，导致分配更多的时间在网络上，更不愿意回归正常的学习生活。

3. 网络对学生行为能力的影响——行动力减弱和产生焦虑

在网络上所有行为都是通过眼睛和键盘鼠标的配合形成的，只需要手指一点即可满足需求。时间一长，职校生在身心方面越发依赖于网络，挂在他们口上的"百度一下，你就知道"，使他们对于记忆知识和学习效用产生了困惑，行为上常常表现出懒散，实践能力和记忆能力出现衰退。职校生在网络上隐姓埋名随心所欲的同时，对在网上交流的对象也会产生怀疑。因为当下网络诚信体系构建不是十分完备，职校生在付出真实感情后，常常得不到对等的回应。在遇到欺骗和受到打击后，他们会对虚拟世界里的人和事物产生怀疑甚至全盘否定，同时会将这种情绪不自觉地带入现实世界，从而产生莫名的焦虑，导致他们在人际交往中的行为习惯和心态发生巨大的变化。

4. 网络对学生性格情志的影响——性格孤僻和淡漠

职校生的理论课堂一般是集体授课的形式，实践操作课程一般是人机交互，学习时交流沟通的机会很少，再加上课后许多学生热衷于手机和网络，更减少了相互交流的机会和兴趣。他们往往在网上热情似火，网下却酷若冰霜；网络世界里谈天说地，现实世界中一言不发，对网络外的环境失去兴趣，在生活中变得无精打采。由于长期缺少与外界口语交流和接触的机会，亲情、友情甚至家庭观念开始变得淡漠，人际交往出现困难，性格发展趋于孤僻，严重者甚至引起交往障碍。另有部分学生在网络世界里通过游戏等级或积分收获了现实世界里得不到的尊重和优越感，进而更加漠视现实世界，或对现实世界失去信心。

第二节 职校生网络心理教育的特征与反思

网络已经成为职校生学习生活的重要部分和信息获取的主要来源，教育部门、学校及家庭都必须积极面对，重视网络给心理教育带来的深刻影响，发挥网络在职校生心理健康教育方面的积极作用。

一、网络心理教育的界定

网络教育是近20年来兴起的、将计算机技术和网络技术为核心的现代教育技术应用在教学中的一种新型教育模式。网络心理教育是一个开放的动态的概念，到目前为止它至少包含五个方面的内容：①网络心理教育是通过网络进行的心理教育过程，网络被视为心理教育的一种工具或媒体。②网络心理教育意味着把网络作为心理教育的一种环境,网络成为开展心理教育的超越时空界限的"大教室"。③网络心理教育是开发和利用网络知识与信息资源的过程。从这个意义上讲，网络成为心理教育的资源，网络心理教育就是对资源的开发、利用和再生。④网络心理教育把网络作为心理教育的内容,关注、预防和矫正与网络有关的各种心理问题，如网络焦虑、网络成瘾等。⑤网络心理教育着力利用网络所提供的快捷便利条件形成心理教育的网络系统。因此，对于网络心理教育的内涵，可以从如下五个方面去认识：在网络心理教育中，网络是心理教育的工具、环境、资

源、内容和系统。❶

关于心理教育，我国目前大致有三种看法：一是认为心理教育是全面发展教育的一个组成部分，成为现行五育之外的第六种教育因素或途径；二是认为心理教育是广义德育的一个组成因素，德育即由政治教育、思想教育、狭义道德教育和心理教育构成；三是把心理教育作为学校教育的上位概念。在分析网络心理教育时既可以借鉴上述属种关系的思路，也可以从三个层次上去认识和把握网络心理教育：首先，网络心理教育是一种网络教育思想，在网络教育的观念上要有明确的心理教育意识，可视为一种大网络心理教育观；其次，网络心理教育是一种网络教育原则，就整体网络教育而言，心理教育应作为一项重要的教育原则，贯彻于网络各育之中，由此实现网络心理教育向网络各育的渗透；最后，网络心理教育是一种专门的网络教育活动，这三个方面是相互联系、相互渗透的。基于此来认识和把握网络心理教育，指导其在网络教育情境中的实施，是开展、推广和普及网络心理教育有效的认识路线和操作路线。❷

二、网络心理教育的基本特征

网络心理教育是心理教育适应现代科技发展的表现，是计算机网络和心理教育的联姻，是心理教育的一种现代化方式，其迅捷、共享、交互、虚拟等特点与心理教育的内容和形式相结合，形成了较之传统心理教育不同的特征。

1. 教育形式的超时空性

网络心理教育模式突破了传统心理教育时间、地点、人数的限制，扩大了教育覆盖面，拓宽了教育途径。利用网络，职校心理教育工作者能高效地向学生传播心理健康知识，对心理共性问题进行集体解答；通过在线互动平台，心理教育工作者与咨询者能进行一对多的实时交流，有针对性地开展心理辅导；职校生可以按其所需自由地选择学习内容和形式，随时

---

❶ 崔景贵. 网络心理教育刍议［J］. 中国教育学刊, 2001（5）：27-30.
❷ 崔景贵. 网络心理教育刍议［J］. 中国教育学刊, 2001（5）：27-30.

随地参加心理健康论坛、进行心理测试等。

2. 教育资源的共享性

在传统的心理教育中，职校生主要通过书籍查阅和教师传授获得心理知识，获取学习资源的途径相对有限。而网络能有效整合各种心理教育资源，形成心理教育信息资源库，便于求学者便捷地查找、比较、学习。在一定程度上，心理教育资源不再局限于被教师掌握，学生可以根据自己的学习兴趣、意愿在心理教育信息资源库中获取，教师和学生成为心理教育资源的共享者、共同学习者。

3. 教育关系的信任性

影响传统心理教育的主要因素就是咨询者对信息保密性的怀疑，对个人隐私问题大多会隐瞒、拖延，导致问题严重化。而网络的虚拟性、匿名性能使当事人消除顾虑，敞开心扉，直接而真实地阐述自己的心理困惑。一方面对其心理压力是一种有效的释放；另一方面也有利于心理教育工作者准确地掌握状况，及时地引导和化解，提高心理教育的效果。

4. 教育对象的自主性

网络利用超文本检索方式、多媒体集成技术将文字、图片、影像、动画等各种信息形式有效结合，增强了视听冲击力，将枯燥的学习过程变得生动、有趣，更好地激发学生主动学习的热情。❶ 职校生可以根据个人需要选择适合的学习内容和服务项目，通过即时通讯软件、BBS及电子邮件等方式实现师生之间、生生之间的互动，有利于激发他们的自主意识，形成自我教育、自我援助和自我提高的良性循环。

三、网络心理教育的问题反思

网络心理教育虽然具有传统心理教育无法比拟的优势特点，但它尚处于发展初期，在具体的实践过程中仍存在一定的局限性，诸多方面有待完善。

---

❶ 沈晓梅. 构建网络环境下青年学生心理健康教育新模式 [J]. 中国青年研究, 2012 (1): 114–115.

1. 教育内容知识化

有些职业院校在实施网络心理教育的过程中,简单地认为网络心理教育就是通过网络这个平台教给学生心理知识的过程,无论开展心理学知识专题讲座,还是进行心理学知识宣传,强调的都是对心理学理论知识的掌握。然而,对心理学知识的学习不等同于其心理素质的提升和完善,也不等同于其心理调适技能的掌握和运用。仅仅通过网络将心理学知识灌输给学生是不合理、不科学的,没有体现网络心理教育的本质和特色。

2. 人文关怀缺失

心理教育的突出特征是人文关怀,心理教育要真正发挥作用必须建立在唤起学生情感共鸣和亲身体验的基础上。目前网络心理教育模式更多追求内容丰富、快捷方便,重视学生获取信息的便捷,忽视了情感上的沟通,特别是情感上发现、感悟及认同的过程。网络心理教育模式中交流双方以虚拟化的形式交往,实体间的相互分离一定程度上影响情感的交流和传递,网络上文字、图片的频繁交互也难以提供真实情境的体验,一旦习惯了通过电脑倾诉自己的内心秘密,也容易导致学生逃避现实,变得更加封闭。

3. 教育深度受限

通过网络多媒体技术能增强心理教育的视听效果、利用聊天平台能及时增进双方的互动,但网络心理教育毕竟是间接沟通,不像传统心理教育那样面对面的直接和具体,往往无法建立一种连续性的咨询关系,不利于实现深层次的理解和对话。而有效的心理教育必须建立在双方真诚、坦诚和开放的对话基础上,虚拟世界的不确定性一定程度上增加了相互理解的难度,使心理教育的深度受到影响。

4. 教育条件制约

网络心理教育的基本要求是网络运行正常、快速便捷,教育双方都必须具备便利的上网条件,这对于部分中小城市和经济不发达地区的职业学校来说,还存在众多不可回避的现实问题,如具体的办公场地、设备以及心理教育者的报酬等问题。特别是网络心理咨询师的缺乏、专业化水平不够成为制约网络心理教育发展的重要问题。同时,传统心理教育中常用的心理仪器、特殊的心理训练方法和心理治疗技术也难以通过网络实施，为心理咨询师准确测量和判断带来困难。

5. 教育合力缺乏

网络心理教育是一个涉及社会众多组织和机构的系统工程，只有各个层面都各司其职、恪尽职守、资源共享，才能构建心理教育合力体系，更好地发挥网络心理教育模式的功能。但目前网络心理教育建设还没有实现体系化，封闭式的孤军奋战是现阶段网络心理教育模式的主要形式。各级教育系统、各类职业学校网络教育平台还各自为政，相互间缺少信息的流动和交互，阻碍了信息资源的有效整合，造成了重复建设的资源浪费。

第三节　职校建构网络心理教育模式的积极策略

模式研究是现代科学研究的重要方法，是教育理论与实践相结合的产物，有利于分析问题、简化问题，进而较好地解决问题。探讨网络心理教育模式的发展现状与构建策略，对于促进职校生网络心理教育的科学发展具有现实意义。

一、网络心理教育模式的内涵

"模式"的英语是"Model"，可译为"范例""模型"等。美国著名政治学家比尔和哈雷格雷夫从模式的结构形式提出，模式是再现现实的一种理论性的、简化的形式；❶英国学者麦奎尔从模式的功能视角指出，模式试图表明任何结构或过程的主要组成部分以及这些部分之间的相互关系。❷目前，欧美学术界对模式的内涵已经形成了一个共识，即模式是一种范式或形式，同时还从模式的简约性、再现性、理论性以及内在结构的相关性等特征进一步阐述了模式的内涵。

---

❶ [美] 沃纳丁·塞弗尔, 等. 传播学的起源、研究和应用 [M]. 陈韵昭, 译. 福州：福建人民出版社, 1985：14.

❷ [英] 丹尼斯·麦奎尔, [瑞典] 斯文·温德尔. 大众传播模式论 [M]. 祝建华, 武伟, 译. 上海：上海译文出版社, 1987：2-3.

第十四章 职校生网络心理与积极教育模式建构策略

国内一些学者对模式也进行了研究和界定，如查有梁把模式看作一种科学操作与科学思维的重要方法，是实践与理论的桥梁；❶魏义梅认为模式是一种概括化的构架，它源于客观事物，经过思考加工而形成的一种认识形式；❷崔景贵认为模式本意为"共同显现"，即创造某种模式的一群人有相同的信念、探索目标和研究方式，是一个"科学共同体"。

基于上述模式的基本内涵，可以认为网络心理教育模式是在一定的网络心理教育理念指导下，对网络心理教育过程及其组织形式做出特征鲜明的简要表述，体现为理论与实践的沟通，具有可操作性和外推性。建构网络心理教育模式就是在现代教育理论指导下，建立一种合理的网络心理教育的结构和程序，总结实施网络心理教育的经验，创造具有一定操作性的工作范式。

二、职校生网络心理教育模式的发展理念

理念的反思与建构是教育改革、实践和发展的思想先导。科学的网络心理教育理念是职校生网络心理教育模式建构的基础，是其发展和完善的标尺，是取得教育效果的基本保证。

1. 自主发展

目前，重障碍、重矫正的心理教育正悄然地转变为重发展、重预防的辅导模式，由面对面地服务少数人转为通过网络服务多数人，由关注现实问题转向关注发展问题，由消除咨询者心理障碍转向促进其心理的健康发展，赋予了心理教育现代意义上的内涵。职校生网络心理教育模式的构建必须注重职校生的发展性和主体性，要以挖掘心理潜能、完善人格品质、促进身心整体健康发展为教育目标。网络心理教育的内容、方式、进度的选择应遵循职校生身心发展的特点和规律，充分考虑不同个体的差异和发展阶段性，通过各种有针对性的教育、训练和辅导活动，激发职校生自主发展的心理能量，调动其学习的主观能动性，鼓励自我教育、自我体验、

---

❶ 查有梁. 教育建模 [M]. 南宁：广西教育出版社，1998：3.
❷ 魏义梅. 高校心理健康教育模式创新研究 [J]. 学术交流，2008（11）：273-274.

自我发展，自主解决成长过程中的各种心理问题。

2. 平等交互

没有交流就没有真正的教育。网络的交互式沟通有利于吸引职校生由被动接受灌输变为主动参与交流，在互动对话中自然而然地接受引导。借助于网络提供的平等对话平台，网络心理教育应该不再是简单的说教，而是更好地为教育创造新型的互动条件。学生一旦遇到心理困惑时，通过QQ、微信、电子邮件等方式与咨询老师直接进行沟通交流，能及时缓解其紧张心理和焦虑情绪；也可以通过论坛、微信等方式缓解自己的心理压力，得到更多朋辈的理解和安慰。通过对话交流，已不存在纯粹的教育者和被教育者，双方在对话中相互影响、相互促进、共同成长。

3. 育人至上

心理教育的核心价值是发展提升、塑造完善人性。职校生网络心理教育模式的构建必须以此为指导和规范，不能脱离以人为本、发展人性这一根本目的。从网络文化特点出发，职校心理教育者在关注职校生心理知识的获得及技能的掌握基础上，更应重视其全面协调发展，帮助他们身处网络虚拟世界仍能切实感受真实世界人文关怀的温暖，成为情感丰富、情操高尚的人。心理教育者应改变传统心理教育干预式、"患者"治疗式的方法，继承和发展"人性本善""以来访者为中心疗法""无条件关注"等核心理念，高度关注人的可持续发展，提供最人性化的心理教育模式，积极倾听、换位思考、平等对待，设计真正适合职校生身心发展特点，满足其心理需求的教育活动。

4. 积极正面

积极心理学是致力研究人的发展潜力和美德等积极品质的新科学，主要研究人自身的积极因素，主张以人固有的美德作为心理学出发点，倡导用积极的眼光对人的心理现象做出解读与诠释，激发其内在的积极力量，最大限度地挖掘其潜力。❶ 积极心理学不过于集中于人的心理问题，而转移为探求如何有效地促进人的发展，帮助人们获取幸福生活。职校生往往

---

❶ 崔景贵，黄亮. 当代职校生心理健康教育模式的理论构建 [J]. 职教论坛，2013 (7)：4-5.

容易存在负面悲观的心理，职业院校心理教育要特别注意这一特点。因而职校生网络心理教育模式构建必须注重心灵和品德的培养，通过更加平等、理解、信任的沟通方式，用积极的人性观和思维方式去认识和引导学生，用积极的心态和技术去解决发展过程中的问题。

5. 系统整合

网络心理教育是信息时代育人的重要部分，应将其纳入教育的总系统中，从人的心理发展和教育目标的整体性出发，建成个体与集体、直接与间接、网上与网下、校内与校外的立体网络，发挥各方面的优势，多层次开展工作。整合网络心理教育模式不是各种模式机械拼凑、平均用力，而是要以科学的系统论为依据，强调整体协调、重心突出，特色分明。不仅要实现内容、资源的整合，更要实现理念与目标的整合；不仅要与教学、管理等工作整合，更要与信息技术发展、网络安全管理等有机整合，最终实现整体大于部分之和的效果。职校生网络心理教育模式的整合还要体现动态性，应随着技术的进步和研究的深入，不断更新教育理念、完善教育模式和丰富教育手段。

三、职校生网络心理教育模式的积极建构

职校生网络心理教育模式应该是开放的、发展的、不断进化的。探寻和建构一个更为理想、合适的心理教育模式，需要长期实践探索。从改进方式、构建系统、创新机制、优化队伍、加强文化、提升合力等入手，可以有机地整合资源，促使网络心理教育模式发挥其应有的作用和功能。

1. 改进网络心理教育方式

大部分职校生正值"心理性断乳"的人格再构期，处于人生重要的过渡阶段。伴随新媒体长大的青年学生具有与以往同龄人不同的心理发展特征，开展网络心理教育必须调整思路，采用"五理"教育方式。"五理"指"依据法理、讲清道理、注重情理、善于清理和引导自理"。"依据法理"要求教育管理者积极引导学生了解并遵守使用网络的法律法规，避免因无知而出现网络犯罪等情况；"讲清道理"指通过各种途径帮助学生辨别网络的利弊，引导他们合理、有度地使用网络；"注重情理"指充分理

解掌握学生的心理特点，动之以情、晓之以理，赢得他们情感上的接受和认同；"善于清理"指应对各类网络心理和行为问题进行分类梳理，力争因"材"施"育"；"引导自理"指在教育管理过程中给予适度的成长空间，引导学生自我教育、自我管理和自我完善。❶通过"五理"并用的教育方式更有效地引导职校生养成正确的网络心理和行为。

2. 创新网络心理教育机制

机制建设是为了保障网络心理教育的有效实施。一方面，要构建并加强职校生网络心理辅导和传统心理辅导的联动机制。传统心理教育主要实施面对面的教育和引导，具有交流深入、教育持续性强的特点，有利于长期跟踪、循序渐进地予以指导。职业院校心理教育工作者应有效地结合网络与传统心理教育模式，充分发挥两者的优势，实现功能互补，最大限度地满足学生的个性需求。另一方面，要构建和加强网络心理教育与网络道德教育的联动机制。心理教育与道德教育是素质教育非常重要的两个方面，两者相辅相成，能更有效地服务于学生的健康全面成长。

3. 优化网络心理教育队伍

网络心理教育对学校教育工作者提出了更高的要求，除了要求具备基本的心理教育理论、专业技能和实践经验，还要求具备现代科技意识和创新精神，能熟练掌握网络技术并将其运用到心理教育实践中。为实现这一目标，职业院校要建立一支以心理学教师、心理教育专职人员为主，以思政课教师、信息管理员、学生辅导员及行政管理人员等为辅，专兼结合的网络心理教育者队伍，通过"定岗位、定团队、定职责"明确各自的职责和工作范畴。一方面要发挥心理学专业教师利用课堂这一最大的受众平台，传授专业性的心理教育知识，帮助学生提高心理素养；另一方面要发挥兼职队伍在日常教育管理中潜移默化的影响和有针对性的引导，帮助学生实际解决心理困惑。教育行政部门和职业院校应定期组织专门培训，不断地充实网络心理教育的队伍，提高教育者的职业素养和业务能力，使之成为名副其实的网络灵魂工程师。

---

❶ 俞亚萍. 职校生网络心理教育模式建构探讨 [J]. 职教论坛，2014 (8)：22-23.

4. 加强网络心理教育文化

在网络中反映出的心理和行为是其本人在现实生活中的折射与再现，与道德素质和责任意识密切相关。为此，非常有必要将职校生网络心理教育融入现实的校园文化中。一方面，职业院校应有效利用文化艺术、社会实践、志愿服务、科技创新等活动平台，深化感恩教育、诚信教育、自律教育、责任教育等教育活动，引导学生在文化生活中合理分配时间，多渠道获取知识，加强与人的交往，学会抒发真情实感。另一方面，职业院校应依托学生心理社团等组织，构建心理教育互助体系，引导学生自主开展丰富多彩的心理教育活动和广泛的心理沟通和交流。由于虚拟性带来的安全感能使学生卸下心理负担畅所欲言，所以在网络心理互助体系中更能够发现心理异常的学生，及时给予帮助和引导。无论是在社团活动中得到的感悟，还是帮助他人带来的积极体验，都有利于调动学生自我教育、同伴教育、朋辈互助的积极性，从而不断提高自我认知和自我调节的能力。

5. 提升网络心理教育合力

根据大教育观的理念，家庭教育、学校教育和社会教育三位一体，缺一不可。网络心理教育模式同样需要构建纵向空间序列上的家庭网络心理教育、学校网络心理教育与社会网络心理教育三大系统。这三个系统只有形成一个有机的整体，并充分发挥合力才能更好地实现教育效果的最大化。家庭教育中，父母应该主动承担早期教育和管理的责任，加强与孩子的沟通，及时了解其思想动态，帮助孩子养成良好的性格和习惯。学校则有义务承担起学生全面发展的主体责任，通过完善校园网络舆情平台，传播科学、文明、健康的网络文化，加强心理教育队伍建设等有效措施疏导和解决学生的心理障碍，帮助学生养成自律意识和责任意识。从社会层面来说，要尽快建立健全网络立法、加强网络监控、完善网络管理、净化网络环境，为学生的健康成长营造良好的社会氛围。通过家庭、学校、社会三方面资源的有机整合，做到优势互补、责任共担，为加强职校生网络心理教育、提升网络心理教育成效形成合力。

本章小结

　　互联网已经日益成为当今职校学生最重要的学习和生活平台，对他们的成长成才有重要影响。本章从正反两方面分析了网络特征与职校学生心理特点、网络对学生心理健康的影响，并在此基础上提出职校学生网络心理教育模式的积极建构策略。主要基于模式视角研究网络心理教育，从实然的层面剖析现有网络心理教育模式的内涵、特征与问题反思，从应然的层面提出网络心理教育模式应注重自主发展、平等交互、育人至上、积极正面、系统整合等发展理念，并从改进方式、创新机制、优化队伍、加强文化、提升合力等方面入手构建网络心理教育模式的发展策略，更好地促进职校生心理教育的和谐发展。

（本章作者　江苏理工学院　俞亚萍）

职校生专业学习心理与积极课堂教学策略

学习心理学是教育心理学的一个重要分支,是专门研究人们尤其是学生群体学习的一门科学。学习心理的研究,已经成为教育心理学家以及教育工作者所关心的热门课题。近年来,建构主义学习理论逐渐盛行。建构主义认为,知识不是完全靠教师传授得到的,而是学习者在一定社会文化背景下,借助他人(包括教师和学习伙伴)的帮助,利用必要的学习资料,通过意义建构的方式获得。❶ 学习的本质是学习者在一定的情境即社会文化背景下,借助其他人的帮助即通过人际间的协作活动而实现的意义建构过程。多媒体计算机和网络技术可以作为建构主义学习环境下的理想认知工具,能有效地促进学生的认知发展。职校生专业学习是知识经验、认知结构、学习心态、学习能力等因素综合作用的复杂学习心理过程。职校生专业学习心理是职校生在教师和学习伙伴的帮助下依据已有的知识和经验,利用必要的学习资源主动建构专业知识与专业能力的心理现象。

第一节 职校生专业学习心理概述

什么是职校生专业学习心理?职校生在专业学习中表现出哪些心理特

---

❶ 郭启华,金红艳. 基于建构主义学习理论的教育学教学改革[J]. 长春大学学报,2004(5):107.

点？进行职校生专业学习心理研究又有什么意义？本节将从"是什么"的角度让我们了解一些现象。

一、职校生专业学习的心理特征

职校生处于青春期后期，大脑的发育程度已经接近成熟，他们在观察力、注意力、记忆力、思维能力等方面已趋于成人水平。认知结构的各种要素迅速发展，认知能力不断提高，思维能力更加成熟，基本上完成了向抽象思维的转化。但由于初中阶段被动应付学习影响了完善的认知结构形成，使原有的知识迁移能力和获得新知识的能力受到了障碍。

职校生处于社会改革开放、价值观念多元交织碰撞、中西方文化思想涤荡、网络技术迅猛发展的转型时代，在青春发育期这个特殊阶段，接受特定的职业教育，他们有独特的学习心理特征。

相关研究表明，大部分职校学生的心理健康状况良好，有改善自我的积极愿望和潜在能量。他们具有良好的网络信息技术素养，对所学专业有较强的好奇心和自我表现欲望。另外，职校生是因中考成绩不佳而选择了职校，他们是基础教育中被忽视甚至被歧视的弱势群体。职校生由于文化基础较差，普遍存在缺乏学习动机，学习自信心不足，学习兴趣缺乏，学习心态消极被动，学习行为习惯不良，合作学习能力不强，认知结构不完善等学习心理问题，影响了专业学习效果。

职校生在专业学习中表现出以下心理特点。

1. 专业学习动力不足

外在学习动力缺乏：相当一部分的学生就读职业学校的目的不明确。就读职校是他们无奈的选择，这些学生缺乏学习动机，专业学习往往处于被动状态。部分学生为了未来就业需要就读职校，学习上存在急功近利倾向，不愿学习专业基础理论课程。

内在动力不能持久：好奇心和求知欲是学生学习的内在动力。部分学生初学专业时对全新的专业学习领域充满新奇感，对专业学习中各种事物感到好奇，求知欲较强。但他们的学习内驱力不能稳定持久，由于缺乏主动探究学习能力，难以适应难度较高的专业课程学习，成功的体验也越来越少，学习兴趣逐渐减弱。

2. 专业学习信心偏低

不少职校生对学习不热情，缺乏积极主动的学习心态，学习自信心较低。职校生初中阶段学习成绩不理想，学习过程中不断经历挫折失败，使他们学习自信心下降，进入职校后，专业理论课程比较抽象，学习能力要求较高，他们对学好专业缺乏自信心，被动应付地进行专业学习。

3. 专业学习意志薄弱

职校生大多没有养成良好的意志品格，在学习过程中，大多学生缺乏恒心，缺少顽强的学习毅力，坚持性较差，遇到困难退缩。由于意志力较弱，他们在学习过程中，常常失败多于成功，造成恶性循环，专业知识学习不能坚持下去，以致专业学习效果不佳。

4. 专业学习习惯不良

传统教学方式以教师为中心，长此以往，多数学生只习惯于被动学习，学习的主动性逐渐丧失。相当一部分职校生缺乏自主、探究、合作学习的专业学习习惯，没有形成有效的专业学习方法，学习能力较弱，影响了专业学习效率。学习习惯是在学习过程中经过反复练习形成并发展，成为一种个体需要的自动化学习行为方式。良好的学习习惯，有利于激发学生学习的积极性和主动性；有利于形成学习策略，提高学习效率。

5. 专业学习渴望认同

职校生渴望实现自我价值，渴望获得别人认同，有较强的表现欲望。由于文化成绩不理想，心理倾斜度较大，为了寻找心理平衡，他们经常会寻找机会表现自己。在专业学习中很多学生渴望表现某些特长，展现自我价值。

二、职校生专业学习心理研究意义

职校学生的专业学习是职业教育最为关注的问题，职校生专业学习中存在不少消极心理问题与状态，阻碍他们的专业成长和个性发展。正确认识职校生专业学习的心理世界，反思问题，追根溯源，对症下药，因势利导，培养职校生专业学习的积极心态，对于促进职校生健康成长，推进职校教育教学改革,科学建构积极课堂教学模式,❶ 进一步促进职业教育发展有重要意义。

1. 有助于身心健康成长

一个人心态是否积极是衡量心理健康与否的重要标志。如果一个人常怀积极心态,能够保持愉快、开朗的性格,那么他在人际交往中就容易受欢迎;相反,如果一个人消极悲观,就容易导致人际关系紧张,与人相处不融洽,较难适应正常的学习和工作,它不仅会影响生活质量,同时会有损于身心健康,长此以往,还可能造成焦虑、压抑以及一些心理疾病,甚至可能引起记忆力衰退或重大精神疾病。因此,在专业学习过程中注重培养学生积极的心态,使他们逐步养成活泼、开朗、乐观、向上的良好个性心理品质,有益于培养学生健全的人格,促进学生身心健康成长。

2. 有助于专业素质发展

学生的行为,受其个人主观心态的潜在影响。心态是否积极决定了学生行为的积极程度;心态是否向上,决定了学生学习方法、生活方式的采取形式;心态是否健康,决定了学生行为是否正常有序。积极的心态是学生学习效果产生的良好催化剂。培养职校生专业学习的积极心态,有利于职校生改变专业学习自卑心态,积极主动应对专业学习过程中的困难,提高专业学习效率,促进学生专业发展,提升专业素质。

3. 有助于教学质量提升

课堂教学是心理活动过程。积极的心态是一种正向、乐观、进取的心态,对人的行为有积极的导向作用,积极的学习态度对学习速度也有一定的促进作用。深刻认识职校生专业学习心理特征,培养职校生积极的学习心态,有助于改革专业课堂教学模式,提高专业课堂教学质量。

第二节 职校生专业学习心理的问题与反思

在了解了职校生专业学习心理有关知识的基础上,我们还需要知道职

---

❶ 崔景贵,杨治菁. 职校生专业学习心理与积极课堂教学的建构策略[J]. 职教论坛,2015(7):15-19.

校生专业学习的消极心理主要有哪些表现,当前职校专业课堂教学存在哪些问题,以及造成这些问题的归因又是什么,本节将从"为什么"的角度让我们透视一些问题。

一、职校生专业学习的消极心理表现

从学生维度来看,职校生专业学习的消极心理主要表现为专业消极认知、个体自卑无助以及学习被动应付等。

1. 专业消极认知

根据调查显示,一些职校生选择专业更多的是父母强加的意愿;一些职校生选择某个专业只是认为好玩、好混,而对所学专业的发展方向、培养目标、教学计划、学习要求、就业前景等比较模糊。在专业学习中心猿意马,不确定或不清楚是否学到了想学的东西,更不会利用课余时间参与与专业相关的社会实践等活动。现实与理想存在较大差距,坚持不了一年或一学期就想转专业,因而对专业的认同感和专注性不是很强,在专业学习中消极对待就在所难免。当然,这与一些学校对职校生专业认知的教育缺失也有一定关联。

2. 个体自卑无助

这是职校生普遍存在的心理。职校生大多是升学失落者和学习困难者,选择职校有时是由于无奈和家长的压力,加上社会偏见和自我认识的偏差,存在较强的自卑感,总认为自己智不如人,低人一等,这种消极的人格障碍必然导致专业学习的消极。不少职校生专业学习往往动机不强,缺少马力,上课听不懂,作业不会做,考试无法考,有一种习得性无助感,有时甘于自暴自弃。在专业学习任务面前没有驱动力,往往显得被动、机械、厌倦甚至回避,进而阻碍了认知功能,专业学习能力反而呈现下降趋势。一些职校生由于无助导致情绪有失控性一面,有时表现为害怕、沮丧、抑郁、对抗等消极的心理状态,这些消极情绪带来的负面影响容易丧失学好专业的自信心,而抑郁与对抗的心理又会进一步造成专业学习的后移。

3. 学习被动应付

一些职校生对专业学习没有兴趣，把专业学习看成是一种负担，从而对专业学习产生焦虑、担忧，并由于连续专业学习受挫产生抵触甚至逃避，学无所得就越怕学，越怕学就会厌学，以至专业学习兴趣荡然无存，专业学习只能被动应付。一些职校生专业学习的自觉性、持久性与坚韧性等意志品质比较缺乏，不善于专业学习。上课休闲，作业抄袭，考试无所谓，糊弄老师，蒙骗家长，"身在曹营心在汉"，只求早点混到毕业，这是不少职校生专业学习被动应付的表征。

二、职校专业课堂教学存在的问题

从教学维度来看，职校专业课堂教学存在的问题，主要有教学理念陈旧、教学内容枯燥、教学方法机械、教学环境单调、教学评价片面等。

1. 教学理念陈旧

部分职校教师的教学理念仍然是以教师为中心，在课堂教学中是以教师为主宰而不是为主导，我行我素、目中无人的结果是让学生心寒。一些教师很难做到因材施教，教学组织却是机械模仿和运用普高的一些模式，缺少扬弃与革新。在这种教学理念支配下的教学流水线上，职校生往往是容器，被动接受专业知识，几乎与快乐绝缘，学生学习专业的幸福指数低下。

2. 教学内容枯燥

职校一些专业教学内容陈旧、脱离实际的问题还比较严重，过分强调了学科体系完整性，教学内容教条，教师是本本主义，照本宣科。实训与理论知识之间存在明显的脱节现象，往往是先理论后实训。学生缺失感性认识就难以理解理论知识，因而感到索然无味，课堂沉闷，教学处于低效区。一些专业课的理论偏深，实用性不够，先进性不显，职业性不强，课程内容的设计明显滞后于市场需求。在专业理论课程与实践课程相互割裂的情况下，即使学生通过某些方式或途径掌握了专业理论知识，这种掌握也只能是囿于书本层面，而无法同现实工作情境有机关联和对接。

3. 教学方法机械

一些职校教师教学方法比较单一，缺乏实践性教学方法的运用，对于专业学习所需的模拟教学、情景教学、项目教学、案例教学等方法采用得不多，不是积极引导学生在做中学、学中做，仍是沿用传统的灌输式教学，学生缺少自主、合作、探究性学习，课堂上无法体现活动、互动和生动。虽说教学有法，教无定法，一些职校教师却是教有定法，因循守旧，不论是专业理论教学还是实践教学的教法都是条条框框，久而久之，学生对这种一成不变的教法生厌乏味。

4. 教学环境单调

不少职校的师生关系是"教→学""师→生"式的关系，这种单向关系本质上是一种支配与被支配、控制与被控制的关系，表现在课堂上不是平等的对话，而是教师的话语霸权，学生往往处于被动和紧张状态，职校这种"猫—鼠"式的关系，只能进一步削弱和扼杀职校生的学习热情和信心，更谈不上教学相长。此外，职校教师不大关注班级人际关系的建设，同学之间缺少心灵的沟通、交流、理解与支持，互不关心导致生生关系冷漠。课堂人际关系隔阂，教学环境自然就显得沉闷、单调、压抑，学生专业学习难以共同促进和提高，教学环境与学生未来的工作环境处于断层状态，学生专业学习体验不到成功感。

5. 教学评价片面

职校专业教学评价仍存在众多弊端，评价的目的过于强调甄别，不注重改进和促进；评价的内容侧重学生专业知识的掌握，比较片面；评价的过程缺少对学生在专业学习活动中发展变化的评价，只重结果；评价的方式主要滞留于对学生专业学习书面的笔试，比较单一；评价的主体为教师独断，扼制了学生持续发展的原动力；评价的原则批评性居多，因在心理上早已把一些职校生打入冷宫。在这种专业教学评价中学生一直处于被动位置，无疑会挫伤学生学习专业的积极性和热情，一旦丧失专业学习的自信心，这些学生对这种评价往往就会采取应付、逃避甚至对抗的消极态度，这种评价使职校生无所适从，专业素养也就难以提升，因而这种评价无疑亟待变革。

三、职校专业课堂教学的理性反思

从教育维度来看,职校专业课堂教学的变革需要深入反思职业教育价值取向、职业教育培养模式、职业教育教学管理、职业教育教学改革等几个层面。

1. 职业教育价值取向趋于功利

职业教育发展水平、社会对职业教育的需要、社会对职业教育价值的认识和评价尺度等因素都影响着职业教育的价值取向。长时期以来,社会本位是我国职业教育价值取向的主流。职业教育的政治价值表现为保持社会稳定,经济价值表现为提供技术技能型人才,社会价值表现为促进教育公平等。可以看出,职业教育价值取向带有明显的功利性色彩,基于科学技术的社会发展价值被放大,而职业教育为人的发展服务的功能被弱化。职业教育培养过分强调了为了学生就业、谋生而帮助学生获得一技之长,这样培养出来的工具化的"单面人",经不住社会的考验,这样做的结果更不利于为职校生的全面发展和终身发展奠基。❶ 在这种职业教育价值取向的影响下,职校专业课堂教学就难以真正树立生本的理念,教师更多地把学生看成是"机器人",而忽视了学生是个性人、主体人和发展人。

2. 职业教育培养模式见于脱节

职业教育的人才培养与就业市场的人才需求还存在明显的不对接境况,一些职校的办学定位不够明晰,没有充分调研和跟踪市场需求的变化,在办学模式上重知识轻能力,学校培养的毕业生与人才市场岗位标准剥离脱节,学生能力素质不能满足社会需要,市场需求尚未有效地转化为职业教育需求。一些职校在办学上不够开放,与市场需求不合拍,在专业教学方面忽视了职业和岗位对学生能力的需求。专业课程设置、教学大纲、教学内容、课时比例的调整往往滞后,许多新技术、新工艺、新方法、新标准未能及时进课堂,专业教学体系不够严密,专业特色没有得到充分彰显。由于对职业和岗位系统分析缺乏,一些职校人才培养目标定位

---

❶ 王云波. 我国职业教育价值取向反思与重建[J]. 合作经济与科技,2010(21):118-119.

不准，体现在专业课堂教学上教师注重了专业知识的传授，淡化了实践性和应用性课程，学生的技术水平、创新能力不强，毕业生就业竞争力不强。在人才培养的途径上，一些职校仍然存在与生产实际脱节自我封闭的现象，校企合作、产学研结合的人才培养模式推进不力。

3. 职业教育教学管理疏于精细

一些职校教学管理模式仍然滞后，常常是疲于应付。教学管理手段多是堵、卡、压，死管导致管死。职校生在校的学习管理也往往是机械的、封闭的，摆脱不了普中的管理模式。职业教育的专业培养和评价制度不够健全，轻视了学生实际操作能力、市场调研能力、接受新技术能力以及对学生的专业指导能力等。专业教学计划管理缺乏规范，不能根据实际情况实施专业教学计划，不了解市场对技术技能型人才的需求，专业教学过程与企业生产实践脱轨，一些职校甚至不能严格执行实施性专业教学计划，以至于专业课程设置与专业教学计划不吻合。

4. 职业教育教学改革浮于表象

由于内部因素和外部环境的制约，职业教育教学改革力度不够大，进展不够快，成效不够显。一些职校和教育行政部门对职业教育教学改革认识不充分不到位，教学改革、教学质量等问题尚未提上重要日程。特别是专业教学改革游离于现代教学的边缘，有的只是做做样子，有的只是凑凑热闹，有的只是蜻蜓点水。职业教育教学和管理模式仍然局限于传统的教育教学思想和模式，职业教育专业教学特色不鲜明，且在一定程度上偏离了培养目标。一些职校与行业企业联系不紧密，对社会市场需求变化反应迟钝，在专业建设、课程改革和教材建设等方面行动缓慢，教学理念保守，教学内容老套，教学方法陈旧，教学手段落后，教学设备不足，被经济和科技发展甩在后面。❶ 教学改革的主力和阻力都是教师，一些职校师资队伍整体水平亟待提升，特别是部分中青年专业教师对生产实际缺乏了解，专业实践能力薄弱，在专业教学中教师跟着感觉走，学生却没有了感觉。总的来说，职业教育办学思想的确立必须符合现代职业教育规律，职

---

❶ 王学进. 职业学校教育教学中存在的问题及对策［J］. 河南科技学院学报，2001（5）：48.

业教育教学改革应该适应市场经济规律顺势而为。

第三节　职校积极课堂教学的基本策略

针对职校生专业学习的消极心理表现，以及职校专业课堂教学存在的一些问题，如何挖掘职校积极课堂教学的心理意蕴，建构职校积极课堂教学的应对策略以解决实际问题，成为当前的一个重要课题。本节将从"做什么"的角度让我们掌握一些方法。

一、职校积极课堂教学的心理意蕴

积极职业教育强调，积极要成为贯穿职业教育全过程的核心价值和主线，倡导职业教育要深入系统地关注人性的积极方面。建构积极职业教育范式，就要秉承"以人为本、助人自助、育人至上"的理念，充分发挥职校生的主体性和自主性，支持和激励职校生积极开展心理健康自助，认识心理成长问题，保持心理和谐状态，发掘心理发展潜能，建设心理资本资源，提升职业心理能力，促进职校生积极品质的形成与完善，实现心理世界更加健康、和谐发展。[1]

课堂教学模式是从教学的整体性出发，根据课堂教学的规律与原则而归纳提炼出的包括教学形式和方法在内的具有典型性、稳定性、易学性的教学样式。所谓积极课堂教学，就是让职教课堂教学过程充满生机活力，激发职校生生命的热情和学习的愿望，着力追求积极的学习目标与体验，培养积极的学习能力与品质，培育积极自主的个性与人格。积极课堂教学的核心元素是以积极为主线，以学生为主体，以学会专业学习为主题，以和谐高效课堂为主导。所谓学会专业学习，就是职校学生想学专业、会学专业和学好专业。积极课堂教学可以提升职校生对专业学习的兴趣，增加学习的积极性，促使其主动探索专业问题，让他们主动参与到课堂教学

---

[1] 崔景贵，姚莹. 职校生心理发展与积极职业教育的心理策略［J］. 职教论坛，2015（1）：4-8.

第十五章 职校生专业学习心理与积极课堂教学策略

中来。

1. 培育积极心态

从某种意义上说,课堂教学过程其实是心理活动过程。积极的心态是一种正向、乐观、进取的心态,对人的行为有积极的导向作用,积极的学习态度对学习速度与质量也有一定的促进作用。职校生拥有积极的学习心态,能够明确自己的学习目的,设立合理的学习目标,使其产生内在驱动力,集中精力,提高激情,取得更好的学习与工作绩效;善于发现自己的优势,并且主动寻求机会以体验成功;对学习有浓厚的兴趣、保持旺盛的求知欲;进行职业生涯规划,激发动机;树立终身学习意识,自觉养成勤读书、勤思考的良好习惯。职校生拥有积极的学习心态,能够在学习中表现出认真、勤奋、谦虚等性格和自觉、顽强、坚韧不拔的意志品质,不会轻易被困难所打倒,对学习保持热情高涨的积极性,有助于学习效果的提高。

培育职校生的积极学习心态,职校教师自身必须树立科学合理的教育观和学生观,建立民主平等、自由宽松的师生关系,努力营造和谐关爱的教学氛围。职校生需要在教师的引导下形成理性的认知,了解自己的真正需求,构筑积极的心理防御机制,通过替代、幽默、合理化、折中等方式有效保护自我,学会运用创新思维方式解决问题。职校教师要关注职校生专业学习心理,理解心理需求、把握心理特征、分析心理问题、开发心理潜能,用积极的眼光看待学生,增强职校生在学习生活中的自信心。职校生保持积极的心态,离不开教师的有效激励,鼓励他们参加拓展训练以形成积极的认知,同时要学习和学会积极心理暗示方法。教师还要多与职校生平等地沟通,让他们产生被承认、被关爱、被尊重的感受,促进他们正确的自我认识。在教学中要关注每一位学生的发展,让他们都有展示自我的舞台。❶

2. 启迪专业心智

职校生拥有专业心智,有利于职校生更好地进行专业学习,他们能够

---

❶ 崔景贵,杨治菁. 职校生专业学习心理与积极课堂教学的建构策略[J]. 职教论坛,2015(7):15-19.

树立起自己的专业发展目标,并朝着目标努力,积极主动地参与到课堂中,认真吸收专业知识和技能,敢于尝试学习和练习,主动克服专业学习中的困难,和老师之间能够彼此信任,和同学团结友爱、互帮互助。职校生拥有专业心智,可以用专业的眼光去观察问题、理解问题、判断问题、解决问题,促进他们专业思维的发展,加深对专业知识的理解,最后有助于他们将所学专业知识应用到实践中去。

职业教育倡导心本管理,在课堂教学中教师对学生要做到将心比心,以心"换"心,以心"唤"心,以心"焕"心。职校教师要用心与学生交流,给学生以关爱与尊重,用爱心去召唤,用心灵去面对他们,尊重他们的人格与差别、对课堂上的问题学生宽容耐心,以积极教育的心本管理代替对问题学生的担忧与斥责,挖掘学生身上的优秀品质与特点,对他们抱有期待,积极赞赏鼓励并用坚持不懈的精神转化、引导问题学生,心怀希望,引导职校生使其能够正确地自我评估,具备客观的自我认识和求职定位,从而促进职校学生健康和谐成长。职校教师还要改变传统说教的教学模式,因材施教,运用合适的教学方法调动学生学习的自主性,激发他们学习的兴趣,充分调动他们的思维,全面提高学生的专业素养,尤其是专业的技能智能职能、专业的品质特质气质、专业的思考思维思想。

3. 提升发展心力

心力即心理社会能力,指一个人由内到外的综合能力水平,它不仅能有效地处理日常生活中的各种需要和挑战,而且是个体保持良好的心理状态并且在与他人、社会和环境的相互关系中表现出适应的和积极的行为能力。建构积极课堂教学,基本任务就在于积极引导职校生专业学习心理和谐发展。心理和谐指人的认知、情感、意志等内心活动处于平衡自然、协调统一的状态,对外界事物抱有平静适度、热情友善的态度,人与外界环境能够进行有效沟通,并能化解内部或外部冲突。职校生专业学习心理和谐发展,就是职校生在专业学习过程中能够积极、主动地探索与专业相关的知识,树立正确的专业学习目标,正确面对在专业学习中遇到的问题,并通过自己的探索积极地解决问题,对自己的专业发展有一个全面、细致的规划。[1]

职校生如果能够具有较高的心力,在专业学习过程中就会以坚定的信念面对、适应职校环境,积极主动地学习;职校生可通过免疫保护即启动过去成功的学习体会和经验进行自主调适,镇静地面对现实,建构正面的生活秩序。提升职校学生心力要根据学生的生理、心理特点与规律,培养积极心理品质,完善心理素质,促进职校生的心理全面和谐发展。让学生在学习中看到成功的期望,明确努力的目标,获得前进的动力,逐步发展完善自己。在课堂教学中要研究职校生的学习心态、学习方法、学习习惯和学习兴趣。依此设定教学内容和方式,以提升职校生对专业学习的兴趣,让他们自发地、主动地学习,增强职校生的成就感、自信心。

二、职校积极课堂教学的建构策略

职业教育教学改革的最基础单位是课堂,最终环节也将是课堂。现代职业教育教学改革的核心是建设优质高效的课堂教学,系统构建积极课堂教学模式要从教学理念、目标、过程、方法、环境和评价等角度入手,全面推进职业教育课堂教学改革,引导职校生专业学习心理的自主和谐发展。在专业课堂上使职校生增加积极态度,努力创造一种积极的学习气氛,让学生充分享受主动的、愉悦的、充实的学习过程,师生双方形成亲密的教学伙伴和互动主体,在良好的情境中展开积极而开放的教学,实现优化意义上的有效教学。

1. 创新学生本位的教学理念

课堂教学理念应该从传统的"以教师为中心"转变为"以学生为中心"。以学生为中心的课堂教学可以让学生主动地参与学习,调动学生的学习积极性与创造性,提升课堂教学效果。以学生为中心的课堂教学理念,需要职校教师树立新型的学生观,冲破传统教育观念的束缚,尊重学生的身心发展差异,相信每一位学生的能力,注重启迪学生的兴趣与爱

---

[1] 崔景贵,杨治菁. 职校生专业学习心理与积极课堂教学的建构策略 [J]. 职教论坛,2015 (7): 15-19.

好，发展学生的个性，为学生的发展提供空间。兴趣是技术技能人才成长的内在驱动力，是个体力求认识某种事物或从事某项活动的心理倾向，表现为对某种事物或从事某种活动的选择性态度和积极的情绪反应。当兴趣直接指向与专业有关的活动时，就称为专业兴趣。专业兴趣在技术技能发展过程中起重要的作用，对某一技术技能具有浓厚兴趣的学生，可以长时间保持学习的高效率而较少疲劳；专业兴趣更是使人深入钻研、创造性地工作和学习，进而产生创造性成果不可或缺的重要因素。就大多数职校学生而言，他们头脑灵活，身手敏捷，智力水平与同龄人差异并不悬殊。更何况每个人的智力都不是全面的，只是在一个或少数几个方面比较突出。实际上职校学生在某些方面拥有不可比拟的独特优势，只不过在应试教育环境下没有得到发掘和培养。在职校专业课堂教学中，善于发掘学生认知规律中的独特优势尤其重要。认知指人们获得知识或应用知识的过程，或信息加工的过程。个体认知之间存在差异，教师可以投其所好，根据其自身认知规律的特点去找寻积极课堂教学的快乐因子。利用职校学生观察能力和动手能力强的特点，利用职校学生的感性认识高于理性认识的特点。职校学生潜意识里排斥复杂的定律、烦琐的计算等理论知识，更注重直观的感受，注重看与做。他们易于接受具有直观性、可操作性、以工作过程为导向的学习任务，他们能从感官角度来理解、学习专业知识，这样会感觉到学习并不是很困难的、高不可攀的。❶

职校教师要对自身角色重新定位，改变原有的"上位者"心态，将自己的角色定位成学生的朋友、引路者和平等中的首席，在课堂教学中有意识地培养学生的自学能力、选择能力、思维能力、表达能力和研究能力等。情感教育不是靠理性的灌输，而是靠心灵的感受，我们在进行教学时，可以利用情感的感染功能、调节功能加强与学生的沟通。古语云："亲其师，信其道。"教育教学活动是以师生交往为基本前提的，因而它总是和情感相连的。良好的师生交往，会使学生产生一种情感内驱力，使之成为学生接受知识的"阀门"。师生的良性交往，更容易收到意想不到的

---

❶ 王爱华. 中职积极课堂教学快乐因子方法探究［J］. 江苏科技信息，2015（18）：76-78.

第十五章 职校生专业学习心理与积极课堂教学策略

效果，使师生之间情感交融，增进学生自觉向上、奋发进取的信念，激发学生的集体向心力、凝聚力。作为职校教师，既要精通自己所教授的专业知识，又要广泛涉猎各方面的知识，同时还要加强自身道德品质的修养，从而使学生从心里佩服老师的才华和人品，愿意和老师亲近，建立起良好的师生关系。专业教学课内课外，都要以情入手，尊重学生人格。了解他们对周围事物的看法，把握学生的思想脉搏，针对学生的个性差异，精心观察，善于研究，及时发现他们身上的闪光点并加以鼓励。帮助他们认识自身的优点，从而帮助学生树立起信心，增强搞好学习、提高能力、遵守纪律的勇气和信心。强调师生情感相通，并不等于放弃教师的职责，甚至姑息学生的缺点，而是既要真诚亲切地对待学生，又要对他们进行严格要求。严格要求与尊重信任是辩证统一的。因此从情感入手，基于对学生的尊重和信任，提出严格要求才能促进学生克服困难，自觉履行教师所提出要求。

2. 确立提升学力的教学目标

学力主要指学生借助一定的教育环境和能力及积极的教育实践活动，所形成的自我获取、自我构建、自我发展、自我超越的态度、知识和能力的总和。课堂是学生学力生成的场所，就要把培养学生的学力作为课堂教学的目标来看待。目标设置直接关系到动机的方向和强度。正确、有效的目标可以集中人的能量，激发、引导和组织人的活动，是行为的重要推动和指导力量。在专业学习中，不管是教师"教"的目标还是学生"学"的目标的设定必须具体而明确。在专业课堂学习中，无论是专业理论学习还是技能操作训练，以结果为导向的目标尽可能用硬性的、可量化的指标来衡量，越是明确细致的目标，越有利于在教学中引导学生努力拼搏。

职校设立以学力为重的课堂教学目标，可以培养职校生自主学习的意愿和适应社会变化的能力，培养学生终身学习和生存的能力，在实施教学的同时，充分发挥学生的主观能动性。营造重视目标实现，相互关心、帮助与鼓励的心理氛围，教师关注学生对目标的认可程度、目标的挑战性和实现的情况；同学之间互相关注他人的目标与努力，目标实现了给予真诚夸奖、积极评价，未实现时共同分析原因、相互安慰等。注重发展学生学力，要把培养职校生学习能力和学习毅力放到和增强学生学习动力一样的高度。在职校课堂教学中不仅要关注学生学习动力的增加，学习动机水平的提高，还要关注在课堂中学生的专业技能、学习能力和探究精神的培养，努力提升学生的整体学力。

3. 建设合作学习的教学过程

教学过程是课堂教学的一个重要环节，建设合作高效的课堂教学过程首先要让学生学会合作，让学生在合作中学习、思考、探究、讨论，最终提高课堂教学的效率。让学生能够合作高效地学习需要师生、生生之间的关系和谐融洽，职校教师要从积极的角度出发，用宽容的心态面对职校生的不足，对他们多一些信任与赏识，对他们的进步要给予充分肯定与鼓励，积极发现他们身上存在的潜能，增加他们的自信。同时还要为学生营造一个相互信任、相互理解、心理和谐的班级环境。

心理学家哈姆柴克认为：学生只有在心理上感到安全时，才不会退缩并敢于尝试学习。在教学中职校教师可以采用小组合作教学，根据专业特点将学生分成若干小组进行教学，教师提出一个开放性问题，学生独立思考后在小组中相互讨论最后得出问题的解决方案，教师只需要在一旁观察学生的表现并及时给予学生一些必要的引导。建设合作高效的课堂教学，教师还要了解学生的特点、兴趣、能力等，按照学生的实际情况为学生布置任务，让学生能够更加积极地投入课堂教学中去。针对职校生的学习基础较差，课堂注意力不够持久的特点，"低起点、小步子、多活动、快节奏"的教学原则适用于职校课堂教学。即根据学生基础差的特点，让学生在较低的起点上，小步子前进，通过形式多样的教学活动让学生在做中学，从而促进知识的内化，并给予学生快捷及时的反馈、评价。这种教学方式由于教学目标比较切合学生的实际，让学生可以较为容易地获得积极肯定的评价，增加了学生的自信心，同时能够提升课堂教学的效果。[1]

4. 运用行动导向的教学方法

行动导向教学法是一种在教学中以学生为中心，注重培养学生能力的

---

[1] 崔景贵，杨治菁. 职校生专业学习心理与积极课堂教学的建构策略 [J]. 职教论坛，2015 (7)：15–19.

方法，以行动导向驱动为主要形式，在教学过程中充分发挥学生的主体作用和教师的主导作用，注重对学生分析问题、解决问题能力的培养。在教师的行为引导下，在教学过程中通过创设教与学、师与生平等互动的交往情境以及教学各要素的重新组合，引导学生在与岗位职业相匹配的情境中，手脑并用、知行结合、理实一体，自主学习，在做中学，学中做，从而实现教学目标。从学生接受知识的过程看，知识来源于实践，在实践中得到感性认识，经过反复实践才能上升到理性认识，并回到实践中去。采用行动导向教学，可以变抽象为具体，变枯燥为有趣，让学生乐于去操作、掌握。当学生完成了某一任务后，内心就会产生一种成就感，一种喜悦感，一种冲击力，这种力量不仅增强了学生的自信心，还提高了学生学习知识和技能的兴趣。在行动导向教学中，"任务"贯穿始终，让学生在讨论任务、分析任务、操作完成任务的过程中顺利建构起知识结构。采用行动导向教学，落实因材施教，突出培养学生的实践能力和创新能力。[1]

行动导向的教学方法并不强调学生所学知识的系统性，在教学中比较重视"案例教学"，重视问题的实际解决以及学生的自主学习，培养学生的能力。项目教学法、案例教学法、模拟教学法、角色扮演法等方法都属于行动导向教学法，但不管以哪种方式组织行动导向的教学活动，学生始终都是处于教学的核心地位，教师则处于咨询与辅导的地位，为学生提供帮助，师生之间的地位是平等的。教师在教学中引导学生主动学习，主动探索，使学生在学习中不仅掌握了相应的知识与技能，自身的行为能力还能得到提高。

5. 创设互动探究的教学情境

教学情境，指作用于学习主体、产生一定的情感反应的客观环境。从狭义来看，则指在课堂教学环境中，作用于学生而引起积极学习的情感反应的教学过程。教学情境是教学的突破点，让学生在不自觉中达到知识与情感有机的渗透、融合，使学生的情感、兴趣始终处于最佳状态，全身心

---

[1] 徐书芝. 基于行动导向教学的中职学校教学改革研究——以石家庄第三职业学校教学为例 [D]. 河北师范大学, 2012.

地投入学习之中，从而保证教学活动的有效性。心理学研究和教学实践证明，当课堂教学中投入良好的期望并创设良好的情境时，就会产生积极的效应。教师可以利用多种教学手段组织教学活动，营造积极的学习氛围，激发学生的求知欲，让他们参与到对学习内容的探索、发现和认识过程中。教学情境创设需要"回归生活""贴近生活"，让教学环境创设"信息化""生活化"。

职校教师应该充分了解每一位学生的学习兴趣和特长及他们的专业实际水平，根据学生的实际情况设置教学内容与教学方式，在课堂上极力为学生营造一个质疑与独立探究的空间，调动学生的积极性，让他们通过自己动手、动脑来寻找问题的答案，创造性地解决问题，让他们在成功中获得自信，培养学生的动手制作能力、动脑分析能力和勇于创新能力，让他们转被动的学习为主动探究学习。职校教师还要加强班级人际环境的心理建设，在班级中营造出民主平等、彼此信任的师生关系和团结友爱、真诚互助的同学关系，让学生从独立的探索学习转为师生、生生之间的合作探究学习，在合作探究中发现知识，掌握知识，让职校生在形成探索知识能力的同时学会合作。

6. 采用多元整合的教学评价

评价是一种价值判断的活动，是主体对客体满足需要程度所做出的判断。在职校课堂教学评价中，一要将关注学生在课堂教学中的表现作为课堂教学评价的主要内容，职校教师除了关注知识技能目标的达成外，还要关注学生在课堂上师生互动、自主学习、同伴合作中的行为表现、参与热情、情感体验和探究、思考的过程等，即关注学生是怎么学的。通过了解学生在课堂上如何讨论、如何交流、如何合作、如何思考、如何获得结论及其过程等表现，评价课堂教学的成败。课堂评价语言应该做到准确、生动、机智、幽默。准确是指对学生的评价语言准确得体，需因人而异、因事而异，评价要及时提醒、纠正，客观指出学生的优点与不足。生动丰富的评价语言，能让课堂充满生机，能充分调动学生学习的主动性、积极性，孕育活跃的课堂氛围。机智巧妙的评价语言常用来纠正或鼓励学生的回答，尤其是纠正问题时需要注意情绪的导向，做到引而不发，既要化解学生课堂中的尴尬，又要保护学生的自尊心。幽默的语言可以打破课堂内死水般的枯燥局面，使整个教学过程达到师生和谐、充满情趣的美好境界。诙谐幽默的评价语言恰到好处地推动了教学过程，不仅让教学内容的传导风趣而高雅，而且优化了课堂教学效果。❶ 二要考虑在课堂中是否体现了专业特色，只有将专业人才培养理念充分体现在课堂教学中，彰显职教课程的专业特色才能说这是一堂好课。三要关注是否将专业理论知识与实践联系起来，只有这两者之间相互联系才能让学生从一个知识的被动接受者，变成知识技能的自主建构者、共同建构者，才能说明课堂教学真正有效高效。

培养职校生积极的专业学习心态，就要推进职校课堂教学改革，构建富有职业教育特色与成效的积极课堂教学范式。从事现代职业教育的教师，应该具备尊重科学、挑战自我、追求卓越的精神与勇气，在课堂教学中大胆改革与创新，努力建构智慧而高效的积极课堂教学范式。

本章小结

职校生专业学习心理是职校生在教师和学习伙伴的帮助下，依据已有的知识和经验，利用必要的学习资源主动建构专业知识与专业技能的心理过程。大部分职校学生的心理健康状况良好，有改善自我的积极愿望和潜在能量，对所学专业有着较强的好奇心和自我表现欲望，但由于文化基础较差等多方面原因，他们存在独特的学习心理特征。一些职校生在专业学习中表现出专业学习动力不足、信心偏低、意志薄弱、习惯不良但又渴望得到认同等心理特点，主要表现在专业消极认知、个体自卑无助、学习被动应付等方面。职校专业课堂教学依然存在教学理念陈旧、教学内容枯燥、教学方法机械、教学环境单调、教学评价片面等，其归因在于职业教育价值取向趋于功利、职业教育培养模式见于脱节、职业教育教学管理疏于精细、职业学校教学改革浮于表象等几个层面。推进职业教育课堂教学

---

❶ 王爱华. 中职积极课堂教学快乐因子方法探究［J］. 江苏科技信息，2015（18）：76-78.

改革，构建职校积极课堂教学成为解决上述问题的主要途径。积极课堂教学的核心元素是以积极为主线，以学生为主体，以学会专业学习为主题，以和谐高效课堂为主导。其心理意蕴体现为培育积极心态、启迪专业心智、提升发展心力，引导职校生专业学习心理的自主和谐发展。职校积极课堂教学可以使职校生努力创造一种积极的学习气氛，师生双方形成亲密的教学伙伴和互动主体，在良好的情境中展开积极而开放的教学，实现优化意义上的有效教学。职校积极课堂教学的建构策略主要有创新学生本位的教学理念，树立新型的学生观，尊重学生的身心发展差异，为学生的发展提供空间；确立提升学力的教学目标，以结果为导向，培养学生自主学习的意愿和终身学习能力；建设合作学习的教学过程，运用"低起点、小步子、多活动、快节奏"的教学原则，培养学生学习合作能力；运用行动导向的教学方法，落实因材施教，培养学生的实践能力和创新能力；创设互动探究的教学环境，营造积极的学习氛围，激发学生的求知欲，培养学生探究学习能力；采用多元整合的教学评价，将专业理论知识与实践联系起来，培养学生知识技能建构能力。

（本章作者　江苏省海安中等专业学校　崔益华　沈志美　王华岭）

职校生技能竞赛心理与积极训练策略

技能大赛是目前职业学校一项重要赛事,对职业学校师生发展影响很大,甚至影响职业学校的发展。由于技能大赛的职业性、竞技性以及其他特性,目前技能大赛仍然存在许多亟须解决的问题,特别是技能竞赛选手的心理问题以及如何开展积极有效的训练指导,是值得深入研究与探讨的课题。

第一节 职校生技能竞赛心理概述

教育部等多个部委自2008年以来,每年都举办一次全国职业院校技能大赛,技能大赛已成为对职业教育影响最大的一项赛事。各省市及职业学校都十分重视这项工作,从班级"比武"到学校"技能节",从学校大赛到国家、省、市技能大赛,处处洋溢着"技能节"的盛景。

一、职业学校技能大赛现状

技能大赛对职业学校发展影响巨大,这已成为职业教育工作者普遍共识。具体到参赛学校以及参赛师生,仍然存在一些急需解决的问题,而首当其冲的是选手心理素质问题。

(一) 技能大赛对职校发展的影响

1. 对学校发展的影响

技能大赛对学校的发展影响深远。在宏观上，职业院校技能大赛已经成为每年职业教育的一大盛事，参赛项目已达 75 项（其中，中职 33 项），涉及人数达万人，牵动着全国各职业院校的教学安排，也成为衡量职业学校教育教学质量的重要指标；在中观上，实现了学校与企业的对接以及学校之间的交流与合作；在微观上，促进了专业的建设，带动了实训基地建设，实现了专业技术与行业、企业生产技术的对接、专业素养与职业素养的对接。

2. 对教师发展的影响

技能大赛促进了师资培养。生产技术成为职业学校教师学习的重要内容，职业素养成为教师教学要求，师资团队需要新的抓手，项目课程需要快速推进，技能大赛必然成为师资培养的一个重要途径和平台。除此之外，技能大赛也促进了中西部教师的交流，促进教师与企业工程师的交流，促进了师生情感的交流。

3. 对学生发展的影响

技能大赛是培养学生的重要途径与手段。首先，参赛选手的技能水平突飞猛进，通过专项训练以及与高水平的选手竞技，参赛学生的技能水平达到了一个新的高度。其次，参赛的过程是一个心智培养的过程，锻炼了学生的意志，树立了学生的信心。最后，部分省份技能大赛获奖选手可以进入高校继续深造，为学生发展提供了更广阔的空间。技能大赛对非参赛同学产生的影响同样巨大，通过技能大赛促进师资技能与教学水平的提高，从而普及其他同学。

(二) 技能大赛目前存在的问题

目前技能大赛存在的主要问题体现在以下几个方面。

1. 学校之间的平衡性问题

各学校对技能大赛都很重视，部分地区还把技能大赛作为考量学校教育教学质量的重要指标，但由于学校设施设备的差异性、师资的差异性、信息的差异性，导致很多学校没有机会参与更高级别的赛事。当然这与学校的重视程度有相当大的关系。比较起来，重点学校比普通学校重视，城市学校比农村学校重视，东部地区学校比西部地区学校重视。

2. 学生个体的差异性问题

个体差异性是客观存在的，对于技能训练而言，关注这种差异性尤其重要，否则训练效果就有可能打折扣。这种差异性主要表现为学生动手能力的差异，学生学习能力的差异，学生心理的差异等，教练可适时地调整教学方法，因材施教。

3. 教学比赛的互补性问题

技能大赛的基本目标是促进参赛师生技能水平的提高，最终目标是促进全体师生技能水平的提高。具体比赛时，仍有很多学校与教练只看眼前利益，要么全盘否定技能大赛，要么眼里只有技能大赛，不研究与思考如何普及技能大赛的成果，如何把技能大赛的训练方法与技巧应用到具体教学中去。

4. 技能教学的唯一性问题

技能大赛成为学校工作的"唯一"工作，唯"金牌"工作，忽视学校的常规教学管理。重视个别人的比赛，而忽视其他同学的教学诉求，学校仅有的教学设施设备与师资全用于技能大赛，这样的后果，只会是"捡了芝麻，丢了西瓜"，得不偿失。

5. 师生竞赛的心理性问题

随着技能大赛的竞争越来越激烈，给选手与教练带来的压力也越来越大，由此产生的心理问题也越来越突出，轻微的可表现为临阵紧张出错，严重的会产生心理疾病，甚至会发生一些悲剧。

（三）技能训练常见问题

技能训练的成效如何，直接影响技能大赛的成绩。综合近几年技能训练实践，在训练过程中，以下是几种常见问题。

1. 教练期望与选手表现的矛盾

在训练过程中，特别在前期训练，经常听到教练抱怨选手速度不快、错误率高、不聪明、平时对自己要求不高等，面对教练的数落，很多选手选择了沉默。由于教练对选手有过高的期望，希望选手能够完全吸收自己所教内容，客观上由于选手的差异性以及训练过程的规律性，训练成效不可能"一蹴而就"，长此以往，很容易导致选手对自己能力产生怀疑，给自己贴上"失败"标签。

2. 设备耗损与经费投入的矛盾

加大技能大赛设备投入，客观上能够促进学校实验设备的充实与提升，加快现代职教师资的培养。但在实际过程中，设备经常性变更给训练造成了很大的压力，首先表现为设备经费的压力，其次表现为购买流程的压力。经费保证了，时间还得保证。当然，各类大赛的耗材也十分巨大，也需要一定的经费给予保证。

3. 创新要求与思维定式的矛盾

技能大赛的要求越来越与生产实践、生活实践相联系，要求选手具有一定的理解能力、分析能力和判断能力，还有现场的应变处理能力，不是单纯地比速度，而是一种综合职业能力的比试。但由于长期的"魔鬼式"训练，造成了教练与选手的训练思维定式，一旦发生突发事件，就不能从容应对，这与现代技能大赛要求格格不入。教练和选手务必要改变固有的思维定式，改变训练方法，在创新能力上下功夫。

4. 拉练交流与信息防守的矛盾

拉练过程，是相互提高促进的过程，但在实际拉练过程中，大家都防着一手，都希望从对方那里学到一些有价值的东西，同时又防着对方从自己这里学到东西，相互猜疑、相互防范给拉练的效果打了很大的折扣。拉练需要双方坦诚交流，相互促进。

二、职校技能大赛选手人格因素分析

（一）调研说明

1. 调研问卷选择

调研问卷选用卡特尔16种人格因素（16PF）测试问卷。卡特尔16种人格因素（16PF）测试是由美国著名心理学教授卡特尔（R. B. Cattell）用因素分析法编制而成。施测该问卷可以得到个体的16种主要的人格特质因素，分别是乐群性、聪慧性、（情绪）稳定性、恃强性、兴奋性、有恒性、敢为性、敏感性、怀疑性、幻想性、世故性、忧虑性、实验性、独立性、自律性和紧张性。另外还可以获得4种次元人格因素（适应与焦虑型、内向与外向型、感情用事与安详机警型、怯懦与果断型）及4种应用因子（心理健康者个性因素、专业有成就者的个性因素、创造性强者的个性因素、在新环境中有成长能力的个性因素）。本测验适用于16岁以上的青年和成人，在国际上颇有影响，1979年引入国内并由专业机构修订为中文版，具有较高的效度和信度，广泛应用于人格测评、人才选拔、心理咨询和职业咨询等工作领域。

2. 调研对象选择

调研对象为江苏省武进中等专业学校参加2014年度国家、省、市技能大赛的99名选手，其中女生21名，男生78名，共获得95（16PF）份有效问卷。江苏省武进中等专业学校现有十大专业门类，40多个专业。自2008年起连续参加市、省、全国技能大赛，每年参加市级及以上比赛的学生超100人，近几年在各级各类技能大赛比赛中均取得了优异的成绩。2014年共参加项目为10个大类30多个专业项目，参加市级及以上比赛人数为103人，调研对象在获奖等级、参赛类别、专业、年级和性别上均呈现多样化。

3. 调研方法

将奖项和性别作为控制变量，16PF因子作为因变量，一方面对不同维度的因子均分进行比较，另一方面进一步将数据进行方差分析。考虑到历年对选手进行选拔的经验，市赛一等奖往往会被选入新一轮集训并进入省赛，省赛一等奖也容易被选入国赛进行竞赛，课题组将选手数据分为4组，第一组为无奖项组（12人），第二组为市赛二、三等奖组（35人），第三组为市赛一等奖和省赛二、三等奖组（38人），第四组为省赛一等奖和国赛获奖组（10人）。

本次调研采用国内常用的PASW Statistics18进行研究数据分析与统计。

（二）16PF测验数据分析

经过调查，95名选手分为四个组别16种人格因素分别按标准分统计如下（见表16-1）。

表 16 – 1　各奖项组别 16PF 人格因子均分（标准分）

因子/组别	第一组	第二组	第三组	第四组
乐群	5.3	5.1	5.4	4.9
聪慧	4.9	4.1	3.9	4.1
稳定	4.5	5.2	5.7	5.0
恃强	5.6	5.8	6.2	6.3
兴奋	5.8	5.8	6.3	5.6
有恒	5.3	4.5	5.2	4.9
敢为	4.6	5.4	5.3	6.4
敏感	6.2	5.1	5.6	4.9
怀疑	5.1	4.6	5.0	4.5
幻想	6.6	7.4	6.8	6.7
世故	4.8	5.0	4.4	3.7
忧虑	7.3	7.1	6.7	7.6
实验	5.0	5.1	5.4	5.0
独立	3.3	4.1	4.3	5.1
自律	5.3	5.4	4.9	4.9
紧张	7.0	6.6	6.0	6.8

根据表 16 – 1 内容统计分析如下。

1. 16PF 各因子均分数据分析

（1）没有出现人格因子极端分数。从表 16 – 1 统计数据可以看出，16 个因子无论哪个组别，均分均在 3 ~ 8，没有出现极端的高分与低分。一是表明目前被测对象中没有出现人格因素极端现象，二是表明有人格极端表现的往往不受到教练的青睐。

（2）部分因子与组别成正相关。从数据中可以看出，恃强、敢为、独立随着获奖层次的提高，分数呈上升趋势。且其中敢为、独立两个因子的均值差进行多变量方差分析，差异显著（见表 16 – 2、表 16 – 3）。很显然，这三种因子对学生比赛影响较大。主要表现为好强坚持、独立积极、有主见、有信心、独立性强、不畏怯退缩、能独立完成自己的工作计划、不依赖别人。

第十六章 职校生技能竞赛心理与积极训练策略

表16-2 多变量方差分析结果（敢为性因子）

因变量：敢为

	（I）奖项	（J）奖项	均值差值（I-J）	标准误差	Sig.	95%置信区间	
						下限	上限
LSD	1	2	-1.8762	1.61383	0.248	-5.0839	1.3315
		3	-1.8070	1.59749	0.261	-4.9822	1.3682
		4	-4.1333*	2.06564	0.049	-8.2390	-0.0276
	2	1	1.8762	1.61383	0.248	-1.3315	5.0839
		3	0.0692	1.13024	0.951	-2.1773	2.3156
		4	-2.2571	1.72984	0.195	-5.6954	1.1811
	3	1	1.8070	1.59749	0.261	-1.3682	4.9822
		2	-0.0692	1.13024	0.951	-2.3156	2.1773
		4	-2.3263	1.71460	0.178	-5.7343	1.0816
	4	1	4.1333*	2.06564	0.049	0.0276	8.2390
		2	2.2571	1.72984	0.195	-1.1811	5.6954
		3	2.3263	1.71460	0.178	-1.0816	5.7343

注：基于观测到的均值。

误差项为均值方（错误）= 23.274。

*均值差值在0.05级别上较显著。

表16-3 多变量方差分析结果（独立性因子）

因变量：独立

	（I）奖项	（J）奖项	均值差值（I-J）	标准误差	Sig.	95%置信区间	
						下限	上限
LSD	1	2	-1.5881	1.30301	0.226	-4.1780	1.0018
		3	-2.0219	1.28982	0.121	-4.5856	0.5417
		4	-3.3167*	1.66781	0.050	-6.6316	-0.0017
	2	1	1.5881	1.30301	0.226	-1.0018	4.1780
		3	-0.4338	0.91256	0.636	-2.2476	1.3800
		4	-1.7286	1.39668	0.219	-4.5046	1.0475
	3	1	2.0219	1.28982	0.121	-0.5417	4.5856
		2	0.4338	0.91256	0.636	-1.3800	2.2476
		4	-1.2947	1.38438	0.352	-4.0463	1.4569

续表

(I) 奖项	(J) 奖项	均值差值 (I-J)	标准误差	Sig.	95% 置信区间	
					下限	上限
LSD	4	1	3.3167*	1.66781	0.050	0.0017	6.6316
		2	1.7286	1.39668	0.219	-1.0475	4.5046
		3	1.2947	1.38438	0.352	-1.4569	4.0463

注：基于观测到的均值。

误差项为均值方（错误）= 15.172。

*均值差值在 0.05 级别上较显著。

（3）部分因子各组别分数均较高。从数据中可以看出，幻想、忧虑、紧张三个因子各组别的分数均在 6 以上。对于"幻想"，可能与职业学校学生基本的心理特点相吻合，即忽视生活细节，只以本身动机、当时兴趣等主观因素为行动的出发点，可能富有创造力。表明兴趣和爱好是选择选手首要考虑因素。对于"忧虑、紧张"，与选手曾经参加比赛可能导致的情绪影响有关。

（4）部分因子与组别成负相关。从数据中可以看出，"世故"随着获奖层次的提高，分数呈下降势头，世故下降较为明显，说明获得高成就者更加坦诚、直率、天真。或者说技能大赛需要定心和专心，不需要精明、圆滑、世故的人。

（5）部分因子基本与组别无关。从数据中可以看出，乐群、聪慧、怀疑、实验、自律等因子各组别均分为 5~6，表现相对稳定，对参测的技能大赛选手群体而言，人格相关性不大。在实际选手选择过程中，还应充分考虑这几个因素，特别是乐群、聪慧、自律等因子分数较高的学生。

（6）其他因子数据分析。

不同等级在"聪慧""稳定""敏感"维度上均存在差异，且在 0.05 的置信度内差异显著。在"聪慧"因子中，显著差异体现在第一组和第三组之间（见表 16-4），即第一组的"聪慧"均值显著高于"第三组"的聪慧均值；同样地，对于"稳定"因子的差异，也表现在第一组和第三组之间（见表 16-5），第三组的"稳定"因子得分显著高于第一组，对比两个因子数据分析结果可见，无奖项组同他们人格因素中的"稳定"因子得分不高存在较大联系，然而在"聪慧"得分上，无奖项组的选手并不差，具有较好的潜力。

在"敏感"因子上，第一组的得分显著高于第二组的得分（见表16-6），也就是说，无奖项组相对于获得市赛二、三等奖的选手更为感情用事，富于幻想。

表16-4 多变量方差分析结果（聪慧性因子）

因变量：聪慧

	(I) 奖项	(J) 奖项	均值差值 (I-J)	标准误差	Sig.	95%置信区间	
						下限	上限
LSD	1	2	1.1167	0.59220	0.063	-0.0604	2.2937
		3	1.4167*	0.58620	0.018	0.2515	2.5818
		4	1.1167	0.75799	0.144	-0.3899	2.6233
	2	1	-1.1167	0.59220	0.063	-2.2937	0.0604
		3	0.3000	0.41474	0.471	-0.5243	1.1243
		4	0.0000	0.63477	1.000	-1.2617	1.2617
	3	1	-1.4167*	0.58620	0.018	-2.5818	-0.2515
		2	-0.3000	0.41474	0.471	-1.1243	0.5243
		4	-0.3000	0.62917	0.635	-1.5506	0.9506
	4	1	-1.1167	0.75799	0.144	-2.6233	0.3899
		2	0.0000	0.63477	1.000	-1.2617	1.2617
		3	0.3000	0.62917	0.635	-0.9506	1.5506

注：基于观测到的均值。

误差项为均值方（错误） = 3.134。

* 均值差值在 0.05 级别上较显著。

表16-5 多变量方差分析结果（稳定性因子）

因变量：稳定

	(I) 奖项	(J) 奖项	均值差值 (I-J)	标准误差	Sig.	95%置信区间	
						下限	上限
LSD	1	2	-1.8714	1.29630	0.152	-4.4480	0.7051
		3	-2.8947*	1.28317	0.027	-5.4452	-0.3443
		4	-1.2000	1.65921	0.471	-4.4979	2.0979

续表

(I) 奖项	(J) 奖项		均值差值(I－J)	标准误差	Sig.	95%置信区间	
						下限	上限
LSD	2	1	1.8714	1.29630	0.152	－0.7051	4.4480
		3	－1.0233	0.90785	0.263	－2.8278	0.7812
		4	0.6714	1.38948	0.630	－2.0903	3.4332
	3	1	2.8947*	1.28317	0.027	0.3443	5.4452
		2	1.0233	0.90785	0.263	－0.7812	2.8278
		4	1.6947	1.37724	0.222	－1.0427	4.4321
	4	1	1.2000	1.65921	0.471	－2.0979	4.4979
		2	－0.6714	1.38948	0.630	－3.4332	2.0903
		3	－1.6947	1.37724	0.222	－4.4321	1.0427

注：基于观测到的均值。

误差项为均值方（错误）＝15.016。

*均值差值在0.05级别上较显著。

表16－6 多变量方差分析结果（敏感性因子）

因变量：敏感

(I) 奖项	(J) 奖项		均值差值(I－J)	标准误差	Sig.	95%置信区间	
						下限	上限
LSD	1	2	2.1476*	1.03059	0.040	0.0992	4.1960
		3	1.3070	1.02015	0.204	－0.7206	3.3347
		4	2.2333	1.31911	0.094	－0.3885	4.8552
	2	1	－2.1476*	1.03059	0.040	－4.1960	－0.0992
		3	－0.8406	0.72177	0.247	－2.2752	0.5940
		4	0.0857	1.10467	0.938	－2.1099	2.2814
	3	1	－1.3070	1.02015	0.204	－3.3347	0.7206
		2	0.8406	0.72177	0.247	－0.5940	2.2752
		4	0.9263	1.09494	0.400	－1.2500	3.1026
	4	1	－2.2333	1.31911	0.094	－4.8552	0.3885
		2	－0.0857	1.10467	0.938	－2.2814	2.1099
		3	－0.9263	1.09494	0.400	－3.1026	1.2500

注：基于观测到的均值。

误差项为均值方（错误）＝9.491。

*均值差值在0.05级别上较显著。

2. 16PF 次元人格因素均分数据分析

（1）没有出现次元人格因素极端分数。从表 16-7 可以看出，各组别的次元人格因子的均分均处于 4~7，没有出现极端均分，说明选手选择相对合理。

表 16-7　各奖项组别 16PF 次元人格因子均分

次元人格因子/组别	第一组	第二组	第三组	第四组
适应与焦虑	7	6.3	6	6.4
内向与外向	5.9	6.3	6.5	6.7
感情用事与安详机警	4.7	5.5	5.4	5.6
懦弱与果断	4.9	5.8	5.7	6.1

（2）两个次元人格因子与组别成正相关。由表中可以看出，"内向与外向、懦弱与果断"两因子得分随等级升高而增加。说明参加技能大赛的选手要开朗，不拘小节，要有包容性，同时要独立、果敢、要主动寻找可以施展所长的环境或机会。

3. 16PF 应用性人格因素均分数据分析

用 16PF 既可以测出一个人的某一方面的个性特征，又可以对一个人的个性进行综合分析，做出全面评价（见表 16-8）。

表 16-8　各奖项组别 16PF 应用因子均分

应用因子/组别	第一组	第二组	第三组	第四组
心理健康者因素	18	19.3	21.3	18.2
专业有成就者因素	40	40	40.5	39.7
创造力强者因素	78.5	78.5	78	82.9
适应新环境强者因素	20.6	19.3	18.7	19.3

（1）心理健康者的人格因素：分数代表人格层次的心理健康水平，通常在 0~40 分，均值为 22 分左右，说明测试对象心理都处于健康水平，没有出现不健康状况。特别强调的是，比赛结束后，选手自我心理调适较为合理。

（2）专业有成就者的人格因素：通常总和分数介于 10~100 分，平均为 55 分，总分在 67 分以上者一般应有所成就。从统计数据上看，选手的专业有成就感整体不强。分析个体发现，对于一等奖获得者而言，相对较强，但对于二等奖及其以下选手，这个因素分数十分的低下。主要由于选手对自己的期望值很高，认为自己参加比赛没有发挥自己应有的水平。因此，由于同一级别获得较低奖次的人数较多，均分有所下降。

（3）创造力强者的人格因素：标准分越高，其创造力越强。由表 16 - 8 可以明显看出参加省赛与国赛获得较高奖项的选手创造力强。

（4）适应新环境强者人格因素：在新环境中有成长能力的人格因素总分介于 4~40 分，均值为 22 分。参赛选手均能适应新环境，各组别没有明显差异性。

三、技能大赛对选手的心理素质要求

技能大赛选手应具备的心理素质，主要表现在以下几个方面：一是要有稳定的信心，二是要有坚强的意志，三是要有良好的合作意识，四是要有严格的自律精神。

1. 稳定的信心

自信心是一种反映个体对自己是否有能力成功地完成某项活动的信任程度的心理特性，是一种积极、有效地表达自我价值、自我尊重、自我理解的意识特征和心理状态，也称为信心。自信心的强弱会影响选手参加竞赛的个体心理和行为。同样，自信心也需要后期的培养训练，让学生在训练过程中始终保持一种积极向上的心态：我们与其他选手处于同一起跑线；我们有优秀的教练团队；我们有厚实的训练条件；我们经历着每一个成功选手都必须经历的过程等，通过激励强化学生的自信心，坚持必胜的信念，提高学生的竞争意识。

2. 坚强的意志

意志品质是构成人意志的诸因素的总和。主要包括独立性（自觉性）、果断性、自制性和坚持性（坚韧性）。由于技能大赛不同于普通学习，在时间上，要经过一年或几年的努力；在工作量上，也远远超过现行的教材内容；在质量上，要与目前行业规范高度接轨；在要求上，要求高度的自

觉和自制；无论从哪个维度来考量，对学生的意志品质都是一种考验，只有具备坚强意志的选手才能通过遴选。

3. 良好的合作

良好的合作是成功的基础。主要表现为教练与选手的合作，选手之间的合作，选手与对手的合作等。教练与选手的合作与默契是训练的前提，也是成功的关键要素之一，良好的"师徒"合作关系，有利于知识与技能的传授，有利于训练效率的提高。个人赛的选手之间的合作，有利于共同提高，小组赛间的选手之间的合作，更能体现团队的力量。所以具有良好的合作意识是选手的重要心理素质。

4. 严格的自律

训练环境封闭、训练内容枯燥、训练周期漫长、训练方法单一、训练过程重复，在这样一种训练过程中，选手往往会产生训练倦怠，甚至会产生厌恶，学习情绪起伏不定，行为表现消极，甚至要求退出比赛。因此，选手必须具备良好的心理自律，能耐得住寂寞，对自己有严格的自我要求与自我约束。

第二节 职校生技能竞赛的心理问题与分析

不同的训练阶段，参与技能竞赛选手的心理状态不同，也有不同的心理表现和特征。当然，由于竞赛的"竞争性"，在训练过程中，也会凸显不同的心理问题，如训练中的心理错觉现象、比赛前的心理倦怠现象、比赛中的心理失常现象、比赛后的心理无助现象等。

一、职校生技能竞赛的心理状态

竞赛心理是在竞赛条件下产生的特殊的心理状态。在这种心理状态下，人的心理活动保持着高度的紧张和集中。这时，人的观察力敏锐，记忆迅速，思维活跃，思路开阔，大大提高了竞赛活动的创造性。但是，针对不同选手的心理素质，竞赛心理在不同个体和不同阶段都会有所差异。

（一）赛前心理状态

技能竞赛开始之前，选手对竞赛的认识不同，由此会产生的情绪体验，使身体功能发生某些条件反射性变化，主要表现为以下几种状态。

1. 过分激动状态

又称为赛前热症。特点是选手情绪高度紧张，对比赛任务表现得过度兴奋、焦虑、惊慌甚至害怕。在这种状态下，选手的情绪很不稳定，往往注意力不集中，知觉不准确，思维紊乱，记忆减弱，动作忙乱、失调。

2. 情绪淡漠状态

特点是选手情绪低落、心理过程缓慢、知觉范围缩小、注意涣散、思维迟钝，致使选手萎靡不振，甚至不想参加比赛。

3. 盲目自信状态

特点是选手情绪愉快，但盲目乐观，对即将进行的比赛复杂性和困难估计不足，过高估计自己或团队的力量，相信能轻易取胜；他们在赛场上，往往注意强度下降，知觉、思维均较迟钝，动作反应也较迟缓无力。

4. 战斗准备状态

特点是选手对比赛任务有清楚的认识，情绪饱满，渴望参加比赛，而且知觉精确、注意力集中、思维敏捷、动作反应快。

由于选手的气质、性格、比赛经验、训练程度等方面不同，会使选手产生不同的赛前状态，并出现不同的比赛结果。

（二）赛中心理状态

比赛过程中，心理状态的影响因素很多，它不仅受到赛前心理状态的影响，而且同赛场环境、竞赛过程和个体抗压能力等相关，但总体来说，选手面对的情况复杂程度、本身的抗压能力大小和应变能力强弱决定了他的应对方式，从而在生理、心理和行为方面会有不同程度的外显差异。

1. 自信、坚定和思维流畅

选手准备充分，赛前准备状态佳，在赛场上，他的自控力强，对于自己完成任务的自信心强，在面对困难和挫折时，也能够集中注意力解决问题，思维流畅，想象力佳，他对于自己的作业或作品欣赏而笃定，较少出现过于紧张、决策困难等情况。

2. 紧张、纠结和思维混乱

赛场瞬息万变，如何能够在关键时间段内出色完成任务，有赖于灵活的应变能力和抗压耐挫能力，部分选手一遇到难题就出现紧张状态，他们在生理上表现为心跳加快、出汗多、心慌、呼吸节律加快、肌肉紧、口舌干渴等，这时的心理状态也在相应地受到不良影响，表现为焦虑不安，难以集中注意力，思维混乱或记忆空白，决策困难等。还会出现一些与比赛不相关的行为，如抠（咬）指甲、踮脚尖、频繁眨眼、身体颤抖、哈欠连天等，长时间处于这种不能有效控制自己状态下，个体的自信心也会不断下降，继而对个人能力或个人作业、作品产生不自信的心理状态。

事实上，以上的两种状态在赛场中并不绝对出现，选手在比赛中往往在自信中带着紧张，笃定中怀有质疑，紧张只要调控在合理范围，能及时调整心态，那么选手的赛中表现可以朝更好的方向发展，甚至超常发挥，释放潜能。

（三）赛后心理状态

赛后心理状态指的是选手参加比赛结束后较长一段时间内，表现出来的心理状态。一般地，选手在比赛过程中状态的好坏、选手的期待和结果对比等都在影响他们的心情，有的表现出自信、满足和平静，而有的则表现出焦虑、失望或者过度放松的状态。

1. 自信平和

选手在比赛中如果正常发挥，进展顺利，结果令人满意，甚至超越自我，超常发挥，那么选手的心理状态就会从兴奋逐渐过渡到持久的自信、满足和平静状态。当然，也有些选手心理调控能力强，即便没有发挥好，他们依然能够重新树立目标，他们的心理状态往往从失落逐步过渡到平静和接纳。

2. 过度放松

技能竞赛之后，几乎所有参赛选手都有一种身心如释重负的感觉，终于迎来了久违的"自由"。从心理学角度看，刚刚走出赛场的参赛选手们，身心负荷没有完全放下，还没有走出"应激状态"。但随着时间的推移，他们由技能竞赛前的紧张忙碌的生活一下子进入无事可做的闲散状态，其心理的不适主要表现为失落或放纵。

3. 过度焦虑

技能竞赛结束到成绩出来之前,很多参赛选手会陷入焦急的等待,有三类参赛选手可能会陷入心理危机。第一类是从赛场出来就认为自己发挥得不理想的参赛选手;第二类是比完就与其他参赛选手交流,自信心受到打击的参赛选手;第三类是认为自己没有达到父母和老师期望的参赛选手。产生这类心理问题的参赛选手把技能竞赛看得很重,将技能竞赛与前途挂钩,认为技能竞赛失利就是未来前景黯淡。他们会反复回忆、寻找、品味本次技能竞赛中的不足,这种做法会放大痛苦的情绪体验,看不到自身的优点,带来较强烈的挫败感。

二、职校生技能竞赛常见的心理问题[1]

(一) 训练中的心理错觉现象

错觉是在特定条件下产生的对客观事物的歪曲知觉,会产生与实际不符的判断误差。职校生技能训练过程中容易产生的心理错觉现象,主要有如下一些现象。

1. 起伏现象

在技能训练中,起伏现象是指练习效应曲线呈波动形式,表现为成绩上升、下降、停顿的交替出现。总的来说,如果练习效应曲线总体呈上升趋势,且波动范围较小,则属正常现象;如果训练成绩长期起伏不定,且波动范围超过了可以接受的限度,表现异常,则需要仔细分析原因,探寻应对策略。一般认为,异常的训练成绩起伏反映的是技能水平的稳定性问题,而这种看法显然趋于表面化了。在技能训练过程中,有些学生会因为一时的进步而欣喜若狂,过度自信;会因为一时的受挫而急躁紧张,自我贬低。而这种心理活动的大起大落,表现在训练成绩上就是练习效应的异常波动。

---

[1] 崔景贵,黄亮. 职校生技能竞赛的心理分析与策略[J]. 职业技术教育,2014 (14):73-78.

2. 高原现象

练习效应中高原现象指"技能练习达到一定水平后，练习成绩出现暂时停顿的现象"。主要表现为练习效应曲线在某个阶段保持一定的水平而不上升，甚至有些下降，出现了练习过程中所谓的"瓶颈期"。心理学研究认为，高原现象并非技能水平真正的"最高峰"，而是一种"黎明前的黑暗"。更高水平的成绩往往都是在突破高原现象以后取得的。在实际训练过程中，一些职校生常常会对这种练习效应上的高原现象产生误读，以为自己的技能水平已达到顶点而再无可能的上升空间，以致自我怀疑否定，自我评价降低，练习热情下降，主动放弃努力，出现了心理意义上的所谓高原现象。

3. 饱和现象

所谓心理饱和，就是人已经处于一种非常厌烦的、不想再继续某项任务的心理状态，是心理的承受力到了不能再承受的程度。在技能训练过程中，由于长期处于应激状态，职校生心理的耐受力和忍受力达到"极限"，从而出现心理严重衰竭。一旦出现自我感觉上的心理饱和，职校生容易产生厌倦、紧张、疲劳以及烦躁等消极情绪，贬低训练的作用或意义，降低训练和参赛的动机，对技能训练采取抵触或回避行为。

（二）比赛前的心理倦怠现象

技能竞赛前特指专项技能训练基本完成到进入赛场正式比赛前的一段时间。该阶段的主要任务是技能的训练逐步让位于身心的调整，以获得最佳的比赛状态。技能竞赛前职校生常见的心理问题主要有两种。

1. 冷漠现象

一般而言，随着技能比赛时间的临近，参赛学生逐渐变得既紧张又兴奋。但部分学生出现相反的情绪状态，表现出一副事不关己的样子，缺失参加比赛的热情，不关心比赛的准备工作，这就是赛前冷漠现象。赛前冷漠往往会导致学生进入赛场后要么无法顺利进入比赛状态，要么突然、持续、难以缓解地情绪高度紧张，影响技能水平的正常发挥。

2. 退缩现象

指学生对即将到来的技能比赛感到害怕甚至恐惧，常带有明显的躯体化表征，表现为焦躁不安、尿意频繁、面红出汗等，言谈中涉及"再也不想比赛了"等回避想法，极端者会以各种理由突然提出放弃比赛，临阵脱逃。

（三）竞赛中的心理失常现象

怯场或发挥失常是技能竞赛中常见的问题之一，表现为没有发挥应有的技能水平或是在领先情况下先赢后输，引起连锁的负性心理反应。怯场的症状包括心跳加速、手腿发抖、掌心出汗、坐立不安等，主要表现为以下几种现象。

1. 克拉克现象

通常，人们将实力很强并有望夺冠的优秀选手在关键比赛中由于心理因素的影响未能发挥出正常水平称为"克拉克现象"。职校生技能竞赛中的克拉克现象也并不鲜见，有些学生在市级或省级比赛中成绩相当突出，甚至超过往年省级或国家级大赛的最好成绩，但是当人们普遍对其寄予厚望，并认为其志在必得时，他们却在更高级别大赛中发挥一般，令人大跌眼镜、备感遗憾。

2. Choking现象

指在竞技比赛时，在占据优势处于领先的情况下由于心理压力过大导致技术动作变形，从而"反胜为败"输掉比赛的现象。在职校生技能竞赛中，"反胜为败"不仅影响最后的比赛成绩，同时对学生心理的负面影响尤为突出，容易引起较大的情绪波动，处理不当甚至会转化为学生成长过程中的"负性生活事件"。

3. 舌尖现象

又称为记忆空白现象，是一种"几乎就有了"的感受，意思是答案就在嘴边，却没有办法把它说出口或加以具体回忆、描述。舌尖现象比较常见，是因为大脑对记忆内容的暂时抑制所造成的。一些选手往往频繁地感觉到这一现象，但不会积极沉着应对，表现出惊慌失措、无所适从。通常换个环境适度放松或比赛结束之后，答案在不经意间又会自动出现在头脑里，而此时参赛学生往往又会懊恼不已。由于技能竞赛通常会涉及一定比例的理论测试，关注该现象具有重要的现实意义。

（四）竞赛后的心理无助现象

在技能训练过程中，职校对技能竞赛学生的心理支持与服务多是为了取得优异的比赛成绩，因而相对重视训练和赛前、赛中的心理辅导，往往容易忽视赛后学生出现的心理问题。一般来说，参赛的学生都是职业学校的佼佼者，比赛失利容易产生较大的心理落差，出现心理无助现象。心理无助是社会孤立感的一种，常常伴有沮丧、痛苦等情绪体验，如果不能及时得到外界有效的支持、谅解、关怀和鼓励，则容易产生失望、无望甚至绝望感，进而演变成为一种心理危机。

尽管职校生从技能训练到竞赛的过程中存在这样那样的心理问题，问题在昭示不足与缺陷，但同时也为职业学校有针对性地开展心理辅导工作明确了目标与方向，这就要求我们充分理解技能竞赛学生的心理状态，寻找问题现象产生的心理动因，探究问题行为背后的心理症结。

三、影响技能训练的主要因素[1]

影响技能训练的因素很多，综合起来，主要表现在以下四个方面。

1. 环境因素

环境因素主要包括设备场所等硬环境和训练氛围等软环境，没有硬环境，就失去训练的基础条件，训练就成了空中楼阁，对比赛没有任何价值与意义。当然，规范的、充裕的、和谐的、积极的训练软环境也会对训练效果产生直接的影响，这种软环境包括训练团队内部的环境，也包括外围给训练团队创设的环境。实践表明，民主、和谐的训练氛围往往能增进相互间的情感交流，使得沟通没有障碍，容易达成目标的一致性。

2. 行为过程因素

个体的行为过程是影响训练的又一关键因素，很难要求一个对规范要求不高的教练能够训练出一个操作十分规范的选手，也很难要求一个对自己要求不高的教练能够训练出一个对自己要求高的选手。当然，技能训练的对象是选手，选手的行为要求更为关键，有优秀的教练，有良好的条

---

[1] 杨永年. 技能大赛训练过程中的指导策略 [J]. 江苏教育研究，2015 (12C): 60-62.

件，但自身不努力，对自己要求不高，也很难"出人头地"。

3. 人的因素

人的因素主要在于参与训练的教练与选手。首先，要对技能大赛有积极向上的价值认可，这样才能保证训练的持续性；其次，要能抗得住"压力"，是比赛就有压力，特别在全国上下十分关注技能大赛的今天，所有的选手与教练自然"压力山大"，抗得住"压力"方能有机会；最后，要有主动求知的动力，选手除了要有非常熟练的技能技巧，还必须要有创新的思维，这一切都依赖于选手与教练的主动学习。

4. 方法因素

训练方法是影响训练效率的重要因素。科学合理的训练方法会有效地调节选手的训练情绪、激发选手的训练激情、锻炼选手的训练意志，高效地达成训练效果。方法主要体现在：在训练过程上，要循序渐进；对待训练对象，要因材施教；在训练强度上，要张弛有度；在训练指导上，要身心结合。

第三节 职校技能竞赛训练的积极策略

职校技能竞赛训练的策略主要表现为两个方面，一是如何选择一个适合比赛的选手，二是对选择好的选手开展积极有效的训练。针对不同的竞赛层次，结合技能竞赛的宗旨，选手的选择过程是一个螺旋上升的过程。同样，根据竞赛训练过程，不同的训练阶段，训练策略也有差异性。

一、职校技能竞赛选手的选择策略[1]

（一）选择原则

基于本章第一节对于人格特质因素分析，技能大赛选手除了要有扎实的理论基础，还要有强烈的专业兴趣和高效的动手操作能力，更重要的是

---

[1] 杨永年. 职业院校技能大赛选手选择机制与心理指导策略 [J]. 职教通讯，2015 (35)：17-20.

第十六章 职校生技能竞赛心理与积极训练策略

要具有适合比赛的心理素质。因此，以下几个方面要加以注意。

1. 避免惯性思维操作，甄选合适选手

在选拔选手进入集训时，如果条件允许，需要仔细考量选手各方面条件是否合适。对选手进行综合性考察，要消除以下几种惯性思维。

（1）不以聪明作为唯一选择依据。聪明的选手一定会取得好成绩？从以上分析数据上看，这个答案是否定的。技能大赛需要聪明的选手，但更需要能吃苦耐劳、能自律、能创新、能坚持的选手，在一些特殊项目上还需要有一定体力的人，等等。个体内在的不稳定人格因素会导致比赛失常而与奖牌失之交臂。相反，一个情绪稳定而成熟，能面对现实，行动充满魄力，能以沉着的态度应对现实中的各种问题，其获奖的概率可能会更大。

（2）不以技能作为唯一选择方式。动手能力强，技能水平高，对参加技能大赛有较大的影响，但也不能作为选择的唯一方式，在大赛过程中由于发挥失常大有人在，由于理论不牢固遇难而止，充分说明选手人格等其他因素对大赛的影响也很大。

（3）不以试用作为唯一选择手段。在实际选手过程中，教练往往采用试用法进行选择选手，通过试用观察选手的行为习惯、思维方式、参赛态度等。但这一种手段存在周期长、消耗大、对选手伤害大等缺点，不适合技能大赛选手的快速科学选拔。

（4）不以成绩作为唯一选择目标。目前，相当一部分学校和教练以学生中考成绩或学期成绩作为选择的唯一依据，这是不可取的，也是行不通的。由于课程不同、专业性质不同、教学方式不同等各种因素的影响，必然会造成成绩上的差异，这种差异性不适合作为选择的方向。

2. 理性选择参赛选手，强化过程辅导

（1）加强综合考察。根据对选手的人格因素分析，选手的兴趣爱好对选手的参赛有着很大的影响，对技能大赛选手进行选择时，一定要充分考虑选手自主选择性，同时要对选手进行综合性考察，要充分听取班主任、任课老师以及班级同学的意见。减少选择的随意性和麻木性，增强选择的针对性和科学性。

（2）介入心理测试。在选择过程中，要介入心理测试，如在人格因素测试中，要突出"恃强、敢为、独立"等因子分数相对较高的学生，同时兼顾"乐群、聪慧、自律"等因子的分数。在决定选手参加项目过程中，可以进行职业测试分析等。当然，所有测试也只是一种参考，不是选择的唯一依据。只有完善选择方式，选择才会更加科学合理。

（3）强化过程辅导等选手选择的过程是心理测试的过程，也是选手心理不断强化的过程。在选择过程中，要有机地进行心理技能训练，提高学生心理素质，同时，教练要善于发现和捕捉选手在训练过程中的情绪变化，并适当进行引导与疏导。选手更应该把比赛看成是锻炼自己的机会，是历练自己人生的重要舞台。

3. 选择与培养相结合，全面提升素质。

（1）辩证选择，方法要优化等技能大赛选手的选择是技能大赛的重要组成部分，但相对人才培养而言，技能大赛只是人才培养的一条重要途径。在选择过程中，要辩证地认识选择过程，不可对正常教育教学产生过大冲击，不可因为个别人的选择而影响全体学生的公共利益。所以，要对选择过程进行优化，既能达到参与大赛的目的，又能促进学校专业建设，满足学校对技能人才培养的需求。

（2）培养为首，过程更重要等选择是为了更好的培养，运用心理学原理科学地指导技能大赛，其目的是更好地培养学生的素质与能力，两者不能本末倒置。所以，在选择过程中，一定要以培养学生作为首要任务，而不能一味地依赖心理测评、心理辅导等专业测评，不能一味地以成绩作为衡量的唯一指标，更要注重选择过程和训练过程的享受，这也是全国职业院校技能大赛举办的初衷。

（二）选择策略

1. 校级技能大赛普选策略

技能大赛在全社会掀起了崇尚技能之风，通过技能大赛带动了教师的发展，通过技能大赛促进了教学改革，通过技能大赛推进了教学成果的转化。如何把技能大赛的成果转化为教学生产力，举办校级技能大赛就是最好的途径。但专业不同、年级层次不同，所进行的技能大赛的内容与策略

第十六章 职校生技能竞赛心理与积极训练策略

应有所侧重。

为了能让更多的学生参与技能大赛，可采用年级选择策略。职一年级主要进行专业相关联的文化类知识测试和动手能力测试；职二年级主要进行初级专业技能类及相关知识测试；职三年级主要进行中级专业技能类及相关知识测试。对测试内容，要求同一年级试题必须一样，否则就没有可比性。对于已参加过技能大赛的选手，可采用项目选择策略，他们已具备一定的专业知识和技能，与同年级同学相比，他们的优势很大，主要进行竞赛项目选择测试。为了连续培养参与技能大赛选手，可采用储备式选择策略，一般选择职一年级学生进行储备较为合理。

2. 集训队员精选策略

经过普选的选手不一定全部适合比赛，为了能够取得好的竞赛成绩，形成丰硕的技能成果，必须在此基础上精选出参加大赛的预备选手参加集训。精选流程主要为三步，一是个人申报，二是导师推荐，三是心理测评。

首先，在普选的基础上进行个人申报选择。学校公开参赛项目、公开指导教练，让学生根据自身的兴趣爱好以及自身的专业发展需求进行自主申报，通过自主申报让学生对参加技能大赛有一个准确的定位与认识。其次，要进行导师推荐选择。根据学生申报情况，班主任及相关的任课老师对申报学生要形成一个综合性评价，有助于全面认识选手。最后，要进行心理测评选择。对推荐对象进行心理测量，选择相对适合技能大赛的选手。值得注意的是，测评结果只作为参考依据，不作为决定性依据。

3. 参赛队员层选策略

经过两轮选择可以成为参加大赛的集训队员，但大赛集训队员不是参赛队员，参加市级比赛的参赛队员一般是由教练结合平时成绩综合选择，参加省级以上项目比赛一般由市级及市级以上比赛成绩决定，通常情况下，采用项目成绩选择策略，即由市级比赛前两名选手参加省赛，由省级比赛前几名选手参加国赛，所以，大部分选手选择具有唯一性。除此之外，还有两种类型，即指定项目和新增项目。指定项目采用组内选择策略，即由教练以每一次训练成绩作为综合评价标准，进行组内选择。新增项目采用优先选择策略,新增项目由于时间紧迫,学校组队要迅速快捷,在设备设施有保障的情况下,从省、市赛淘汰选手中择优选择。

二、职校技能竞赛训练的积极策略[1]

(一)前期训练策略:模块奠基,兴趣优先

1. 在前期训练内容上,主要采用模块训练

把赛题按内容分成若干子课题模块,分阶段进行模块训练,只有每一个模块基础扎实,后面的综合题解决才有保障。当然,各模块训练时间要根据相关内容的量以及难度进行合理分配,确保训练量是适中的,训练难度是适度的,同时要结合训练内容适当增加专业规范教育。

2. 在前期的训练方法上,要关注学生学习兴趣

兴趣是动力,也是最好的老师。兴趣靠培养,当兴趣成为个人成长的一部分时,兴趣就会成为一种自觉行为。在专业技能训练过程中,既要让选手在成功中找到乐趣,又要让选手在挑战中找到乐趣,这就需要教练在训练过程中发挥个人智慧,增强指导的艺术性,激发选手的学习兴趣。首先,要合理控制进度与难度,采取循序渐进的方式组织训练与教学,让学生在收获中得到愉悦体验;其次,要适时展示精品作品,并与精品作品进行比较分析,通过优秀作品带动兴趣;最后,要适时展示行业前沿技术,通过新技术、新工艺、新方法激发学生学习动力。

(二)中期训练策略:综合模拟,偶有挫折

1. 在中期训练内容上,主要采用综合模拟

综合各模块内容,强调模块间的联系与应用,重点突出试题的考点、重点、难点所在,让学生对试题有一个逐步深入的理解,掌握解题的一般方法与思路。在这一过程中,训练内容还要涉及具体场景与内容,可以开展模拟训练,所谓模拟训练即在平时训练过程中采用比赛规程组织训练。模拟训练是进行技能训练的重要方法,可以采用项目内成员进行拉练,也可采用校际同项目拉练。在规定时间内完成规定内容,现场评分采用教练

---

[1] 杨永年. 技能大赛训练过程中的指导策略[J]. 江苏教育研究,2015(12C):60-62.

评分或第三方评分。这种模拟训练通常会让选手很快进入比赛角色，发现选手对各模块内容的把握情况，通过对比容易发现选手优势与劣势，有利于教练进一步调整训练内容，完善训练措施。但在模拟训练过程中，特别要注意以下几个方面：要选择适合的拉练对象，要选择适中的试题难度，要选择适时的拉练时间。否则，一些模拟训练只会适得其反。

2. 在中期训练方法上，偶尔增加一些挫折

增加挫折的方法主要有两种，一种方法是增加题目本身的难度，让学生不能轻易地做出来，通过挫折让他感到自身知识的浅薄，自己还有很大的进步空间。另一种方法是开展障碍训练。在技能大赛过程中，由于设备因素及选手紧张等人为因素，在比赛过程中往往会出现一些突发情况，在选手高度紧张的情况，导致选手一下子"蒙"了，导致最终成绩不是很理想。在技能水平相差无几的情况下，能够顺利解决突发情况也成了体现选手水平和能力的重要内容。为了提升选手解决突发问题的能力，可在平时训练过程中人为增加一些意外，让选手能坦然接收这种"突发"。

（三）后期训练策略：注重技巧，保持信心

1. 在后期的训练内容上，要增加技巧性内容

多年的技能大赛实践说明，技能大赛的题目越来越难，越来越注重细节，越来越注重选手的综合素质与能力。合理分配时间是后期训练过程必须要训练的一项内容。通常比赛时间为四个小时，如何在有限的时间内，该得的分数都能得到，有难度的分数争取多得，训练时，要有意识地划定每一个子项目的比赛时间目标，通过训练达到该目标。实际训练中，还要灵活地掌握时间分配技巧，先完成基础项目，保证该得的分数，再研究相关联的项目，争取多得分，学会"舍"和"得"。每一项大赛都有比赛规程，在不违反规程的前提下，在训练的方法和技巧上做一些创新，创新操作手段与方法是提高效率的重点，这是合理的，也是提倡的。必要时，要有多种备选方案。

2. 在后期的训练方法上，要保持充足的信心

自信心是一种反映个体对自己是否有能力成功地完成某项活动的心理特性，是一种积极、有效地表达自我价值、自我尊重、自我理解的意识特

征和心理状态。自信心的强弱会影响选手参加竞赛的状态与行为。首先，要让学生对自己有一个自信的认识，我们与其他选手处于同一起跑线，我们有优秀的教练团队，我们有厚实的训练条件，我们经历每一个选手都必须经历的过程；其次，要让学生进行纵向和横向比较，通过纵向比较看到自己的进步，通过横向比较看到自己的优势，树立必胜的信念；最后，要调适好学生的学习情绪，让学生始终保持一种积极向上的学习心态，提高学生的竞争意识。在比赛过程中，紧张是必然的，特别临近比赛和比赛过程中，学生紧张情绪更为突出，一部分选手往往由于过度紧张而与良好的成绩失之交臂。所以有必要教会学生如何应对紧张，沉着稳定地发挥。一要让选手学会心理安慰，经过长时间的刻苦训练，我不比别人差，别人见到我也很害怕，明白自己目前最大的对手不是别人，而是自己，只要稳定发挥就能战胜其他选手。二要学习一些简单的放松方法。如音乐放松法、想象放松法、呼吸放松法、肌肉放松法等。

本章小结

本章主要介绍职业学校技能大赛现状以及技能大赛对职校发展、教师发展、学生发展的影响，分析技能大赛目前存在的问题，并着重指出技能训练常见问题，如教练期望与选手表现的矛盾，设备耗损与经费投入的矛盾，创新要求与思维定式的矛盾，拉练交流与信息防守的矛盾等。为此，对100多名参加技能大赛选手开展调研，对调研数据进行各因子均分数据分析、次元人格因素均分数据分析、应用性人格因素均分数据分析，提出技能大赛选手应具备稳定的信心、坚强的意志、良好的合作意识、严格的自律精神。根据调研实际，针对不同的训练阶段（赛前、赛中、赛后）心理状态进行分析，如训练中的心理错觉现象、比赛前的心理倦怠现象、竞赛中的心理失常现象、竞赛后的心理无助现象等，提出影响因素有环境因素、行为过程因素、人的因素、方法因素等。针对存在的问题，提出了一些积极的训练策略。在职校技能竞赛选手的选择策略上，采用校级技能大赛普选策略、集训队员精选策略、参赛队员层选策略。在职校技能竞赛训

第十六章 职校生技能竞赛心理与积极训练策略

练的积极策略上,前期训练策略为"模块奠基,兴趣优先",中期训练策略为"综合模拟,偶有挫折",后期训练策略为"注重技巧,保持信心"。

(本章作者 江苏省武进中等专业学校 杨永年 洪夏丽)

第十七章

职校生就业心理与积极指导策略

职业学校毕业生就业心理一直受到社会关注,健康、积极的就业心理有助于提高就业率、缓解就业压力;相反,不健康、消极的就业心理可能会成为其就业路上的绊脚石。职业学校学生的就业心理存在一定问题,需要正确认识学生的就业心理,多方面加大对学生就业心理的指导,引导学生形成积极的就业心理。

第一节 职校生就业心理概述

一、就业与就业心理

就业是职业学校学生走向社会的第一步,是人生中的一次重要选择,职业学校由于学生学历的竞争力较弱,加重了毕业生的就业压力,学生的就业心理问题日益凸显。只有正确认识学生的就业心理,克服其中的不良心态,职业学校学生才能更好地工作、更好地生活,为自己和社会创造更大的财富。

(一)就业

"就"即"从事","业"即"工作、职业"。就业是指劳动者同生产资料相结合,从事一定的社会劳动并取得劳动报酬或经济收入的活动。劳动者与生产资料相结合表明劳动者和生产资料是构成就业的两个基本要素,劳动者是生产活动中人的因素;生产资料是生产活动中物的因素。在一定的生产关系中,劳动者同生产资料相结合,便构成社会的生产力。就业含义还表明就业应具备三个基本条件。

其一是要从事社会活动。就业是劳动者所进行的社会工作,它是通过劳动者与生产资料在一定的生产关系中的结合而实现的,如同从事家务劳动,家政工作者的劳动是就业,而家庭主妇却不是。

其二是要得到社会的认可。就业必须是从事满足社会需要的有效劳动。如跑步,一般人只是锻炼身体、个人爱好,但如果成为职业运动员,这就是就业。

其三是要有报酬。劳动者就业,目的是从中取得报酬和收入。如果是无酬劳动,如学生从事学习活动,就不是就业。

(二) 就业心理能力

在就业过程中不可避免会受到心理的影响,也就是通常说的就业心理[1]。"就业心理"这一概念早在1908年就由美国著名心理学家弗兰克·帕森斯提出,而我国对"就业心理"的研究起步相对比较晚,但也一直受到普遍关注。

就业心理是指在职业选择过程中的心理活动,包括就业的准备工作、就业的矛盾冲突、就业的反馈调整等心理过程。也有学者将就业心理主要归纳为对就业的心理倾向性、就业过程中的必备素质和就业过程中的心理状态等方面[2],主要包括就业者对自我、职业和社会发展态势的认识、自主选择职业的主观意识、对就业信息来源的选择、对未来就业的预期判断、对行业和专业、工作环境和报酬收入的心理预期、所学专业与从事工作的匹配度以及个人对自我发展的认知等指标体系。总的来说,学生的就业心理可以理解为学生对未来就业的心理预期,以及在自主择业的准备过

---

[1] 1908年美国波士顿大学教授弗兰克·帕森斯第一次提出"就业心理"这一概念,开始了关于就业心理问题的研究。

[2] 曾恒. 当前西部大学生就业心理现状及优化途径探析[D]. 西安交通大学,2008.

程中为顺利实现就业而产生的心理现象，会贯穿于学生的整个求学生涯，并且随着学生的年级、所学专业和社会就业形势等因素的变化而呈现出差异性。

随着对就业心理的深入研究，有学者提出"就业心理能力"这一概念。就业能力是个体获取工作、胜任和继续工作，在工作中进步以及应对矛盾冲突的能力，是由知识能力、技能能力、思维能力、心理能力、个性与态度等一系列构成的能够适应就业的能力。就业心理能力作为就业能力的一个组成，指以个体条件为基础，在个体与外部环境相互影响的过程中形成的影响个体就业的心理倾向和个性特征，是个体成功就业的心理品质的总和。具体来说，就业心理能力主要包括价值取向、职业认同、心理资本和人格品质。

就业心理能力是对就业能力影响较大的因素之一。面对市场竞争，职业学校学生的就业过程总是一波三折，会遇到各种突发状况和矛盾冲突，如就业过程中所谓的"热门专业"与"冷门专业"、"热点地区"与"偏远地区"等。面对这些问题，抱怨并不能改变现状，只有调整自己的心理状态，努力提升自己应对各种突发事件的能力，提高自己的心理承受程度。其实，就业的过程也是学生对自我的重新认识、对社会的再次认识，并主动适应社会的过程。遇到困难和挫折时，学会冷静地分析主客观条件，用正确的态度对待问题，找出原因，从而有效地解决问题。同时，把就业看作一个认识自我、了解职业、融入社会的机会，通过求职活动实现自我的成长，对自己今后的职业发展是非常有用的。

（三）心理资本对就业心理能力的影响

心理资本是个体提升过程中体现出来的一种积极健康的心理状态，是超越人力资本和社会资本、能够推动个体成长和进步的心理资源，具体表现为：①自信：在面对职业困难和挫折时，能够激发自信从而为成功付出努力；②乐观：在职业发展过程中坚信自己能够成功并为之奋斗；③希望：设计职业目标并且坚持不懈；④坚韧：遭遇职业挫折时能够冷静地分析问题，根据职业反馈及时调整发展路径，直至最后的职业成功。

心理资本的正向改变将有利于个体的成长和进步，而个体自我的成长和进步又意味着个体就业能力的提高,因而心理资本的正向改变能够预测就业能力的发展变化。心理资本可分为事务型和人际型两种❶。事务型心理资本包括自信(自我效能)、乐观、希望、坚持(韧性)四个组成部分。人际型心理资本则包括自我管理、团队协作和人际沟通三部分。

心理资本是一种能够提高工作效能的积极心态。其中自信、乐观、希望、坚持是跟个人发展有关的心理状态,在职业发展中体现在职业态度、岗位意识和自我激励等方面,与自我管理、团队协作和人际沟通存在明显的促进关系。而管理、协作和沟通主要是个体在与人交往时所体现出来的心理状态,是个体在与他人合作时所体现出来的积极面对人际关系时的心理状态。因而,提高就业心理能力,个体既需要自信、乐观、希望、坚持的心理资本去设定个人发展目标,克服困难,从而实现职业目标;也需要管理、协作和沟通的心理资本与合作团队沟通协调。个体的自信、希望、乐观、坚持、管理、沟通、协调等合并而成的心理资本,对工作效率的提高有极大的促进作用。

可见,要提升学生的就业心理能力,在指导学生进行专业理论和技能学习的同时,还要借助外界提供的各种平台,锻炼和提升学生的管理、沟通、协调等综合素质,通过改变心理资本提升就业能力。需要指出的是,培养事务型心理资本(自信、希望、乐观、坚持)比培养人际型心理资本(管理、沟通、协调)更具有挑战性,学生随着年龄的增长和人际交往范围的扩大,从无意识的被动交往到有意识的主动交往,学生的管理、沟通、协调能力自然得到很好的训练和发展。而自信、希望、乐观、坚持是学生个体内部的心理状态,具有很强的稳定性,需要更多的自主意识和主动训练的态度才能逐步培养。因此,学生个体更加应该注重加强培养事务型心理资本。

二、就业心理的培育

心理资本与就业心理能力成正相关,对就业能力有积极的作用。积极

---

❶ 励骅,曹杏田. 大学生心理资本与就业能力关系研[J]. 中国高教研究,2011(3): 54-56.

心理学将人的积极力量、善端和美德作为研究对象，强调心理学不仅要帮助那些处于非正常环境条件下的人们求得职业生存，更要帮助那些处于正常环境条件下的普通人获得职业发展。那么，在职业学校阶段，如何关注职校学生就业心理的培育呢？积极心理学理念的运用将为学生就业心理研究开辟一个新的角度，为学生的全面发展创造积极条件。

（一）职业规划的确定

就很多学生而言，对自己的就业处于一种迷茫的状态，不知道自己应该从事什么样的工作，因而制定科学有效的职业规划显得尤为重要。而制定科学有效的职业规划需要从认识自我开始，全面客观地认识自我，知道"我能做什么"，而不是"我想做什么"。世界上没有两片相同的树叶，人的个体差异更加明显。每个人的性格、兴趣、能力各不相同❶，所从事的职业和未来的发展方向也会有差异，全面客观地了解自己是选择职业的重要前提。作为一名求职者，只有在知己知彼的基础上才能扬长避短，选择"我能做"的职业。作为一名职业学校的学生，不仅要了解自己，更要对自己所学专业和行业发展有全面的认识，摆脱传统就业思想的影响❷，根据社会发展的需求和自我的实际状况，选择"我能做"的职业。在全面客观地了解自我、认识职业的基础上制订出科学合理的职业发展目标和措施，更为重要的是目标和措施的落实执行。如果只有职业规划目标，而没有行动，职业发展目标永远无法实现。在落实执行职业规划目标的同时还要根据职业反馈及时调整和改进。

（二）工作岗位的适应

大多数毕业生离开学校时都有对未来就业的美好憧憬，进入社会时都希望大展拳脚，实现自己的人生价值。但职业能力的不足、工作经验的欠缺，往往让自己遭遇职场首秀的"滑铁卢"，导致有的好高骛远、有的挑肥拣瘦、有的缺乏责任意识、有的缺少合作意识。面对可能出现的这些情况，我们可以在职校生学习期间，有意识地引导学生正确对待职业期望与

---

❶ 付玉华. 大学生就业心理准备与辅导［J］. 内蒙古民族大学学报，2010（7）：103-104.
❷ 传统就业思想往往轻视体力劳动者和服务性行业。

岗位实际，对学生进行积极的心理引导，让学生能够以积极的就业心理适应从学习生涯到职业生涯的改变，从学习岗位到就业岗位的转换，从而更好地胜任工作岗位，为自己的职业生涯走好成功的第一步。

（三）生活方式的改变

对于学生来说，大部分时间都是在校园里度过的，过的是单纯而有规律的"教室—食堂—寝室的三点一线"生活，对校园熟悉，但对社会缺乏了解。虽然会有一些社会实践活动，由于对社会的了解非常有限，对职业的认知往往是处于一种理想的状态。在学校这样的环境里，对事物的看法是美好而单纯的，与现实社会存在一定的距离。从学生到职业人，所充当的社会角色发生了变化，生活方式也会有较大的改变。为适应这种改变，职业学校毕业生应有主动改变自我的意识，适应社会角色的变化和生活方式的改变。作为职业学校的学生，一旦踏上社会，就要主动转变生活方式，完成学生到职业人的社会角色转变，客观认识自己面临的社会现实，冷静地面对职业发展状况。要想正确地选择职业，就必须摆正自己的位置，客观地看待自我，全面地认识职业现状，以自身的实力积极主动地去适应社会需要，在选择职业的同时，也接受职业的选择，跨出职业发展的关键一步。

（四）职业发展的提升

根据马斯洛的需求层次论❶，个体需求的最高层次是实现个人价值。在职业发展方面，就是在自己的职业发展领域里成为最好的专家。个人的职业发展有时是一种自然顺势的发展，就是自己的职业选择和个人兴趣完全重合时，在完成职业发展任务时精益求精，自然而然地也就达到一个更高的境界。比如，一个爱好摄影的人恰巧选择了摄影记者这个职业，长时间精益求精的工作态度下，个人的工作能力会有很大的发展，自然成为职业发展领域里的专家。另一种则是人为努力的发展，当个人的职业选择与自我的职业发展设计相违背而个人无法改变现状的时候，个人在履行工作

---

❶ 马斯洛需求层次理论是人本主义科学的理论之一，由美国心理学家亚伯拉罕·马斯洛在1943年在《人类激励理论》论文中所提出。书中将人类需求像阶梯一样从低到高按层次分为五种，分别是：生理需求、安全需求、社交需求、尊重需求和自我实现需求。

职责时逐渐培养自己的工作兴趣，慢慢积累工作经验，也能获得职业发展的成功。比如，一个不擅长与人打交道的被录用做市场销售，很不适应却无法改行，只好慢慢适应销售工作，渐渐地发现销售工作的乐趣所在从而喜欢这份职业，最终获得职业发展的成功。无论哪种情形，就业者自身具有的积极就业心理更有利于职业的发展和自身的提升。

职业学校在学生接受专业教育的同时，若能接受积极就业心理的培养，在迎接就业挑战时乐观自信，对职业目标的追求坚持不懈，取得成功的可能性必将大大提高。积极的心理状态更容易使职校生实现职业生涯规划的目标、适应工作岗位和生活方式的转变，最终在自己的职业岗位上有所作为。

第二节 职校生就业心理存在的问题与分析

一、职校生常见的就业心理

职业学校学生随着年龄的增长、就业时间的推近，其就业心理状态会发生变化。从最初的混沌茫然到后期的摸索发展，这一阶段会呈现各种复杂的心理状态，有积极的、有消极的。随着学生对职业学校生活的适应，对职业学校学习模式的深入了解和对学生就业渠道的探索，职校生转变茫然的就业心理状态，开始积极摸索自己擅长的领域，了解适合自己的职业。这里，通过对学生就业心理相关问卷调查的分析，结合相关教师日常观察总结出职校生就业心理常见有如下几种状态。

（一）消极自卑的心理

职校生对学习目标的模糊导致其对就业毫无思考或思考甚少，按学生的话说"做一天和尚撞一天钟，到时再说"。这种消极自卑的心态是大多数学生最初入校时的心理。由于之前学习成绩差，导致他们一直以来自我认同感不足，自信心受挫，自卑心理严重。他们往往过低估计了自己的能力与水平，不敢主动竞争能够展示自己能力和才华的岗位，心理压力较大。有自卑心理的学生在面临就业问题时，往往会有将就的心理，认为找到工作就很好了，从而错失了寻找更适合岗位的机会。

此外，职业学校学生习惯于学习目标的外加性，进入职业学校后，少了中学状态下的升学压力，学习目的性更加模糊，自主性越发欠缺。从另一个角度分析，职校生进入职业学校的选择是被动的，是无可奈何的，对未来消极应对，因此他们心理上产生了对父母选择的依赖，服从于家人的一切安排，为自己以后的不努力开脱。

（二）浮躁焦虑的心理

职校生的浮躁心理，通常表现在日常行动中，目标性不够，行动盲目，缺乏思考和计划，遇到问题或阻碍时，往往表现出心绪不宁，缺乏恒心和毅力，见异思迁，这也是当前一些青少年的通病。同时，就目前的经济环境而言，就业形势并不那么乐观，对于人才选拔异常严谨，各方面的素养均需提升。原本在技能或德育表现上各有偏重的学生，对就业期望值相对较高，但真正到了临阵磨枪时，如实习阶段，就会感到重重的就业压力，一时难以适应。此时他们开始对求职感到焦虑，但由于之前的欠缺计划或思考，被突如其来的问题吓住，不知如何做求职准备，甚至产生强烈的不安心理，为此消沉无力。

（三）畏惧艰苦的心理

目前的职校生多为"90后"，独生子女家庭，父母从小的关注、爱护导致学生独立能力较差，在吃苦耐劳这点上相对能力较弱，对于工作的选择，更多倾向于轻松、简单、不费力的工作。对于繁重的工作压力，很少能够坚持下去。

（四）盲目等待的心理

职校生不乏盲目等待就业的学生。许多学生对自身认识不清，也没有去深入探索自己的兴趣、能力，他们更多地把精力投入到学习以外的方面，比如网络游戏等，以网络游戏的升级作为生活的目标，在求职上采取等待、被动安排的方式。

有些孩子一直在父母的羽翼下成长，在入校之前，就有很多父母已经为其制定好路线，找好了认为不错的工作岗位。学生没有自己的主张，认为自己也不一定找到好的，父母安排了自己还可以省力，也就处于松懈等待的状态。

（五）好高骛远的心理

也许每个人都有"睡觉睡到自然醒，数钱数到手抽筋"的理想，但真正到社会中有多少人能在毕业后就一步到位呢？职校生没有考上理想的高中，有无能与失败感，认为上职业学校是不得已的选择，往往苛责、贬低自己，潜意识中自卑和压抑，心理负担和精神压力很大，但青少年争强好胜，不轻易接受低人一等的标签和失败的感觉，在社会压力、家庭压力和自己不甘心的矛盾心理下，为了维护自尊而往往在就业时通过反向心理表现出来，把就业作为自己翻身的一个契机，想通过找到一个让身边同学羡慕的职业体现自己的潜在能力，实现自己的价值，维护自尊和心理平衡。于是在求职就业时，职校生中出现了"高不成，低不就"的现状。❶

二、职业生就业心理矛盾

这些心理的背后是什么呢？每一种不良心理形成的背后我们相信都有一定的矛盾存在。职校学生，特别是高职学生，专业学习和心理资本的特殊性导致其对自我的评价和接受普通教育序列❷的学生是不同的。这种不同的心理矛盾形成不仅来自学生自身知识水平还与身边父母教养和社会环境息息相关，这就需要究其不良的心理状态原因找到对应的心理矛盾。

（一）自我期望与就业现状的矛盾

近些年虽然职业学校学生的就业率有所提升，社会对技能人才的需求量增大，但更青睐高技能人才，大部分职校生的水平相对而言尚有不足。由于职业学校家长或老师对职校生的鼓励，反映更多的是片面的优越性，如某某职校学生不愁工作等，导致有些职校生自我评价偏高。只有通过经历自我求职历程或高年级求职后的反馈等环节，他们才会开始对就业现状有更直观深刻的了解，突然感觉就业并不是之前想象的那么简单，想提升自我职业身份但又不得不因现实而降低择业标准，感觉痛苦、矛盾，有时

---

❶ 罗小明. 大学生就业心理分析及其调适对策［J］. 经济师，2010（1）：149 – 150.

❷ 普通教育序列：主要是指以升学为目标，以基础科学知识为主要教学内容的学校教育。由义务教育延续并由国家统一招生录取的中、高等教育系列。

甚至会为此颠覆自己的职业理想。

（二）成才渴望与畏惧艰苦的矛盾

每个学生，不管是成绩好的还是差的都有成才的梦想，正所谓"不想做将军的士兵不是好士兵"！职校生也是如此，很多学生表示希望找到合适自己的岗位，能拥有一定的财富和无忧的生活，工作最好还轻松一些，这是一个普遍的现象，如此工作状态是人人求之不得的。以机电一体化专业为例，现实是出于职业的需要，该专业的学生都需要亲临工厂第一线去实习，不怕苦、不怕脏、不怕累，还要细心、耐心和责任心。每天在流水线上与机床、锉子等机械设备接触，需要耗费很大体力并接触很多的油污、铁屑，这与他们渴望中清闲轻松的工作相去甚远。这就形成了就业中的另一个矛盾。

（三）所学专业与社会需求的矛盾

大多职业学校学生对自己的专业很模糊，有时是父母根据自己的工作性质替孩子选择，有时是根据当时社会所需的热门行业抉择，更有甚者是服从安排……结果当自己进入学习时发现这并不是自己想要的，以后的就业方向也不是自己感兴趣的，但是社会需求时一般是根据所学专业对口就业，这不免给学生理想锤上重重一击。导致学生想学又学不进去，不学又觉得对不起家人，只能含糊度日，一事无成，内心痛苦不安。

（四）继续深造与即刻就业的矛盾

在求职择业过程中，职校生将会面临各种选择：是升学、出国还是就业；是去大城市当"凤尾"，还是在小地方做"鸡头"；是暂时找个单位上班，以后再调整，还是找不到满意的单位就不就业；是选择专业对口的单位还是挑选待遇好、专业不对口的单位等。职校生大多就职于灰领阶层。最近两年，灰领在职场中异军突起，成为大受欢迎的一类人才，其中模具设计人员更是供不应求。对灰领人才来说，动手能力、工作经验比学历更加重要，但不能就此忽视了理论学习的重要性。一来，灰领是既要动手，也要动脑的高级技工，理论知识越丰富，"动脑"能力就越强；二来，由于传统观念影响，社会上普遍存在重学历教育、轻职业教育，重学历文凭、轻职业技能的误区。这就造成了专科学生既想深造又希望能就业的矛盾。

(五) 个体发展与社会发展的矛盾

《中职生就业期望情况调查报告》有这样的调查结果与分析：在"是否选择继续深造"的问题中，一半以上的学生选择放弃继续学习毕业后就找工作，只有25%的学生选择愿意继续深造，其余学生还处于观望态度。这样的一份调查，与现实学生状况相符，很多学生想提升自己的学历但在社会大环境下，担心几年以后工作就更难找了，害怕学历提升后就业机会不会比现在多，反而又浪费了时间还贴上了金钱。换一个角度考虑，这几年的时间如果就业可以有一笔不小的收入，从这些思维层面出发，学生不免陷入矛盾之中。

三、职校生就业问题的教育反思

针对职校生就业心理问题，除了学生本身折射出的一些问题，学校教育也是需要反思的一个方面。

(一) 重视专业教育，忽视人文教育

人文教育是注重人的全面发展，挖掘其潜能，培养学生创新能力、健全学生人格、完善学生心理，最终以全面提高学生基本职业素养、适应社会发展需要、达到自我实现为根本目的，尊重学生主体和主动精神为特征的教育。人文教育一词，一方面强调了人潜能的挖掘与培养；另一方面也强调以人为本，突出人的个性特征，展现人的自我能力。在职业学校，一般来说专业教育更多关注学生某一专业技能的成长，其教育结果更精准、直观，教育效能在该领域表现明显，这种投入—产出的高效性很容易吸引社会关注，因此一直被职校重视。但在人才培养过程中，专业教育重要，但基础的人文教育同样重要，两者理应相互融合，而不应该被对立。在教育中，可以以启迪学生心灵、培养学生技术、塑造健全人格的人文教育为基础，如我校考虑职业学校学生文化基础相对薄弱故在一年级设置基础部，重点开展人文学科教育，提倡类似国外的通识教育模式，在后几年的教学中分到各个相应系部，进行适应未来社会需求为中心的技能模式培养。

第十七章 职校生就业心理与积极指导策略

职校教育,特别是高职教育,作为衔接初中和社会的关键桥梁,发挥不可或缺的重要作用,如何有效引导学生发展,正确看待社会,成为社会中一员,这就要求职业院校在教育过程中应考虑培养目标和学生自身的特点,在人文教育中注重以下三方面的改变。

1. 提倡综合职业素质教育

职业学校不仅要注重提高学生的人文素质、与人交往合作的能力和社会责任,更要着重培养学生主动获取和应用知识的能力;将培养独立思维和自主创新能力置于人才培养活动的中心,突出学生思维能力训练,引导学生自主思考与创新能力提升;加强综合素质培养,有效地实现通识教育,以增强学生未来的灵活性和适应性。为此,需要科学设置课程,根据学生心理发展阶段循序渐进地选择符合的教学内容,增加一些概括性强、覆盖面广、具有扎实基本知识的专业,增强学生对未来技术发展的反应、吸收能力,并在此基础上拥有一定的创新理念。

2. 提倡教学与社会生活相融合的教育

社会在发展进步,光是停留在课本或者教学中的知识已跟不上时代发展的需要,学校应教育学生学会主动学习、主动思索,俗话说授人以鱼不如授人以渔,只有真正自我融入并学习才能赶在时代发展的前端,成为高技能人才。职业学校应在教学中注重社会案例的呈现和分析,运用多种教学手段灵活教育方式,通过开展启发式、案例式、现场式、讨论式的教学引导学生课堂讨论思考,三个臭皮匠顶一个诸葛亮,相信在讨论中会不断有新知识的迸发,同时也为学生未来解决问题提供了小组讨论的解决思路。另外,职业学校还可以通过校园文化活动,如科学艺术文化节、社团节、爱心义卖、心理健康周等方式,将社会文化、企业文化与校园文化相融,形成更有利于提高学生人文素质的第二课堂,培养学生的创新意识和能力。

3. 提倡在产学研结合中加强人文教育

社会的发展需要和职业学校服务区域经济的特性要求职业学生开放办学思想,通过多种方式与社会交流人才培养需求和目标制定。学生的最终走向是社会或企业,这就需要职业学校通过教学、科研和不同形式的社会服务，参与区域经济、文化生活的发展。学校可与企业合作，在教学中聘请企业一线职工来校指导，企业管理人员来校讲座、1∶1打造企业车间模式给学生实践机会，引导学生提高对技术实践环节的认识，通过严格审查学生暑期社会实践、毕业设计、实习小结等实践环节，让学生要想达标必须真正参与，并有所学习，为以后的实践奠定坚实的基础；同时，专业课教师也应不只通过比赛的模式了解第一线信息，需要给他们创设更多与大型企业沟通、实践的机会，真正把理论与实践结合起来，加上比赛的创新过程，相信在以后的发展和教学中必将有所突破。赫尔巴特认为，教学必须通过明了、联合、系统、方法四个阶段。此理论可以理解为，教学需要首先明确地给出每个意识表象本身，然后同其他类似的已知表象偶然地结合，这种结合进一步赋予严整的逻辑关系，最后能够自由地将这种富有逻辑的系统化知识应用于个别的场合。在这里，新表象完全被纳入已有的知识体系，达到人格的多样统一。❶

（二）重视技能训练，忽视职业指导

职业学校在日常教学中重视技能训练无可厚非，但学生未来的人生走向还是社会，如何更好地选择适合自己的职业、设定合理的目标，这就需要在职业指导上有所点拨。但就目前职校职业指导教学来看，多数学校职业指导课程开设尚浮于表面，教材编制有待深入，学校就业指导工作更多地关注就业政策、收集就业信息、分析就业形势、传授就业技巧等方面，缺乏对学生自身寻求就业机会、了解就业渠道的引导；在指导过程中更多是无差别地告诉学生如何去找工作，却忽视了学生自身能力的不均衡性，未能根据学生自身客观条件，如气质、性格、能力、兴趣的匹配性，对学生进行个性的塑造、潜能的开发与创新能力的培养；就业指导工作功能相对单一、内容欠针对性，职校学生思维角度相对偏激，随社会主流发展，很多学生表示钱是就业的唯一目标，对个人价值的体现较为忽视。在观念和价值判断上对学生进行引导十分必要。

---

❶ 崔清源.关于高职院校专业教育中人文教育的思考［J］.重庆城市管理职业学院学报，2013（9）：44-45.

（三）重视常规管理，忽视心理发展

在职业学校，特别是五年一贯制高职学生阶段，教育管理有别于普通高校，学校对学生的常规管理相对严格，学生能在生活上做到井井有条，但在心理发展上，由于就近入学原则和学校班主任的照顾，相对于普通高校的学生在耐挫力等心理资本上发展较缓。良好的心理素质对于学生的就业甚至成才具有推动作用。该阶段学校心理教育部门或就业指导部门如能通过多样化的方式培养学生的耐挫、团队合作、环境适应、压力缓解、情绪调节和人际交往等心理能力显得异常重要，通过这些技能的学习，能有效避免学生在实习或就业阶段因遇到问题而导致的心理受挫，以便在激烈的职场竞争中处于领先地位。根据埃利斯的认知理论❶，不合理的认知来源于不合理的信念，积极的认知往往会带来自信，消极的认知会带来内心的纠结。职校学生看待就业问题的角度也是一种认知的反映，比如，学生在就业中遭遇挫折时，他对挫折的认知如果是积极主动的，接受挫折，承认不足，仔细回顾问题，找到可改善的点，积极改变，提高自我能动性并将其视为促进个人发展的动力，则能在一定程度上减轻挫折所带来的压力，还能提升个体能力；但如果逃避挫折或因此而表现出自暴自弃，那随之而来的可能是不断退缩，自我贬低，最后使自己深陷苦恼，不可自拔。由此可见，职校生就业心理指导对其看待就业和职业发展的重要影响。

在职业学校如何开展学生就业心理辅导？在我们的日常教育中，作为即将就业的职校学生，接受了长达十几年的学习生涯，理论知识的传授已经打动不了他们的心灵门户，可以拓展更多的教育手段，如以往学生的案例分享、毕业生回校演讲、发展性团体辅导、入职心理转变讲座、个别发展咨询等。从案例和自我体验中感受并接受"顺境是相对的，逆境是绝对的"，并逐渐领悟到"合理的要求是锻炼，不合理的要求是磨炼"等观点，从而做好就业心理准备，迎接未来的挑战。

---

❶ 埃利斯的认知理论，合理情绪疗法的基本理论，其核心观点为情绪不是由某一诱发性事件本身引起的，而是由经历了这一事件的个体对这一事件的理解和评价所引起的，这一理论被称为情绪 ABC 理论。

第三节 提升职校生就业心理能力的策略

20世纪50年代后,受职业生涯发展理论的影响,学校就业指导工作逐步走向规范化、专业化和课程化。职业学校开展就业指导工作起步较晚,但目前已从单一的就业前辅导转变为更为专业的全程就业指导。心理资本作为一个全新的理念,也是当前人力资源开发管理的新领域,职业学校可从积极心理学角度采取措施提升职校生的就业心理能力。

一、更新教育理念,引导学生培育积极就业心态

(一)正确分析就业形势,提升学生就业信心

近年来,随着城市化和工业化的快速推进,尤其是制造业和服务业的发展,培养各级各类应用型人才显得十分必要,职业教育受到越来越多的关注。正确面对当前中职学生的就业形势有利于提升学生的就业信心。

1. 直面职校生就业问题,改变就业心态

与大学生日趋严峻的就业形势有所不同,职业学校学生的就业率仍保持在较高水平。但职业学校高就业率的背后也存在一些问题:一是职业学校学生专业技术水平有限,掌握的技能较为单一,使学生缺乏绝对的竞争优势;二是有的企业单位在公开招聘过程中侧重学历,劳动准入制度和职业资格证书制度未能有效执行,使学生缺乏公平的竞争渠道;三是职校生责任心和意志力品质有所下降,但对自己的职业定位高、就业期望值高,使自己容易产生不良的就业心理。因此,需要职校学生意识到自身存在的问题,并主动弥补与完善,及时提升自己的就业心理能力,在实现高就业率的同时也能实现优就业率。

2. 分析职校生就业现状,增强就业自信

据《中国教育报》报道,2014年,全国中等职业学校(含普通中专、职业高中、成人中专、技工学校)毕业生数为577.70万,就业人数为558.54万,就业率为96.68%,并呈现出这样几个特点:一是就业去向多元化。企事业单位仍是职业学校毕业生的主要去向,但自主创业和参与创

业开始蔚然成风，各类个体经营和其他方式的就业明显增加。二是就业分布城镇化。职业学校毕业生本地就业、异地就业、境外就业均有涉及。超过70%的中职毕业生入学时为农村户籍，但毕业后超过92%的学生在城镇就业，这表明职业教育正在有力推进以人为中心的城镇化发展。三是就业质量不断提高。在直接就业学生中，签订劳动合同的比例达88.96%，毕业生就业稳定性不断提高。同时职业学校毕业生的就业薪酬也明显提高。四是就业途径多元化，学校推介、人才交流市场、媒体招聘信息、关系介绍、网络招聘成为求职的主要途径，而就业途径的多元化局面带动了就业率的走高❶。可见，职业学校学生就业前景还是乐观的，学生应对就业充满信心。

（二）合理进行职业规划，提高学生就业素养

一直以来，应试教育某种程度上使大多数学生缺乏对社会的了解、对职业的认知，因而在选择职业的过程中带有较大的盲目性。要提升职业学校学生的就业素养，需要引导学生理解职业的内涵及其特性，理解职业蕴含个人的发展空间和生活方式，在了解我国职业基本现状和发展趋势的基础上进行合理的职业规划。

1. 普及职业知识，帮助学生树立积极的职业理想观

目前，我国中职学校大多招收的是中考成绩不理想的学生，这些学生中又以家庭经济状况一般的生源为主。因此，他们从情感上缺少自我认同，往往对未来充满疑惑。教师通过对职业知识的普及，让学生明确"职业无高低贵贱之分""三百六十行行行出状元""适合自己的才是最好的"……让学生重拾自信，树立有利于自身发展的职业理想。

2. 提升职业能力，帮助学生形成积极的生涯发展观

职业理想最终需要通过职业能力实现，缺乏一定的职业能力就不可能顺利就业，职业生涯规划也将成为空谈。因此，教师需要通过团队合力，以就业心理教育为主线，结合通识教育、专业教育、技能培育等途径，帮

---

❶ 万玉凤. 2014年全国中等职业学校毕业生就业率［N］. 中国教育报，2015-03-04(3).

助学生获得核心职业能力，其中尤其要注重学生沟通交流、适应社会、应对挫折等能力的培养，让学生具备"与时俱进"的综合素养，有能力不断发展自己的职业生涯。

3. 制定职业规划，帮助学生明确合理的职业规划观

职业生涯规划理论目前主要包括帕森斯的特性—因素理论、佛隆的择业动机理论、霍兰德的人格类型理论、费恩的职业锚理论、鲍丁的心理动力理论和舒伯的职业发展理论等❶。职业学校要有效指导学生进行职业生涯规划，教师就要有理论认知体系的架构，并结合学生的实际和规划的不同阶段选择性地加以运用。在此基础上，引导学生审视自我，评估环境、明确职业目标并分层逐步实施。

二、落实就业指导，引导学生形成积极就业观念

（一）角色转换，建立积极的师生关系

当前，职业学校就业指导主要由德育课教师来承担，加强了对学生的思想政治教育，但缺乏相关的专业心理知识和职业指导能力，忽视了学生积极就业心理引导的专业性。因此，职业学校应加强就业心理辅导和职业指导师资队伍建设，注意教师角色的转换。

1. 构建合理的教师团队

职校生就业心理成长的时期，正好是学生从少年向成年的发展时期，存在不成熟性和不稳定性，学生更需要的是一个他们成长过程中的陪伴者。构建一支由人力资源管理、职业指导师、心理辅导教师等组成的就业心理教育团队，通过不同部门、专业之间的协作，提高就业心理指导的实效性。

2. 构建积极的师生关系

积极心理学认为人及其经验是在环境中得到体现的，同时环境又在很大程度上影响了人，一个人良好的环境适应性也是一种积极的心理品质❷。

---

❶ 陈静，仲梅娟. 职业院校班主任对学生职业生涯规划的操作性指导［J］. 教育与职业，2015（18）：73-75.

❷ 周晴. 积极心理学视野下的课堂环境研究［J］. 社会心理科学，2015（1）：28-31.

在就业心理培育的过程中，教师摆正自己的角色、调节好自己的情绪、与学生构建积极的师生关系，形成和谐的课堂氛围也是学生形成积极心理品质的重要因素。

（二）资源整合，构建全程的指导体系

职业学校学生就业心理辅导需要构建多元化、多方位、多层次的工作体系，学校的教务处、学工处、就业指导处、心理咨询室等部门都要积极参与，完善服务体系，将就业心理辅导贯穿于学生在校期间的全过程。对学生就业心理的全程指导，重点应把握好三个阶段，即新生适应期、发展提升期和择业就业期。

1. 新生适应期，应侧重于学生的职业生涯规划

从中职学校德育课程设置看，职业生涯规划是新生必修课，因此可以借助德育课程对学生进行引导，从"知己"——自我的合理定位、"知彼"——就业环境、职业发展、行业前景和岗位要求这两个层面帮助学生完成职业生涯的规划设计。

2. 发展提升期，应侧重于学生的职业素养培养

一方面，在课程教学过程中，加强学生的专业学习与实习实训，提高学生的专业知识水平和专业技术技能，鼓励学生获得相应的职业资格认证；另一方面，在学生管理过程中，将"工匠精神"教育、职业指导和积极的就业心理辅导渗透在校园文化和学生的各项实践活动中，逐步培养学生树立"职业人"的理念。

3. 择业就业期，应侧重于学生的就业心理辅导

这一阶段，不仅要帮助学生解决求职过程中的技巧问题，使学生顺利成为职业人，还要关注学生的就业心理状态。面对就业形势，引导学生树立积极的就业观，对自己和职业做出合理的判断和定位；缓解心理压力，树立自信，以积极的状态迎接就业。当然，如果学生有创业的愿望和能力，也可以开展相应的创业心理辅导。

三、开展实践活动，引导学生提升就业心理能力

（一）活动渗透，形成良好的校园氛围

1. 开展团体活动，培育学生积极的心理素质

在校期间，可根据不同的阶段组织学生积极参与各项团体活动。

（1）新生适应期，通过"认识自我、约纳自我"团体辅导、"我秀我才"主题班会、"职场生活你我他"心理沙龙以及户外拓展等，帮助学生提升积极的主观体验、悦纳自我、适应环境，为今后就业做积极的准备。

（2）发展提升期，通过"沟通心与心"团体辅导、"变色龙"拓展活动、"我的职业发展"心理故事会以及"就业VS创业"主题讨论等，帮助学生提升团队合作、人际交往、创新开拓等心理素质，为生涯发展做积极的准备。

（3）择业就业期，通过"就业形势与政策"主题宣讲、"面试面面观"模拟活动、"就业压力缓解"放松训练以及"就业群英会"心理沙龙等，帮助学生提升应对能力、抗挫折能力，为顺利就业做积极的准备。

2. 组织主题报告，为学生提供模仿学习的榜样

定期组织校友座谈会、沙龙等，邀请优秀校友回校给同学们讲述求职心路历程，分享成功就业经验。学生可以从这些成功校友的身上，分析就业中的有效行为和策略，并寻找与自己相似的经历，从而帮助他们形成乐观、自信的心理品质。学校还可以借助校园APP，让成功就业的毕业生通过网络平台帮助在校生解决心理困惑。

（二）社会实践，拓展学生的就业视野

1. 组织学生开展就业实践训练，提高自我效能感

增加职校生在实习实践中的成功体验，能提升学生自我效能感❶，也是提升职校生就业心理能力的有效途径。一般来说，职业决策自我效能影

---

❶ 自我效能感：指个体对自己是否有能力完成某一行为所进行的推测与判断。班杜拉对自我效能感的定义是指"人们对自身能否利用所拥有的技能去完成某项工作行为的自信程度"。

响个人的思维模式并决定个体完成职业选择任务时的行为和决策❶，对于学生职业决策中的独立性、果断性、目标取向性和积极信念的影响非常明显。职业学校在校企合作机制的引导下，组织高年级学生进入合作企业实习、实践，由企业配备指导老师，对学生进行专业、细致的指导，让他们在实践岗位上体验到成功的喜悦。而低年级学生可以通过参加专业技能竞赛、技能展示观摩、模拟岗位实景等方法，积累经验和教训，提升个人专业技能和综合素质，增加其未来成功的机会。

2. 组织学生参加人才交流活动，提升就业竞争力

随着社会主义市场经济的发展，职业学校也逐步形成以市场为导向的"双向选择、自由择业"的就业机制。毕业学生和用人企业都具有相互选择的权利，人才交流会是其主要形式。因此，学校在进行就业指导的时候，可以有意识地组织学生开展社会实践、参加人才交流活动，如组织高年级学生参观综合型人才招聘会、邀请企业人力资源部门进校园进行模拟专场招聘会，组织低年级学生观摩学校每年一度的实习生人才交流会等。让学生在全面了解目前企业用人需求的基础上，结合自身实际不断学习和完善，为自身的职业生涯发展奠定基础，提升就业竞争力。

(三) 个别辅导，提升学生的心理素质

教书育人不可能一蹴而就，单一的职业生涯规划课程和学校丰富的社会实践活动还不足以解决学生的具体问题，达到职业指导的理想效果，个别的职业咨询与辅导也是职业学校就业心理教育的途径之一。学生在实习与就业实践中，会遇到这样那样的困惑，这时可以进行关于就业心理的个别辅导。当然，每个学生情况可能各不相同，但在职业发展咨询的过程中，我们可以关注一些共性问题。

1. 对学生进行归因训练，培养乐观态度

不少职业学校学生面对择业就业时，往往感到迷茫，产生负面的消极情绪，将现实情况或归因到过去没有认真学习、碌碌无为、虚度光阴；或

---

❶ 王品刚. 团体辅导在提升中职生职业决策自我效能中的柑橘研究［J］. 开封教育学院学报，2016（1）：180-181.

归因为社会环境恶化，就业形势严峻，用人单位不公平。作为教师可引导学生合理归因，当学生积极归因时，及时给予表扬和肯定，逐步形成积极的归因风格。乐观就是一种积极的归因风格，教师可以对这类学生进行归因训练，培养乐观态度。

2. 对学生给予积极反馈，给予成功体验

皮格马利翁效应证明了正面期望和积极反馈的力量。职业学校的学生因为长期没有受到积极的关注，在就业实践的过程中，往往不够自信。面对这类学生，教师可以给予及时而积极的反馈，同时请专业课老师配合进行，对学生进行积极的过程性评价，既有利于学生更好地掌握专业知识和技能，提高就业竞争力，又有利于学生体验成功，增强自我效能感。

3. 让学生树立合理目标，提升希望水平

部分职业学校学生面临就业时好高骛远，与现实状况形成冲突。针对这类学生，教师应帮助学生充分了解本专业的人才定位、就业方向以及岗位需求等，指导学生在"知己（自我认知）知彼（专业认知）"的基础上，合理定位，明确职业发展的目标，制订可行性计划，提高希望水平。

除了共性问题，我们还需要关注个别特殊学生，进行个性化辅导。所谓特殊学生是指生理、心理有缺陷或行为方式偏激的问题学生[1]。忽视这些学生的问题或障碍，不仅影响他们的身心发展，还不利于他们的职业发展。因此针对特殊学生，教师要根据实际情况，在日常生活学习中对学生进行针对性、个性化的咨询与辅导，必要情况下还可借助专业力量。

四、争取社会支持，帮助学生培养就业坚韧品质

学生在就业过程中，遇到挫折很容易自我否定，这其中与他们不善于寻求他人的帮助和支持也有一定的关系。积极的自我认知、忠诚、独立性、主动性和人际关系等都是对形成较高韧性有贡献的资产，因而学校要帮助学生营造多元化的社会支持系统，重视家庭、同伴和社会对学生就业的支撑。一是要获取家庭的参与和支持，让家庭成员对学生的就业意愿给

---

[1] 赵晓燕. 专业化背景下中职职业指导教师能力建设研究 [D]. 河北师范大学，2010.

予理解和认同,适当地提供就业的意见和建议,成为孩子积极就业的心理后盾和有力保障;二是要获取同伴的支持和帮助,让学生会组织、学生社团、班级博客、校园APP等成为学生进行就业讨论或相互倾诉的途径,以获得彼此的支持和就业心理压力的缓解;三是要呼吁社会提供良好的就业环境,规范毕业生就业市场,让职业学校学生获得公平公正的就业竞争机会。❶ 发挥家庭、学校、社会的合力,为学生争取良好的社会支持,有助于提高学生的就业坚韧品质,构建自己的韧性资产。

总而言之,随着我国教育体系和市场经济的不断完善,构建有效的职业学校就业心理辅导体系已经成为学校发展的重要挑战。面对当前就业形势和学生就业心理现状,以积极心理学理念为指导开展职业学校就业教育,是从积极的层面研究和探讨影响学生就业的因素。积极心理引导能有效培养职校学生的积极心理品质和人格特质,通过培育学生的心理资本优化其就业心理,从积极的人格、情绪和体验等内容出发提升学生对就业的认知,转变对就业的态度,激发学生树立积极的就业意识、挖掘自身就业潜能,提高职业效能感,从而能有效应对和主动预防就业心理困惑,进而提升学生的就业能力。

本章小结

本章从分析职校生就业心理入手,探讨就业心理能力以及心理资本对就业心理能力的影响,从职业规划的确定、工作岗位的适应、生活方式的改变及职业发展的提升等方面明确职校生就业心理培育的必要性。同时,结合目前职业生常见的消极自卑、浮躁焦虑、畏惧艰苦、盲目等待、好高骛远等就业心理,分析其心理矛盾冲突。并对职业生就业教育进行反思,职业学校往往重视技能训练,忽视职业指导;重视常规管理,忽视心理发展;重视专业教育,忽视人文教育。在此基础上,提出提升职校生就业心理能力的策略,主要有:更新教育观念,引导学生树立积极就业心态;落

---

❶ 胡晶君. 心理资本视域下的高职大学生就业心理辅导 [J]. 2012 (4): 39-41.

实就业指导,引导学生形成积极就业观念;开展实践活动,引导学生提升就业心理能力;争取社会支持,帮助学生培养就业坚韧品质。

(本章作者　江苏联合职业技术学院镇江分院
陈　静　钱　骏　印杏梅)

职校生创业心理与积极引导策略

教育部《中等职业技术学校心理健康教育指导纲要》(2004年)明确提出,职业学校必须根据学生不同年龄阶段身心发展的特点和职业发展的需要,分阶段、有针对性地设置心理健康教育的具体内容。譬如,三年级阶段,要引导学生利用学习和各种实践机会熟悉社会、体验社会、体验职业,根据自己的兴趣、能力和个性特点,树立正确的择业观、职业观、创业观,培养创新精神和实践能力。

继2014年夏季达沃斯论坛上李克强总理首次提出"大众创业、万众创新"的理念后,李总理又在2015年两会政府工作报告中指出,要把"大众创业、万众创新"打造成推动中国经济继续前行的"双引擎"之一。国务院办公厅已经印发《关于发展众创空间推进大众创新创业的指导意见》,部署推进大众创业、万众创新工作。

《现代职业教育体系建设规划》(2014—2020年)指出,职业院校应开展以职业道德、职业发展、就业准备、创业指导等为主要内容的就业教育和服务,要完善毕业生就业创业政策,加强职业院校就业指导机构的建设,加强就业、创业教育和服务,引导毕业生转变就业观念,鼓励多渠道多形式就业,允许学生休学创业,促进创业带动就业,各地要改善创业环境,充分利用国家现有政策对职业院校毕业生创业加大支持力度。

职业学校开展创业教育，应根据职校生的心理特点和实际需要，从积极心理学的角度，挖掘学生的积极资源和心理潜能，培养学生的积极创业品质，提升学生的创业能力，不断探索培养学生创业素质与创业能力的有效途径，采用多种方式方法为职校生创业搭建平台，为职校生的未来就业和适应社会奠定基础。

第一节　职校生创业心理概述

在当前全民创业、全面创新的时代背景下，了解、分析职校生的创业心理，无论是对职校生创业，还是对职业学校的创业教育均具有重要作用。本节内容在分析职校生创业心理的基本内涵的基础上，分析职校生创业心理的基本特征，以期能对职业学校的创业教育提供一定的指导或参考作用。

一、职校生创业心理的基本内涵

创业有广义和狭义之分。从广义上来说，创业的本质是不拘泥于当前资源条件的限制对机会的追寻，将不用的资源组合以利用和开发机会并创造价值的过程。这种价值创造活动是一种创新活动，是通过创业者的创业精神体现出来的。从狭义上来说，创业是创业者发掘创意，捕捉商机，承担风险并投入已有的技能知识，配置相关资源，为消费者提供产品和服务，为个人和社会创造价值和财富的创建新企业的过程。

创业心理是对创业者在创业实践过程中的心理和行为起调节作用的个性心理特征，是由创业意识、创业精神、创业品质、创业能力等在内的心理机能统一体。

其中，创业意识是创业的先导，是在创业实践活动中对人起动力作用的个性心理倾向，包括创业需要、动机、兴趣、理想、信念和世界观等心理要素。创业精神是一种人格特质，是创业的动力源泉和精神支柱，更是成功创业的前提。创业品质，即创业心理品质，它是对创业者的创业实践过程中的心理和行为起调节作用的个性心理特征，它与人固有的气质、性格有密切的关系，主要体现在人的独立性、敢为性、坚韧性、克制性、适应性、合作性等方面，它反映了创业者的意志和情感。创业能力指在进行创业实践活动过程中影响创业效率，促使创业顺利实施的创业者心理条件；或者说创业能力是以智力活动为核心的、具备较强综合性和创造性的心理机能，是知识、经验、技能经过类化后形成的，在创业活动中表现出的一种行为过程。创业能力包括专业技术能力、经营管理和社交沟通能力、分析和解决实际问题的能力、信息接收和处理能力、把握机会和创造机会的能力等方面。

职业学校的创业教育目标不仅仅是帮助学生正确认识和对待创业，还包括培养学生正确的创业意识、相应的创业能力以及创业人格。创业教育内容主要包括创业意识的培养、创业品质的熏陶和创业能力的训练。

二、职校生创业心理的基本特征

根据职校生创业心理的基本内涵，可以了解职校生的创业心理有以下基本特征。

（一）自主性

创业是就业的新形式。创业教育重在培养学生的创业理念和创业精神，使学生学会创业的本领和方法，使他们毕业后不等、不要、不靠，主动地适应市场自主创业。自主性是职校生创业心理的首要特征。创业自主性主要体现在三个方面：一是对创业持积极态度；二是密切关注创业相关信息并积极参加创业实践活动，将创业理想付诸实践；三是在创业过程中，譬如选择创业目标、创业计划的实施、创业风险的应对等时期要有自己的主见或决断。

（二）创新性

创新是创业的基础，创业是创新的载体和表现形式，是企业发展的活力和源泉，也是创业发展的内在推动力。创业的本质在一定程度上就是一种创新的过程，就是创业者通过创新手段，将资源更有效地利用，创造出新的价值。因此，创业者的创业必须要有所创新，创业教育必须以创新教育为基础，创新教育必须以创业教育为最终的实现形式。创业教育必须体现创新性，一方面注重职校生的心理素质和人格培养；另一方面在职业教育管理体制、专业设置、课程体系、教学方法、教学手段与教学机制等方面体现出创新性。

（三）实践性

创业的落脚点是社会实践性。要实现创业，就需要将创业想法付诸实践，接受实践的检验。因此，创业教育要体现实践性，而不应局限于课堂教学，不应局限于创业知识的学习、创业技能的提升和方法的掌握。创业教育更重要的是开展创业教育活动，譬如，模拟创业、假期打工、创业沙龙等活动，指导学生在创业实践中运用创业知识提升创业能力，提升创业素养。譬如，模拟创业，可以从寻找商机开始，到制订创业计划、组建创业团队、进行创业融资和企业运营管理，进行全过程模拟，用于运用和检验创业教育其他环节中掌握的知识、技能和方法。

（四）前瞻性

创业不能被动地等待选择，而是主动地选择、把握机会。创业者一定要有前瞻性，要具备敏锐的目光、果敢的行动和持续的毅力。这具体体现在创业的想法、创业的方向要有前瞻性，要关注社会需要和行业发展动态，甚至要了解国内产业政策和产业结构岗位的动向，还要充分考虑行业未来的发展趋势和个人未来的可持续发展，同时，对创业过程中的问题或风险也要有预见性，并能及时应对。随着信息时代的到来，随着高新技术的飞速发展和市场竞争的白热化，职校生更应该从知识、技能、创业能力、创业心理素质等方面准备自己，一专多能，以灵活适应未来社会的发展。

（五）信息性

职校生处在信息化的互联网信息时代，"互联网+"已经渐成潮流。与传统企业相反，当前"全民创业"时代的常态下，与互联网合作的项目越来越多，"互联网+"正在促进更多的互联网创业项目的诞生。因此，职校生创业必然和互联网有很大关系。事实上，一些在校职校生已经开始了"网店"的尝试和创业实践，这正是职校生创业心理信息性的具体体现。职校生可以通过网络这一信息化手段，可以获得更多创业方面的间接经验，可以从互联网信息平台中发现商机，学习成功创业人士的创业案例、行业发展动态及前景、创业过程中的创业风险及其应对等创业方面的知识。

（六）发展性

实现可持续发展是创业者的使命。创业不能仅仅停留在生存层面，更要立足于发展。发展在这里主要有两层含义：一是追求创业项目的长远价值和可持续发展；二是创业团队和创业者的发展空间和价值实现。因此，创业者不仅要有具有发展性的创业目标，还要有创业规划，也需要用发展的思路去解决发展中遇到的困难或难题。事实上，创业者制定一个发展目标并不难，难的是目标的合理性和可能性；制定目标之后不为其他因素所动，能够坚定不移地实现目标。

三、职校生创业心理的研究现状

在中国知网上，以"创业"为篇名进行检索，检索到163157篇文献；以"创业心理"为篇名进行检索，检索到228篇文献；以"创业"和"职校生"为篇名进行检索，共检索到130篇文献；以"创业教育"和"职校"为篇名进行检索，共检索到59篇文献。

在研读以往文献的基础上，对已有创业研究文献进行梳理归纳，从以下方面进行分析。① 从研究对象上看，积极创业教育的研究对象，主要以大学生为主，职校生的研究很少。因此，职校生积极创业心理与积极引导策略的研究，可供借鉴的研究成果很少。② 从研究内容上看，以往职校生创业心理的研究内容，可以归纳为创业心理品质或创业心理素质培养、创业心理障碍分析及干预，缺乏对创业者积极心理特征的关注，缺乏从积极心理学的层面对职业学校的创业教育加以积极引导或干预。③ 从研究技术上看，现有的职校生创业心理文献中，主要有两种类型：一种类型是关于职校生创业心理素质的养成模式实践，缺乏理论层面的指导；另一种类型是职校生就业和创业心理障碍的对策，主要停留于经验层面的阐述，多是流于形式的、一般性的经验探讨，理论研究和实践探索的结合不够。且已有研究距今有4~8年的时间，是否适用于"95后"职校生，尚有待商榷。

第二节 职校生创业心理的常见问题与理性反思

职业学校开展积极创业创业教育，需要梳理、反思当代职校生创业心理的常见问题，在此基础上，与时俱进、开拓创新，探索职业学校积极创业教育的管理策略。

一、职校生创业心理的常见问题

有创业意愿的职校生未必有创业行动，有创业行动的职校生未必能创业成功。除了创业经验、创业资金、创业资源等外在因素外，创业心理也是影响职校生创业的主要因素，是开展创业心理教育的关键。

（一）有创业意愿，但创业行动相对较少

尽管一些职校生有自主创业的意愿，但毕业后真正创业的职校生较少，即高创业意向者未必会有创业行动。究其原因主要有两个方面：第一，职校生自信心不足。一些职校生容易低估个人能力，对创业中的风险或困难有胆怯心理，对真实的市场需求了解不多、创业经验或资金缺乏等，容易打退堂鼓，甚至会自暴自弃、中途放弃。第二，外部对职校生的创业支持有限。项目、资金、团队等是多数职校生做出创业行动的主要考虑因素，其中资金问题尤为现实。尽管国家对职校生的创业会提供一定的资金支持，但创业者自身也需要一定的启动资金，家人的鼓励和支持也非常重要。事实上，一些毕业生走向创业的主要原因之一，是因为家庭支持，比如创业项目主要源于家族产业、入伙亲戚或朋友的生意。

（二）创业认知不足，创业素质有待提高

创业是对职校生创业素质、创业能力、创业资源条件的综合考量，具有不确定性、风险性，因此，创业前的准备，创业中的独立思考、团队合作、风险应对、灵活应变等创业心理素质，也是创业者成功创业的关键。职校生多为16～18岁，身心发展还不成熟，认识问题还不全面，对创业前的物质和心理准备相对缺乏、对创业中的风险估计不足、对创业中的权益保护认识模糊，过于看重金钱上的收益，对创业缺乏规划和长远考虑。因此，职校生要对创业有充分的创业认识，对创业的风险也有充足的准备，同时不能急功近利，正确认识创业的价值往往比创业本身更重要。

（三）敢于冒险创新，但创业能力相对欠缺

创业意味着创造，需要创业者具有开拓精神，需要面对从来没有面对过的工作内容，解决从来没有碰到过的各类问题；创业意味着风险，需要创业者时刻考虑企业的生存和发展，同时，也要关注行业和竞争对手的状况，承受创业的各种风险，包括要承受努力付出也并不成功的压力。因此，一些职校生虽有创业想法，在校期间也有过创业方面的实践或经历，但是，能结合未来就业有针对性地进行创业实践的职校生相对不多。他们所面临的最大问题是缺乏创业经验，对社会需求了解不够。因此，虽然职校生有竞争的勇气，但缺乏创业经验，在进行创业选择时会有畏难情绪。

（四）高估创业难度，忽视个人创业优势

创业难是许多职校生经常发出的感叹。职校生创业确实存在资金、资源、人脉、社会支持、创业风险应对、经验等方面的问题或实际困难，但与高中生、大学生相比，职校生创业也存在一定的优势。通常，职校生容易高估或夸大创业中的问题，容易忽视自身的创业潜能、低估自身的创业优势。加上创业是一个系统工程，需要在创业前、创业中以及创业后等各阶段进行创业心理素质、创业能力等方面的准备。因此，尽管一些职校生有创业的想法或意愿，但面对创业过程中的种种问题或困难，职校生倾向于知难而退，而不是积极发掘自身创业潜能，扎实做好创业的知识、技能准备，积极培育创业心理素质，提升创业能力。

（五）以外部动因为主，对个人价值考虑不够

多数职校生选择创业是因为"追求更大自主权""赚钱，追求经济收益""家庭资源的支持"等外部原因，很少有职校生会考虑到"个人发展、个人兴趣、实现自我价值"等内部动因。创业不能仅靠一时的热情、冲动，创业更需要知识、技能、能力，更需要坚持、坚守等心理素质。漫漫创业路，职校生很可能会觉得孤独、无助和艰辛，尤其当创业面临外来冲击或影响时，是坚守还是放弃，是职校生面临的很大考验。与外部原因相比，内部动因才是创业者可持续发展的动力和成功创业的关键。

二、职校生创业教育的理性反思

尽管职校生的创业心理存在创业意愿高、创业行动少、创业认知不足、创业素质待提高、创业能力相对欠缺等问题，但职业学校以就业为导向，着力培养具有创新创业特质的高素质技能型人才，在融合知识、理论、技能上具有得天独厚的优越条件。因此，与普通高中、大学生相比，职校生也有相应的创业优势。职业学校应在充分把握职校生创业优势的基础上，开展积极创业教育。

（一）职校生的创业优势

与高中生、大学生相比，职校生创业具有明显的优势，具体体现在以下方面。

第一，职业教育专业定向明确、具体，具有专业性和实践性，职校生接受过专业知识的教育训练和专业技能的实操训练，具有一定的专业优势。第二，职业教育强调能力本位，学习内容针对性强，旨在培养社会所需要的"下得去、留得住、用得上"的实干人才。因此，职校生具有一技之长，动手能力相对较强。第三，实训、顶岗实习等实践活动，为职校生了解企业运作、经营创造了条件，有助于职校生了解即将从事行业及企业的基本要求，有助于尽快融入职场、适应社会。第四，职校生虽然年轻，但接触社会较早，有一定的社会经验，肯吃苦、敢冒险，愿意从底层干起，有务实的创业观念。第五，职业学校有针对性地开展多种形式的创业教育，也为职校生了解创业、走向创业、成功创业奠定了基础。第六，职校生生活在信息化互联网时代，对信息、网络比较熟悉，接触新事物较多，对新事物了解相对较多，对新事物适应、接受也相对比较快，同时，职校生具有强烈的主体意识、独立思维，自主性和创造性相对较强。

（二）创业教育的理性反思

职校生的创业教育，不能简单止于创业过程中的困难或问题的消极应对，而应该倡导积极心理学导向，关注职校生的创业优势、创业资源或创业潜能，提高职校生走向创业的可能性，强化职校生成功创业的信心和能力，也即职业学校要开展积极创业教育。

职业学校的创业教育，要用赏识和发现的眼光去看待每一位学生，应充分挖掘职校生的创业优势，开展积极创业教育；职业学校应充分关注职校生的积极心理资本，正确引导、充分挖掘每位学生身上的潜能，培育职校生的创业心理素质，促进每一个学生全面、最优化的发展。职业学校要认识到每一位学生都有开发潜能、自我实现的需要，要帮助学生分析和积极应对创业过程中的问题或潜在障碍，将危机转化为机遇；职业学校要帮助学生了解国家支持、社会扶持政策等，为职校生实现自身的价值搭建平台、提供机会，促使职校生在创业实践中积累成功体验，提升职校生创业的自我效能感、创业素质和创业能力。

第三节 职校积极创业教育管理的策略

职校积极创业教育，要在充分把握职校积极创业教育的理论基础和基本原则的基础上，有针对性地探索职校创业教育的心理策略，其中，主要包括培养和提升职校生积极创业心理资本和创业能力两方面的心理策略。

一、职校积极创业教育的理论基础

职校积极创业教育的理论基础，主要包括积极心理学思想、人本主义心理学思想、多元智能理论、自我实现理论和自我效能感理论。

（一）积极心理学思想

"积极心理学是致力于研究人的发展潜力和美德等积极品质的一门科学"，最早由美国当代著名心理学家塞里格曼（Seligeman）发起。积极心理学把研究重点放在人自身的积极因素方面，主张心理学要以人固有的美德作为出发点，倡导用一种积极的眼光对人的心理现象做出新的解读，以激发人自身内在的积极力量，并最大限度地挖掘人的潜力。积极心理学不仅致力于研究如何使身处逆境中的人们学会生存和发展，更注重研究如何使处在正常境况下的人们学会建立起高质量的、有尊严的生活。在积极心理学理念的指导下，职校教师应致力于培养学生积极的创业品质，善用积极的人性观去认识学生，用积极的思维方式去看待学生。职校教师不仅要用积极的心态对待创业教学过程中出现的问题，用积极的心态解决学生创业发展中出现的问题，还要引导学生运用积极心理学的思想自己去分析问题、解决问题。

（二）人本主义心理学思想

人本主义心理学，是20世纪五六十年代在美国兴起的一股心理学思潮，最主要的代表人物是马斯洛和罗杰斯，被誉为心理学发展"第三势力"。人本主义心理学，强调人的尊严、价值、创造力和自我实现，把人的本性的自我实现归结为潜能的发挥，而潜能是一种类似本能的性质。人本主义心理学将人性的尊重与关怀上升到了一个新的高度，把人的尊严和自由置于核心位置，将人性的发展视为心理学最重要的使命。按照人本主义心理学的思想，职校教师要坚定以人为本的人性化教育理念，遵循"真诚、移情和无条件积极关注"的原则，以学生的积极发展作为教育的根本，重视学生的生命和生活。

（三）多元智能理论

多元智能理论认为，人有八种智能：语言智能、数理逻辑智能、空间智能、运动智能、音乐智能、人际交往智能、内省智能和自然观察智能，它们在每个人身上会有不同方式和不同程度的智能组合，从而使人呈现出不同的能力倾向。根据多元智能理论，积极创业教育，就要用赏识和发现的眼光去看待每一位学生，要充分挖掘每位学生的潜能，促使每位学生在认识到潜能的同时，获得最优化的发展；尊重学生的智能资源差异，将学生间的智能差异视作资源，要结合学生的智能特点选择最适合学生的方法，促进每位学生发挥创业潜能，自信拥抱创业，积极克服创业中的各种问题或困难，实现个人价值。

（四）自我实现理论

自我实现理论认为，人的基本需要有五种，它们由低到高依次为生理的需要、安全的需要、归属与爱的需要、尊重的需要和自我实现的需要。作为人类需求的最高层次，自我实现也是人们自身的价值诉求，是充分发挥和实现自己潜能的趋势。职校生在实现自我价值的过程中，要有与其追求相匹配的品质和能力，以促使自己在生涯规划和人生发展中最大限度地发挥自己的才能,实现个人价值与社会价值的统一。按照自我实现理论,职校学校开展积极创业教育,一方面,要认识到每一位学生都有开发创业潜能、实现自我价值的需要,并帮助学生分析和应对创业过程中的问题或潜在障碍,帮助学生在创业中发挥潜能,实现个人价值;另一方面,要为学生的自我实现提供机会和条件,帮助学生创业潜能,实现个人价值。

(五) 自我效能感理论

自我效能感理论认为,当个体确信自己有能力进行某一活动时,他就会产生高度的"自我效能感",并会主动实施这一活动。这里的自我效能感,是人们对自己是否能够成功地从事某种成就行为的主观期待(结果期待和效能期待)。个体行为的成败经验和归因方式,会影响自我效能感的形成。根据自我效能感理论,积极创业教育,要指导学生参加创业实践活动,指导学生在创业实践中积累成功的创业经验,增强学生的自我效能感,进而增强学生的创业信心,推动学生的创业行动。

二、职校积极创业教育的基本原则

职校生积极型心理健康教育模式的科学建构,需要把握科学性原则、发展性原则、理论和实践相结合的原则、专业性原则和实用性原则。

(一) 科学性原则

职业学校积极创业教育,既有科学理论的指导,同时也是建立在对职业学校创业教育工作深刻认识和把握的基础上。职校积极创业教育,既要立足职校生的身心发展规律、创业心理需求,同时又要立足社会的动态、市场的需求,更要结合职业学校的人才培养模式、人才培养计划和人才培养目标,有针对性地对职校生进行创业人才培养。职校积极创业教育,是在遵循职校生身心发展规律的基础上,对职业学校创业教育理论和实践两个层面进行深入的理性分析,推动职业学校创业教育的科学发展。职校积极创业教育要把握好方向性和时代性相结合原则,要坚持正确的政治方向和育人导向,紧密结合社会需要和时代发展的要求,增强针对性和实效性。

（二）发展性原则

发展性原则，是指积极创业教育，要遵循学生身心发展的特点和规律，以学生发展为重点，必须以发展的观点来对待学生，促进全体学生获得最大限度的发展。这也是科技发展对创业者创业的客观要求。一方面，科学技术日新月异，高新科学技术的发展，迫切要求人们将科技成果转化为现实生产力。作为职业学校的创业教育，更应站在科学技术发展前沿，帮助职校生发现和捕捉机会，创造新产品和提供新服务，实现其潜在价值。另一方面，创业者创业就是为了谋求长远的发展，要及时更新知识顺应社会发展。职校创业教育应帮助创业者获得终身学习的能力，并指导他们用发展的眼光正确认识在创业过程中发现的问题和困难。

（三）理论和实践相结合的原则

理论与实践相结合的原则，是指积极创业教育在注重创业理论的同时，更要注重创业实践，使理论和实践相结合。创业想法付诸行动实践，既要有理论的指导，同时，又要接受创业实践的检验，需要创业理论与实践二者的有机结合。一方面，丰富的创业理论知识是创业的基础，离开这个基础，创业便是无本之木；另一方面，创业实践是对创业理论的践行和检验，创业成果是综合性的创业实践取得的成功结果。因此，创业实践是一种理论与实践高度结合的实践性活动。因此，职业学校在开展创业教育时，既不能放松对创业教育相关理论的课堂教学工作，也要依据创业教育自身具有的实践性特点，加强创业实践教学环节的开展，通过第一课堂进行理论课教学，丰富学生的创业知识和对创业的感性认识，同时，要组织、指导学生参与创业活动的全过程，让学生在模拟或真实的创业环境中发现问题、分析问题和解决问题。

（四）专业性原则

职业教育不同于普通教育，是以就业为导向，除了理论知识的学习，更注重专业技能、职业核心能力和综合素质的培养，在"强技能"的同时，"强素养""强个性"，给学生更多的"增加值"和"附加值"，培养具有自信阳光的气质、文明有礼的品质和创新创业的特质的发展性、复合型和创新型技术技能型人才。因此,职校生积极创业教育,既要能体现出职业学校的特点或特色,更要立足专业、结合专业,促进创业教育与专业教育融合互动。职业教育要吸引专业教师更新观念,改革教学方法和手段,通过多种方式和渠道将创业教育融入专业教学和人才培养的全过程。在专业环境中介入创业的专项技能,从课程、师资、实践环节合力打造发展策略❶。

（五）实用性原则

注重实用性是创业教育的出发点和落脚点。实用性原则主要体现在以下方面：一是注重所学专业在社会中的应用；二是强调创业项目的实用性和社会价值；三是创业教学内容的实用性；四是创业实践的实用性,注重从实际问题出发,开展与创业教育有关的实践活动。职业学校开展创业教育应该重视创业教育实践教学体系的建设,注意将第一课堂和第二课堂紧密结合；应广泛搭建学生创业实践的载体和平台,在场地提供、管理制度、优惠政策等方面为职校生创业实践活动提供便利。只有坚持实用为重的原则,才能真正使广大职校生获得创业的基本素质和能力,并能够解决创业中的实际问题,获得真正的创业助力。

三、职校积极创业教育的心理策略

职业学校的创业教育,包含创业知识的教学、创业技能的训练、创业意识的培养等极为丰富的内容,其中,创业心理资本和创业能力的培养,是职业学校积极创业教育的关键。因此,职业学校积极创业教育的心理策略,也可以重点从这两方面入手：一是培养学生的创业心理资本；二是提高学生的创业能力。

（一）职校培养创业心理资本的心理策略

创业心理资本是职校生走向创业的保障和成功创业的关键。职业学校应从积极心理学的角度发掘、发展创业潜能,培育创业特质,为职校生的

---

❶ 王若梅. 高职创业教育与专业学科教育的衔接互动研究［J］. 中国成人教育,2012,11(2)：76-78.

成功创业奠定基础。

1. 开设创业心理课程，培养积极创业心理品质

除了专业课程，职业学校要开设创业心理辅导课程，围绕创业心理资本的自我效能、希望、乐观、韧性等各项内容，分专题系统地、有针对性地设计和开展创业教学活动，强化创业意识，增强创业信心，促进创业行动，使更多职校生敢创业、愿创业和能创业。职业学校及教师应该从认知机制、社会机制、行为机制三个层面对职校生给予指导。在认知层面，职业学校及教师应指导职校生客观评估影响创业的各种因素，积极看待环境中外部的、无法控制的因素，并从中寻找机会；挖掘其中的积极因素，能积极主动地寻求机遇。在社会机制层面，职业学校及教师应对学生的创业行为给予有效的社会网络和支持，如角色示范、团队支持等。在行为机制方面，职业学校及教师应对职校生的创业想法、创业行为应对学生的创业想法给予支持，指导学生自我设定或参与设定具体的、可测量的、有挑战性的，但又是可实现的创业目标；指导学生分解创业目标，愿意投入必要的时间和精力下定决心实现目标；细化创业行动，并对其创业行动进行指导。

2. 拓展创业实践活动，提升积极创业心理资本

职业学校在鼓励学生创业的同时，无论是校内的创业尝试，还是校外的创业实习，职业学校均要为学生搭建创业实践的平台和机会，如创业社团、创业街、创意园、跳蚤市场等校内创业基地；也可结合系部特色重点扶持创业项目；举办各级各类创业活动，在营造良好的创业氛围和创业环境的同时，更能增强学生的创业体验，在实践中提升学生的创业心理资本。同时，职业学校要建立校外实习基地和创业孵化基地，使学生在现实的工作环境中体验创业，强化创业意识，积累创业经验，提升创业心理资本。在创业行动中，给学生创造"能够给熟练掌握"的经历，使学生更频繁地体验到"小成功"，通过积极暗示、榜样激励等方法对学生在创业过程中的进步给予积极反馈，使其不断积累创业经验和成功的实践体验。同时，对学生创业过程中可以预见的问题、挫折或障碍等，适时给予指导、帮助，指导学生遇到困难挫折时也能保持积极乐观，能够找到替代的、创

造性的途径，继续追求目标。

3. 开展素质拓展训练，发掘积极创业心理优势

通过主题班会、团体心理活动、团体心理辅导等素质拓展训练，分主题系统地开展自我效能、希望、乐观、韧性等方面的素质拓展活动，鼓励学生多尝试，在活动中丰富学生的成功体验和自我效能感等积极情感体验，强化职校生的创业心理素质；鼓励学生能合理归因，积极归因，保持积极乐观的精神；同时，通过替代学习和模仿、社会说服和积极反馈、心理和生理唤醒以及幸福感等途径也能增强学生的自我效能感，有助于提高职校生的创业韧性，强化职校生的创业信心和创业效能感。职业学校及教师要指导学生意识到创业过程中的问题、障碍或风险是客观存在，无法回避的，将问题、障碍或风险视作成长和自我实现的机会，充分开发潜能，使学生具有适应能力与应对技巧。同时，鼓励学生进行反思和自我评估，帮助成长，增强优势。

4. 挖掘校本创业资源，传承校本创业精神

职业学校要深入挖掘校本创业教育资源，传承学校创业精神。譬如，发掘学校有影响的创业人物，深入挖掘、学习创业人物的创业史，将创业事迹制作成讲演视频；组建以学生为主体的创业精神讲演团，在学校—系部—班级层面组织学生进行巡回讲演，对创业事迹进行讲演，强化学生的创业意识，内化创业精神，提升创业能力。职校创业教育要与社会需要、企业需要相接轨，如通过校企合作、实习基地、社会实践基地等方式加强校企合作。职业学校可以邀请与职校生创业目标有关的成功创业人士或创业明星面对面，进行职业访谈，分享成功创业的经验或创业过程中的挫折教训等。通过替代学习和模仿，深化学生对创业的认识，引导职校生在关注创业风险、挫折等危害因素的同时，也要关注职校生创业的韧性资产，关注自身的创业优势，增强创业信心，增进职校生的风险抵抗能力，将创业理想转化为创业行动。

(二) 职校积极创业能力的心理策略

职校生要创业，仅有良好的创业意愿和相应的创业心理素质是不够的。要真正实现创业目标，还需要相应的创业能力。创业能力是一种多方

面的综合能力，与创业的成败直接相关。

1. 完善创业教育体制，注重提升创业能力

职业学校的创业教育定位应该是两个层次：一是在于引导和鼓励小部分有能力的职校生走上创业之路；二是使大部分人在各自的职业生涯中保持活力，更好地发展，在各自的岗位上创造更大的价值。职业学校应将创业教育纳入人才培养过程进行系统设计，逐步建立和完善由创业素质培养平台、创业技能培养模块和创业实践培养窗口构成的相互融合的创业教育体系，以培养学生创业意识，激发学生创业热情，培养学生掌握一定的创业技能，提升学生的创业素质。为此，职业学校应成立"创业教育工作领导小组"，校团委为协调机构；系部成立相应的"创业教育工作指导小组"，由分管主任、团总支书记和相关教师任组员；学生社团联合会成立服务类、策划类、监管类等不同种类、层次的社团组织，负责创业实践过程中的具体运转。

2. 积极培养师资队伍，实现创业课程引领能力发展

职业学校应进一步加强创业教育兼职教师队伍建设，将创业教育与学生职业生涯规划、就业指导教育有机结合。同时，加强对创业教育兼职教师的选拔、培养、培训力度，常年聘请校外创业教育导师；架构创业教育课程体系。除了创业理论课程的学习，职业学校也应加大实习实训课程的比重，同时，在课程安排上，理论课程和实训操作要有机结合，有助于理实一体化，使学生在实训操作中领会、运用理论知识，使理论知识和实践运用有机结合。成功的创业者需要具备成功创业的核心能力，职业学校的课程设置要围绕职校生成功创业的核心能力，如动力、能力、努力和毅力等，即创业力展开，使职校生敬业爱业、兢业精业、执业（志业）乐业。

3. 切实发挥创业实训基地的作用，促进创业能力提升

创业能力的培养源于理论和实践的结合，需要在实践中提升。职业学校要指导职校生了解国家的政策扶持，采用多种途径帮助职校生剖析、解决创业过程中的难题，为学生打造整体有序的创业环境。第一，建设实践基地。职业学校应建立校企合作窗口、学生商户、跳蚤市场及模拟社会服务等实践形式，积极推进学校创业实践基地建设。如"学生创业一条街"

和"校企合作俱乐部广场"。系部应主动引进可提供学生创业实践的校企合作单位，并签署合作协议，加强对创业项目的管理和指导。第二，重视实习基地建设。职业学校每年应拓展新的实习基地，新增深度校企合作单位，譬如，"订单式培养"的形式，专职教师在学生实习期间常驻实习基地指导学生；学校可定期或不定期开展创业讲座或论坛，与用人单位、人才市场开展创业教育合作，而非只是流于形式上的合作，如接受学生参观、实习。另外，职业学校可以结合职校生的创业兴趣、创业需求和创业能力，组建创业社团，指导学生在做中学，在学中做，在创业实践中发现问题，尝试分析问题、解决问题，在实践中提升学生的创业能力。

4. 充分整合学校创业资源，在实践中提升创业能力

职业学校要充分利用学校创业资源，开设创业实践培养窗口，鼓励学生参加创业实践活动，在实践中提升创业能力。职业学校以寒暑假社会实践、创业计划书征集、创业团队实践基地运作为主要载体，以专题实践小组、创业竞赛团队、创业实践团队为主要培育目标，加强学生的创业实践锻炼。譬如，安排创业社会实践专题，让学生参加假期社会实践活动，走入社会进行创业实践活动；指导学生针对某一项具体创业机会自主筹建团队，开展广泛调研，做社会调查，写调查报告，提出自己的创业计划等。同时，职业学校可将具有一定调研基础和创业可行性的创业计划书进行交流评比，挖掘其中有创意的、切实可行的、具有现实意义的创业想法，通过竞赛完善创业项目、凝练创业团队、争取创业资源，为在创业计划书竞赛中获得肯定或其他符合基地入驻要求的创业团队提供创业平台，指导学生将创业想法转化为创业实践。

本章小结

创业教育是职业学校的重要教育内容之一，既是对"大众创新，万众创业"的贯彻落实，也是切实为学生未来就业和职业发展服务的具体体现。本章解读了创业心理的基本内涵、基本特征、研究现状，在此基础上，对职校生创业心理的常见问题进行梳理和理性反思，进而在阐述职校

创业教育的理论基础、基本原则的基础上，从创业心理资本和创业能力两个方面对职校积极创业教育管理的策略进行论述，以期为职校生创业以及职业学校的创业教育提供参考和指导。

（本章作者　常州刘国钧高等职业技术学校
　　　　　周一平　戴卫银　马学果）

主要参考文献

一、著作教材类

［1］班华. 心育论［M］. 合肥：安徽教育出版社，1994.

［2］查有梁. 教育建模［M］. 南宁：广西教育出版社，1998.

［3］陈家麟. 学校心理健康教育原理、操作与实务［M］. 北京：教育科学出版社，2010.

［4］崔景贵. 积极职业教育范式导论［M］. 北京：知识产权出版社，2015.

［5］崔景贵. 解读心理教育：多学科的视野［M］. 北京：高等教育出版社、广州：中山大学出版社，2004.

［6］崔景贵. 心理教育范式论纲［M］. 北京：社会科学文献出版社，2005.

［7］崔景贵. 学校心理辅导新论［M］. 南京：南京大学出版社，2014.

［8］崔景贵. 职校生心理教育论纲［M］. 北京：科学出版社，2013.

［9］崔景贵. 职业教育心理学导论［M］. 北京：科学出版社，2008.

［10］冯建军. 生命与教育［M］. 北京：教育科学出版社，2004.

［11］黄希庭. 心理学导论［M］. 北京：人民教育出版社，1991.

［12］荆其诚. 简明心理学百科全书［M］. 长沙：湖南教育出版社，1991.

［13］李百珍. 青少年心理卫生与心理咨询［M］. 北京：北京师范大学出版社，2005.

［14］联合国教科文组织国家教育发展委员会. 学会生存：教育世界的今天和明天［M］. 北京：教育科学出版社，1996.

［15］林崇德，杨治良，黄希庭. 心理学大辞典［M］. 上海：上海教育出版社，2004.

［16］林崇德. 发展心理学［M］. 北京：人民教育出版社，2009.

[17] 彭聃龄. 普通心理学 [M]. 北京：北京师范大学出版社, 2004.

[18] 任俊. 积极心理学 [M]. 上海：上海教育出版社, 2006.

[19] 任俊. 写给教育者的积极心理学 [M]. 北京：中国轻工业出版社, 2014.

[20] 吴立岗, 李吉林. 苏联教育家改革语文教学的理论和实验 [M]. 上海：上海教育出版社, 1998.

[21] 伍新春. 中学生心理辅导 [M]. 北京：高等教育出版社, 2010.

[22] 向前. 积极心理学视角下的发展性心理健康教育 [M]. 北京：中国书籍出版社, 2014.

[23] 许百华. 青少年心理卫生 [M]. 北京：北京大学医学出版社, 2007.

[24] 叶奕乾, 何存道, 梁宁建. 普通心理学 [M]. 上海：华东师范大学出版社, 2004.

[25] 左任侠, 李其维. 皮亚杰发生认识论文选 [M]. 上海：华东师范大学出版社, 1991.

[26] [爱尔兰] 卡尔. 积极心理学（第二版）[M]. 丁丹, 等, 译. 北京：中国轻工业出版社, 2013.

[27] [捷] 夸美纽斯. 大教学论 [M]. 傅任敢, 译. 北京：教育科学出版社, 1999.

[28] [美] A. 班杜拉. 自我效能：控制的实施 [M]. 缪小春, 等, 译. 上海：华东师范大学出版社, 2003.

[29] [美] 芭芭拉·弗雷德里克森. 积极情绪的力量 [M]. 王珺, 译. 北京：中国人民大学出版社, 2010.

[30] [美] 彼得森. 积极心理学 [M]. 徐红, 译. 北京：群言出版社, 2010.

[31] [美] 查尔斯, 森特. 小学课堂管理 [M]. 吕良环, 等, 译. 北京：中国轻工业出版社, 2003.

[32] [美] 加涅. 学习的条件和教学论 [M]. 皮连生, 译. 上海：华东师范大学出版社, 1999.

[33] [美] 路桑斯（Luthans F.）, 等. 心理资本 [M]. 李超平, 译. 北京：中国轻工业出版社, 2008.

[34] [美] M. J. 列维. 现代化的后来者与幸存者 [M]. 吴荫, 译. 北京：知识出版社, 1990.

[35] [美] 马丁. 塞利格曼. 活出最乐观的自己 [M]. 洪兰, 译. 沈阳：北方联合出版传媒（集团）股份有限公司, 万卷出版公司, 2010.

[36]［美］斯腾伯格，史渥林. 思维教学：培养聪明的学习者［M］. 赵海燕，译. 北京：中国轻工业出版社，2001.

[37]［美］沃纳丁. 塞弗尔，等. 传播学的起源、研究和应用［M］. 陈韵昭，译. 福州：福建人民出版社，1985.

[38]［苏］B. A. 苏霍姆林斯基. 学生的精神世界［M］. 吴春荫，林程，译. 北京：教育科学出版社，1981.

[39]［英］丹尼斯·麦奎尔，［瑞典］斯文·温德尔. 大众传播模式论［M］. 祝建华，武伟，译. 上海：上海译文出版社，1987.

[40]［美］杰瑞·伯格（Jerry M. Burger）. 人格心理学［M］. 陈会昌，译. 北京：中国轻工业出版社，2014.

二、期刊论文类

[1] 陈昌辉，刘蜀. 工匠精神——中国制造在呼唤，职业教育应担当［J］. 职业，2015（20）.

[2] 陈川，徐泽民. 职校教师自我评价及其对职业学校评价的调查分析［J］. 中国职业技术教育，2011（6）.

[3] 陈建文，王滔. 关于社会适应的心理机制、结构与功能［J］. 湖南师范大学教育科学学报，2003，2（4）.

[4] 陈振华. 积极教育论纲［J］. 华东师范大学学报（教育科学版），2009（9）.

[5] 崔景贵，黄亮. 当代职校生心理健康教育模式的理论构建［J］. 职教论坛，2013（7）.

[6] 崔景贵，黄亮. 职校生技能竞赛的心理训练及实施策略［J］. 职业技术教育，2014（20）.

[7] 崔景贵，杨治菁. 职校生心理资本与职校积极教育开发策略［J］. 职教通讯，2015（34）.

[8] 崔景贵. 职校生心理发展与职业学校心理教育［J］. 职业技术教育（教科版），2004，25（413）.

[9] 崔景贵. 职校问题学生心理与积极职业教育管理［J］. 中国职业技术教育，2012（33）.

[10] 崔景贵. "必要的张力"：发展型心理教育与心理发展［J］. 教育导刊，2007（2）.

[11] 崔景贵. 90后职校生的心理特征与多元评价 [J]. 中国职业技术教育, 2009 (6).

[12] 崔景贵. 90后职校生心理发展表征与青春期教育 [J]. 职业技术教育, 2010, 31 (4).

[13] 崔景贵. 当代职校生心理发展的基本特征 [J]. 教育与职业, 2008 (8).

[14] 崔景贵. 积极型心理教育的信念、目标与建构 [J]. 当代教育论坛, 2006 (13).

[15] 崔景贵. 解读职校生"习得性无助"现象：心理症结与教育策略 [J]. 中国职业技术教育, 2013 (12).

[16] 崔景贵. 培育技术技能人才：加快发展现代职业教育的理念与战略 [J]. 中国职业技术教育, 2014 (21).

[17] 崔景贵. 网络心理教育刍议 [J]. 中国教育学刊, 2001 (5).

[18] 崔景贵. 育人为本：我国职业教育创新变革的基本理念 [J]. 教育与职业, 2007 (30).

[19] 崔景贵, 姚莹. 职校生心理发展与积极职业教育的心理策略 [J]. 职教论坛, 2015 (1).

[20] 崔景贵. 树立促进职校生心理发展的现代职业教育观 [J]. 职业技术教育, 2008, 29 (1).

[21] 崔景贵. 助人自助：学校心理教师专业化的理念与策略 [J]. 思想理论教育, 2007 (12).

[22] 崔景贵. 转型与建构：心理教育范式的发展趋向 [J]. 上海教育科研, 2005 (7).

[23] 贺文瑾, 崔景贵. 90后职校生心理发展的问题分析与教育策略 [J]. 教育与职业, 2009 (30).

[24] 蒋波. 学会学习：职校生学习心理教育的新理念 [J]. 职教通讯, 2004 (9).

[25] 冯文刚. 营造"书式生活"，享受阅读乐趣 [J]. 基础教育论坛, 2013 (12).

[26] 官群, 孟万金, John Keller. 中国中小学生积极心理品质量表编制报告 [J]. 中国特殊教育, 2009 (4).

[27] 郭金山. 西方心理学自我同一性概念的解析 [J]. 心理科学进展, 2003, 11 (2).

[28] 韩晓峰, 郭金山. 论自我同一性概念的整合 [J]. 心理学探新, 2004, 24 (2).

[29] 郝永贞. 追寻幸福的生命性——兼论学校道德教育的"生命幸福"取向[J]. 南通大学学报（教育科学版），2007（2）.

[30] 任俊. 西方积极教育思想探析[J]. 外国教育研究，2006（5）.

[31] 林曼，任俊. 以积极力量为核心的心理健康行为模型研究[J]. 中小学心理健康教育，2014（3）.

[32] 李芳. 积极心理学对高职学生人格培养的启示及策略[J]. 高教论坛，2009（11）.

[33] 李林英，肖雯. 大学生心理资本的调查研究[J]. 北京理工大学学报（社会科学版），2011（2）.

[34] 联合国教科文组织. 学会关心：21世纪的教育——圆桌会议报告[J]. 王一兵译. 教育研究，1990（7）.

[35] 俞亚萍. 职校生网络心理教育模式建构探讨[J]. 职教论坛，2014（8）.

[36] 刘翠英. 倡导积极职业教育，促进高职校教师专业化成长[J]. 江苏教育（职业教育版），2015（10）.

[37] 刘翠英. 积极职业教育视域下职业生涯规划策略[J]. 江苏教育（职业教育版），2015（40）.

[38] 刘晓. 技皮·术骨·匠心——漫谈"工匠精神"与职业教育[J]. 江苏教育（职业教育版），2015（11）.

[39] 马启鹏，孙龙存. 为职业教育的功利主义价值取向正名[J]. 比较教育研究，2011（1）.

[40] 孟宪平，李宾. 论职业教育课程内容改革的原则[J]. 职教论坛，2003（10）.

[41] 潘涌. 人的可持续发展与教育转型[J]. 教育研究，2001（11）.

[42] 齐佳. 幸福文化视域下高校校园文化建设探析[J]. 教育与教学研究，2012，26（7）.

[43] 渠慎霞. 浅论职高学生积极心理品质的培养[J]. 中等职业教育，2005（20）.

[44] 仲理峰. 心理资本研究评述与展望[J]. 心理科学进展，2007，15（3）.

[45] 沈晓梅. 构建网络环境下青年学生心理健康教育新模式[J]. 中国青年研究，2012（1）.

[46] 孙永波. 对高职生学习、发展健康问题的思考[J]. 中国校外教育旬刊，2014（33）.

[47] 王坤庆. 当代西方精神教育研究述评[J]. 教育研究，2002（9）.

[48] 王若梅. 高职创业教育与专业学科教育的衔接互动研究［J］. 中国成人教育，2012，11（2）.

[49] 杨永年. 技能大赛训练过程中的指导策略［J］. 江苏教育研究，2015（12C）.

[50] 杨永年. 技能大赛选手的心理训练方法［J］. 江苏教育，2015（48）.

[51] 杨永年. 职业院校技能大赛选手选择机制与心理指导策略［J］. 职教通讯，2015（35）.

[52] 周红梅，郭永玉. 自我同一性理论与经验研究［J］. 心理科学进展，2006，14（1）.

[53] 张冲，孟万金，王新波. 中职学生积极心理品质现状调查和教育对策［J］. 中国特殊教育，2012（3）.

[54] 张健. 职业教育课程改革的动因、内容和策略［J］. 职教通讯，2006（10）.

[55] 张景焕，张广斌. 中学生创造性思维发展特点研究［J］. 当代教育科学，2004（5）.

[56] 张文质. 跨越边界——生命化教育的一些关键词［J］. 中国校外教育（理论），2007（1）.

[57] 张新颖. 职业学校专业课教学心理资本教育策略研究［J］. 职业教育（下旬刊），2015（9）.

[58] 张旭. 以大德育理念解读和推进职业学校德育工作［J］. 江苏教育：职业教育版，2014（32）.

[59] 赵志红. 自我效能理论简述［J］. 培训与研究（湖北教育学院学报），2003（4）.

[60] 钟晓流，宋述强，焦丽珍. 信息化环境中基于翻转课堂理念的教学设计研究［J］. 开放教育研究，2013（1）.

[61] 江波，高娜. 创业心理资本：创业心理研究的新视角［J］. 心理技术与应用，2013（3）.

[62] 刘嵘. 高职学生创业心理资本开发策略［J］. 铜陵职业技术学院学报，2014（3）.

[63] 程海云，励骅. 普通高校大学生创业心理资本开发的意义与策略［J］. 通化师范学院学报，2013，34（2）.

[64] 马学果. 高职生创业心理资本的开发策略［J］. 江苏教育，2018（12）.

[65] 周鑫. 高校学生工作中的人文关怀与幸福教育［J］. 中国成人教育，2011（15）.

[66] 陈明. 未成年犯心理社会能力特征及其干预研究［D］. 闽南师范大学，2013.

[67] 陈顺利. 当前中职生心理健康状况及教育对策 [D]. 湖南师范大学, 2006.

[68] 李朝阳. 高校学生社团现状研究 [D]. 苏州大学, 2013.

[69] 任俊. 积极心理学思想的理论研究 [D]. 南京师范大学, 2006.

[70] 田齐. 从积极心理学视角看大学生积极心理品质的培养 [D]. 首都师范大学, 2011.

[71] 徐书芝. 基于行动导向教学的中职学校教学改革研究——以石家庄第三职业学校教学为例 [D]. 河北师范大学, 2012.

[72] 余东海. 中等职业学校校园文化建设存在问题及对策研究 [D]. 华中师范大学, 2006.

[73] 赵晓燕. 专业化背景下中职职业指导教师能力建设研究 [D]. 河北师范大学, 2010.

[74] 郑红霞. 职业学校学生管理工作的现状考查与对策探讨——以河南省经济管理学校为个案分析 [D]. 华中师范大学, 2007.

[75] 朱培军. 中等职业学校校园文化建设研究 [D]. 河北师范大学, 2013.

三、报刊文件类

[1] 黄全愈. 教育复兴：从"授人以渔"到"有教无类" [N]. 南方周末, 2010 – 09 – 09（F31）.

[2] 教育部. 中等职业学校学生心理健康教育指导纲要. 教职成〔2004〕8 号.

[3] 刘江伟, 叶乐峰. 工匠精神：为中国制造铸魂 [N]. 光明日报, 2016 – 03 – 12（1）.

[4] 孙光友. 职业精神才是第一位的 [N]. 中国教育报, 2015 – 05 – 21（10）.

[5] 孙兴洋. 职业教育尤重"工匠精神" [N]. 人民日报, 2016 – 03 – 24（18）.

[6] 万玉凤. 2014 年全国中等职业学校毕业生就业率 [N]. 中国教育报, 2015 – 03 – 04（3）.

[7] 赵锋. 转变观念, 为中职学生提供发展机会 [N]. 中国教育报, 2008 – 02 – 28（3）.

[8] 周保松. 什么是好, 什么是坏？重建中国大学的价值教育 [N]. 南方周末, 2010 – 08 – 26（F31）.

后 记

本书是国家社会科学基金"十三五"规划2017年度教育学一般课题《积极职业教育范式建构的实证研究》(批准号：BJA170089)的阶段性研究成果。

本书是课题组集体研究、密切合作的产物。全书各章写作分工如下：绪论，崔景贵；第一章，姜飞月；第二章，蒋波；第三章，崔景贵、姚莹；第四章，崔景贵、姚莹、吴荣平；第五章，郝永贞；第六章，俞辰、蒋冬平、丁璐；第七章，张旭、张以清、陈岚、裴志明、韩海侠；第八章，黄亮、袁忠霞；第九章，杭国金、马岚、罗业尧、蒋梦超；第十章，葛敏亚、李梅、季春兰；第十一章，刘翠英；第十二章，梅暖英、贺盼、尹志军、罗苗；第十三章，王文、梅娟；第十四章，俞亚萍；第十五章，崔益华、沈志美、王华岭；第十六章，杨永年、洪夏丽；第十七章，陈静、钱骏、印杏梅；第十八章，周一平、戴卫银、马学果。课题主持人崔景贵教授担任本书主编，负责设计本书写作提纲，对完成的各章节初稿提出修改意见，并负责全书统稿和定稿，研究生黄亮、姚莹、张艳芸、陈璇等协助整理本书参考文献、校对部分书稿。

本书也是江苏省高校哲学社会科学优秀创新团队——"江苏职业教育现代化研究"(批准号：2017ZSTD020)的代表性成果之一。真诚感谢课题研究参与学校领导、老师们的大力支持！这些学校有江苏省江阴中等专业学校、无锡机电高等职业技术学校、江苏省武进中等专业学校、常州艺术

后 记

高等职业学校、江苏省高邮中等专业学校、江苏省海安中等专业学校、江苏省昆山第一中等专业学校、江苏省张家港中等专业学校、江苏省徐州经贸高等职业学校、镇江高等职业技术学校、常州刘国钧高等职业技术学校、宜兴市张渚中等专业学校、无锡职业技术学院、南通科技职业学院等。特别感谢知识产权出版社责任编辑冯彤以及江苏省职业技术教育科学研究中心、常州市青少年心理研究与指导中心、常州市社会科学院积极教育学研究中心和江苏理工学院心理教育研究所的各位专家与同人的指导帮助和积极支持。

加快发展现代职业教育，这是一个需要理论创新并且一定能够创新理论的新时代。课题组致力于积极职业教育理论建构与实践探索的有机融合，取得了初步的研究成果。通过系统扎实的课题研究，我们一直在追寻积极职业教育范式之梦，追求现代职业教育改革创新之路，追问职业院校校本行动研究之策。多年来，我们真心实意做积极职业教育的实证研究，在校本实践中做真正的积极职业教育研究，潜心研究真实的积极职业教育问题。科学建构积极职业教育范式，我们会铭记初心、牢记使命，继往开来、继续前行，更加用心努力、尽心尽力，更加真心给力、齐心协力。我们始终坚信，积极职业教育范式研究充满无限的生机和活力，一定会有更加辉煌灿烂的未来。

课题组
2018 年 6 月 18 日